Sarah Schimm

Arbeitgeberfluktuation

PETER LANG

Bibliografische Information der Deutschen Nationalbibliothek
Die Deutsche Nationalbibliothek verzeichnet diese Publikation in der Deutschen Nationalbibliografie; detaillierte bibliografische Daten sind im Internet über http://dnb.d-nb.de abrufbar.

Zugl.: München, Univ., Diss., 2019.

Gedruckt auf alterungsbeständigem, säurefreiem Papier.
Druck und Bindung: CPI books GmbH, Leck

D 19
ISSN 1433-4666
ISBN 978-3-631-81280-8 (Print)
E-ISBN 978-3-631-82404-7 (E-Book)
E-ISBN 978-3-631-82405-4 (EPDF)
E-ISBN 978-3-631-82406-1 (MOBI)
DOI 10.3726/b17386

Peter Lang – Berlin · Bern · Bruxelles · New York ·
Oxford · Warszawa · Wien

Diese Publikation wurde begutachtet.

www.peterlang.com

Für meine Oma Johanna

Diese Arbeit wurde von der Juristischen Fakultät der Ludwig-Maximilians-Universität München im Wintersemester 2019/2020 als Dissertation angenommen. Sie befindet sich auf dem Stand von Dezember 2019.

Mein besonderer Dank gilt meinem Doktorvater Herrn Professor Dr. Volker Rieble, der diese Arbeit angeregt und mit viel Engagement betreut hat. Mein Dank gilt ihm außerdem für die Tätigkeit an seinem Lehrstuhl – zunächst als studentische Hilfskraft, später als wissenschaftliche Mitarbeiterin. Diese Zeit hat mich nicht nur fachlich, sondern auch persönlich geprägt. Herrn Professor Dr. Richard Giesen danke ich ganz herzlich für die Erstellung des Zweitgutachtens.

Danken möchte ich außerdem meinen Kollegen am ZAAR, die mich während meiner Zeit am ZAAR begleitet haben und deren Türen für mich immer offen standen.

Dank schulde ich auch Johanna Friedel und Patrick Droese, deren konstruktive Anregungen sowie sorgfältiges Korrekturlesen in hohem Maße zum Gelingen dieser Arbeit beitrugen.

München, im Februar 2020
Sarah Schimm

Gliederung

Gliederung

Inhaltsverzeichnis

Abkürzungsverzeichnis

aA	andere Ansicht
AcP	Archiv für civilistische Praxis (Zeitschrift)
Abs.	Absatz
ABl.	Amtsblatt der Europäischen Union
AEntG	Gesetz über zwingende Arbeitsbedingungen für grenzüberschreitend entsandte und für regelmäßig im Inland beschäftigte Arbeitnehmer und Arbeitnehmerinnen
AEUV	Vertrag über die Arbeitsweise der Europäischen Union
aF	alte Fassung
AG	Die Aktiengesellschaft (Zeitschrift)
AGB	Allgemeine Geschäftsbedingungen
AGG	Allgemeines Gleichbehandlungsgesetz
AiB	Arbeitsrecht im Betrieb (Zeitschrift)
AktG	Aktiengesetz
Alt.	Alternative
AnwBl	Anwaltsblatt (Zeitschrift)
AOG	Gesetz zur Ordnung der nationalen Arbeit (Arbeitsordnungsgesetz)
AP	Arbeitsrechtliche Praxis (Entscheidungssammlung)
ArbG	Arbeitsgericht
ArbGG	Arbeitsgerichtsgesetz
ArbRAktuell	Arbeitsrecht Aktuell (Zeitschrift)
ArbRB	Arbeitsrechtsberater (Zeitschrift)
ArbZG	Arbeitszeitgesetz
Art./Artt.	Artikel
AuA	Arbeit und Arbeitsrecht
AuR	Arbeit und Recht (Zeitschrift)
AÜG	Arbeitnehmerüberlassungsgesetz
Az.	Aktenzeichen
BAG	Bundesarbeitsgericht
BayOblG	Bayerisches Oberstes Landesgericht
BB	Betriebsberater (Zeitschrift)
BeckOK	Beck'scher Online-Kommentar
BeckRS	Beck online Rechtsprechung
BeschFG	Beschäftigungsförderungsgesetz

BetrVG	Betriebsverfassungsgesetz
BGB	Bürgerliches Gesetzbuch
BGBl.	Bundesgesetzblatt
BGH	Bundesgerichtshof
BMAS	Bundesministerium für Arbeit und Soziales
BRD	Bundesrepublik Deutschland
BRG	Betriebsrätegesetz
BSG	Bundessozialgericht
Bsp.	Beispiel
BT-Drs.	Bundestagsdrucksache
BUrlG	Mindesturlaubsgesetz für Arbeitnehmer (Bundesurlaubsgesetz)
BVerfG	Bundesverfassungsgericht
BVerwG	Bundesverwaltungsgericht
bzgl.	bezüglich
bzw.	beziehungsweise
ca.	circa
DB	Der Betrieb (Zeitschrift)
DGB	Deutscher Gewerkschaftsbund
dh	das heißt
DIHK	Deutscher Industrie- und Handelskammertag
DJT	Deutscher Juristentag
DrittelbG	Gesetz über die Drittelbeteiligung der Arbeitnehmer im Aufsichtsrat (Drittelbeteiligungsgesetz)
EBR-RL	Richtlinie über die Einsetzung eines Europäischen Betriebsrats oder die Schaffung eines Verfahrens zur Unterrichtung und Anhörung der Arbeitnehmer in gemeinschaftsweit operierenden Unternehmen und Unternehmensgruppen
EFZG	Gesetz über die Zahlung des Arbeitsentgelts an Feiertagen und im Krankheitsfall (Entgeltfortzahlungsgesetz)
eG	eingetragene Genossenschaft
EG	Europäische Gemeinschaft
etc.	Et cetera
EU	Europäische Union
EuGH	Gerichtshof der Europäischen Union
EuZA	Europäische Zeitschrift für Arbeitsrecht
EuZW	Europäische Zeitschrift für Wirtschaftsrecht

e.V.	eingetragener Verein
EWiR	Entscheidungen zum Wirtschaftsrecht
f./ff.	folgende/die folgenden
FA	Fachanwalt Arbeitsrecht (Zeitschrift)
Fn.	Fußnote
FS	Festschrift
gem.	gemäß
GewO	Gewerbeordnung
GG	Grundgesetz
ggf.	gegebenenfalls
GmbH	Gesellschaft mit beschränkter Haftung
GmbHG	Gesetz betreffend die Gesellschaft mit beschränkter Haftung
GmbHR	GmbH-Rundschau (Zeitschrift)
GWR	Gesellschaft- und Wirtschaftsrecht (Zeitschrift)
HAG	Heimarbeitsgesetz
HGB	Handelsgesetzbuch
hL	herrschende Lehre
hM	herrschende Meinung
Hrsg.	Herausgeber
HSI	Hugo Sinzheimer Institut für Arbeitsrecht
IAB	Institut für Arbeitsmarkt- und Berufsforschung
idF	in der Fassung
idR	in der Regel
iE	im Ergebnis
ieS	im engeren Sinne
insbes.	insbesondere
InsO	Insolvenzordnung
iRd	im Rahmen des
iRe	im Rahmen einer/es
iSv	Im Sinne von
IT	Informationstechnik
iVm	in Verbindung mit
Iwd	Informationen aus dem Institut der deutschen Wirtschaft
JbArbR	Jahrbuch des Arbeitsrechts
jurisPR-ArbR	juris PraxisReport Arbeitsrecht
Kap.	Kapitel
KG	Kommanditgesellschaft

KJ	Kritische Justiz
KSchG	Kündigungsschutzgesetz
KSzW	Kölner Schrift zum Wirtschaftsrecht
LAG	Landesarbeitsgericht
Lit.	Literatur
mE	meines Erachtens
MgVG	Gesetz über die Mitbestimmung der Arbeitnehmer bei einer grenzüberschreitenden Verschmelzung
MINT	Mathematik, Informatik, Naturwissenschaft und Technik
MiLoG	Gesetz zur Regelung eines allgemeinen Mindestlohns
Mio.	Millionen
MitbestG	Gesetz über die Mitbestimmung der Arbeitnehmer (Mitbestimmungsgesetz)
MittAB	Mitteilungen aus der Arbeitsmarkt- und Berufsforschung (Zeitschrift)
MontanMitbestG	Gesetz über die Mitbestimmung der Arbeitnehmer in den Aufsichtsräten und Vorständen der Unternehmen des Bergbaus und der Eisen und Stahl erzeugenden Industrie (Montanmitbestimmungsgesetz)
MMR	Multimedia und Recht
mwN	mit weiteren Nachweisen
NJOZ	Neue Juristische Online Zeitschrift
NJW	Neue Juristische Wochenschrift
Nr.	Nummer
NZA	Neue Zeitschrift für Arbeitsrecht
NZA-RR	NZA-Rechtsprechungs-Report Arbeitsrecht
NZG	Neue Zeitschrift für Gesellschaftsrecht
NZS	Neue Zeitschrift für Sozialrecht
og	oben genannte/n
OLG	Oberlandesgericht
OWiG	Gesetz über Ordnungswidrigkeiten
RdA	Recht der Arbeit (Zeitschrift)
REFA-Institut	Verband für Arbeitsgestaltung, Betriebsorganisation und Unternehmensentwicklung
RefE	Referentenentwurf
Rn.	Randnummer
Rs.	Rechtssache
Rspr.	Rechtsprechung
S.	Seite

s.	siehe
SAE	Sammlung arbeitsrechtlicher Entscheidungen
SE	Societas Europaea
SEGB	Gesetz über die Beteiligung der Arbeitnehmer in einer Europäischen Gesellschaft (SE-Beteiligungsgesetz)
SE-VO	Verordnung über das Statut der Europäischen Gesellschaft (SE)
SGB III	Sozialgesetzbuch Drittes Buch – Arbeitsförderung
SGB IV	Sozialgesetzbuch Viertes Buch – Gemeinsame Vorschriften für die Sozialversicherung
SGB V	Sozialgesetzbuch Fünftes Buch – Gesetzliche Krankenversicherung
Slg.	Amtliche Sammlung
sog.	sogenannt/e/er
SR	Soziales Recht (Zeitschrift)
StGB	Strafgesetzbuch
st. Rspr.	ständige Rechtsprechung
TVG	Tarifvertragsgesetz
TzBfG	Gesetz über Teilzeitarbeit und befristete Arbeitsverträge (Teilzeit- und Befristungsgesetz)
ua	und andere
UmwG	Umwandlungsgesetz
v.	von/vom
va	vor allem
VersR	Versicherungsrecht (Zeitschrift)
VfZ	Vierteljahreshefte für Zeitgeschichte
VG	Verwaltungsgericht
vgl.	vergleiche
Vorb.	Vorbemerkung
WSI	Wirtschafts- und Sozialwissenschaftliches Institut
zB	zum Beispiel
ZESAR	Zeitschrift für europäisches Sozial- und Arbeitsrecht
ZfA	Zeitschrift für Arbeitsrecht
zfo	Zeitschrift Führung und Organisation
ZGR	Zeitschrift für Unternehmens- und Gesellschaftsrecht
ZHR	Zeitschrift für das gesamte Handels- und Wirtschaftsrecht
ZIP	Zeitschrift für Wirtschaftsrecht und Insolvenzpraxis
ZJS	Zeitschrift für das Juristische Studium
z.T.	zum Teil

ZTR	Zeitschrift für Tarif, Arbeits- und Sozialrecht des öffentliches Dienstes
zust.	zustimmend/er

Im Übrigen wird verwiesen auf: *Kirchner*, Abkürzungsverzeichnis der Rechtssprache, 9. Auflage 2018

§ 1 Einleitung

Im Zentrum der wissenschaftlichen Diskussion im Arbeitsrecht steht oftmals der Arbeitnehmer – die Einbeziehung des Arbeitgebers in die wissenschaftliche Betrachtung erfolgt dabei in der Regel (nur) vor dem Hintergrund seiner Eigenschaft als entsprechende Vertragspartei des Arbeitnehmers; er ist dabei das Spiegelbild des Arbeitnehmers. Das Bestehen eines Arbeitsverhältnisses mit all seinen Schutzpflichten wird überwiegend aus der Arbeitnehmerperspektive betrachtet.[1] Dabei existiert ohne den Arbeitgeber kein Vertragspartner gegenüber dem der Arbeitnehmer seine umfangreichen Arbeitnehmerrechte – im Rahmen und auf Grundlage von einem Arbeitsverhältnis – wahrnehmen kann. Diese Arbeit setzt sich mit der Arbeitgeberstellung auseinander und im Besonderen mit der Arbeitgeberfluktuation. Fluktuation (von lat. *fluctuare*, „hin und her schwanken") bezeichnet eine (kurzzeitige oder andauernde) Veränderung von Gegebenheiten und Zuständen.[2] Je nach Bedeutungszusammenhang und Fachgebiet, kann eine Fluktuation unterschiedliche Sachverhalte beschreiben.[3] Mit dieser Arbeit soll der Rückgang des Arbeitgebers als konstanter Vertragspartner des Arbeitnehmers untersucht werden und eine nähere Betrachtung erfolgen, inwiefern sich der Arbeitgeber mittels rechtlich zulässiger Vermeidungsstrategien seiner Arbeitgeberverantwortung entzieht bzw. entziehen kann. Denn trotz eines stabilen Arbeitsmarktes und eines Beschäftigungshoch in Höhe von mehr als vier Millionen zusätzlichen Erwerbstätigen im Vergleich zu dem Stand von vor zehn Jahren und sogar von sechs Millionen im Vergleich zum Stand Mitte der 1990er Jahre[4], nehmen die Stimmen nicht ab, welche dem Arbeitgeber eine Vermeidung des Arbeitsrechts vorwerfen[5]. Ist dem wirklich so? Entziehen sich Arbeitgeber ihren Pflichten aus dem Individualarbeitsrecht, der Mitbestimmung und dem Tarifvertragsrecht? Auf welche rechtlichen und

1 *Konzen*, ZfA 1982, 259, 289.
2 https://de.wikipedia.org/wiki/Fluktuation I 31.10.2018.
3 https://de.wikipedia.org/wiki/Fluktuation I 31.10.2018.
4 Iwd, Die Erfolgsgeschichte auf dem Arbeitsmarkt geht weiter, 31.8.2017.
5 In der juristischen Literatur nur beispielhaft: Auf der Suche nach dem Arbeitgeber, *Wisskirchen/Block*, NZA-Beilage 2017, 90; Arbeitgeber auf der Flucht?, *Däubler/Klebe*, NZA 2015, 1032; Fremdpersonaleinsatz im Unternehmen und die Flucht in den Werkvertrag, *Maschmann*, NZA 2013, 1305. Aus der weiteren Literatur: Wie sich Unternehmen davonstehlen, Magazin Mitbestimmung, 3/2016; Die Risiken abgewälzt, Magazin Mitbestimmung, 5/2013.

arbeitsorganisatorischen Gestaltungsmittel kann ein Arbeitgeber zur Vermeidung des Arbeitsrechts zurückgreifen? Weisen diese Vermeidungsstrategien Gemeinsamkeiten auf und welche Entwicklungen lassen sich hier womöglich beobachten?

Die Frage danach, ob die Arbeitgeberfluktuation begrenzt werden kann und soll, und ob es dazu ggf. einer Neuregelung des Arbeitsrechts bedarf, soll angesichts des Umfangs, den eine sachgerechte Beantwortung erfordern würde, nicht der Schwerpunkt der Arbeit sein und wird daher nur verkürzt thematisiert.

§ 2 Arbeitgeberstellung im Arbeitsrecht und in der Arbeitsorganisation

A. Der Arbeitgeber

I. Arbeitgeber, Unternehmen, Konzern und Betrieb

Viele Arbeitsgesetze nehmen nicht immer in ihrem Tatbestand den Arbeitgeber in Bezug. Im Kollektivarbeitsrecht wird auf den Betrieb als Organisationseinheit oder das Unternehmen abgestellt. Im Individualarbeitsrecht beziehen sich die Gesetze nicht allein auf den Arbeitgeber. So gilt etwa der arbeitsrechtliche Gleichbehandlungsgrundsatz unternehmensbezogen und nicht allein gegenüber dem vertraglichen Arbeitgeber.[6] Das Kündigungsschutzgesetz ist nur anwendbar, wenn ein betriebsbezogener Schwellenwert überschritten ist.[7] Arbeitgeberfluktuation kann nicht untersucht werden, wenn allein auf den vertraglichen Arbeitgeber als solchen abgestellt wird. Es bedarf vielmehr der Zusammenschau der einzelnen Bezugsobjekte Arbeitgeber, Unternehmen, Konzern und Betrieb. Für eine solche Zusammenschau muss ebenfalls auf die industriellen Beziehungen eingegangen werden. Diese prägen die deutsche Arbeitswelt und gelangen aufgrund der organisatorischen und technischen Umwälzungen in der Arbeitswelt immer mehr ins Blickfeld.

1. Definitionen und deren Entwicklung

Für das Verständnis der folgenden Untersuchung bedarf es zunächst der allgemeinen Definition von Arbeitgeber, Unternehmen, Konzern und Betrieb sowie der Darlegung der Entwicklung dieser Definitionen.

a. Definitionen

aa. Arbeitgeber

Eine Legaldefinition des Arbeitgebers ist im Gesetz nicht enthalten. Für die Definition wird der Arbeitsvertrag herangezogen – Arbeitgeber ist derjenige, der aufgrund eines mit dem Arbeitnehmer geschlossenen Arbeitsvertrages vom Arbeitnehmer eine Arbeitsleistung verlangen kann und damit die wirtschaftliche

---

6 Braun/Wisskirchen/*Fedder/Braner*, S. 179.

7 Braun/Wisskirchen/*Fedder/Braner*, S. 179; ErfKomm/*Preis*, § 611a BGB Rn. 195.

und organisatorische Dispositionsbefugnis über die Arbeitsleistung des Arbeitnehmers und den Nutzen aus ihr hat.[8] Demzufolge ist Arbeitgeber, wer als natürliche oder juristische Person mindestens einen Arbeitnehmer beschäftigt.[9] Die Arbeitgeberstellung kann sich auch aufgrund gesetzlicher Fiktion ergeben, wie zB bei unzulässiger Arbeitnehmerüberlassung gem. §§ 10 Abs. 1 iVm § 9 Nr. 1 AÜG oder bei der gesetzlichen Stellvertretung gem. § 164 Abs. 2 BGB.[10]

bb. Unternehmen

Das BAG definiert ein Unternehmen als einen einzelnen Unternehmens- bzw. Rechtsträger mit einer einheitlichen Unternehmensorganisation, welche aus einem oder mehreren Betrieben bestehen kann und diese durch einen wirtschaftlichen oder ideellen Zweck verbunden sind, aber auf verschiedenen Gebieten unternehmerisch tätig sein können.[11]

cc. Betrieb

Wie bei der Definition des Arbeitgebers existiert für den Betrieb keine Legaldefinition. Der Betrieb ist im Arbeitsrecht gekennzeichnet durch eine Ordnungs-, Risikoverteilungs- und Abgrenzungsfunktion; es liegt aber nicht jeder arbeitsrechtlichen Norm derselbe Betriebsbegriff zugrunde.[12] So ist der Betrieb im Kündigungsschutzgesetz sowie im Betriebsverfassungsgesetz weitestgehend deckungsgleich[13], teilweise bedarf aber der teleologische Zusammenhang eine abweichende Auslegung des Betriebs.[14] Das BAG definiert den Betrieb traditionell als „[…] eine organisatorische Einheit, innerhalb derer der Unternehmer allein oder zusammen mit seinen Mitarbeitern mit Hilfe sächlicher und

---

8 BAG 27.9.2012 – 2 AZR 838/11, NJW 2013, 1692; 19.3.1992 – 2 AZR 396/91, juris; 9.9.1982 – 2 AZR 253/80, AP Nr. 1 zu § 611 BGB Hausmeister; ErfKomm/*Preis*, § 611a BGB Rn. 183.

9 BAG 21.1.1999 – 2 AZR 648/97, NZA 1999, 539; *Preis*, Individualarbeitsrecht § 7 Rn. 134 f.

10 BAG 23.11.1988 – 7 AZR 34/88, NZA 1989, 812; HK-ArbR/*Kreuder/Matthiessen-Kreuder*, §§ 611, 611a BGB Rn. 123.

11 BAG 23.9.1980 – 6 ABR 8/78, AP BetrVG 1972 § 47 Nr. 4.

12 *Preis*, § 11 Rn. 348.

13 BAG 17. 5. 1984 – 2 AZR 109/83, AP KSchG 1969 § 1 Betriebsbedingte Kündigung Nr. 21; 11. 10. 1989 – 2 AZR 61/89, AP KSchG § 1 Betriebsbedingte Kündigung Nr. 47; aA: MünchHdBArbR/*Berkowsky*, § 109 Rn. 30.

14 ErfKomm/*Preis*, § 611a BGB Rn. 193.

immaterieller Mittel bestimmte arbeitstechnische Zwecke fortgesetzt verfolgt."[15] Im Vordergrund steht die Einheit der Organisation, weniger die Einheitlichkeit der arbeitstechnischen Zweckbestimmung.[16] Diese Definition dient aber nicht dazu, den Betrieb im Betriebsverfassungsrecht und im Individualarbeitsrecht abschließend zu definieren; der individual-rechtliche Bezugspunkt beim Betrieb ist regelmäßig der Rechtsträger als Vertragspartner, also der Arbeitgeber, während betriebsverfassungsrechtlich auf den personellen Leitungsapparat abgestellt wird.[17] Daher kann die Betriebsdefinition nicht für alle gesetzlichen Regelungen, auch nicht innerhalb desselben Gesetzes, einheitlich ausgelegt und angewandt werden; sondern es bedarf vielmehr der normativ-teleologisch Auslegung unter Berücksichtigung des jeweiligen Normzwecks.[18]

dd. Konzern

Im Arbeitsrecht existiert kein eigenständiger Konzernbegriff; es wird der gesellschaftsrechtliche Konzernbegriff aus § 18 AktG verwendet, vgl. § 54 Abs. 1 Satz 1 BetrVG, § 5 Abs. 1 Satz 1 MitbestG.[19] Gem. § 18 AktG besteht ein Konzern aus mehreren verbundenen Unternehmen, von denen eines herrscht und eines oder mehrere abhängig sind und unter der einheitlichen Leitung des herrschenden Unternehmens zusammengefasst sind. Der Konzern als Einheit verbundener Unternehmen besitzt keine eigene Rechtspersönlichkeit; über eine solche können nur die einzelnen Unternehmen verfügen.[20] Nur im Individualarbeitsrecht und in der Mitbestimmung hat die Zugehörigkeit eines Unternehmens zum Konzern rechtliche Relevanz.[21]

ee. Abgrenzung der Definitionen

Die Definitionen Arbeitgeber, Unternehmen, Betrieb und Konzern überschneiden sich teilweise und bedürfen der Abgrenzung untereinander.

---

15 BAG 18.01.1990 – 2 AZR 355/89, NZA 1990, 977, 978; 9.12.2009 – 7 ABR 38/08, NZA 2010, 906.

16 *Fitting*, § 1 BetrVG Rn. 65; Richardi/*Maschmann*, § 1 BetrVG Rn. 22; GK-BetrVG/*Franzen*, § 1 BetrVG Rn. 28.

17 ErfKomm/*Preis*, § 611a BGB Rn. 194; HK-ArbR/*Kreuder/Matthiessen-Kreuder*, §§ 611, 611a BGB Rn. 126.

18 MünchHdBArbR/*Berkowsky*, § 109 Rn. 31; *Preis*, Individualarbeitsrecht, § 11 Rn. 352.

19 BAG 11.2.2015 – 7 ABR 98/12, AP Nr 18 zu § 54 BetrVG 1972.

20 HK-ArbR/*Kreuder/Matthiessen-Kreuder*, §§ 611, 611a BGB Rn. 129.

21 ErfKomm/*Preis*, § 611a BGB Rn. 198.

[1] Abgrenzung Arbeitgeber und Unternehmen
Sofern Arbeitnehmer zu einem Unternehmen gehören bzw. mit dessen vertretungsberechtigten Person einen Arbeitsvertrag abgeschlossen haben, ist das Unternehmen zugleich der Arbeitgeber. Gleichwohl ist nicht jeder Unternehmer gleich Arbeitgeber sowie auch nicht jeder Arbeitgeber Unternehmer ist. Ein Unternehmen setzt nicht zwingend voraus, dass für seine Arbeitsorganisation Arbeitnehmer vorhanden sind so wie auch eine einzelne Personen, zB der Freiberufler oder Makler, kein Unternehmen betreiben müssen, um Arbeitgeber zu sein.[22]

[2] Abgrenzung Unternehmen und Betrieb
Eine Unterscheidung von Unternehmen und Betrieb aus arbeitsrechtlicher Sicht ist notwendig, wenn ein Unternehmen für die Verwirklichung seiner arbeitstechnischen Aufgaben eine dezentralisierte Organisation aufweist, in der seine verschiedenen zu bewältigenden Arbeitsaufgaben auf mehrere Betriebe verteilt sind und ein Betriebsteil so verselbstständigt ist, dass der örtliche Schwerpunkt für arbeitsrechtliche Beziehungen alleine bei diesem einen Betriebsteil gegeben ist.[23] Dann ist der betreffende Betrieb das arbeitstechnische Spiegelbild des Unternehmens, also keine vollends selbstständige Organisation, sondern lediglich ein verselbstständigter Teil des Unternehmens.[24] Somit erlangt der Betrieb gegenüber dem Unternehmen nur dann eine eigenständige Funktion, wenn sich arbeitsrechtliche Regelungen nicht auf das Unternehmen als Ganzes beziehen.[25]

[3] Abgrenzung Arbeitgeber und Betrieb
Mit Blick auf den privatrechtlichen Vertragsschluss sind Arbeitgeber und Betrieb nicht zwingend identisch. Der Arbeitsvertrag ist mit dem Arbeitgeber geschlossen und nicht mit dem Betrieb als solchem. Der Arbeitgeber kann vielmehr Inhaber eines Betriebes sein und die betriebliche Organisationsgewalt ausüben, innerhalb dieser der Arbeitnehmer seine arbeitsvertragliche Tätigkeit ausführt.[26]

b. Entwicklung der Definitionen

Das heutige Verständnis der Definitionen Arbeitgeber, Unternehmen, Betrieb und Konzern entwickelte sich vom gängigem Sprachgebrauch hin zu den

22 MünchHdBArbR/*Richter*, § 23 Rn. 5.
23 MünchHdBArbR/*Richter*, § 24 Rn. 11 f.
24 MünchHdBArbR/*Richter*, § 24 Rn. 11 f.
25 *Joost*, S. 403.
26 MünchHdBArbR/*Richter*, § 23 Rn. 2 f.

heutigen Definitionen mit rechtlichem Inhalt. Die Veränderung dieser Definitionen durch Erosion, Erweiterung oder Funktionswandel hat Auswirkungen auf wesentliche Bereiche der Arbeitsbeziehungen.

Die Arbeitgeberdefiniton wurde erstmals in der geschriebenen Fachsprache Mitte des 19. Jahrhunderts verwendet und entstammte aus den den Arbeitgeber umschreibenden Worten wie Herrschaft, Dingender oder Arbeitsherr.[27] Die Etablierung einer Arbeitgeberdefinition ist durch die Aufnahme des Arbeitgebers in den Anfang des 20. Jahrhunderts verabschiedeten Arbeitsgesetzen erfolgt; der Arbeitgeber war dem Unternehmer gleichbedeutend, beide Definitionen wurden von der Gesetzgebung gleichlaufend verwendet.[28] Der Arbeitgeber war Partei eines gewerblichen Arbeitsverhältnisses, dieses beruhte auf der Vertragspartnerstellung des Arbeitgebers. Der Arbeitgeber hatte hierbei eine Machtstellung inne, die ihn zum Schutz des Arbeitnehmers verpflichtete. Mit Beginn der Weimarer Republik verselbstständigte sich die Definition des Arbeitgebers: Sie war nicht mehr geprägt vom Gewerberecht, sondern wurde für alle Arbeitsverhältnisse gleich verwendet; wobei der Gesetzgeber es der Rechtsprechung und Wissenschaft überließ, welche Personen der Geltung von arbeitsrechtlichen Gesetzen unterfielen.[29] Während die Definition des Arbeitgebers zum Grundtatbestand des Arbeitsrechts wurde, stand die Unternehmensdefinition für die wirtschaftliche Stellung des Unternehmens im wettbewerblichen Verhältnis zu einem Wirtschaftskonkurrenten.[30]

Im Nationalsozialismus erfolgte durch das Gesetz zur Ordnung der nationalen Arbeit (AOG) ein Bezeichnungswandel. Der Arbeitgeber wurde durch den Unternehmer ersetzt; das Unternehmen fand damit erstmals Eingang in Arbeitsgesetze.[31] Das Arbeitsverhältnis wurde als Herrschaftsverhältnis ausgestaltet.[32] Der Arbeitgeber als Führer des Betriebes, hatte die Befugnis zur Entscheidung über die Gefolgschaft durch eine formal zu erlassene Betriebsordnung inne, welche aber nicht vom Arbeitgeber sondern vom Staat als autonome Satzung im Rahmen der staatlichen Gesetze und Rechtsverordnungen erlassen wurde.[33] In der Bundesrepublik Deutschland wurde der Arbeitgeber wieder zum prägenden Tatbestandsmerkmal des Arbeitsrechts und ist durch das vom Sozialstaat

---

27 *Bernert*, S. 56.
28 *Mehrhoff*, S. 28
29 *Becker*, S. 160; *Mehroff*, S. 33 f.
30 *Mehrhoff*, S. 35.
31 *Richardi*, S. 39.
32 *Richardi*, S. 40.
33 *Richardi*, S. 40.

geprägte Recht des Art. 28 Abs. 1 GG durch die Vertragspartnerstellung im Arbeitsverhältnis gekennzeichnet.[34]

Die Betriebsdefinition hat Anfang des 20. Jahrhunderts die bedeutungsgleiche Definition der Fabrik abgelöst.[35] Im Betriebsrätegesetze vom 4.2.1920 war der Betrieb die Einheit, für welche regelmäßig ein Betriebsrat zu errichten ist. Der Betrieb wurde vom Unternehmen getrennt und dadurch wurden zum ersten Mal unterschiedliche Anknüpfungspunkte für die kollektive Mitbestimmung der Arbeitnehmer geschaffen.[36] Das Unternehmen wird seitdem von der hM als Zusammenfassung mehrerer Betriebe verstanden, in welchem unter bestimmten nach dem Betriebsrätegesetz vorgegebenen Voraussetzungen ein Gesamtbetriebsrat errichtet werden konnte.[37] Entscheidend für die heutige Definition des Betriebs ist die Untersuchung von *Erwin Jacobi*[38], nach welcher der Betrieb die „Vereinigung von persönlichen, sächlichen und immateriellen Mitteln zur fortgesetzten Verfolgung eines von einem oder mehreren Rechtssubjekten gemeinsam gesetzten technischen Zwecks ist".[39]

2. *Definition Industrielle Beziehungen*

Industrielle Beziehungen sind wirtschaftliche Austauschprozesse in sozialen Kooperations- und Konfliktbeziehungen zwischen Kapital und Arbeit bzw. zwischen den sie repräsentierenden Akteuren in einem Betrieb, einem Wirtschaftszweig, einem Land oder einem (regulierten) transnationalen Wirtschaftsraum.[40] Industrielle Beziehungen betreffen nicht nur das Verhältnis zwischen Arbeitgebern und Arbeitnehmern, sondern auch und vor allem die Beziehungen zwischen deren repräsentativen Organisationen – also den betrieblichen Arbeitsbeziehungen und überbetrieblichen Tarifbeziehungen, mit dem Verhältnis zwischen Arbeitgeber und Arbeitnehmer und den Interaktionen zwischen Gewerkschaften und Arbeitgeberverbänden sowie den für die Arbeitsregulierung verantwortlichen staatlichen und supranationalen Institutionen.[41]

---

34 *Mehrhoff*, S. 44.
35 MünchHdBArbR/*Richter*, § 24 Rn. 3.
36 MünchHdBArbR/*Richer*, § 24 Rn. 3; *Joost*, S. 30.
37 *Joost*, S. 38.
38 Betrieb und Unternehmen als Rechtsbegriffe (1926).
39 MünchHdBArbR/*Richter*, § 24 Rn. 4; *Jacobi*, S. 286.
40 *Müller-Jentsch*, Strukturwandel der industriellen Beziehungen, S. 3.
41 *Müller-Jentsch*, Strukturwandel der industriellen Beziehungen, S. 3 f.

II. Der Arbeitgeber aus arbeitsrechtlicher Perspektive

1. Vertragspartner des Arbeitnehmers

Arbeitsrecht bezieht sich auf das Verhältnis zwischen Arbeitgeber und Arbeitnehmer und hat seine Grundlage im Arbeitsvertrag zwischen den beiden Parteien. Zwar enthält das Arbeitsrecht weitergehende Regelungen, die nicht nur den Arbeitsvertrag als solchen betreffen, sondern auch auf das Arbeitsverhältnis im weiteren Sinne von Einfluss sind, wie zB die betriebliche Mitbestimmung nach dem Betriebsverfassungsgesetz oder das Tarifvertragsrecht nach dem Tarifvertragsgesetz. All diese Regelungen finden nur Anwendung, wenn ihnen ein durch Arbeitsvertrag gem. § 611a BGB begründetes Arbeitsverhältnis zugrunde liegt. Während sich die Arbeitnehmerstellung aus der in § 611a BGB enthaltenen gesetzlichen Definition ergibt, ist derjenige Arbeitgeber, der einen Arbeitsvertrag mit dem Arbeitnehmer geschlossen hat.[42] Die Vermeidung des Arbeitsvertrages und die damit einhergehende Vermeidung der Arbeitgeberstellung durch Erbringenlassen der Dienstleistung im Rahmen eines anderen Vertragsverhältnisses ist möglich, aber sanktioniert. Wer einen anderen zur Leistung von Diensten in weisungsgebundener, fremdbestimmter Arbeit in persönlicher Abhängigkeit verpflichtet, kann dies nur mittels eines Arbeitsvertrages tun. Die Dienstleistungserbringung unter rechtlicher Einordnung in eine andere Vertragsbeziehung und eine dementsprechende Bezeichnung sind nicht entscheidend.[43] Es ist vielmehr auf die tatsächliche Durchführung des Vertrages abzustellen (vgl. § 611a Abs. 1 Satz 6 BGB) und wie die Rechtsbeziehung nach ihrem Geschäftsinhalt objektiv einzuordnen ist.[44] Denn durch eine Parteivereinbarung soll weder das Gegebensein des Arbeitsvertrages abgerungen noch der Geltungsbereich des Arbeitsschutzrechts eingeschränkt werden können.[45] Zwar ist auch der Arbeitsvertrag Ausdruck der Privatautonomie; doch wird diese eingeschränkt, sobald Abhängigkeits- oder Unterordnungsverhältnisse bestehen.[46] Mit dem Gegebensein des Arbeitsvertrages finden die überwiegend zwingenden Arbeitsschutzvorschriften für den „schwächeren" Arbeitnehmer Anwendung. Arbeitsrecht dient somit Schutz des abhängigen Arbeitnehmers. Die Erbringung von Dienstleistungen durch den abhängigen und weisungsgebundenen

---

42 Siehe dazu § 2A.I.1.a.aa, S. 29.

43 ErfKomm/*Preis*, § 611a BGB Rn. 43.

44 BAG 19.11.1997 – 5 AZR 653/96, NZA 1998, 364; 22.3.1995 – 5 AZB 21/94, NZA 1995, 823.

45 ErfKomm/*Preis*, § 611a BGB Rn. 44; *Boemke*, NZA 1993, 532.

46 ErfKomm/*Preis*, § 611a BGB Rn. 2.

Dienstleister führt dazu, dass der Leistungsempfänger zum Arbeitgeber und der Dienstleister zum Arbeitnehmer wird.[47] Dieses traditionelle Zwei-Personen-Arbeitsverhältnis ist heute mehr denn je im Wandel. Benötigt der Arbeitgeber Zugriff auf eine Arbeitskraft, dann erfolgt dieser oft nicht im Rahmen des traditionellen zweiseitigen Normalarbeitsverhältnisses, sondern zunehmend in unterschiedlichen rechtlichen Gestaltungen im Rahmen von Netzwerkorganisationen.[48] Zukünftig ist daher zu bedenken, ob ein Abstellen auf den Arbeitgeber weiterhin zeitgemäß ist oder ob das Arbeitsrecht andere Tatbestandsmerkmale benötigt, um einen sozialen Schutz des Arbeitnehmers, vermittelt durch das Arbeitsrecht, zu gewährleisten.

2. *Arbeitgeber als Schutzadressat im Arbeitsverhältnis*

Das Grundrecht der Berufsfreiheit gem. Art. 12 Abs. 1 GG kommt im Arbeitsverhältnis beiden Vertragsparteien zu – Arbeitgebern wie Arbeitnehmern.[49] Der Arbeitsvertrag unterliegt wie jeder andere schuldrechtliche Vertrag dem Privatrecht sowie der Privatautonomie.[50] Der Arbeitnehmer leistet im Arbeitsverhältnis abhängige Erwerbsarbeit. Diese Ausgangslage ermöglicht es dem Arbeitgeber oftmals, einseitig Vertragsbedingungen im Arbeitsvertrag durchsetzen zu können. Diese ungleiche Verteilung der Verhandlungsmacht verhindert gewissermaßen, dass die Privatautonomie ihre regulierende Kraft zwischen den Arbeitsvertragsparteien entfalten kann. Es bedarf daher einer Einschränkung der Privatautonomie des Arbeitgebers. Diese Aufgabe obliegt Kraft des Art. 12 Abs. 1 GG dem Gesetzgeber und nicht dem Arbeitgeber.[51] Der Staat hat die objektiv-rechtliche Verpflichtung, durch arbeitnehmerschutzrechtliche Vorschriften das Freiheitsrecht Arbeit vor Obsoleszenz und Funktionslosigkeit zu schützen.[52] Er muss ausgleichend eingreifen, um die im Grundgesetz enthaltene Wertentscheidung zu sichern.[53] Bei Wahrnehmung seiner in Art. 12 GG enthaltenen Schutzverpflichtung muss der Gesetzgeber die schützwürdigen Interessen

---

47 HK-ArbR/*Däubler*, Einl. Rn. 2.

48 *Bücker*, Industrielle Beziehungen 2016, 187, 188; *Deinert*, RdA 2014, 65.

49 ErfKomm/*Schmidt*, Art. 12 GG Rn. 14.

50 ErfKomm/*Preis*, § 611a BGB Rn. 2.

51 BeckOK-GG/Epping/Hillgruber/*Ruffert*, Art. 12 GG Rn. 19 ff.

52 *Papier*, RdA 2000, 1, 4.

53 BVerfG 15.07.1998 – 1 BvR 1554/89, 1 BvR 963/94, 1 BvR 964/94, BVerfGE 98, 365, 395; 19.10.1993 – 1 BvR 567/89, 1 BvR 1044/89, BVerfGE, 89, 214, 234.

von Arbeitnehmer und Arbeitgeber in einen gerechten Ausgleich bringen.[54] Mit dem Arbeitsrecht hat der Gesetzgeber Normen für das Arbeitgeber-Arbeitnehmer-Verhältnis geschaffen, die unmittelbar den Interessenausgleich zwischen Arbeitgeber und Arbeitnehmer regeln. Für den Arbeitgeber sind diese Gesetze zwingend, wenn der Zweck des Gesetzes den Arbeitnehmerschutz verwirklichen soll.[55] Der Arbeitgeber hat die zwingenden Normen des Arbeitsrechts zu achten, die grundrechtliche Schutzpflicht des Arbeitnehmers trifft aber nicht unmittelbar ihn, sondern den Gesetzgeber sowie die Gerichte.[56] Sofern der Arbeitgeber bzw. der Unternehmer versucht, sich arbeitsrechtlichen Normen zu entziehen, kann er dies im Rahmen gesetzlicher Ge- oder Verbote. Somit ist für die nachfolgenden Ausführungen stets zu bedenken, dass solange sich der Arbeitgeber durch rechtlich zulässige Strategien dem Arbeitsrecht entzieht, ihm dies nicht verboten ist. Er ist nicht gezwungen, als Unternehmer die Stellung eines Arbeitgebers einzunehmen. Arbeitsrecht dient zwar dem Schutz des Arbeitnehmers – die Verwirklichung des Schutzes obliegt aber alleine dem Staat und nicht dem Arbeitgeber. Somit muss der Staat den Akteuren der Arbeitsrechtsvermeidung die Grundlage entziehen und nicht diese dafür Sorge tragen, dass Arbeitnehmern ein adäquater Schutz gewährleistet wird. Sollte das Normalarbeitsverhältnis am Erodieren sein, dann obliegt es ebenfalls dem Gesetzgeber, die soziale Ausgestaltung dieses Normalarbeitsverhältnisses zu gewährleisten und erforderliche Anpassungen, die sich durch die Veränderung der Arbeitswelt ergeben, vorzunehmen.[57]

B. Organisatorische Rahmenbedingungen der heutigen Arbeitswelt

Kennzeichnend für die deutschen Arbeitsbeziehungen sind die starke Verrechtlichung sowie die prinzipielle Stabilität des institutionellen Gefüges des kollektiven Arbeitsrechts.[58] Diese Merkmale sind dem Druck einer sich wandelnden Arbeitswelt ausgesetzt. Die zunehmende Globalisierung und der damit einhergehende, allseits wahrgenommene technische Fortschritt durch die Digitalisierung führen zu einem erhöhten Leistungs- und Wettbewerbsdruck in der

---

54 BeckOK-GG/Epping/Hillgruber/*Ruffert*, Art. 12 GG Rn. 19 ff; *Papier*, RdA 2000, 1, 4; HK-ArbR/*Lakies*, Art. 12 GG Rn. 11.

55 MünchHdBArbR/*Fischinger*, § 6 Rn. 24.

56 BVerfG 7.2.1990 – 1 BvR 26/84, NJW 1990, 1469; ErfKomm/*Schmidt*, Art. 12 GG Rn. 4.

57 *Bücker*, Industrielle Beziehungen 2016, 187, 188.

58 *Weiss*, Industrielle Beziehungen 2013, 393.

Arbeitswelt. Dieser wird verstärkt durch eine erhöhte Kundenorientierung. Neue Organisationsformen im betrieblichen wie personalorganisatorischen Bereich entwickeln sich rasant und beruhen auf unterschiedlichen wirtschaftlichen, gesellschafts- und arbeitsrechtlichen Beweggründen. Dem allem muss das Arbeitsrecht standhalten.

I. Entwicklung des Arbeitsmarktes, der industriellen Beziehungen und der arbeitsrechtlichen Regelungen

1. Entwicklung des Arbeitsmarktes seit den 1970er Jahren

Die nach dem Zweiten Weltkrieg in zahlreichen Industrienationen andauernde Aufschwungphase nahm Mitte der 1970er Jahre ein jähes Ende.[59] Die Zeit war bis dahin geprägt vom fordistischen System. Merkmale dieser Ära waren die Massenproduktion sowie der Massenkonsum, welche die staatliche Wirtschafts-, Finanz-, und Sozialpolitik miteinander verband.[60] Unternehmen und Gewerkschaften wurden bestimmte Regelungsbefugnisse zugewiesen, was eine Art Abstimmung zwischen den Akteuren Staat, Unternehmen und Gewerkschaft gewährleistete und in der Folge die Arbeitsbedingungen durch tarifliche und betriebliche Regelungen regulierte.[61] Mitte der 1970er folgte eine Globalisierungsphase, mit zunehmenden internationalen wirtschaftlichen Verflechtungen, welche am zunehmenden Umfang und Gewicht des internationalen Handels und von internationalen Kapitalbewegungen zu erkennen war.[62] Der Arbeitsmarkt in Deutschland, wie auch in anderen Ländern, wurde beeinflusst durch eine Reihe von Neuerungen und Fortentwicklungen innerhalb der Produktionsprozesse. Die Entwicklung der hoch qualifizierten Version des Taylorismus in den 1970er Jahren wurde ersetzt durch schlanke und modulare Produktionen zur Integration in globale Wertschöpfungsketten sowie eine Verschiebung hin zu mehr wissensintensiven Aktivitäten, oft basierend auf Netzwerkstrukturen als etablierte Organisationsstrukturen.[63] Des Weiteren wurden Produktionsprozesse durch den Einsatz von Elektronik und Informationstechnologie weiter automatisiert – die dritte industrielle Revolution, geprägt durch den Dienstleistungssektor,

---

59 *Werding*, VfZ 2008, 303.

60 *Meine/Ohl/Rohnert*, Hdb Arbeit, Entgelt, Leistung, S. 33.

61 *Meine/Ohl/Rohnert*, Hdb Arbeit, Entgelt, Leistung, S. 33.

62 *Werding*, VfZ 2008, 303, 311.

63 *Mardsen*, Journal for Labour Market Research 2015, 169, 170.

setzte ein.[64] Durch die zunehmend flexibilisierten Arbeitsmärkte wurden mehr flexible Produktionen erzwungen, die zusammen mit der Internationalisierung der Märkte die Rationalisierungs- und Kostensenkungsprozesse antrieb.[65] Alle diese Entwicklungen, auch Faktoren wie die Wiedervereinigung und eine Phase der wirtschaftlichen Stagnation, führten zu einem Rückgang der Erwerbstätigkeit und einem starken Anstieg der Arbeitslosenzahlen in 1990er Jahren bis hin in die 2000er Jahre, welche im Jahr 2005 einen historischen Höchststand erreichten.[66] In den letzten zehn Jahren ist der deutsche Arbeitsmarkt durch einen Aufwärtstrend gekennzeichnet; die Zahl der Erwerbstätigkeiten steigt und die Zahl der Arbeitslosen sinkt.[67] Anders als in der öffentlichen Wahrnehmung behauptet, sind die meisten neuen Jobs sozialversicherungspflichtige Normalarbeitsverhältnisse.[68] Es ist daher festzuhalten, dass sich der deutsche Arbeitsmarkt in der Gesamtbetrachtung bezogen auf den Beschäftigungsgrad zuletzt positiv entwickelt hat.[69]

a. *Entwicklung von Organisationskonzepten und -strukturen*

Organisationsstrukturen in Unternehmen haben sich im Laufe der 1980er Jahre dadurch angefangen zu wandeln, dass Prozesse wie die Vermarktlichung und Dezentralisierung einsetzten und zu einer betrieblichen Entgrenzung führten.[70] Aufgrund der Globalisierung trugen vor allem kleinere Unternehmenseinheiten dazu bei, ein schnelleres, flexibleres und kundennäheres Agieren am Wirtschaftsmarkt zu ermöglichen. Die früheren Organisationsstrukturen, die geprägt waren durch einen hohen Koordinations- und Abstimmungsaufwand selbst auf tiefster Hierarchieebene, wurden reduziert durch die Herausnahme von Leitungsebenen und die Verschlankung des Managements.[71] Bestimmte Arbeitsschritte wurden mittels Outsourcing ausgelagert.[72] Neu geschaffene Produktions- und Unternehmenssysteme entstanden.[73] Neuere Organisationsstrukturen wurden

64 *Elstner/Feld/Schmidt*, Bedingt abwehrbereit: Deutschland im digitalen Wandel, Arbeitspapier, Sachverständigenrat zur Begutachtung der Gesamtwirtschaftlichen Entwicklung, No. 03/2016, S. 2.

65 *Frey/Hüning/Nickel* in: Beschäftigungsstabilität im Wandel?, S. 270.

66 *BMAS*, Weissbuch, S. 44 f.

67 *Iwd*, Die Erfolgsgeschichte auf dem Arbeitsmarkt geht weiter, 31.8.2017.

68 *Iwd*, Die Erfolgsgeschichte auf dem Arbeitsmarkt geht weiter, 31.8.2017.

69 *BMAS*, Weissbauch, S. 44.

70 *Jürgens, Hoffmann, Schildmann*, S. 33.

71 *Femppel* in: Neuere personalpolitische Handlungsschwerpunkte, S. 18.

72 *Wüstner*, S. 60.

73 *Femppel* in: Neuere personalpolitische Handlungsschwerpunkte, S. 18.

geprägt durch Konzepte wie *Lean Management and Production*, Projektorganisation, Divisionalisierung und Dezentralisierung, verbunden mit der Delegation von Entscheidungskompetenzen sowie Team- und Gruppenarbeit.[74] Mit der Implementierung neuer Organisationsstrukturen ist auch eine Flexibilisierung der Arbeitsmethoden bzw. -inhalte verbunden – so werden zB Arbeitsverträge und Arbeitszeiten flexibilisiert oder Arbeitsprozesse eingestellt bzw. ausgelagert.[75]

b. Industrie 4.0

Bei der Betrachtung der Entwicklung von neuen Organisationsformen und Entscheidungsstrukturen darf das präsente Thema der Industrie 4.0 nicht außer Acht gelassen werden; auch diese bringt entscheidende Änderungen der Arbeitsorganisation mit sich. Industrie 4.0 entstand als Begrifflichkeit Ende des Jahres 2011 durch die Forschungsunion.[76] Eine klare Definition ist nicht vorhanden. Industrie 4.0 ist gekennzeichnet durch die Produktion und Zusammenschließung modernster Informations- und Kommunikationstechnik, wobei diese Entwicklung durch die rasant zunehmende Digitalisierung von Wirtschaft und Gesellschaft getrieben ist.[77] Durch sie wird nachhaltig die Art und Weise, wie zukünftig in Deutschland produziert und gearbeitet wird, verändert und nach den vorherigen industriellen Revolutionen durch Dampfmaschine, Fließband, Elektronik und IT bestimmen heute intelligente Fabriken (sogenannte „Smart Factories“) die vierte industrielle Revolution – die Industrie 4.0. Aspekte, die vor allem die Arbeitswelt in der Industrie 4.0 prägen, sind die gesteigerte Selbstverantwortung von Dienstleistern, Arbeitnehmern und Arbeitsgruppen, wobei im Individualarbeitsrecht der größere Erfolgsbezug der Arbeit sowie ein stärkerer Leistungsbezug der Vergütung Veränderungen mit sich bringen.[78] Vor allem der Arbeitsschutz bedarf hinsichtlich der zeitlichen Komponente ein höheres Maß an Flexibilisierung, denn durch mobile Endgeräte ist die Leistung von Diensten nahezu überall und jederzeit möglich. Arbeit und Produktion sind somit nicht

---

74 *Femppel* in: Neuere personalpolitische Handlungsschwerpunkte, S. 18; *REFA-Institut*, Arbeitsorganisation erfolgreicher Unternehmen, S. 56.

75 *Wüstner*, S. 60.

76 http://www.forschungsunion.de/pdf/industrie_4_0_umsetzungsempfehlungen.pdf I Stand 27.9.2017 Seite 4.

77 http://www.plattform-i40.de/I40/Navigation/DE/Industrie40/WasIndustrie40/was-ist-industrie-40.html;jsessionid=9A63C4EAF600C05840B2499AE24C1371 I Stand 22.9.2017.

78 *Simon*, Industrie 4.0 als Herausforderung des Arbeitsrechts, S. 22 f.

mehr an bestimmte Orte gebunden, das Internet ermöglicht die Zusammenführung der Arbeitsmittel und -prozesse, sodass in global operierenden Unternehmen die verschiedenen Arbeitsprozesse innerhalb der Wertschöpfungskette längst an verschiedenen weltweiten Standorten erbracht werden.[79] Die Arbeitgeberstellung wird beeinflusst durch unternehmensübergreifende Kooperationen, vernetzte Produktionslinien und der damit einhergehenden Aufspaltung der Arbeitgeberstellung.[80] Die Betriebsverfassung, wenn sie weiterhin eine Mitbestimmung der Arbeitnehmer auf Betriebsebene gewährleisten will, muss ein Mehr an Flexibilität hervorbringen, vor allem hinsichtlich betriebsübergreifender Prozesse sowie Produktionsabläufen und der Vermischung von Entscheidungsstrukturen und Verantwortlichkeiten.[81] Als neueste Entwicklung in der Arbeitsorganisation hat sich die Plattformökonomie von den USA ausgehend international und national etabliert; es existieren hier die unterschiedlichsten Ausführungen des Plattformmodells, wobei allen aber gemeinsam ist, dass durch Internetplattformen oder Smartphone Apps digitale Infrastrukturen zur Verfügung gestellt werden, auf denen das Angebot und die Nachfrage nach bezahlten Dienstleistungen zusammengeführt wird.[82] Die sogenannten Cloud-Konzepte und die Nutzung von Cloudplattformen beeinflussen nicht nur die betrieblichen Strukturen; über solche Plattformen können weltweit Arbeitskräfte genutzt und in Wertschöpfungsprozesse integriert werden, ohne dass es eines Arbeitsvertrags bedarf.[83]

c. *Effekte der Arbeitsmarktentwicklung auf die Beschäftigung*

Vier Fünftel der erwerbstätigen Personen in Deutschland üben heutzutage ihre Tätigkeit in einer abhängigen Position im Rahmen einer von Dritten geschaffenen und kontrollierten Organisation als Arbeitnehmer aus.[84] Mit dem technologischen und wirtschaftlichen Fortschritt geht in den Industrieländern ein Wandel der Wirtschaftsstruktur einher, weg vom produzierenden Gewerbe. Wurde in früheren Jahren zB die Stahlerzeugung pro Kopf der Bevölkerung als Maß für die Leistungsfähigkeit einer Volkswirtschaft angesehen, ist heute

---

79 *Jürgens, Hoffmann, Schildmann*, S. 33.

80 Siehe hierzu § 3A.II.1.d.bb, S. 64.

81 *Simon*, Industrie 4.0 als Herausforderung des Arbeitsrechts, S. 22 f.; siehe auch § 3B.III, S. 143.

82 *Krause*, NZA-Beilage 2017, 53, 58 f.; § 3A.II.1.d.aa.{2}, S. 59.

83 *Jürgens, Hoffmann, Schildmann*, S. 33.

84 HK-ArbR/*Kreuder/Mathiessen-Kreuder*, §§ 611, 611a BGB Rn. 1.

vielmehr die Transport- bzw. Dienstleistungsintensität ein zeitgemäßer Indikator.[85] Im Zusammenhang mit dieser Entwicklung geht auch die Verwissenschaftlichung der Dienstleistungen einher. In der Bundesrepublik Deutschland sind seit 1980 mehr Menschen in Berufen tätig, in denen die Informationsverarbeitung im Vordergrund steht, als in anderen Berufen.[86] Ungefähr seit 1995 ist dies bei etwa die Hälfte aller Erwerbstätigen der Fall.[87] Mittelfristig werden besonders jene Tätigkeiten unter Druck geraten, die ein mittleres Qualifikationsniveau erfordern: Während die Automatisierung sehr einfacher Tätigkeiten zu teuer ist und diese in modernen Produktionsanlagen zahlenmäßig kaum mehr ins Gewicht fallen, entziehen sich hoch qualifizierte Tätigkeiten oft aus technischen Gründen einer Automatisierung.[88] Demgegenüber bietet die mittlere Qualifikationsebene – inklusive der Facharbeiter – ein großes Automatisierungspotenzial.[89] Wenngleich die aktuell absehbare Form der Digitalisierung neuartige Produktionssysteme hervorbringt, die kooperativ mit dem Menschen zusammenarbeiten, ist das Motiv für ihren Einsatz, neben der Qualitätsverbesserung und Flexibilisierung, auch die Effizienzsteigerung.[90] Der Arbeitsmarkt ist nicht mehr beherrscht von Standardisierung, Stabilität, Sicherheit und Bürokratie, sondern von Kundenorientierung, Flexibilität, Ungewissheit und Teamarbeit.[91] Beschäftigung durch Arbeitgeber ist heutzutage geprägt von Outsourcing und Zeitarbeit.[92] Belegschaftsstrukturen in Unternehmen entsprechen schon lange nicht mehr dem Bild der aufkommenden Industriegesellschaft, in der das Unternehmen mit einer Belegschaft arbeitete, die dauerhaft von der Ausbildung bis zur Rente in einem Unternehmen tätig blieb. Im Gegenteil: Dauerbeschäftigung bei einem Arbeitgeber ist heute eher die Ausnahme.[93] Diese „Erosion des Normalarbeitsverhältnisses" des Arbeitnehmers zum Stamm- oder

---

85 *Bruhn*, Das Unternehmen in der Dienstleistungsgesellschaft, S. 31, 32.

86 *Senghaas-Knobloch*, S. 28.

87 *Senghaas-Knobloch*, S. 28.

88 *Iwd*, Wandel der Arbeitswelt: Routine bleibt, 25.6.2018; *Krause*, Digitalisierung der Arbeitswelt – Herausforderungen und Regelungsbedarf, Gutachten B zum 71. DJT, B 22 f.

89 *Apt/Bovenschulte/Hartmann/Wischmann*, Foresight-Studie „Digitale Arbeitswelt", S. 9; IAB-Forschungsbericht 8/2015, Industrie 4.0 und die Folgen für Arbeitsmarkt und Wirtschaft.

90 *Apt/Bovenschulte/Hartmann/Wischmann*, Foresight-Studie „Digitale Arbeitswelt", S. 9.

91 *Apt/Bovenschulte/Hartmann/Wischmann*, Foresight-Studie „Digitale Arbeitswelt", S. 9.

92 *Budd*, WSI-Mitteilungen 2013, 444.

93 *Deinert*, RdA 2014, 65; *iwd*, Fluktuation: Starke Wirtschaft führt zu mehr Jobwechseln, 30.8.2018.

Einsatzbetrieb löst schon seit den 1980er Jahren eine intensive sozialpolitische Diskussion aus.[94] Vordergründig geht es bei dieser Diskussion um die oft verschlechterten Arbeitsbedingen des Fremdpersonals in prekären Beschäftigungsverhältnissen.[95] Diese Diskussion ist heutzutage weiterhin aktuell. Atypische Beschäftigung kann zwar auch eine Brückenfunktion für den Übergang in eine Vollzeitbeschäftigung oder selbst gewählt sein – problematisch wird sie, wenn sie sich verfestigt und kein existenzsicherndes Einkommen ermöglicht.[96] Der Arbeitsmarkt ist auch geprägt von anderen Aspekten, vor allem gegenläufigen Entwicklungen, wie dem Fachkräftemangel. Bei einer Befragung der deutschen Industrie- und Handelskammer gaben knapp 48 % der befragten Unternehmen an, offene Stellen nicht besetzen zu können, weil sie keine passenden Arbeitskräfte für die zu besetzenden Stelle fänden.[97] Aus diesem Grund sehen 60 % der Unternehmen im Fachkräftemangel ein Risiko für ihre Geschäftsentwicklung – dies ist neuer Höchstwert, 2010 waren es lediglich 16 %.[98] Gründe für diese Entwicklung sind der demographische Wandel in der Gesellschaft, aber auch die gute Binnenkonjunktur und die weltwirtschaftliche Entwicklung.[99] Letztere lassen die Investitionsabsichten der Unternehmen steigen – und damit die Personalnachfrage.[100] In Industrie- und Dienstleistungsunternehmen kann jedes zweite Unternehmen seine offenen Stellen nicht voll besetzen, im Handel betrifft dies 38 % der Unternehmen; die größten Engpässe sind in den Berufsbereichen Technik, Gesundheit und Pflege sowie in der öffentlichen Verwaltung aufzufinden.[101] Auch im Bereich der sogenannten MINT-Arbeitskräfte, also der Mathematiker, Informatiker, Naturwissenschaftler und Techniker, fehlen so viele Arbeitskräfte wie seit Beginn der Berechnungen 2011.[102] Arbeitgeber, die gut ausgebildete Fachkräfte suchen, haben sich auch auf deren Wünsche und Ansprüche als Arbeitnehmer einzustellen. Vor allem Themen wie Möglichkeiten der persönlichen Weiterentwicklung und Weiterbildung, flexible Arbeitszeiten,

---

94 *Rieble*, ZfA 2013, 137, 140; *BMAS*, Weissbuch, S. 49.

95 *Deinert*, RdA 2014, 65, 69 f.; *Waltermann*, NZA 2010, 860, 861; *Brors/Schüren*, NZA 2014, 569, 570; *Reiserer*, DB 2013, 2026.

96 *BMAS*, Weissbuch, S. 50.

97 DIHK-Arbeitsmarktreport 2018, S. 3.

98 DIHK-Arbeitsmarktreport 2018, S. 3.

99 DIHK-Arbeitsmarktreport 2018, S. 7.

100 DIHK-Arbeitsmarktreport 2018, S. 7.

101 DIHK-Arbeitsmarktreport 2018, S. 7; *iwd*, Fachkräftemangel: Wo es brennt und was hilft, 17.1.2018.

102 *Iwd*, MINT-Arbeitskräfte: Die Lücke weitet sich, 6.12.2017.

Arbeitszeitkonten, Elternzeit oder Sabbaticals, müssen von Arbeitgebern bei der Suche nach gutem Personal erfüllt werden.[103]

2. *Entwicklung der industriellen Beziehungen*

Tragende Säulen der industriellen Beziehungen in Deutschland sind die Tarifautonomie sowie die betriebliche Mitarbeitervertretung durch Betriebs- und Personalräte. Hinzu kommt die Unternehmensmitbestimmung, die in größeren Unternehmen von Bedeutung ist. Trotz einer prinzipiellen Stabilität der institutionellen Organisationen des kollektiven Arbeitsrechts nimmt die Tarifbindung in Deutschland seit Jahren ab: Der Einfluss der Gewerkschaften sinkt aufgrund der stark fragmentierten Arbeitswelt.[104] Tradierte Berufs- und Beschäftigungsmodelle lösen sich auf. Die Beschäftigungsstruktur ist geprägt durch Kurz- und Hilfstätigkeiten und das Auslagern von Hochqualifizierten.[105] Es bestehen ausgeprägte Unterschiede zwischen Stammbelegschaften und Mitarbeitern mit Zeitverträgen, Teilzeitbeschäftigten sowie Leiharbeitnehmern.[106] Gewerkschaften ist es kaum möglich, durch die abnehmende Tarifbindung all diese Beschäftigtengruppen abzudecken.[107] Arbeitgeber treten aus den Berufsverbänden aus oder sind lediglich Mitglieder ohne Tarifbindung.[108] Zwar verhindert der Abschluss von Haustarifverträgen nicht den Bedeutungsverlust von Flächentarifverträgen, allerdings nehmen Flächen- wie Haustarifbindung insgesamt ab.[109] Kleinere und mittelgroße Unternehmen versuchen sich der Bindung von Flächentarifverträgen zu entziehen; die Gewerkschaften verfügen nicht über die nötige Präsenz vor Ort einen Firmentarifvertrag abzuschließen.[110] Diese zunehmende Dezentralisierung der Tariflandschaft sowie die vermehrte Nutzung von Öffnungsklauseln führen zu einer Reduzierung der Tarifbindung.[111] Trotz dieser Erosionsentwicklungen geht die Forschung von einer institutionellen Stabilität

---

103 *BAMS*, Grünbuch, S. 20.

104 *Weiss*, Industrielle Beziehungen 2013, 393; *Mergener/Decieux/Nachtwey*, WSI-Mitteilungen 2015, 86; *Fornasier*, SR 2017, 239; *Haipeter*, Industrielle Beziehungen 2009, 232; *Ellguth/Kohaut*, WSI-Mitteilungen 2017, 278, 285.

105 *Weiss*, Industrielle Beziehungen 2013, 304, 312.

106 *Weiss*, Industrielle Beziehungen 2013, 304, 312.

107 *Weiss*, Industrielle Beziehungen 2013, 304, 312.

108 *Löwisch/Rieble*, TVG, Grndl. Rn. 8; siehe hierzu § 3C.II.1.b, S. 218.

109 *Löwisch/Rieble*, TVG, Grndl. Rn. 16.

110 *Fornasier*, SR 2017, 239.

111 *Löwisch/Rieble*, TVG, Grndl. Rn. 15.

des Tarifvertragssystems aus.[112] Durch die weite Verbreitung von Öffnungsklauseln in Branchentarifverträgen haben die betriebsbezogenen Regelungen und die betrieblichen Interessenvertretungen mehr an Bedeutung gewonnen.[113]

Der Schutz der Arbeitnehmer im Betrieb vor der ungezügelten Gestaltungsmacht des Arbeitgebers und die Lösung von Verteilungskonflikten innerhalb der Belegschaft durch eine betriebliche Interessenvertretung sind unverändert die Grundanliegen des Betriebsverfassungsgesetzes.[114] Formal besteht auch weiterhin eine klare funktionale Trennung zwischen der Mitbestimmung auf tariflicher Ebene und auf betrieblicher Ebene. Die Praxis ist aber geprägt von einem vielfältigen Ineinandergreifen beider Ebenen mit wechselseitigen Abhängigkeiten.[115] Seit 1996 ist die Kernzone des dualen Systems, also dem Vorhandensein von Tarifbindung und Betriebsrat in ein und demselben Betrieb, gesunken.[116] In fast gleichem Ausmaß ist die Zahl der Betriebe ohne jegliche gesetzlich legitimierte Interessenvertretung angewachsen.[117] Betriebsräte existieren derzeit nur in etwa 10 % der betriebsratsfähigen Betriebe.[118] Erschwernisse für Betriebsräte und deren Betriebsratstätigkeit sind vor allem die steigenden Flexibilitätserfordernisse in den Unternehmens- und Arbeitsorganisationen sowie die verstärkte Heterogenität von Arbeitnehmern und Arbeitsteams.[119] Hinzu kommen aber auch neue Herausforderungen durch die Internationalisierung, die Europäisierung sowie die Zunahme atypischer Beschäftigungsverhältnisse wie Befristungen, Leiharbeit und Werkverträge.[120] In kleineren und mittleren Unternehmen zeichnet sich ein irreversibler Funktionswandel der Betriebsräte ab.[121] Der Anteil

---

112 *Mergener/Decieux/Nachtwey*, WSI-Mitteilungen 2015, 86, 94.

113 *Ellguth/Kohaut*, WSI-Mitteilungen 2019, 290; *Ellguth/Kohaut*, WSI-Mitteilungen 2017, 278.

114 *Annuß*, NZA 2017, 345, 348; ErfKomm/*Koch*, § 1 BetrVG Rn. 1.

115 *Ellguth/Kohaut*, WSI-Mitteilungen 2019, 290; *Ellguth/Kohaut*, WSI-Mitteilungen 2017, 278.

116 *Ellguth/Kohaut*, WSI-Mitteilungen 2019, 290, 297; *Ellguth/Kohaut*, WSI-Mitteilungen 2017, 278, 285.

117 *Ellguth/Kohaut*, WSI-Mitteilungen 2019, 290, 297; *Ellguth/Kohaut*, WSI-Mitteilungen 2017, 278, 285.

118 *Ellguth/Kohaut*, WSI-Mitteilungen 2019, 290, 294; *Absenger/Priebe*, WSI-Mitteilungen 2016, 192; *Ellguth/Kohaut*, WSI-Mitteilungen 2017, 278, 282.

119 *Fürstenberg*, Industrielle Beziehungen 2013, 304, 318; *Absenger/Priebe*, WSI-Mitteilungen 2016, 192, 193.

120 *Absenger/Priebe*, WSI-Mitteilungen 2016, 192, 193.

121 *Renaud*, Industrielle Beziehungen 2006, 384; *Ellguth/Trinczek*, WSI-Mitteilungen 2016, 172.

an Betriebsräten ist in diesem spezifischen Betriebsgrößensegment seit 1996 bis 2015 um 13% zurückgegangen.[122]

3. *Einfluss der Entwicklungen des Arbeitsmarktes und der industriellen Beziehungen auf arbeitsrechtliche Regelungen*

Trotz der Mitte der 1970er Jahre einsetzenden Periode des verlangsamten wirtschaftlichen Wachstums und einer stark ansteigenden Arbeitslosigkeit betrieben mehrere Bundesregierungen unveränderte Arbeitsmarkt- und Sozialpolitik. Eine gezielte Flexibilisierung des deutschen Arbeitsmarktes ist bis auf gewisse Veränderungen am Rande des Regulierungsfeldes bis 2002 nicht erfolgt.[123] Im Jahr 2002 setzte die Bundesregierung die sog. Hartz-Kommission ein – es sollte eine flexible Dienstleistungseinrichtung für die Eingliederung von Arbeitssuchenden am Arbeitsmarkt geschaffen werden.[124] Des Weiteren sollten die Rahmenbedingungen für mehr Wachstum und Beschäftigung durch die Agenda 2010 verbessert und das deutsche Arbeits- und Sozialmodell angepasst werden.[125] Die Umsetzung der Vorschläge der Hartz-Kommission und der Agenda 2010 wurde im Arbeitsrecht durch folgenden Regelungen umgesetzt: Neue Beschäftigungsformen wie die sog. Minijobs nach § 8a SGB IV oder die sog. „Ich-AG" gem. § 421 SGB III wurden eingeführt und die Bedingungen für die Leiharbeit gelockert.[126] Das Ziel, durch Befristungen zusätzliche Beschäftigungsmöglichkeiten zu schaffen, wurde schon mit dem 1985 in Kraft getretenen Beschäftigungsförderungsgesetz verfolgt.[127] Da die Geltung des Beschäftigungsförderungsgesetzes bis zum 31.12.2000 befristet war und die Umsetzung der Richtlinie über befristete Arbeitsverhältnisse vom 28.6.1999[128] nationale Regelungen erforderte, wurde zum 1.1.2001 das Teilzeit- und Befristungsgesetz in Kraft gesetzt.[129] Zwar soll der unbefristete Arbeitsvertrag der Normalfall und der befristete Arbeitsvertrag die

---

122 *Renaud*, Industrielle Beziehungen 2006, 384; *Ellguth/Trinczek*, WSI-Mitteilungen 2016, 172.

123 *Werding*, VfZ 2008, 303, 313.

124 *Weyand/Düwell*, Das neue Arbeitsrecht, S. 32; *Hartz-Kommission*, Moderne Dienstleistungen am Arbeitsmarkt, S. 12.

125 *Weyand/Düwell*, Das neue Arbeitsrecht, S. 32; *Hartz-Kommission*, Moderne Dienstleistungen am Arbeitsmarkt, S. 12.

126 *Eylert/Gotthardt*, RdA 2007, 91, 95.

127 *Löwisch*, NZA 1985, 478.

128 Siehe Richtlinie 1999/70/EG – ABlEG Nr. L 175 v. 10.7.1999 S. 43.

129 ErfKomm/*Müller-Glöge*, § 14 TzBfG Rn. 3.

Ausnahme sein.[130] Dennoch wurde die sachgrundlose Befristung iRd Agenda 2010 für Existenzgründer gem. § 14 Abs. 2a TzBfG privilegiert, um diesen die Entscheidung zur Einstellung von Arbeitnehmern zu vereinfachen.[131]

Der nationale Bestandsschutz für Beschäftigungsverhältnisse hat sich seit den 1980er Jahren durch Neuregelungen hinsichtlich befristeter Beschäftigung und Leiharbeit etwas reduziert.[132] Die Regelungen für den Kündigungsschutz bei regulären Arbeitsverhältnissen und Sonderregelungen für Massenentlassungen blieben aber größtenteils unverändert.[133] Im Rahmen der Agenda 2010 wurde das Kündigungsrecht durch das Gesetz zu Reformen am Arbeitsmarkt zum 1.1.2004 geändert und die Beschäftigungs- bzw. Einstellungshindernisse im Arbeitsrecht abgebaut.[134] Der gesetzliche Kündigungsschutz gilt nunmehr erst in Betrieben, die gem. § 23 Abs. 1 Satz 2, 3 KSchG mehr als zehn Arbeitnehmer regelmäßig beschäftigen. Dies beseitigt den gesetzlichen Kündigungsschutz im Ergebnis für ca. 8 Mio. Arbeitnehmer und für über 80 % aller Betriebe.[135]

Die vorgenannten Reformen betrafen nicht das Tarifrecht. In den letzten Jahren hat das Tarifautonomiestärkungsgesetz (in Kraft getreten am 16.8.2014) Änderungen in § 5 TVG sowie das Tarifeinheitsgesetz (in Kraft getreten am 3.7.2015) die Neueinführung des § 4a TVG umgesetzt. Das Tarifautonomiestärkungsgesetz hat zum Ziel, die Tarifautonomie zu stärken und angemessene Arbeitsbedingungen sicherzustellen.[136] Diese Zielsetzungen werden von vielen als verfehlt angesehen: Der allgemeine gesetzliche Mindestlohn beseitigt die Tarifautonomie unterhalb dieses Mindestlohns.[137] Die Erleichterung von Allgemeinverbindlicherklärungen von Tarifverträgen erweitert die Möglichkeiten staatlicher Einflussnahme auf die Arbeits- und Wirtschaftsbedingungen.[138]

---

130 BAG 8.8.2007 – 7 AZR 855/06, NZA 2008, 229.

131 *Eylert/Gotthardt*, RdA 2007, 91, 96.

132 *Werding*, VfZ 2008, 303, 313; *Organiosation for Economics Co-operation and Development*, OECD Employment Outlook 2006, Boosting Jobs and Incomes, Paris 2006, Kap. 3.

133 *Werding*, VfZ 2008, 303, 313; *Organiosation for Economics Co-operation and Development*, OECD Employment Outlook 2006, Boosting Jobs and Incomes, Paris 2006, Kap. 3.

134 *Eylert/Gotthardt*, RdA 2007, 91, 96; BT-Drucks. 15/1204, S. 8.

135 *Preis*, NZA 1997, 1073, 1075; *Buschmann*, AuR 2004, 1, 3; HK-ArbR/*M. Schubert*, § 23 KSchG Rn. 6.

136 BT-Drucks. 18/1558, S. 1.

137 *Reichold*, NJW 2014, 2534; *Henssler*, RdA 2015, 43.

138 *Forst*, RdA 2015, 25; *Reichold*, NJW 2014, 2534; *Henssler*, RdA 2015, 43; *Junker*, ZfA 2016, 81, 90 f.

Die betriebliche Mitbestimmung im Betriebsverfassungsgesetz wurde im Jahr 2001 durch das Gesetz zur Reform der Betriebsverfassungsgesetz vom 23.7.2001 erheblich geändert, die Struktur des Betriebsverfassungsgesetz aber beibehalten.[139] Zielsetzung der Reform war es, durch die Weiterentwicklung des bewährten Systems der betrieblichen Mitbestimmung die Betriebsverfassung „zukunftsfähig" zu machen.[140] Der Gesetzgeber wollte vor allem die Rückgewinnung von Effizienz durch größere Anpassungsfähigkeit der Belegschaftsvertretungen an neue Unternehmensstrukturen durch Flexibilisierung der Betriebsratsstrukturen sicherstellen.[141] Gem. § 3 BetrVG obliegt diese Aufgabe nun den Tarifvertragsparteien. In Betrieben mit mehr als 100 Arbeitnehmern können gem. § 28a BetrVG Aufgaben und Befugnisse des Betriebsrats auf Arbeitsgruppen übertragen werden, die nicht Teil der Betriebsratsorganisation sind. Die Bildung von Betriebsräten in kleineren Betrieben wurde u.a. durch vereinfachte Wahlen gem. § 14a BetrVG erleichtert.

Die Arbeitnehmerüberlassung als wichtiges Flexibilisierungsinstrument am Arbeitsmarkt verfolgt neben dem Sozialschutz der Leiharbeitnehmer auch arbeitsmarktpolitische Ziele.[142] Daher bedarf die rechtliche Entwicklung des Arbeitnehmerüberlassungsgesetzes der kurzen Betrachtung. Zunächst war die gewerbsmäßige Arbeitnehmerüberlassung im Nachkriegs-Deutschland verboten, wurde aber im Jahr 1972 im Arbeitnehmerüberlassungsgesetz geregelt.[143] Ziel war es, den sozialen Schutz der Leiharbeitnehmer zu gewährleisten, das Vermittlungsmonopol der Bundesagentur zu sichern, sowie etwaige Störungen des Arbeitsmarkts durch die Arbeitnehmerüberlassung zu verhindern.[144] Änderungen erfolgten in den 1980er und 1990er Jahren im Zuge der Beschäftigungsförderungspolitik des Gesetzgebers – es wurden die Höchstüberlassungsdauer verlängert und die bestehenden Verbote hinsichtlich der vertraglichen Gestaltung des Leiharbeitsverhältnisses gelockert.[145] Mit dem ersten Gesetz für

---

139 BGBl. I 2001, 1852; *Richardi*, BetrVG, Einl. Rn. 31.

140 BT-Drucks. 14/5741, S. 6.

141 *Richardi*, BetrVG, Einl. Rn. 32.

142 BT-Drucks. 6/2303, S. 9, 12.

143 BeckOKArbR/Rolfs/Giesen/Kreikebohm/Udsching/*Kock*, § 1 AÜG Rn. 7 f.

144 BeckOKArbR/Rolfs/Giesen/Kreikebohm/Udsching/*Kock*, § 1 AÜG Rn. 8; *Hamann*, NZS 1995, 493; HK-AÜG/*Ulrici*, Einl. Rn. 8.

145 Vgl. Beschäftigungsförderungsgesetz vom 26.4.1985, BGBl. I 710; Erstes Gesetz zur Umsetzung des Spar-, Konsolidierungs- und Wachstumsprogramms vom 21.12.1993, BGBl. I 2353; Arbeitsförderungs-Reform-Gesetz vom 24.3.1997, BGBl. I 594; Gesetz zur Reform der arbeitsmarktpolitischen Instrumente – Job-AQTIV-Gesetz – vom 10.12.2001, BGBl. I 3443.

moderne Dienstleistungen am Arbeitsmarkt vom 23.12.2002[146] wurde die Zeitarbeit flexibilisiert und die Höchstüberlassungsfrist gestrichen, wobei nun ab dem ersten Tag der Leiharbeit der sog. Gleichstellungsgrundsatz gem. § 8 AÜG (oder Equal Pay/Treatment-Grundsatz) gilt.[147]

Im Jahre 2011 wurde das Arbeitnehmerüberlassungsgesetz erneut wesentlich geändert[148] und die Richtlinie 2008/104/EG über Leiharbeit vom 19.11.2008[149] ins deutsche Recht umgesetzt. Der Anwendungsbereich des Arbeitnehmerüberlassungsgesetzes wurde auf Verleiher erstreckt, die eine wirtschaftliche Tätigkeit ausüben; unabhängig davon, ob sie Erwerbszwecke verfolgen oder nicht.[150] Außerdem wurde gesetzlich festgeschrieben, dass die Arbeitnehmerüberlassung „vorübergehend" sein muss.[151] Nachdem im Bereich der Zeitarbeit die Beschränkungen über die Jahre immer weiter gelockert wurden, sollten die Regelungen für die Zeitarbeit wieder eingeschränkt werden: Mit dem Gesetz zur Änderung des Arbeitnehmerüberlassungsgesetzes und anderer Gesetze vom 21.2.2017[152] wurde die Höchstüberlassungsdauer auf 18 Monate begrenzt, der Einsatz als Streikbrecher untersagt, nach neun Monaten gilt Equal Pay für Leiharbeitnehmer sowie zählen diese bei Betriebsverfassungsgesetz-Schwellenwerten und der Unternehmensmitbestimmung mit.

Die Arbeitsmarkt- und Sozialpolitik der Bundesregierung reagiert somit auf die Entwicklungen des Arbeitsmarktes und der industriellen Beziehungen mit einer zunehmenden Regulierung anstatt einer Flexibilisierung durch Abbau arbeitsrechtlicher Vorschriften. Vor allem aufgrund der Entwicklungen durch die Industrie 4.0 und den daraus neu entstehenden Beschäftigungsformen wird sich der Gesetzgeber veranlasst sehen weiter regelnd zu intervenieren, sodass eine Abkehr von der gesetzlichen Regulierung in naher Zukunft nicht zu erwarten ist.

---

146 BGBl. I 4607.

147 BT-Drucks. 15/25, S. 24, 38 f.; *Schüren*, RdA 2006, 304.

148 Erstes Gesetz zur Änderung des Arbeitnehmerüberlassungsgesetzes – Verhinderung von Missbrauch der Arbeitnehmerüberlassung vom 28.4.2011, BGBl. I 642.

149 ABl. L 327, 9.

150 BT-Drucks. 18/673, S. 9 f.; *Ulrici*, AÜG, Einl. Rn. 25.

151 *Ulrici*, AÜG, Einl. Rn. 26; BeckOKArbR/Rolfs/Giesen/Kreikebohm/Udsching/*Kock*, § 1 AÜG Rn. 12.

152 BGBl. I 258.

II. Entwicklung der Unternehmens- und Arbeitsorganisationen

Die oben aufgeführten Entwicklungen sind von Einfluss auf die Organisation von Unternehmen. Das „klassische" Organisationsprinzip des vertikal integrierten, hierarchisch organisierten Großunternehmen, welches Produkte in hoher Stückzahl produziert, Fertigungsschritte möglichst organisiert und die Fachkräftesicherung durch langfristige Bindung und interne Weiterqualifizierung der eigenen Arbeitnehmer erreicht, ist schon lange nicht mehr zeitgemäß.[153] Die Organisationsform des Großunternehmens existiert aber weiterhin – jedoch mit Anpassungen innerhalb der Organisation. Großunternehmen beschäftigen 38,8 % der Beschäftigten, wenn sie auch nur einen Anteil von 0,4 % an allen Unternehmen haben.[154] Der Wandel innerhalb der Unternehmensorganisation war begleitet von diversen Management-Konzepten, wie zB „Lean Production", industriesoziologischen Analysen und durch umfassende Veränderungen in der Corporate Governance – hier vor allem durch den Trend zur stärkeren Einflussnahme von Finanzinvestoren auf Unternehmensentscheidungen.[155] Die digitale Transformation hat den Trend besonders zum Netzwerkunternehmen verstärkt, welches die Möglichkeiten der digital und grenzüberschreitend vernetzten, kundennahen Wertschöpfung in „smarten" oder individualisierten Produkten und Dienstleistungen bei niedrigen Transaktionskosten optimal ausschöpft.[156] Ausgehend vom klassischen Unternehmen lassen sich drei Entwicklungen feststellen, auf welchen die Veränderungen der Unternehmens- und Arbeitsorganisation basieren. Erstere ist die externe Flexibilisierung und Verlagerung des unternehmerischen Risikos nach außen, zB durch Leiharbeit, Outsourcing, Werkverträge oder externes Crowdsourcing.[157] Weitere Entwicklung der Arbeitsorganisation ist die interne Flexibilisierung durch Befristungen, Teilzeit, flexible Arbeitszeitmodelle, agile Arbeitsformen sowie dem internen Crowdsourcing.[158] Letzte Entwicklungsrichtung der Arbeitsorganisation ist die räumliche Dezentralisierung

---

153 *BMAS*, Weissbuch, S. 83.

154 https://www.destatis.de/DE/ZahlenFakten/GesamtwirtschaftUmwelt/UnternehmenHandwerk/KleineMittlereUnternehmenMittelstand/Aktuell_.html I 22.10.2018; https://www.destatis.de/DE/ZahlenFakten/GesamtwirtschaftUmwelt/UnternehmenHandwerk/Unternehmensregister/Aktuell.html I 22.10.2018.

155 *BMAS*, Weissbuch, S. 82.

156 *BMAS*, Weissbuch, S. 85.

157 *Bauer/Hofmann* in: Arbeit 4.0 – Digitalisierung, IT und Arbeit, S. 7; *BMAS*, Weissbuch, S. 86.

158 *Bauer/Hofmann* in: Arbeit 4.0 – Digitalisierung, IT und Arbeit, S. 7; *BMAS*, Weissbuch, S. 86.

und Virtualisierung, vor allem durch Home Office, mobiles Arbeiten, virtuelle Teams sowie Crowdworking Spaces.[159] Zugenommen hat mit der digitalen Transformation der Wirtschaft vor allem die Verbreitung von „agilen" Organisationsformen, insbesondere das agile und das virtuelle Unternehmen rücken immer mehr in den Fokus. Aufgrund des Anpassungsdrucks durch immer mehr neue Anbieter auf dem Markt, die mit kurzen Innovationszyklen und einer engeren Kundenorientierung die Märkte erneuern und etablierten Unternehmen einem erhöhten Konkurrenzdruck aussetzen, bedarf es weiterhin flexibleren Organisationen.[160] Dies alles unterliegt aber keinen Zwangläufigkeiten und wird auch in Zukunft neuen wirtschaftlichen und sozialen Innovationen ausgesetzt sein.

---

159 *Bauer/Hofmann* in: Arbeit 4.0 – Digitalisierung, IT und Arbeit, S. 7; *BMAS*, Weissbuch, S. 86.

160 *Bauer/Hofmann* in: Arbeit 4.0 – Digitalisierung, IT und Arbeit, S. 8; *BMAS*, Weissbuch, S. 87.

§ 3 Arbeitgeberfluktuation im Individual-, Betriebsverfassungs-, Unternehmensmitbestimmungs- und Tarifvertragsrecht

In diesem Kapitel wird die Arbeitgeberfluktuation in den Bereichen des Individualarbeitsrecht, der Mitbestimmung im Betrieb und im Unternehmen sowie dem Tarifvertragsrecht analysiert. Vor allem werden die entsprechenden Vermeidungsstrategien der Arbeitgeber evaluiert, insbesondere inwiefern sich diese ihren arbeitsrechtlichen Pflichten- und Schutznormen entziehen. Der Fokus liegt ausschließlich auf rechtlich zulässigen Vermeidungstaktiken. Diese werden daraufhin untersucht, ob diesen Gemeinsamkeiten zugrunde liegen. Dies soll dazu dienen, im weiteren Verlauf der Arbeit aufzeigen zu können, ob ein Handlungsbedarf des Gesetzgebers gegeben ist und wie dessen Reaktion ggf. zu erfolgen hat. Letztlich wird die Frage zu beantworten sein: Muss der Gesetzgeber die rechtliche Ausgangssituation verbessern, um Vermeidungsstrategien von Arbeitgebern einzudämmen?

A. Arbeitgeberfluktuation im Individualarbeitsrecht

Das Individualarbeitsverhältnis ist gekennzeichnet durch die Arbeitgeberstellung, welche mit dem Abschluss eines Arbeitsvertrages beginnt. Der Arbeitsvertrag, als Grundtatbestand des Arbeitsrechts, ist das rechtsgeschäftliche Leistungsversprechen des Arbeitnehmers zur Erbringung abhängiger Arbeit. Der Arbeitsvertrag allein ist aber nicht imstande, den Arbeitnehmer gleichberechtigt an der Gestaltung seiner Arbeitsbedingungen zu beteiligen.[161] Daher berechtigen die arbeitsgesetzlichen Normen den Arbeitgeber zwar die Arbeitsleistung vom Arbeitnehmer einzufordern, gleichzeitig verpflichten sie ihn auch bestimmte Pflichten zu erfüllen, die ihm aufgrund des Schutzzwecks des Arbeits- und komplementären Sozialversicherungsrechts aufgebürdet werden. Diese Pflichten bezwecken den Schutz des strukturell unterlegenen Arbeitnehmers, des Bestandes seiner wirtschaftlichen Grundlagen und seinen sozialen Schutz im Falle von Krankheit, Behinderung und Pflegebedürftigkeit.[162]

---

161 MünchHdBArbR/*Fischinger*, § 3 Rn. 1, ErfKomm/Preis, § 611a BGB Rn. 2; HK-ArbR/Kreuder/Matthiesen-Kreuder, §§ 611, 611a BGB Rn. 12.

162 ErfKomm/*Preis*, § 611a BGB Rn. 8; Schaub/*Linck*, § 1 Rn. 4.

Ferner sollen gesundheitsgefährdende Tätigkeiten begrenzt, die Erholung zur Wiederherstellung der Arbeitsfähigkeit gesichert und die Teilhabe in Form von Mitbestimmung gewährt werden.[163] Die Erfüllung dieser Pflichten ist für den Arbeitgeber ein hoher Kostenfaktor und eine enorme Einbuße an Flexibilität und Wettbewerbsfähigkeit. Es wird daher versucht, Dienstleistungen auf Grundlage anderer Vertragstypen erbringen zu lassen, die mit weniger Verpflichtungen einhergehen.

I. Der Arbeitgeber im Individualarbeitsrecht

1. Der Arbeitgeber als natürliche oder juristische Person

Arbeitgeber kann jede natürliche oder juristische Person sein. Die Arbeitgeberstellung wird nicht an materielle Erfordernisse geknüpft, weder wird das Eigentum an Betriebsmitteln vorausgesetzt, noch das Vorhandensein einer Betriebsstätte.[164] Arbeitgeber ist derjenige, der auch nur eine Person als Arbeitnehmer beschäftigt. Bei juristischen Personen ist die rechtliche Organisationsform irrelevant für die Arbeitgebereigenschaft.[165]

2. Pflichten des Arbeitgebers im Individualarbeitsrecht

Hauptpflicht des Arbeitgebers ist gem. § 611a Abs. 2 BGB die im Synallagma stehende Gewährung der vereinbarten Vergütung für die erbrachte Arbeitsleistung.[166] Aus der Eigenschaft als Dauerrechtsverhältnis folgen Nebenpflichten des Arbeitgebers, die besonders umfangreich und intensiv sind.[167] Nebenpflichten des Arbeitgebers können sich aus dem Gesetz, Kollektivverträgen, ausdrücklichen einzelvertraglichen Vereinbarungen oder aus dem allgemeinen Grundsatz von Treu und Glauben gem. § 242 BGB und dessen bereichsspezifischen Konkretisierungen ergeben. Die öffentlichen Arbeitsschutzvorschriften sind weitere unabdingbare Vertragspflichten des Arbeitgebers; ihre Einhaltung ist arbeitsvertraglich geschuldet (sog. Doppelnatur der Arbeitsschutzregeln).[168]

---

163 ErfKomm/*Preis*, § 611a BGB Rn. 8; MünchHdBArbR/*Richardi*, § 1 Rn. 13.

164 MünchHdBArbR/*Richter*, § 23 Rn. 1; ErfKomm/*Preis*, § 611a BGB Rn. 183.

165 ErfKomm/*Preis*, § 611a BGB Rn. 184; MünchHdbArbR/*Linck*, § 16 Rn. 1.

166 HK-ArbR/*Boemke* §§ 611, 611a BGB Rn. 267; ErfKomm/*Preis*, § 611a BGB Rn. 389.

167 HK-ArbR/*Boemke* §§ 611, 611a BGB Rn. 375; MünchHdBArbR/*Richardi*, § 1 Rn. 12 f.; Moll/*Reinfeld*, § 34 Rn. 1.

168 ErfKomm/*Preis*, § 611a BGB Rn. 610 ff. ; MünchHdBArbR/*Reichold*, § 93 Rn. 5.

a. Zahlung und Sicherung des Arbeitsentgelts

Arbeitsentgelt bzw. die Vergütung ist jeder geldwerte Vorteil, der als Gegenleistung für die Arbeitsleistungserbringung durch den Arbeitgeber dem Arbeitnehmer gewährt wird. Erfasst sind nicht nur Geldleistungen, sondern auch Sachbezüge sowie vermögenswirksame Leistungen.[169] Der Vergütungsanspruch aus dem Arbeitsverhältnis entsteht erst mit Erbringung der Arbeitsleistung (§ 614 BGB).

Der Arbeitgeber hat neben der Vergütungsverpflichtung einkommenssteuer- sowie sozialversicherungsrechtliche Bestimmungen bzgl. dieser zu beachten. Gem. § 38 Abs. 3, § 41a Abs. 1 EStG ist der Arbeitgeber verpflichtet, die Lohnsteuer für die an den Arbeitnehmer zu leistende Vergütung zu berechnen, einzubehalten und für den Arbeitnehmer abzuführen. Der Arbeitgeber ist zudem materiellrechtlich und organisatorisch in das Gefüge der Sozialversicherung eingebunden und hat gem. § 28e SGB IV den Gesamtsozialversicherungsbeitrag nach § 28d SGB IV zu zahlen.[170] Dieser Gesamtsozialversicherungsbeitrag entsteht, wenn der Arbeitnehmer ein sozialversicherungspflichtiges Beschäftigungsverhältnis ausübt. Der Begriff des sozialversicherungspflichtigen Beschäftigungsverhältnisses ist fast deckungsgleich mit dem des Arbeitsverhältnisses (vgl. § 7 Abs. 1 Satz 1 SGB IV: „Beschäftigung ist die nichtselbständige Arbeit, insbesondere in einem Arbeitsverhältnis"), sodass der Abschluss eines Arbeitsvertrages in der Regel zum Entstehen eines sozialversicherungspflichtigen Beschäftigungsverhältnisses führt.[171] Dies bedeutet für den Arbeitgeber eine materielle Pflichtenstellung, die über diejenige im Lohnsteuerabzugsverfahren erheblich hinausgeht.[172] Denn in diesem Verfahren ist der Arbeitgeber nur Beitragsentrichtungsschuldner, der Arbeitnehmer selbst aber bleibt weiterhin Schuldner der Steuer.[173] Des Weiteren ist der Arbeitgeber im Sozialversicherungsbeitragsverfahren organisatorisch in das Einzugsverfahren eingebunden; ihm sind zahlreiche öffentlich-rechtliche Pflichten auferlegt, allen voran die der Beitragserhebung dienenden Meldepflichten (§§ 28a ff. SGB IV).[174] Diese zu der

---

169 HK-ArbR/*Boemke*, §§ 611, 611a BGB Rn. 267; MünchHdBArbR/*Krause*, § 60 Rn. 9.

170 MünchHdBArbR/*Krause*, § 62 Rn. 85; Knickrehm/Kreikebohm/Waltermann/*Roßbach*, § 28e SGB IV Rn. 2.

171 ErfKomm/*Rolfs*, § 7 SGB IV Rn. 2; Knickrehm/Kreikebohm/Waltermann/*Berchtold*, § 7 SGB IV Rn. 10.

172 ErfKomm/*Rolfs*, § 7 SGB IV Rn. 2; MünchHdBArbR/*Krause*, § 62 Rn. 85.

173 MünchHdBArbR/*Krause*, § 62 Rn. 85; MünchHdBArbR/*Reichold*, § 93 Rn. 43; Küttner/*Seidel*, Lohnsteuerhaftung Rn. 2.

174 BSG 29.4.1976 – 12/3 RK 66/75, SozR 2200 § 1399 Nr. 4; MünchHdBArbR/*Krause*, § 62 Rn. 86.

Vergütungspflicht hinzukommenden Pflichten bürden dem Arbeitgeber gegenüber anderen Vertragsarten der Dienstleistungserbringung ein erhebliches Mehr an Pflichten auf.

Der Lohn des Arbeitnehmers wird im Regelfall dessen Haupteinkommensquelle und damit Existenzgrundlage sein. Diese bedarf eines besonderen Schutzes. Aus diesem Grund besteht für einen gewissen Teil des Arbeitslohns Pfändungsschutz sowie Schutz vor bestimmten Handlungen des Arbeitgebers. Der Arbeitgeber kann gem. § 394 Satz 1 BGB nicht gegen eine Lohnforderung aufrechnen, wenn diese nicht pfändbar ist. Des Weiteren ist das Entgelt vor leichtfertigen Verfügungen des Arbeitnehmers selbst geschützt; es kann nur in den Grenzen der Pfändbarkeit gem. § 400 BGB abgetreten werden.[175] Zwar tangieren diese Lohnschutzvorschriften den Arbeitgeber – im Gegensatz zu den erwähnten Sozialversicherungs- und lohnsteuerrechtlichen Pflichten – eher weniger. Sie beschränken im Verhältnis zu anderen Vertragstypen zur Erbringung von Dienstleistungen aber ebenfalls den Arbeitgeber und machen den Arbeitsvertrag damit unattraktiv.

b. Arbeitsentgelt ohne Arbeitsleistung

Im Arbeitsrecht gilt gem. § 326 Abs. 1 BGB der Grundsatz „ohne Arbeitsleistung kein Lohn". Zahlreiche Ausnahmevorschriften billigen dem Arbeitnehmer bei Nichtleistung der geschuldeten Arbeitsleistung dennoch einen Vergütungsanspruch zu. Dazu zählen insbesondere die §§ 615, 616 BGB sowie die Vorschriften der Betriebsrisikolehre gem. § 615 Satz 3 BGB, die Fortzahlung des Arbeitsentgelts im Krankheitsfall und an Feiertagen nach dem Entgeltfortzahlungsgesetz, der Anspruch auf bezahlten Erholungsurlaub nach dem Bundesurlaubsgesetz sowie die Freistellungsregelungen im Betriebsverfassungsgesetz, Bundespersonalvertretungsgesetz und den Personalvertretungsgesetzen der Länder. Hinzu kommen eventuell weitere tarifvertragliche Regelungen.

aa. Die anspruchserhaltenden Normen der §§ 615, 616 BGB

Die Normen §§ 615, 616 BGB sind neben Arbeitnehmern auch auf Dienstverpflichtete anwendbar.[176] § 615 BGB erhält dem Arbeitnehmer seinen Lohnanspruch ohne diesen zur Nachleistung zu verpflichten, wenn der Arbeitgeber

---

175 BAG 21.11.2000 – 9 AZR 692/99, AP BGB § 400 Nr. 2; MünchHdBArbR/*Krause*, § 73 Rn. 3; ErfKomm/*Preis*, § 611a BGB Rn. 460.

176 MünchKomm/*Müller-Glöge*, § 611 Rn. 12; BeckOKArbR/Rolfs/Giesen/Kreikebohm/Udsching/*Joussen*, § 615 BGB Rn. 2.

mit der Annahme der Arbeitsleistung im Verzug ist.[177] § 615 Satz 3 BGB regelt das Betriebsrisiko, also Leistungsstörungen, bei denen die Arbeitsleistung des arbeitsfähigen und arbeitswilligen Arbeitnehmers aus im Betrieb liegenden Gründen, die weder vom Arbeitgeber noch vom Arbeitnehmer zu vertreten sind, unterbleibt.[178] Der Arbeitgeber hat grundsätzlich das Betriebsrisiko und das damit einhergehende Arbeitsausfallrisiko zu tragen und schuldet die Entgeltzahlung trotz Nichtleistung der Arbeit.[179]

Nach § 616 BGB behält der Arbeitnehmer seinen Vergütungsanspruch, wenn ihm die Erbringung seiner Arbeitsleistung aus einem in seiner Person liegenden Grund ohne sein Verschulden unmöglich wird. Der Arbeitnehmer behält seinen Anspruch auf Lohnfortzahlung für die Fälle der Arbeitsverhinderung ohne Krankheit, in denen ein Leistungsverweigerungsrecht nach § 275 Abs. 3 BGB geltend gemacht werden könnte.[180] Die Abweichung vom Grundsatz des § 326 BGB „ohne Arbeit kein Lohn" kann für den Arbeitgeber eine erhebliche finanzielle Belastung zur Folge haben, wohingegen die Rechtsstellung des Arbeitnehmers eindeutig verbessert und eine gewisse finanzielle Absicherung gewährleistet wird.[181]

Die Inanspruchnahme von Dienstleistungen durch den Einsatz von Fremdpersonal oder die Erbringung von Leistungen aufgrund eines Werkvertrages reduziert für den Unternehmer das Risiko, Zahlungen ohne Erhalt der Dienstleistung tätigen zu müssen, denn iRv Werk-, Geschäftsbesorgungs- oder Dienstverschaffungsverträgen ist das allgemeine Schuldrecht mit seinen Leistungsstörungsrechten anzuwenden und nicht die spezialgesetzlichen Regelungen der §§ 615, 616 BGB.

bb. Entgeltfortzahlung im Krankheitsfall und an Feiertagen nach dem Entgeltfortzahlungsgesetz

Die Entgeltfortzahlung im Krankheitsfall sowie an gesetzlichen Feiertagen nach dem Entgeltfortzahlungsgesetz verpflichtet den Arbeitgeber zur Zahlung von Arbeitsentgelt ohne Arbeitsleistung, wenn die zu erbringende Leistung aufgrund

177 HK-ArbR/*Waas/Palonka*, § 615 BGB Rn. 1; MünchHdBArbR/*Tillmanns*, § 76 Rn. 1; ErfKomm/*Preis*, § 615 BGB Rn. 1.

178 BAG 23.9.2015 – 5 AZR 146/14, NZA 2016, 293; MünchHdBArbR/*Tillmanns*, § 76 Rn. 56; ErfKomm/*Preis*, § 615 BGB Rn. 120.

179 BAG 9.7.2008 – 5 AZR 810/07, NZA 2008, 1407; MünchHdBArbR/*Tillmanns*, § 76 Rn. 56; HK-ArbR/*Waas/Palonka*, § 616 BGB Rn. 30.

180 ErfKomm/*Preis*, § 616 BGB Rn. 2; HK-ArbR/*Waas/Palonka*, § 616 BGB Rn. 1.

181 MünchKomm/*Henssler*, § 615 BGB Rn. 1; HK-ArbR/*Waas/Palonka*, § 616 BGB Rn. 1.

eines Arbeitsvertrages gem. § 611a BGB erfolgt. § 3 Abs. 1 EZFG durchbricht ebenfalls den Grundsatz des § 326 BGB „ohne Arbeit kein Lohn“ und billigt dem Arbeitnehmer einen Anspruch auf Arbeitsentgelt für die Dauer von sechs Wochen zu, wenn dieser durch Arbeitsunfähigkeit infolge von Krankheit an der Erbringung seiner Arbeitsleistung verhindert ist, ohne dass ihn dabei ein Verschulden trifft.[182] Demzufolge wird auch durch das Entgeltfortzahlungsgesetz der vertragliche Vergütungsanspruch des Arbeitnehmers in einem bestimmten Umfang aufrechterhalten, ohne dass der Arbeitnehmer zur Nachleistung der wegen der Arbeitsunfähigkeit nicht erbrachten Arbeitsleistung verpflichtet wäre.[183] § 3 EZFG verfolgt mehrere Zwecke: Zum einen die Erhaltung des Arbeitsentgelts trotz krankheitsbedingter Nichtleistung – Arbeitnehmer im Krankheitsfall sollen finanziell grundsätzlich so behandelt werden, wie sie ohne die krankheitsbedingte Arbeitsunfähigkeit stünden.[184] Zum anderen ist die Entlastung der gesetzlichen Krankenversicherung gewollt.[185]

Gem. § 2 EZFG wird die Arbeitsvergütung aufrechterhalten, wenn die Voraussetzungen zur Befreiung von der Arbeitspflicht nach den bundes- und landesrechtlichen Vorschriften in Verbindung mit dem Arbeitszeitgesetz gegeben sind.[186] Dies beruht auf § 9 ArbZG, der ein gesetzliches Beschäftigungsverbot an Feiertagen normiert – dem Arbeitnehmer würde somit nach den Grundsätzen der von keiner Seite zu vertretenen Unmöglichkeit gem. § 326 Abs. 1 S. 1 BGB kein Lohn zustehen. Daher wird der eintretende Lohnausfall gem. § 2 EFZG kompensiert und somit ein Lohnausfall an gesetzlichen Feiertagen vermieden.[187]

Die Pflicht zur Zahlung von Entgelt ohne Arbeitsleistung nach dem Entgeltfortzahlungsgesetz gilt nur für Arbeitgeber. Nach dem allgemeinen Schuldrecht wird zwar auch demjenigen, dem die Leistungserbringung objektiv oder subjektiv unmöglich ist, die Befreiung von seiner Leistungsverpflichtung gem. § 275 Abs. 1 BGB anerkannt. Entsprechendes gilt, wenn dem Leistenden infolge von Krankheit die Erbringung der Leistung zwar nicht unmöglich ist, sie ihm aber wegen der Gefahr der weiteren Verschlechterung des Gesundheitszustands

---

182 Schaub/*Linck*, § 98 Rn. 8; ErfKomm/*Reinhard*, § 3 EFZG Rn. 1.

183 BAG 16. 1. 2002 – 5 AZR 430/00, AP Nr 13 zu § 3 EntgeltFG; 13. 2. 2002 – 5 AZR 470/00, NZA 2002, 683; Schaub/*Linck*, § 98 Rn. 8; MünchHdBArbR/*Greiner*, § 79 Rn. 2.

184 ErfKomm/*Reinhard*, § 3 EFZG Rn. 1; MünchHdBArbR/*Greiner*, § 79 Rn. 5 f. ; HK-ArbR/*Spengler*, § 3 EFZG Rn. 1.

185 Staudinger/*Oetker* § 616 Rn. 170; MünchHdBArbR/*Greiner*, § 79 Rn. 5 f.

186 ErfKomm/*Reinhard*, § 2 EFZG Rn. 1; HK-ArbR/*Spengler*, § 2 EFZG Rn. 1.

187 HK-ArbR/*Spengler*, § 2 EFZG Rn. 1; MünchHdBArbR/*Tillmanns*, § 78 Rn. 1.

gem. § 275 Abs. 3 BGB nicht zugemutet werden kann. Die Befreiung von der Leistungspflicht ergibt sich aus § 326 Abs. 1 S. 1 BGB. Eine Ausnahme von der Gegenleistungspflichtbefreiung nach § 326 Abs. 2 BGB ist nicht gegeben, denn der Gläubiger wird kaum die Krankheit des Schuldners zu vertreten haben. Lediglich im Dienstvertragsrecht wird dem Dienstleister der Anspruch auf Vergütung gem. § 616 BGB für einen nicht unerheblichen Zeitraum, vergleichbar mit dem Zeitraum von ca. 6 Wochen des Entgeltfortzahlungsgesetzes[188], im Falle von Krankheit aufrechterhalten. § 616 BGB ist aber durch Einzelarbeitsvertrag abdingbar, was sich aus dem Umkehrschluss des § 619 BGB ergibt.[189] Der ökonomisch denkende Unternehmer wird einen einzelvertraglichen Ausschluss des § 616 BGB vornehmen oder gar versuchen, sich seine Leistung aufgrund eines anderen Vertragsverhältnisses erbringen zu lassen. Somit verpflichtet ihn nur der Abschluss des Arbeitsvertrages zur Entgeltzahlung ohne Arbeitsleistung nach dem Entgeltfortzahlungsgesetz.

cc. Entgeltzahlung während des Erholungsurlaubs

Eine weitere anspruchserhaltende Norm mit Blick auf die Fortzahlung des Arbeitsentgeltes ohne Arbeitsleistung ist § 1 BUrlG. Gem. § 1 BUrlG hat jeder Arbeitnehmer in jedem Kalenderjahr Anspruch auf bezahlten Erholungsurlaub. Dieser Anspruch beinhaltet als Freistellungsanspruch die Pflicht des Arbeitgebers den Arbeitnehmer von seinen arbeitsvertraglichen Leistungspflichten für einem im Bundesurlaubsgesetz vorgeschriebenen Zeitraum freizustellen.[190] Während dieses Zeitraumes bleibt gem. § 1 BUrlG, § 611 BGB die Pflicht des Arbeitgebers zur Zahlung der Vergütung unberührt.[191] Folglich ist § 1 BUrlG auch eine Ausnahme vom Grundsatz, dass der Anspruch auf Gegenleistung gem. § 326 BGB entfällt, wenn der Schuldner nicht zu leisten braucht. § 1 BUrlG entspricht insoweit der Regelung in Art. 7 Abs. 1 der Richtlinie 2003/88/EG. Die Norm ist daher unionsrechtskonform auszulegen.[192] Gemäß der Rechtsprechung des EuGH ist dem Arbeitnehmer während des Zeitraumes des Erholungsurlaubs

---

188 ErfKomm/*Preis*, § 616 BGB Rn. 10a; MünchKomm/*Henssler*, § 616 BGB Rn. 60; HK-ArbR/Waas/*Palonka*, § 616 BGB Rn. 15.

189 MünchKomm/*Henssler*, § 616 BGB Rn. 66; HK-ArbR/Waas/Palonka, § 616 BGB Rn. 24; MünchHdbArbR/*Tillmanns*, § 77 Rn. 12.

190 BAG 20.9.2011 – 9 AZR 416/10, NZA 2012, 326; ErfKomm/*Gallner*, § 1 BUrlG Rn. 7.

191 BAG 20.6.2000 – 9 AZR 405/99, AP Nr. 28 zu § 7 BUrlG; 22.2.2000 – 9 AZR 107/99, NZA 2001, 268.

192 BAG 5.8.2014 – 9 AZR 878/12, NZA 2015, 625; EuGH 22.5.2014 – C-539/12, NZA 2014, 593 – Lock.

das gewöhnliche Arbeitsentgelt zu zahlen.[193] Nach aktueller Rechtsprechung des EuGH muss der Arbeitgeber, falls er dem Arbeitnehmer die Vergütung während des Erholungsurlaubes verweigert, diesen Erholungsurlaub bis zum Zeitpunkt der Beendigung des Arbeitsverhältnisses übertragen und gegebenenfalls ansammeln.[194] Eine Einschränkung der Übertragung des Urlaubsanspruchs ist gem. § 7 Abs. 3 Satz 2 BUrlG nicht zulässig, wenn der Arbeitgeber den Erholungsurlaub nur unvergütet gewährt.[195] Eine § 1 BUrlG entsprechende Norm findet sich im allgemeinen Schuldrecht nicht – es gilt der Grundsatz des § 326 Abs. 1 BGB. Demzufolge zeigt sich auch bei dieser Arbeitgeberpflicht, dass dem Unternehmer die Erbringung von Dienstleistungen aufgrund eines Arbeitsverhältnisses durchaus wirtschaftliche Nachteile bringt, welche ihn im Rahmen eines Werk- oder Dienstvertrages nicht treffen.

c. *Kündigungsschutz*

Das Arbeitsverhältnis als Dauerschuldverhältnis endet nicht durch den einmaligen Austausch der Leistungen, sondern kann nur aufgrund bestimmter Beendigungstatbestände beendet werden. Dazu gehört etwa der Aufhebungsvertrag, die Befristung und die Anfechtung des Arbeitsvertrages. Überwiegend wird der Arbeitsvertrag durch die Kündigung als einseitige, empfangsbedürftige, rechtsgestaltende Willenserklärung für die Zukunft beendet.[196] Die ordentliche Kündigung des Arbeitgebers unterliegt dabei einer Anzahl von Hemmnissen – neben den Vorschriften des Kündigungsschutzgesetzes kann sie auch einzel- oder kollektivvertraglichen Regeln unterliegen, welche das Recht zur ordentlichen Kündigung zeitlich befristen, auf Dauer ausschließen oder vom Gegebensein bestimmter Voraussetzungen abhängig machen.[197] Kraft besonderer Kündigungsschutzvorschriften unterliegt die Kündigung für bestimmte Personengruppen erschwerten Voraussetzungen, wonach zB dem Betriebsrat gem. § 15 KSchG nicht gekündigt werden darf oder bestimmte Arbeitnehmer nur mit behördlicher Zustimmung (zB § 17 MuSchG, § 18 BEEG, § 168 SGB IX) ordentlich kündbar sind. Ferner verbieten zB die §§ 612a, 613a Abs. 4 BGB, § 11 TzBfG die Kündigung aus bestimmten Motiven. Wichtigste Kündigungsschutznorm ist

---

193 BAG 5.8.2014 – 9 AZR 878/12, NZA 2015, 625; EuGH 22.5.2014 – C-539/12, NZA 2014, 593 – Lock.

194 EuGH 29.11.2017 – C-214/16, BeckRS 2017, 132816.

195 EuGH 29.11.2017 – C-214/16, BeckRS 2017, 132816.

196 Schaub/*Linck*, § 121 Rn. 2; ErfKomm/*Niemann*, § 626 BGB Rn. 8 ff.

197 BeckOKArbR/*Rolfs*/Giesen/Kreikebohm/Udsching, § 1 KSchG Rn. 1; MünchHdBArbR/*Wank*, § 109 Rn. 4.

aber der allgemeine Kündigungsschutz gem. § 1 KSchG. Diese Norm begrenzt und gestaltet das Kündigungsrecht des Arbeitgebers. Will der Arbeitgeber wirksam kündigen, muss er die Voraussetzungen dieser Schutznormen berücksichtigen, dh die Kündigung muss aus personen-, verhaltens- oder betriebsbedingten Gründen sozial gerechtfertigt sein. Ebenso muss er alle sonstigen Vorschriften, deren Nichtbeachtung eine Kündigung nichtig, anfechtbar oder sonst unwirksam machen, beachten.[198] Der allgemeine Kündigungsschutz ist einseitig zwingendes Recht; er kann weder in Tarifverträgen noch in einer Betriebsvereinbarung oder im Arbeitsvertrag zulasten eines Arbeitnehmers abbedungen werden.[199] Zwar bedarf es neben dem Gegebensein eines Arbeitsvertrages der Eröffnung des persönlichen und betrieblichen Anwendungsbereiches des Kündigungsschutzgesetzes. Die Schwellenwerte in § 23 Satz 1 KSchG sind jedoch schnell erreicht sowie der Ablauf der sechsmonatigen Wartefrist in § 1 Abs. 1 KSchG rasch verstrichen. Das Beachten des allgemeinen Kündigungsschutzes im Arbeitsverhältnis ist somit in aller Regel unausweichlich. Für eine gerichtliche Überprüfung muss der Arbeitnehmer innerhalb der Klagefrist des § 4 KSchG Klage beim Arbeitsgericht auf Feststellung der Unwirksamkeit der Kündigung erhoben haben. Der folgende Kündigungsschutzprozess ist nicht nur zeit- und kostenintensiv; statistisch betrachtet gehen Kündigungsprozesse überwiegend positiv für den Arbeitnehmer aus.[200] Dies ist auch darauf zurückzuführen, dass der Arbeitgeber zumeist nicht alle Formalitäten der Kündigung beachtet oder der Kündigungsgrund nicht unangreifbar ist.[201] Allein die wirtschaftlichen Folgen einer unwirksamen Kündigung, ebenso die fehlende Flexibilität bezüglich des Personalbedarfs belasten den Arbeitgeber. Die durch die Berufsfreiheit gem. Art. 12 GG sowie das Eigentumsrecht gem. Art. 14 GG gewährleistete Erhaltung der unternehmerischen Dispositionsfreiheit wird gerade im Kündigungsrecht durch die Interessen des Arbeitnehmers stark beschränkt.[202]

---

198 MünchHdBArbR/*Greiner*, § 107 Rn. 23; MünchHdB/*Wank*, § 109 Rn. 37 ff.

199 BAG 20.2.2014 – 2 AZR 859/11, NZA 2014, 1083 Rn. 44; 20.6.2013 – 2 AZR 790/11, BeckRS 2013, 71024 Rn. 14; ErfKomm/*Oetker*, § 1 KSchG Rn. 13 ff.; Küttner/*Eisemann*, Kündigungsschutz Rn. 42; MünchKomm/*Greiner*, § 112 Rn. 52 f.

200 APS/*Preis*, Grundl. B. Rn. 25; siehe auch die Statistik des BMAS zur Arbeitsgerichtsbarkeit 2017: von 436545 anhängigen Klagen im Urteilsverfahren wurden 211672 Klagen durch Vergleich beendet, https://www.bmas.de/SharedDocs/Downloads/DE/PDF-Statistiken/Ergebnisse-Statistik--Arbeitsgerichtsbarkeit-2017.pdf;jsessionid=1594B3ABB1D6D081962D68DD6E9F1794?__blob=publicationFile&v=2 I Stand 8.10.2018.

201 *Lembke*, NZA 2013, 1312, 1313.

202 ErfKomm/*Oetker*, § 1 KSchG Rn. 4; MünchKomm/*Hergenröder*, § 1 KSchG Einl. 15.

d. Arbeitsschutzrecht

§ 241 Abs. 2 BGB verpflichtet jeden Teil nach dem Inhalt des Schuldverhältnisses zur Rücksicht auf die Rechte, Rechtsgüter und Interessen des anderen Teils. Diese gegenseitigen Rücksichtnahmepflichten gelten auch für den Arbeitsvertrag. Aufgrund der Eingliederung des Arbeitnehmers in den Betrieb des Arbeitgebers sind die sog. Schutzpflichten gegenüber dem Arbeitnehmer besonders ausgeprägt und teilweise ausdrücklich gesetzlich geregelt, vgl. § 618 Abs. 1 BGB, § 62 Abs. 1 HGB, §§ 3 ff. ArbSchG, § 12 AGG.[203] Die Vorschriften des Arbeitsschutzrecht sind primär öffentlich-rechtlicher Natur und durch Rechtsverordnungen und EG-Richtlinien konkretisiert.[204] Bei der Durchführung des Arbeitsverhältnisses hat sich der Arbeitgeber daher so zu verhalten, dass Leben und Gesundheit, materielle Interessen sowie immaterielle Rechtsgüter des Arbeitnehmers nicht verletzt werden.[205] Diese Rücksichtnahmepflichten hat ein Unternehmer zwar ebenso bei der Durchführungen eines Werk- oder Dienstvertrages oder eines Auftrages zu wahren. Diese werden dabei aber nicht durch öffentlich-rechtliche Vorschriften oder gar Verordnungen und Richtlinien ausgestaltet. Auch sind die Nebenpflichten teilweise vertraglich abdingbar und nicht zwingend wie diejenigen Vorschriften des Arbeitsschutzrechts.[206]

3. Rechte des Arbeitgebers

Durch den Arbeitsvertrag (§ 611a BGB) wird nicht nur der Arbeitgeber in die Pflicht genommen; auch der Arbeitnehmer ist verpflichtet im Dienste des Arbeitgebers weisungsgebundene, fremdbestimmte Arbeit in persönlicher Abhängigkeit zu leisten. Diese Leistungspflicht steht im synallagmatischen Verhältnis zur Entgeltzahlungspflicht des Arbeitgebers. Beide Pflichten sind die tragenden Elemente des Arbeitsverhältnisses.[207] Weiter konkretisiert wird diese Verpflichtung zur Arbeitsleistung in zahlreichen weiteren Rechtsquellen und nicht allein durch den Arbeitsvertrag.[208]

---

203 ErfKomm/*Preis*, § 611a BGB Rn. 611 f. ; HK-ArbR/*Boemke*, § 611a BGB Rn. 401.

204 ErfKomm/*Preis*, § 611a BGB Rn. 611 f. ; HK-ArbR/*Boemke*, § 611a BGB Rn. 401.

205 HK-ArbR/*Boemke*, § 611a BGB Rn. 401; ErfKomm/Preis, § 611a BGB Rn. 618; Schaub/*Ahrendt*, § 106 Rn. 6.

206 MünchKomm/*Bachmann*, § 241 BGB Rn. 51; Schaub/*Ahrendt*, § 106 Rn. 4.

207 Siehe dazu auch § 3A.I.2, S. 54.

208 HK-ArbR/*Boemke*, § 611a BGB Rn. 429; *Preis*, § 26 Rn. 1067.

a. Einforderung der Arbeitsleistung

In Abgrenzung zum Werkvertrag gem. § 631 BGB kann der Arbeitgeber vom Arbeitnehmer auf Grundlage eines Arbeitsvertrages keinen bestimmten Leistungserfolg, sondern lediglich die vertraglich vorgesehene Tätigkeit einfordern.[209] Denn nicht der Erfolg, sondern die Zeit ist das wesentliche Maß für die Arbeitsleistung; die vertragliche Vereinbarung der Arbeitszeit ist kennzeichnend für das Arbeitsverhältnis.[210] Der Arbeitnehmer als Schuldner der Leistung hat diese im Zweifel nach der Auslegungsregel des § 613 S. 1 BGB persönlich zu erbringen.[211] Nach hM besteht die geschuldete Leistung in der Leistung der Arbeit und nicht in der bloßen zur Verfügungstellung der Arbeitskraft.[212] Die Arbeitsleistung hat der Arbeitnehmer nach seiner im Zeitpunkt der Arbeitsleistung jeweiligen individuellen Bestleistung zu erbringen.[213] Je nach Alter und Lebenssituation eines Arbeitnehmers kann der Inhalt der Leistungsverpflichtung variieren.[214]

b. Ausübung des Weisungsrechts

Das Weisungsrecht des Arbeitgebers ist in § 106 GewO für alle Arbeitsverhältnisse geregelt. Als einseitiges Leistungsbestimmungsrecht des Arbeitgebers hat es doppelte Relevanz: Einerseits ist es notwendige Bedingung, um überhaupt vom Bestehen eines Arbeitsverhältnisses bzw. vom Status als Arbeitnehmer im arbeitsrechtlichen Sinn ausgehen zu können[215]. Andererseits konkretisiert der Arbeitgeber mit seinem Weisungsrecht, die dem Umfang nach bereits arbeitsvertraglich bestimmte Arbeitspflicht des Arbeitnehmers – etwa hinsichtlich Zeit, Ort und Art der zu erbringenden Arbeitsleistung.[216] Das Weisungsrecht ermöglicht regelmäßig erst, dass der Arbeitnehmer die Arbeitsleistung erbringen und das Arbeitsverhältnis praktisch durchgeführt werden kann.[217] Sofern der

---

209 ErfKomm/*Preis*, § 611a BGB Rn. 641; MünchHdBArbR/*Reichold*, § 40 Rn. 3.

210 BAG 17.3.1988 – 2 AZR 576/87, NZA 1989, 261.

211 ErfKomm/*Preis*, § 611a BGB Rn. 640; Schaub/*Linck*, § 45 Rn. 1; gegen die Anwendbarkeit des § 613 BGB im Arbeitsverhältnis HK-ArbR/*Boemke*, § 611a BGB Rn. 434.

212 BAG 21.12.1954 – 2 AZR 5/53, AP BGB § 611 Lohnanspruch Nr. 2; Staudinger/*Richardi* § 611 Rn. 386; ErfKomm/*Preis*, § 611a BGB Rn. 642; MünchHdBArbR/*Reichold*, § 40 Rn. 3; aA *Wiedemann*, Arbeitsverhältnis, S. 16, 88 f.; *von Stebut*, RdA 1985, 69.

213 BAG 17.1.2008 – 2 AZR 536/06, NZA 2008, 693, 694; MünchHdBArbR/*Reichold*, § 40 Rn. 42.

214 BAG 11.12.2003 – 2 AZR 667/02, NZA 2004, 784, 786.

215 Ständige Rspr., zuletzt BAG 17.1.2017 – 9 AZR 76/16, NZA 2017, 572 Rn. 14.

216 BAG 18.10.2017 – 10 AZR 330/16, NZA 2017, 1452 Rn. 60.

217 BAG 18.10.2017 – 10 AZR 330/16, NZA 2017, 1452 Rn. 60.

Arbeitgeber das Weisungsrecht ordnungsgemäß erteilt, hat der Arbeitnehmer diesem Folge zu leisten.[218] Gem. § 106 S. 1 GewO ist das Weisungsrecht begrenzt durch den Arbeitsvertrag, Bestimmungen einer Betriebsvereinbarung, eines anwendbaren Tarifvertrages oder gesetzlicher Vorschriften. Da die Ausübung des arbeitgeberseitigen Weisungsrechts nur innerhalb der durch den Arbeitsvertrag bestimmten Grenzen zulässig ist, sind die Grenzen des Weisungsrechts umso enger je konkreter die Leistungspflicht des Arbeitnehmers im Arbeitsvertrag festgelegt ist.[219] Des Weiteren muss die Weisung des Arbeitgebers nach billigem Ermessen erfolgen.[220] Dies verlangt vom Arbeitgeber eine Abwägung der wechselseitigen berechtigten Interessen zwischen ihm und dem Arbeitnehmer unter Einbeziehung verfassungsrechtlicher Wertentscheidungen.[221] Nach überholter Rechtsprechung des BAG hatte der Arbeitnehmer auch unbillige Weisungen zu befolgen, bis er eine rechtskräftige Entscheidung über die Unbilligkeit erreicht hat.[222] Von dieser Rechtsprechung hat das BAG mittlerweile Abstand genommen und entschieden, dass ein Arbeitnehmer nicht nach § 106 Satz 1 GewO, § 315 BGB – auch nicht vorläufig – an eine Weisung des Arbeitgebers gebunden ist, die die Grenzen billigen Ermessens nicht wahrt. Sanktionen vonseiten des Arbeitgebers können an die Nichtbefolgung einer solchen unbilligen Weisung nicht geknüpft werden.[223] Somit ermöglicht das Weisungsrecht dem Arbeitgeber zwar einen jederzeitigen Einfluss auf den Arbeitsprozess. Dies aber nur innerhalb der Grenzen des im Arbeitsvertrag Vereinbarten.

II. Vermeidung der Arbeitgeberstellung und daraus entstehender Pflichten

Wie bereits aufgeführt, geht mit der Arbeitgeberstellung ein längerer Pflichtenkatalog einher als im Falle der Leistungserbringung aufgrund eines anderen Vertragstyp. Dem stehen zwar auch Vorteile des Arbeitsvertrages gegenüber, wie die dauerhafte Unternehmensbindung, erhöhte Einflussnahme auf Arbeitsprozesse und Planungssicherheit. Dennoch versuchen Arbeitgeber die Arbeitgeberstellung

218 ErfKomm/*Preis*, § 106 GewO Rn. 1; HK-ArbR/*Becker*, § 106 GewO Rn. 3.

219 Schaub/*Linck*, § 45 Rn. 14; HK-ArbR/*Becker*, § 106 GewO Rn. 2.

220 ErfKomm/*Preis*, § 106 GewO Rn. 10; Schaub/*Linck*, § 45 Rn. 17.

221 BAG 10.12.2014 – 10 AZR 63/14, NZA 2015, 483; 13.8.2010 – 1 AZR 173/09, NZA-RR 2010, 640.

222 BAG 22.2.2012 – 5 AZR 249/11, NZA 2012, 858; AG Rheinland-Pfalz 17.3.2014 – 3 Sa 535/13, BeckRS 2014, 69512 [zu II] [in einem obiter dictum]; LAG Köln 13.1.2014 – 2 Sa 614/13, BeckRS 2014, 68432.

223 BAG 18.10.2017 – 10 AZR 330/16, NZA 2017, 1452.

zu vermeiden, um insbesondere die oben aufgeführten Pflichten aus Kosten- und Flexibilitätsgründen zu vermeiden.

1. *Kein Abschluss von Arbeitsverträgen*

a. *Vermeidung der Eingehung des Dauerschuldverhältnisses Arbeitsvertrag*

Die Vermeidung der Einstellung von eigenem Personal durch den Einsatz von Drittpersonal erlebt in der Personalpolitik von Unternehmen nach der globalen Finanz- und Wirtschaftskrise 2008/2009 eine neue Hochkonjunktur.[224] Dieser Fremdvergabetrend dauert allerdings schon seit den 1980er Jahren an und ist mitnichten eine Neuerscheinung.[225] Im europäischen Vergleich hat der deutsche Standort vor allem den Nachteil hoher Lohnkosten.[226] Eine wichtige Wettbewerbsstrategie besteht demnach in der Verringerung der Fertigungstiefe in Unternehmen. Vorwiegend im produzierenden Gewerbe sinkt der Wertschöpfungsanteil und derjenige des Dienstleistungssektors steigt an.[227] In Deutschland wurden im Jahr 2010 nur 29,1 % der Wertschöpfung im produzierenden Gewerbe erwirtschaftet, dagegen 70,1 % im Dienstleistungssektor.[228] Lohnintensive Unternehmensbereiche werden aus der Wertschöpfungskette ausgegliedert und an Drittfirmen übertragen – die mitunter aus dem eigenen Unternehmen oder Konzern ausgegliedert worden sind.[229] Diese Ausgliederung beschränkt sich nicht auf Sekundärfunktionen wie Reinigung, Sicherheitsdienste, Kantinen, Logistik und Wartung.[230] Drittpersonal wird selbst im Kerngeschäft eingesetzt; von der Entwicklung und Forschung bis zur Auslieferung eines Produkts übernehmen Fremdfirmenpersonal und anderweitige Dienstleister innerbetriebliche Daueraufgaben, die zuvor von der Stammbelegschaft erfüllt wurden.[231] Der Gesetzgeber hat den Stellenwert des drittbezogenen Personaleinsatzes anerkannt und am Anfang der amtlichen Begründung des Gesetzes zur Änderung der Arbeitnehmerüberlassung und anderer Gesetze vom 21.2.2017 festgestellt: „Arbeitnehmerüberlassung und Werkverträge sind wichtige Instrumente

---

224 *Karthaus/Klebe*, NZA 2012, 417.

225 *Rieble*, ZfA 2013, 137, 140.

226 https://www.destatis.de/DE/PresseService/Presse/Pressemitteilungen/2017/04/PD17_125_624.html I Stand 27.2.2018

227 *Rieble*, ZfA 2013, 137 f.

228 *Rieble*, ZfA 2013, 137, 138; *Eickelpasch*, Industrienahe Dienstleistungen, S. 10 f.

229 *Rieble*, ZfA 2013, 137, 138; *Lembke*, NZA 2013, 1312.

230 *Hamann*, NZA-Beilage 2014, 3; *Rieble*, DB 2011, 356.

231 *Hamann*, NZA-Beilage 2014, 3; *Rieble*, DB 2011, 356.

in einer arbeitsteiligen Wirtschaft. Arbeitnehmerüberlassung ist eine etablierte Form des flexiblen Personaleinsatzes."[232] Dennoch wird die Zeitarbeit immer mehr reguliert und somit für Unternehmer unattraktiver.[233]

aa. Arbeitsrechtliche Gründe

Hauptmotiv der Vermeidung eines Arbeitsvertrages ist, dass der Unternehmer keine Festanstellungen vornehmen will und somit dem oben beschriebenen Pflichtenkatalog eines Arbeitgebers entgeht.[234]

Ein weiterer wichtiger Vorteil ist die Flexibilisierung: Fallen Mitarbeiter krankheits- oder urlaubsbedingt aus oder bestehen für ein Unternehmen kurzzeitige Auftragsspitzen, kann dies durch den Einsatz von Fremdpersonal ausgeglichen werden. Zumal externes Personal häufig billiger arbeitet als das eigene Personal. So können bspw. anstatt der teureren Industrietarifverträge die niedrigeren Tarife des Dienstleistungsgewerbes Anwendung finden.[235] Daher ist ein weiteres Motiv einer Arbeitsvertragsvermeidung die Tarifflucht aus den geltenden Tarifverträgen mit den eigenen Arbeitnehmern.[236] Fremdpersonal wird nicht mehr nur für temporäre Auftragsspitzen eingesetzt, sondern ersetzt in großen Teilen auch Stammarbeitsplätze.[237]

Des Weiteren kann durch Fremdpersonal das in Deutschland gegebene strenge Kündigungsschutzregime vermieden werden, denn durch die Fremdvergabe an andere Unternehmen lässt sich das eigene Personalverwendungsrisiko vermeiden, was weitere Flexibilität mit sich bringt.[238] Die Arbeitnehmerüberlassung hat im Gegensatz zu den anderen Formen des Drittpersonaleinsatzes den Vorteil, dass der Entleiher gegenüber dem Leiharbeitnehmer wie gegenüber eigenem Personal das Weisungsrecht ausüben kann.[239] Allerdings greift für die Leiharbeit die Regelungsdichte des Arbeitnehmerüberlassungsgesetzes: Dazu gehören etwa das Gewerbeverbot mit Erlaubnisvorbehalt, die Kontrolle durch die Bundesagentur für Arbeit inklusive Betriebsprüfungen, die Begrenzung der

---

232 BT-Drucks. 18/9232, S. 1 f.

233 *Hamann/Rudnik*, NZA 2016, 1368; *Lembke*, NZA 2017, 1, 12.

234 *Däubler/Klebe*, NZA 2015, 1032, 1033.

235 *Maschmann*, NZA 2013, 1305.

236 Reufels/*Leisbrock*, Personaldienstleistungen, S. 285; *Bachner/Köstler/Matthießen/Trittin*, § 5 Rn. 63; *Löwisch/Rieble*, TVG, § 3 Rn. 398; *Hamann*, NZA-Beilage 2014, 3.; siehe dazu auch § 3C.III, S. 224.

237 *Karthaus/Klebe*, NZA 2012, 417.

238 *Rieble*, ZfA 2013, 137, 139.

239 *Böhm*/Hennig/Popp, Kap.1 A. Rn. 10; *Ulrici*, § 1 AÜG Rn. 51.

Einsatzdauer, der branchenspezifische gesetzliche Mindestlohn und *Equal Treatment*, welches nicht nur für die Bezahlung der Leiharbeitnehmer gilt, sondern zB auch beim Zugang zu Sozialeinrichtungen oder dem Wahlrecht zum Entleiherbetriebsrats.[240] Der Einsatz von Fremdpersonal durch Drittfirmen vermeidet folglich die Anwendbarkeit von Arbeitsrecht – mit Ausnahme des Arbeitnehmerüberlassungsgesetzes. Vielmehr werden die arbeitsrechtlichen Verpflichtungen auf die Drittfirma verlagert, welche sich zur Erfüllung des Leistungserfolges eigener Arbeitnehmer bedient.

bb. Wirtschaftliche Gründe

Das Erbringen bzw. Auslagern von Dienstleistungen durch bzw. auf Drittfirmen beruht auf überwiegend wirtschaftlichen Entscheidungsgründen. Der größte Kostenvorteil ist die Senkung von Personalkosten durch den kostengünstigeren Fremdpersonaleinsatz.[241] Das Erbringen von Dienstleistungen außerhalb der eigenen Unternehmung führt auch regelmäßig zur Entlastung der eigenen Geschäftsführung und es entstehen größere Skaleneffekte angesichts größerer Produktions- bzw. Leistungsvolumina.[242] Mittels der Fremdvergabe kann außerdem das durch die dezentrale Lohnfindung erzeugte Lohngefälle zwischen den verschiedenen Branchen genutzt werden.[243] Überdies ist die Prozessbeschleunigung ein sich positiv auswirkender Faktor.[244] Insbesondere durch die Digitalisierung, welche durch intelligente und digitale Technologien sowie durch die internetbasierte Vernetzung von Unternehmen und Kunden, immer schneller neue Branchen und Märkten erschließt, kommt es zum Einsatz agiler Arbeitsmethoden und Einheiten, welche durch Drittdienstleister oder -unternehmen erbracht werden.[245] Diese ermöglichen ein hohes Maß an Flexibilität sowie die ständige Anpassung des Entwicklungsprozesses.[246] Auch können agile Netzwerkorganisationen es aus Unternehmersicht besser ermöglichen, rechtzeitig Chancen, Risiken und Potenziale zu erkennen, um diese frühzeitig zu realisieren.[247]

---

240 *Böhm*/Hennig/Popp, Kap.1 A. Rn. 9.

241 *Hamann*, NZA-Beilage 2014, 3; *Maschmann*, NZA 2013, 1305.

242 Reufels/*Leisbrock*, Personaldienstleistungen, S. 285.

243 *Rieble*, ZfA 2013, 137, 140.

244 *Däubler/Klebe*, NZA 2015, 1032, 1033.

245 *Häckel/Übelhör*, Digitale Geschäftsmodelle in der Industrie: Eine Analyse der Auswirkungen und Herausforderungen, S. 168 f.; *Günther/Böglmüller*, NZA 2019, 273; *Heise*, NZA-Beilage 2019, 100, 103 ff.

246 *Heise*, NZA-Beilage 2019, 100, 101.

247 *Günther/Böglmüller*, NZA 2019, 273.

Die Vorteile der Auslagerung von Aktivitäten und Prozessen aus der eigenen Unternehmung sollten aber stets auf Grundlage einer Risikoanalyse abgewogen werden. Denn es bestehen trotz wirtschaftlicher Vorteile auch unternehmerische Risiken.[248] Die Unternehmerrolle wird aus der Hand gegeben und auf ein anderes Unternehmen verlagert. Risikokategorien, die beim Outsourcing typischerweise tangiert werden können, sind das operative Risiko (dh das Risiko von Verlusten aufgrund von unzulänglichen oder fehlgeschlagenen internen Prozessen oder aus mitarbeiter- und systembedingten oder externen Vorfällen), das strategische Risiko (dh das Risiko, welches sich aus strategischen Geschäftsentscheidungen ergibt) und das Reputationsrisiko (dh das Risiko einer möglichen Rufschädigung infolge negativer Wahrnehmung zB durch Kunden, Geschäftspartner, Aktionäre oder Behörden).[249] Weitere mögliche Nachteile bzw. Risiken infolge eines Fremdpersonaleinsatzes sind der Verlust von Kernkompetenzen, Innovationsfähigkeit und Kreativität der Mitarbeiter sowie hohe Transaktions- und Koordinationskosten.[250]

b. Rechtsfolgen fehlerhafter Vertragsgestaltung

Die falsche Rechtsformwahl, also die Vereinbarung eines anderen Vertragsverhältnisses wie zB eines Dienst- anstatt eines Arbeitsvertrags oder eines Werkvertrags anstatt eines Leiharbeitsverhältnisses, schützt nicht davor, dass die zwingenden Rechtsfolgen des zu „vermeidenden Vertrages“ eintreten. Für die Rechtsformwahl ist nur ein enger Anwendungsbereich gegeben[251]: Sind objektiv die Voraussetzungen eines Arbeitsverhältnisses bei der Durchführung des Vertrages gegeben, ist zwingend Arbeitsrecht anwendbar.[252] Dies schließt die Rechtswahl eines anderen Vertragsverhältnisses überwiegend aus; auch wenn die Voraussetzungen für beide Vertragsarten objektiv vorliegen. Die einverständliche konkrete Ausgestaltung des Vertrags als unselbstständige, persönliche Abhängigkeit begründende Arbeitsleistung führt zwingend zur Anwendung von Arbeitsrecht.[253] Der Arbeitgeber kann zwar letztlich entscheiden, ob er mit Arbeitnehmern arbeiten möchte oder Aufträge an fremde Unternehmer vergeben will – dies erlaubt ihm seine durch Art. 12 GG geschützte Berufsfreiheit.[254]

---

248 Reufels/*Leisbrock*, Personaldienstleistungen, S. 285; *Gabel/Steinhauer*, VersR 2010, 177, 180.

249 *Gabel/Steinhauer*, VersR 2010, 177, 180.

250 *Karthaus/Klebe*, NZA 2012, 417, 418.

251 MünchHdbBArbR/*Richardi*, § 17 Rn. 5.

252 BAG 14.3.2007 – 5 AZR 499/06, NZA-RR 2012, 455.

253 *Jähnke*, ZHR 1982, 595, 620; ErfKomm/*Preis*, § 611a BGB Rn. 26.

254 *Rieble*, ZfA 2013, 137, 141; *Henssler*, RdA 2017, 83, 84.

Dies bedeutet aber nur, dass die freie Wahl der Arbeitsorganisation des Arbeitgebers geschützt ist, die Rechtsfolgen kann er nicht frei wählen.[255] Deshalb besteht für den Arbeitgeber bei der Erbringung von Dienstleistungen durch Dritte stets das Risiko der „falschen" Rechtsformwahl.

aa. Eingreifen von Kündigungsschutz

Bei einer Rechtsformverfehlung ist es dem Empfänger der Dienstleistung nicht möglich, sich einseitig vom Vertrag zu lösen. Vielmehr greift der Bestandsschutz des Arbeitsverhältnisses.[256] Die Verkennung des Arbeitnehmerstatus hat zur Folge, dass der zu Unrecht als Nichtarbeitnehmer Behandelte rückwirkend wie ein Arbeitnehmer zu behandeln ist.[257] Arbeitsrechtlich kann sich somit der „freie Mitarbeiter" oder „Soloselbstständige" grundsätzlich auf seine Arbeitnehmereigenschaft berufen und diese im Rahmen einer Statusklage oder inzident im Rahmen einer Kündigungsschutz- oder Entfristungsklage geltend machen.[258] Sollten die Voraussetzungen der §§ 1, 23 KSchG gegeben sein, ist das Kündigungsschutzgesetz anwendbar und eine Beendigung des Vertragsverhältnisses bzw. die Kündigung ist nur wirksam, wenn ein verhaltens-, personen- oder betriebsbedingter Grund gegeben ist. Dies führt zu dem im Kündigungsschutzgesetz praktisch angelegten Problem, dass es bis auf einige absolute Ausnahmefälle im Großteil der Fälle in der Praxis keine klar wirksamen Arbeitgeberkündigungen gibt.[259] Das Kündigungsschutzrecht ist vom Grundsatz der Verhältnismäßigkeit geprägt und die stets von den Gerichten zu treffende Wertung bringt große Unwägbarkeiten hinsichtlich des Prozessausganges mit sich.[260]

bb. Pflicht zur Abführung von Sozialversicherungsbeiträgen

Im Falle einer Rechtsformverfehlung mit Blick auf die Ausgestaltung eines bestimmten Beschäftigungsverhältnisses gehen erhebliche sozialversicherungsrechtliche Risiken einher. Für das Gegebensein eines sozialversicherungsrechtlichen Beschäftigungsverhältnisses gem. § 7 SGB IV und damit für die Frage, ob aus einer Erwerbsbeziehung Beiträge geschuldet sind, kommt es weder auf die zugrunde liegende vertragliche Vereinbarung, noch grundsätzlich auf

---

255 *Deinert*, RdA 2014, 65, 73.
256 MünchHdbBArbR/*Richardi*, § 17 Rn. 7.
257 ErfKomm/*Preis*, § 611a BGB Rn. 51.
258 *Lembke*, NZA 2013, 1312, 1313.
259 *Lembke*, NZA 2013, 1312, 1313.
260 *Lembke*, NZA 2013, 1312, 1313.

subjektive Elemente bei den Beteiligten an.[261] Gem. § 22 Abs. 1 SGB IV entstehen die Beitragsansprüche der Versicherungsträger kraft Gesetzes mit dem Vollzug eines abhängigen Beschäftigungsverhältnisses, aus dem ein Arbeitgeber Entgelt schuldet. Dem vermeintlichen Nichtarbeitgeber droht die Nachforderung von Beiträgen, und dies für den gesamten Zeitraum des bestehenden Beschäftigungsverhältnisses, sollte festgestellt werden, dass entgegen der vertraglichen Vereinbarung tatsächlich ein arbeitsrechtliches Beschäftigungsverhältnis bestanden hat.[262] Diese Sozialversicherungsbeiträge sind dann in einem nicht unerheblichem Umfang nachzuzahlen. Sollte das Vertragsverhältnis bspw. nachträglich als „Scheinwerkvertrag" im Rahmen einer Betriebsprüfung nach § 28 Abs. 1 Satz 5 SGB IV eingestuft werden, trägt der Arbeitgeber das Beitragsrisiko rückwirkend bis zu vier Jahre, bei Vorsatz sogar bis zu 30 Jahre (vgl. § 25 SGB IV), und dabei sowohl den Arbeitgeber- als auch den Arbeitnehmeranteil (vgl. § 28 g SGB IV).[263] Hinzu kommt, dass gem. § 14 Abs. 2 Satz 2 SGB IV das vereinbarte Entgelt als Nettoarbeitsentgelt fingiert wird. Dies hat zur Folge, dass gem. § 14 Abs. 2 Satz 1 SGB IV die auf den Nettobetrag entfallende Lohn- und Kirchensteuer, der Solidaritätszuschlag sowie die Sozialversicherungsbeiträge des Arbeitnehmers hochzurechnen sind.[264] Überdies muss der Arbeitgeber nach § 24 Abs. 1 Satz 1 SGB IV zu der festgestellten und nachzuzahlenden Beitragsschuld, die er nicht bis zum Ablauf des Fälligkeitstags gezahlt hat, für jeden angefangenen Monat der Säumnis kraft Gesetzes einen Säumniszuschlag von 1 % des rückständigen Betrags zahlen (12 % pro Jahr).[265] Damit einhergehend besteht das strafrechtliche Risiko eines Veruntreuens und Vorenthaltens von Arbeitsentgelt. Wer als Arbeitgeber der Einzugsstelle Beiträge zur Sozialversicherung vorenthält, wird mit Freiheitsstrafe bis zu fünf Jahren oder mit Geldstrafe gem. § 266a StGB bestraft.

cc. Illegale Arbeitnehmerüberlassung

Bevor das Arbeitnehmerüberlassungsgesetz durch das Gesetz zur Änderung des Arbeitnehmerüberlassungsgesetzes und anderer Gesetze vom 21.2.2017 geändert wurde, kam ein fingiertes Arbeitsverhältnis mit dem Entleiher gemäß § 10 AÜG

---

261 *Lanzinner/Nath*, NZS 2015, 210, 211.

262 *Lanzinner/Nath*, NZS 2015, 210, 211; *Lembke*, NZA 2013, 1312, 1314; *Zieglmeier*, NJW 2015, 1914, 1915.

263 *Zieglmeier*, NJW 2015, 1914, 1915 f.

264 *Zieglmeier*, NJW 2015, 1914, 1916.

265 *Zieglmeier*, NJW 2015, 1914, 1916.

nur in Betracht, wenn der Arbeitsvertrag zwischen Verleiher und Arbeitnehmer wegen Überlassung ohne Erlaubnis nach § 9 Nr. 1 AÜG unwirksam war. Den Unternehmen kam nach alter Rechtslage zugute, dass das Arbeitnehmerüberlassungsgesetz nach dem Wortlaut der §§ 9 Abs. 1 Nr. 1, 10 Abs. 1 AÜG die verdeckte – aber durch die Vorratserlaubnis gedeckte – Arbeitnehmerüberlassung im Gegensatz zur unerlaubten Leiharbeit nicht sanktionierte und kein Entstehen eines Arbeitsverhältnisses mit dem Entleiher zur Folge hatte. Die analoge Anwendung des in den §§ 9, 10 AÜG geregelten faktischen Übergangs des Leiharbeitnehmers auf den Entleiher hatte das BAG wiederholt abgelehnt.[266] Nach Auffassung des BAG gab es weder eine planwidrige Regelungslücke, noch seien unerlaubte und verdeckte Leiharbeit miteinander vergleichbar.[267]

Die in der Beratungspraxis oft verfolgte Praxis des Scheinwerkvertrages mit einer vorsorglichen Überlassungserlaubnis zur Vermeidung der Illegalität verdeckt betriebener Arbeitnehmerüberlassung, ist mittlerweile so nicht mehr möglich.[268] Die verdeckte Leiharbeit ist selbst mit vorsorglicher Überlassungserlaubnis gem. § 9 Abs. 1 Nr. 1a AÜG unwirksam. Gem. § 1 Abs. 1 Satz 5 AÜG haben Verleiher und Entleiher die Überlassung von Leiharbeitnehmern in ihrem Vertrag ausdrücklich als Arbeitnehmerüberlassung zu bezeichnen, bevor der Leiharbeitnehmer überlassen oder tätig wird. Sollte der Werkvertrag als Arbeitnehmerüberlassung zu qualifizieren sein, sind die nachteiligen Rechtsfolgen des Umgehungsgeschäftes zwingend. Diese können aber abgemildert werden durch eine „vorsorgliche" Kennzeichnung oder Konkretisierung des Werkvertrages als Arbeitnehmerüberlassung. Diese Vorgehensweise ist nicht als Scheingeschäft einzuordnen und daher nicht gem. bzw. analog § 117 BGB nichtig; vielmehr führt sie zur Erfüllung der Kennzeichnungspflicht.[269] Ansonsten wäre es dem Verleiher unmöglich, sich in Zweifelsfällen gesetzeskonform zu verhalten.[270] Ein Scheingeschäft ist bei einer vorsorglichen Erfüllung der Kennzeichnungspflicht nicht gegeben, denn die Parteien wollen sich vorsorglich dem strengen System

---

266 BAG 12.7.2016 – 9 AZR 352/15, BeckRS 2016, 72463 Rn. 11 ff.; 3.6.2014 – 9 AZR 111/13, BeckRS 2014, 71241 Rn. 10 ff.

267 BAG 12.7.2016 – 9 AZR 352/15, BeckRS 2016, 72463 Rn. 18 ff.; 10.12.2013 – 9 AZR 51/13, NZA 2014, 196, 199.

268 *Hamann*, NZA-Beilage 2014, 1, 3, 9; *Maschmann*, NZA 2013, 1305, 1310 f.; *Schüren*, NZA 2013, 176, 177; *Timmermann*, BB 2012, 1729.

269 *Bissels*, DB 2017, 246, 248; *Ulrici*, § 1 AÜG Rn. 131; *Henssler*, RdA 2017, 83,89; *Ulber*, § 1 AÜG Rn. 317; aA *Kainer/Schweipert*, NZA 2017, 13, 15.

270 BeckOKArbR/Rolfs/Giesen/Kreikebohm/Udsching/*Motz*, § 12 AÜG Rn. 8.2.

der Arbeitnehmerüberlassung unterwerfen.[271] Letztlich hat die Bezeichnung des Vertrages für die Vertragsparteien materiellrechtlich keinerlei Bedeutung. Dies gibt § 12 Abs. 1 Satz 2 AÜG selbst vor: „Wenn der Vertrag und seine tatsächliche Durchführung einander widersprechen, ist für die rechtliche Einordnung des Vertrages die tatsächliche Durchführung maßgebend".[272] Nur der entgegen der Kennzeichnungspflicht geschlossene Werkvertrag, der als Arbeitnehmerüberlassung gem. § 1 Abs. 1 Satz 2 AÜG zu qualifizieren ist, führt dazu, dass das Arbeitsverhältnis mit dem Verleiher auf den Entleiher übergeleitet wird. Dies geschieht rechtlich in zwei Schritten: Gem. § 9 Abs. 1 Nr. 1a AÜG ist der Arbeitsvertrag zwischen Verleiher und Leiharbeitnehmer nichtig; sodann wird zum Ausgleich – wie bei der Arbeitnehmerüberlassung ohne Überlassungserlaubnis – ein Arbeitsverhältnis mit dem Entleiher nach § 10 Abs. 1 Satz 1 AÜG fingiert.[273] Ebenfalls wird der Ordnungswidrigkeitentatbestand des § 16 Abs. 1 Nr. 1c/d AÜG erfüllt, der für vorsätzliche oder fahrlässige Begehung eine Geldbuße bis zu 30.000 Euro vorsieht. Gem. § 16 Abs. 1 Nr. 7a, b AÜG kommt eine Bußgeldandrohung mit bis zu 500.000 Euro hinzu, sollte das in § 8 AÜG geregelte und auch für die verdeckte Leiharbeit geltende Gleichbehandlungsgebot verletzt sein. In den Fällen der vorsätzlichen Umgehung des Arbeitnehmerüberlassungsgesetzes drohen auch strafrechtliche Konsequenzen gem. § 266a StGB. Damit einhergehend droht dem Scheinwerkunternehmer nach § 5 Abs. 1 Nr. 3 iVm § 3 Abs. 1 Nr. 1 AÜG ein Widerruf der Arbeitnehmerüberlassungserlaubnis, sollte er eine solche besitzen.[274]

dd. Betriebsübergang gem. § 613a BGB

Die Auslagerung von Produktionen aus dem eigenen Unternehmen bzw. die Reduzierung der Stammbelegschaften und der damit einhergehenden Auslagerung der Aufgaben auf einen externen Dienstleister birgt die Gefahr eines Betriebsteilübergangs gem. § 613a BGB und damit eines Übergangs der betreffenden Arbeitsverhältnisse auf den externen Dienstleister. Diese Funktionsnachfolge kann einen Betriebsübergang auslösen, wenn zB Stammbelegschaften auf konzerneigene Beschäftigungsgesellschaften transferiert werden unter Beibehaltung der bisherigen Tätigkeit (sog. Drehtüreffekt) oder bei der Übernahme

---

271 BeckOKArbR/Rolfs/Giesen/Kreikebohm/Udsching/*Motz*, § 12 AÜG Rn. 8.2; *Ulrici*, § 1 AÜG Rn. 131.

272 *Böhm*/Hennig/Popp, Kap. 1 A. Rn. 64.

273 *Kainer/Schweipert*, NZA 2017, 13, 15.

274 *Kainer/Schweipert*, NZA 2017, 13, 15; *Hamann*, AuR 2016, 136.

größerer Aufträge sowie wenn wesentliche Belegschaftsteile durch ein Zeitarbeitsunternehmen übernommen werden.[275] Nach Ansicht der Rechtsprechung ist ein Betriebsübergang die Fortführung der wirtschaftlichen Einheit eines Betriebs oder Betriebsteils unter Wahrung seiner Identität.[276] Ob ein solcher Betriebsübergang zu bejahen ist, richtet sich letztendlich nach den Umständen des Einzelfalls und dem Gegebensein folgender Kriterien: Es muss eine wirtschaftliche Einheit bestehen, die auf den Erwerber übergeht und in ihrem Bestand, jedenfalls im Funktionszusammenhang, erhalten bleibt.[277] Letzteres ist im Rahmen des Outsourcings bzw. der Funktionsnachfolge umstritten. Die Auftragsnachfolge, die Auftragsübernahme, die erstmalige Fremdvergabe einer arbeitstechnischen Aufgabe und die Auftragsrücknahme ohne Übertragung materieller oder immaterieller Aktiva sind kein Betriebsübergang.[278] Nach Auffassung des EuGH ist bei der Funktionsnachfolge ein Betriebsübergang zu bejahen, wenn die bisherigen Arbeitnehmer und Betriebsmittel weiterhin zur Erledigung der bisherigen Aufgaben eingesetzt werden, selbst wenn diese in die bestehende Organisation des Dienstleisters eingegliedert werden.[279] Der EuGH hat aber nicht entschieden, dass die bloße Funktionsnachfolge stets ein Betriebsübergang gem. § 613a BGB ist.[280] Vielmehr ist der Betriebsübergang nach der Rechtsprechung des EuGH wie vom BAG anhand einer wertenden Gesamtbetrachtung bzgl. des Gegebenseins einer wirtschaftlichen Einheit mittels den Kriterien eines Sieben-Punkte-Katalogs[281] festzustellen. Klassisches Outsourcing, die bloße Fremdvergabe einer bisher im eigenen Unternehmen – auch in einem Betriebsteil – durchgeführten Tätigkeit, ist jedenfalls dann kein Betriebsübergang, wenn der neue Dienstleister

---

275 Böhm/*Hennig*/Popp, Kap. 1 D. Rn. 627; *Oberthür* in: Freie Industriedienstleistung als Alternative zur regulierten Zeitarbeit, S. 54.

276 BAG 26.7.2007 – 8 AZR 769/06, NZA 2008, 112.

277 Böhm/*Hennig*/Popp, Kap. 1 D. Rn 628; HK-ArbR/*Karthaus/Richter*, § 613a BGB Rn. 52.

278 BAG 15.2.2007 – 8 AZR 431/06, BAGE 21, 289; 24.8.2006 – 8 AZR 317/05, EzA § 613a BGB 2002 Nr. 60; ErfKomm/*Preis*, § 613a BGB Rn. 37.

279 EuGH 12.2.2009 – C-466/07 (Klarenberg), NZA 2009, 251.

280 ErfKomm/*Preis*, § 613a BGB Rn. 37; HK-ArbR/*Karthaus/Richter*, § 613a BGB Rn. 58 ff.

281 Dazu zählen: Art des betreffenden Unternehmens, Übergang materieller Aktiva, Wert der immateriellen Aktiva zum Zeitpunkt des Übergangs, Übernahme der Hauptbelegschaft, Übergang der Kundschaft, Grad der Ähnlichkeit der Tätigkeit vor und nach dem Übergang und ggf. Dauer der Unterbrechung der Tätigkeit, vgl. EuGH 24.1.2002 – C-51/00, Slg. 2002. I-969 (Temco); BAG 13.11.1997 – 8 AZR 295/95, BAGE 87, 115; 22.5.1997 – 8 AZR 101/96, BAGE 86, 20.

weder Arbeitsmittel noch Personal übernimmt.[282] So kann die Anwendbarkeit des § 613a BGB vom Veräußerer vermieden bzw. beeinflusst werden; dies liegt innerhalb seiner unternehmerischen Freiheit, welche von den Arbeitsgerichten auch respektiert wird.[283] Er ist befugt, den Verkauf bzw. die Auslagerung so zu gestalten, dass § 613a BGB nicht anwendbar ist.[284]

Sollte trotz unternehmerischer Gestaltungsfreiheit ein Betriebsübergang gem. § 613a BGB stattgefunden haben und die in § 613a Abs. 5 BGB niedergelegten Informations-/Belehrungspflichten erfüllt wurden, so erlischt das Arbeitsverhältnis mit dem bisherigen Betriebsinhaber.[285] Gem. § 613a BGB findet ein Vertragspartnerwechsel auf Arbeitgeberseite statt, der das zwischen dem Arbeitnehmer und dem früheren Arbeitgeber begründete Arbeitsverhältnis inhaltlich weitestgehend unverändert lässt.[286] Der Erwerber tritt in die Rechte und Pflichten der zum Zeitpunkt des Betriebsübergangs bestehenden Arbeitsverhältnisse ein. Mit Rechten und Pflichten sind die individual-rechtlichen Vereinbarungen unter Einschluss derjenigen tarifvertraglichen Regelungen umfasst, die durch Bezugnahme auf einen Tarifvertrag Bestandteil des Einzelarbeitsvertrags geworden sind.[287]

c. *Erbringung von Arbeitsleistung durch Drittpersonal*

aa. Vertragstypen im Rahmen von Drittpersonaleinsätzen

Zu den probaten Mitteln, sich Leistungen erbringen zu lassen, ohne eigene Mitarbeiter einstellen zu müssen, gehört der Drittpersonaleinsatz. Unternehmer können sich ihre Leistungen zB durch freie Mitarbeiter erbringen lassen, die als Ein-Mann-Unternehmen oder Soloselbstständige aufgrund eines Dienst- oder Werkvertrages tätig werden. Das Drittpersonal kann aber ebenso bei einem anderen Unternehmen angestellt sein; die Tätigkeit im Einsatzunternehmen

282 BAG 28.5.2009 – 8 AZR 273/08, NZA 2009, 1267; 14.8.2007 – 8 AZR 1043/06, NZA 2007, 1431; ErfKomm/*Preis*, § 613a BGB Rn. 37.

283 *Oberthür* in: Freie Industriedienstleistung als Alternative zur regulierten Zeitarbeit, S. 59.

284 BAG 27.9.2007 – 8 AZR 941/06, BAGE 124, 159; *Oberthür* in: Freie Industriedienstleistung als Alternative zur regulierten Zeitarbeit, S. 59.

285 MünchKomm/*Müller-Glöge*, § 613a BGB Rn. 77; HK-ArbR/*Karthaus/Richter*, § 613a BGB Rn. 95; ErfKomm/*Preis*, § 613a BGB Rn. 66.

286 BAG 22.2.1978 – 5 AZR 800/76, AP BGB § 613a Nr. 11.

287 MünchKomm/*Müller-Glöge*, § 613a BGB Rn. 77; HK-ArbR/*Karthaus/Richter*, § 613a BGB Rn. 95, ErfKomm/*Preis*, § 613a BGB Rn. 79.

erfolgt dann als Erfüllungsgehilfe des Werk- oder Dienstleistungsunternehmers gem. § 278 BGB. Des Weiteren kann das Drittpersonal aufgrund eines Arbeitnehmerüberlassungsvertrages in dem Einsatzunternehmen des Entleihers tätig werden. Der Arbeitnehmerüberlassungsvertrag ist ein Unterfall der im Bürgerlichen Gesetzbuch nicht geregelten, aber in Rechtsprechung und Literatur anerkannten besonderen Vertragsform des Dienstverschaffungsvertrages, und zwar in der Form der Verschaffung der Dienste abhängig Beschäftigter.[288] Der Dienstverschaffungsvertrag ist gerichtet auf die Beschaffung von selbstständigen Dienstleistungen und gegeben, wenn eine Vertragspartei die Verpflichtung übernimmt, der anderen Vertragspartei eine selbstständige Dienstleistung eines Dritten zu verschaffen.[289] Nicht jede Dienstverschaffung ist eine Arbeitnehmerüberlassung.[290] Immer dann, wenn die Verpflichtung besteht, dem Empfänger die von einem Dritten zu erbringenden Dienst zu verschaffen, ihm also das arbeitsbezogene Weisungsrecht besorgt wird, ist eine Arbeitnehmerüberlassung gegeben.[291] Eine nicht dem Arbeitnehmerüberlassungsgesetz unterfallende Dienstverschaffung ist dagegen vorliegend, wenn Dienste verschafft werden, welche selbstständig erbracht werden.[292] Weitere mögliche Vertragsart im Rahmen eines Drittpersonaleinsatzes ist der Geschäftsbesorgungsvertrag gem. § 675 BGB. Dieser kann aber nur einen Dienst- oder Werkvertrag zum Inhalt haben. Das entscheidende Merkmal des § 675 BGB ist die Arbeitsleistung als Geschäftsbesorgung.[293] Ebenfalls möglich ist der Drittpersonaleinsatz als vertragliche Neben- oder Folgeleistung aus einem gemischten Vertrag. Dabei handelt es sich zumeist um Miet- oder Dienstverschaffungsverträge, bei denen die Gebrauchsüberlassung eines Geräts oder einer Maschine den Vertragsinhalt prägt, sodass das zusätzliche Überlassen von Arbeitnehmern als Nebenleistung einzuordnen ist.[294]

---

288 BGH 14.7.2016 – IX ZR 291/14, NJW 2016, 3430 Rn. 17; *Ulrici*, § 1 AÜG Rn. 76, ErfKomm/*Wank*, § 1 AÜG Rn. 35; *van Venrooy*, NZA 2011, 670, 671.

289 BeckOKArbR/Rolfs/Giesen/Kreikebohm/Udsching/*Kock*, § 1 AÜG Rn. 74; ErfKomm/*Preis*, § 611a BGB Rn. 106.

290 Siehe dazu auch § 3A.II.1.c.bb.[2], S. 78.

291 ErfKomm/*Wank*, § 1 AÜG Rn. 35, *Ulrici*, § 1 AÜG Rn. 76.

292 *van Venrooy*, NZA 2011, 670, 671; *Ulrici*, § 1 AÜG Rn. 76.

293 ErfKomm/*Preis*, § 611a BGB Rn. 103.

294 BAG 2.8.2006 – 10 AZR 756/05, NJOZ 2006, 4714, 4718; 17.2.1992 – 7 AZR 167/92, NZA 1993, 1125, 1127; BeckOKArbR/Rolfs/Giesen/Kreikebohm/Udsching/*Kock*, § 1 AÜG Rn. 78.

bb. Abgrenzung der Vertragstypen des Drittpersonaleinsatzes untereinander

Der Sachverhalt im Falle von Dienst- und Werkverträgen ist objektiv betrachtet kaum vom Fall des Einsatzes von Leiharbeitnehmern oder Scheinselbstständigen zu unterscheiden. Dies führt leicht zu Abgrenzungsschwierigkeiten, welche die zuvor aufgeführten Rechtsfolgen für den Arbeitgeber auslösen können.[295]

[1] Abgrenzung von Werk- und Dienstverträgen zum Arbeitsvertrag

Jede Leistung von Diensten kann sowohl in einem Arbeitsverhältnis als auch in einem selbstständigen Dienst- oder Werkvertragsverhältnis erfolgen.[296] Mit dem Gesetz zur Änderung des Arbeitnehmerüberlassungsgesetzes und anderer Gesetze vom 21.2.2017 wurde § 611a BGB neu das Bürgerliche Gesetzbuch eingefügt. Diese Norm enthält eine Definition des Arbeitnehmerbegriffs und soll die bessere Abgrenzung des Arbeitsvertrages zu Dienst- und Werkverträgen ermöglichen.[297] § 611a BGB enthält aber keine Aufzählung von Abgrenzungskriterien des Arbeitsvertrages von anderen Vertragsarten, bei denen der Auftragnehmer seine Arbeitsleistung oder das Ergebnis daraus schuldet, so wie es im ersten Gesetzesentwurf der Fall war.[298] Vielmehr enthält die Norm die durch die Rechtsprechung entwickelten Grundsätze zur Bestimmung eines Arbeitnehmers.[299] Gem. § 611a BGB ist Arbeitnehmer, wer im Dienste eines anderen zur Leistung weisungsgebundener, fremdbestimmter Arbeit in persönlicher Abhängigkeit verpflichtet ist. Wie zuvor schon die hM, wird auch in § 611a BGB für die Abgrenzung des Arbeitnehmers vom selbstständigen Dienstleister/Werkunternehmer auf die Eingliederung in die Organisation des Arbeitgebers und auf die Weisungsgebundenheit abgestellt.[300] Für beide Kriterien gibt es gesetzliche Anhaltspunkte in § 611a Abs. 1 Satz 2, 3 BGB, die den § 84 Abs. 1 Satz 2 HGB und § 106 GewO entsprechen – aber auch die Tatbestandsmerkmale Eingliederung und Weisungsgebundenheit lassen sich nicht immer zweifelsfrei feststellen.[301] Letztlich soll gem. § 611a Abs. 1 Satz 5 BGB eine Gesamtbetrachtung aller Umstände vorgenommen werden. Welche Kriterien in die Gesamtbetrachtung

295 *Lanzinner/Nath*, NZS 2015, 210, 211; *Litschen/Yacoubi*, NZA 2017, 484; siehe auch § 3A.II.1.b, S. 68.
296 *Bücker*, Industrielle Beziehungen 2016, 187, 189; *Deinert*, RdA 2014, 65.
297 BT-Drs. 18/9232, S. 31.
298 RefE 16.11.2015; Moll/*Reiserer*, § 5 Rn. 4; *Litschen/Yacoubi*, NZA 2017, 484.
299 BT-Drs. 18/9232, S. 31.
300 BAG 29.8.2012 – 10 AZR 499/11, NZA 2012, 1433; *Deinert*, RdA 2017, 65, 66.
301 *Deinert*, RdA 2014, 65, 66.

einfließen sollen, hat der Gesetzgeber offengelassen. Dies hat zwar den Vorzug einer flexiblen Regelung, langfristig besteht aber das Problem, dass eine „Rechtssicherheit der Verträge" nicht vollständig realisiert werden kann; diese war vom Gesetzgeber mit der Schaffung des § 611a BGB aber intendiert.[302] Daher besteht weiterhin das Risiko der Fehlbeurteilung des rechtlichen Status eines Mitarbeiters beim Einsatz von Selbstständigen bzw. freien Mitarbeitern.

Der freie Dienstvertrag gem. § 611 BGB ist abzugrenzen vom Arbeitsvertrag gem. § 611a BGB, bei dem abhängige Dienste geschuldet sind.[303] Wesentlicher Unterschied zum Arbeitsvertrag ist die Art der Tätigkeitsausführung – diese wird als freie bzw. unabhängige durchgeführt.[304] Ein freier Dienstvertrag ist gegeben, wenn die Dienste in wirtschaftlicher und sozialer Selbstständigkeit und Unabhängigkeit geleistet werden.[305] Dies ist der Fall, wenn der Dienstleister unternehmerisch mit Chancen und Risiken am Markt tätig ist, also keinen Anspruch auf Zuteilung der Dienstleistung und der Dienstleistungsempfänger keinen Anspruch auf Leistung hat, oder der Dienstleister einen „freien Beruf" ausübt.[306] Letztlich ist die Scheinselbstständigkeit zu bejahen und der freie Mitarbeiter in Wahrheit Arbeitnehmer je mehr im Rahmen einer Gesamtschau aller Umstände des Einzelfalls der angebliche „freie" Mitarbeiter arbeitsrechtlichen Weisungen hinsichtlich Inhalt, Ort und Zeit der Arbeitsleistung bzw. Ordnung und Verhalten der Arbeitnehmer im Betrieb unterliegt und je mehr er in die Arbeitsprozesse und den Betrieb des Einsatzunternehmens eingegliedert ist.[307]

Die Abgrenzung zwischen Arbeitsvertrag und Werkvertrag ist vor allem hinsichtlich des Weisungsrechts komplexer. Der Werkbesteller kann gem. § 645 Abs. 1 Satz 1 BGB Anweisungen für die Erstellung des Werkes erteilen. Dieses werkvertragliche Weisungsrecht ist im Einzelfall von der arbeitsvertraglichen Weisung abzugrenzen.[308] Wird die Weisung gegenständlich ausschließlich auf die zu erbringende Werkleistung konkretisiert, ist ein Werkvertrag gegeben.[309] Geht

302 *Deinert*, RdA 2014, 65, 71; BT-Drs. 18/2932, S. 31.

303 ErfKomm/*Preis*, § 611 BGB Rn. 2.; MünchKomm/*Müller-Glöge*, § 611 BGB Rn. 77.

304 HK-ArbR/*Kreuder/Matthiessen-Kreuder*, §§ 611, 611a BGB Rn. 113.

305 ErfKomm/*Preis*, § 611 BGB Rn. 4; HK-ArbR/*Kreuder/Matthiessen-Kreuder*, §§ 611, 611a BGB Rn. 113.

306 HK-ArbR/*Kreuder/Matthiessen-Kreuder*, §§ 611, 611a BGB Rn. 113; ErfKomm/*Preis*, § 611 BGB Rn. 4.

307 *Lembke*, NZA 2013, 1312, 1313.

308 ErfKomm/*Preis*, § 611a BGB Rn. 98.

309 HK-ArbR/Kreuder/*Matthiessen-Kreuder*, §§ 611, 611a BGB Rn. 116; ErfKomm/*Preis*, § 611a BGB Rn. 98.

der Besteller weiter, indem er erst den Gegenstand der Werkleistung bestimmt oder auch persönliche bindende Weisungen erteilt, die den Einsatz und die Arbeit unmittelbar und bindend organisieren, spricht dies für ein Arbeitsverhältnis.[310] Ein Werkvertrag ist nur zu bejahen, wenn Weisungsstruktur und Risikoverteilung eindeutig werkvertraglich ausgestaltet sind.[311]

[2] Abgrenzung von Werk- und sonstigen Dienstverträgen zur Arbeitnehmerüberlassung

Für den Drittpersonaleinsatz sind Dreieckskonstellationen charakteristisch. Bei der Arbeitnehmerüberlassung existieren die Akteure Verleiher, Entleiher und Leiharbeitnehmer, wobei der Leiharbeitnehmer Arbeitnehmer des Verleihers ist und dem Entleiher während des bestehenden Leiharbeitsverhältnisses das arbeitsrechtliche Weisungsrecht zusteht.[312] Beim Werk- oder sonstigen Dienstleistungsvertrag bedient sich der Auftragnehmer zur Erledigung des Auftrags eines Dritten zur Erfüllung.[313] Arbeitnehmerüberlassung und Werkvertrag schließen einander folglich aus.[314]Allerdings bedarf es aufgrund dieser vertragsgestalterischen Nähe einer Abgrenzung der Vertragsarten untereinander. Nicht nur bei der Abgrenzung des Arbeitnehmers vom Scheinselbstständigen wird auf die Vertragsdurchführung anstatt auf die Vertragsbezeichnung für die Beurteilung abgestellt, welches Vertragsrecht einschlägig ist. Sondern auch gem. § 12 Abs. 1 Satz 2 AÜG ist auf die tatsächliche Vertragsdurchführung abzustellen, ob ein Einsatz von Erfüllungsgehilfen für die Verrichtung von Dienst- oder Werkverträgen gegeben ist oder ob es sich nicht vielmehr um eine Arbeitnehmerüberlassung handelt.[315] Dies ist anhand einer wertenden Gesamtbetrachtung unter Einbeziehung aller Umstände des Einzelfalles zu bestimmen.[316] Nach dem BAG ist Arbeitnehmerüberlassung gegeben, wenn einem Entleiher Arbeitskräfte zur Verfügung gestellt werden, die in dessen Betrieb eingegliedert sind und ihre Arbeit allein nach den Weisungen des Entleihers und in dessen Interesse ausführen.[317] Gesetzlich normiert wurde dies nun in § 1 Abs. 1 Satz 2 AÜG. Beim

310 BAG 25.09.2013 – 10 AZR 282/12, DB 2013, 2626; 30.1.1991 – AZR 497/89, AP AÜG § 10 Nr. 8; ErfKomm/*Preis*, § 611a BGB Rn. 98.

311 ErfKomm/*Preis*, § 611a BGB Rn. 98; *Greiner*, NZA 2013, 697; *ders.*, AcP 211, 221.

312 *Ulrici*, § 1 AÜG Rn. 51.

313 *Böhm*/Hennig/Popp, Kap. 1 A Rn. 17.

314 *Böhm*/Hennig/Popp, Kap. 2 B Rn. 10.

315 BAG 18.1.2012 – 7 AZR 723/10, NZA-RR 2012, 455, 458.

316 BT-Drs. 18/9232, S. 19.

317 BAG 18.1.2012 – 7 AZR 723/10, NZA-RR 2012, 455, 458; 6.8.2003 – 7 AZR 180/03, NZA 2004, 1182.

Einsatz eines Arbeitnehmers bei einem Dritten aufgrund eines Werkvertrags wird der Werkunternehmer (im Gegensatz zur Arbeitnehmerüberlassung) für den Auftraggeber tätig und organisiert die zur Erreichung eines wirtschaftlichen Erfolgs notwendigen Handlungen nach seinen eigenen betrieblichen Voraussetzungen.[318] Er bleibt nur für die Erfüllung der in dem Vertrag vorgesehenen Herstellung des geschuldeten Werks gegenüber dem Dritten verantwortlich.[319] Dabei unterliegen die zur Ausführung des Werkvertrags eingesetzten Arbeitnehmer den Weisungen des Werkunternehmers und sind dessen Erfüllungsgehilfen.[320] Der Werkbesteller kann jedoch gem. § 645 Abs. 1 Satz 1 BGB dem Werkunternehmer selbst oder dessen Erfüllungsgehilfen Anweisungen für die Ausführung des Werks erteilen.[321] Diese Art von Werkverträgen sind vom Arbeitnehmerüberlassungsgesetz nicht erfasst.[322] Die projektbezogene werkvertragliche Anweisung iSd. § 645 Abs. 1 Satz 1 BGB ist auch hier von der arbeitsrechtlichen Weisung abzugrenzen.[323] Die werkvertragliche Anweisung ist sachbezogen, ergebnisorientiert sowie gegenständlich auf die zu erbringende Werkleistung begrenzt.[324] Demgegenüber ist die arbeitsrechtliche Weisung personenbezogen, ablauf- und verfahrensorientiert und beinhaltet Anleitungen zur Vorgehensweise.[325] Neben diesen tatbestandlichen Abgrenzungsmerkmalen sind von der Rechtsprechung, der Bundesagentur und der hL Indizien entwickelt worden, welche für einen die Arbeitnehmerüberlassung ausschließenden Werkvertrag sprechen. Deren Darstellung soll in dieser Arbeit nicht erfolgen.[326] Die von den Erfüllungsgehilfen des Werkunternehmers zu befolgende Weisung des Bestellers in Notfällen oder zur Gefahrenabwehr spricht jedenfalls nicht für die Annahme einer Arbeitnehmerüberlassung.[327]

318 BAG 27.6.2017 – 9 AZR 133/16, juris Rn. 27; 18.1.2012 – 7 AZR 723/10, NZA-RR 2012, 455 Rn. 26; *Ulrici*, 1 AÜG Rn. 61.

319 BAG 27.6.2017 – 9 AZR 133/16, juris Rn. 27; 18.1.2012 – 7 AZR 723/10, NZA-RR 2012, 455 Rn. 26; *Greiner*, NZA 2013, 697, 698.

320 BAG 27.6.2017 – 9 AZR 133/16, juris Rn. 27; *Boemke*, § 1 AÜG Rn. 84.

321 BAG 27.6.2017 – 9 AZR 133/16, juris Rn. 27; 18.1.2012 – 7 AZR 723/10, NZA-RR 2012, 455 Rn. 28.

322 BAG 20.9.2016 – 9 AZR 735/15, juris Rn. 30; 18.1.2012 – 7 AZR 723/10, juris Rn. 27; 13.8.2008 – 7 AZR 269/07, juris Rn. 14.

323 BAG 27.6.2017 – 9 AZR 133/16, juris Rn. 28; HK-ArbR/*Lorenz*, 1 AÜG Rn. 24.

324 *Kainer/Schweipert*, NZA 2017, 13, 14; *Maschmann*, NZA 2013, 1305, 1309.

325 BAG 9.11.1994 – 7 AZR 217/94, BAGE 78, 252; *Maschmann*, NZA 2013, 1305, 1309.

326 Siehe *Ulrici*, § 1 AÜG Rn. 65 ff.

327 BAG 18.1. 2012 – 7 AZR 723/10, NZA-RR 2012, 455 Rn. 30.

Ebenso von der Arbeitnehmerüberlassung abzugrenzen ist die Leistungserbringung durch Drittunternehmer aufgrund eines Dienstvertrages (oder dienstvertraglichen Geschäftsbesorgungsvertrages) beim Einsatzunternehmen. Hier schuldet der Dienstleister die Erbringung der Dienste selbst.[328] Setzt der Dienstleistungsunternehmer zur Erfüllung seiner geschuldeten Leistung Erfüllungsgehilfen ein, rückt er in „gefährliche Nähe" zur Arbeitnehmerüberlassung.[329] Die Rechtsprechung legt für die Abgrenzung im Wesentlichen dieselben Abgrenzungskriterien zugrunde, wie im Verhältnis Werkvertrag zu Arbeitnehmerüberlassungsvertrag, also die betriebliche Eingliederung und das Weisungsrecht.[330] Kriterien wie Erfolg, Gewährleistung und Vergütungsgefahr sind nicht heranzuziehen.[331] Die Tätigkeit im Rahmen eines Dienstvertrags ist somit „näher" an die Arbeitnehmerüberlassung angelehnt.[332]

Ebenfalls von der Arbeitnehmerüberlassung abzugrenzen, ist die Gebrauchsüberlassung eines Gegenstands verbunden mit einer Personalgestellung im Rahmen eines gemischten Miet- und Dienstverschaffungsvertrages.[333] Solche gemischten Verträge werden vom Arbeitnehmerüberlassungsgesetz nicht erfasst, wenn nicht die Überlassung von Arbeitnehmern, sondern die Gebrauchsüberlassung des Geräts oder der Maschine den Inhalt des Vertrags prägt, sodass das zusätzliche Überlassen von Personal als eine Nebenleistung anzusehen ist.[334] Dies ermittelt die hM im Einzelfall anhand einer wertenden Gesamtbetrachtung und stellt dabei auf den objektiven Schwerpunkt des Zwecks des Geschäfts ab.[335] Diese Grundsätze sind auch anzuwenden, wenn im Zusammenhang mit Verkauf, Vermietung oder Leasing von Wirtschaftsgütern Personal für spätere

---

328 BAG 22.6.1994 – 7 AZR 286/93, NZA 1995, 462, 464; *Ulrici*, § 1 AÜG Rn. 74; ErfKomm/*Wank*, § 1 AÜG Rn. 32.

329 Schüren/*Hamann*, § 1 AÜG Rn. 200; *Böhm*/Hennig/Popp, Kap. 2 C. Rn. 40.

330 ErfKomm/*Wank*, § 1 AÜG Rn. 33; BAG 20.9.2016 – 9 AZR 735/15, NZA 2017, 49; 18.1.2012 – 7 AZR 723/10, NZA-RR 2012, 455.

331 ErfKomm/*Wank*, § 1 AÜG Rn. 33; Thüsing/*Waas*, § 1 AÜG Rn. 85; *Ulrici*, § 1 AÜG Rn. 75.

332 *Greiner*, NZA 697, 699; *Ulrici*, § 1 AÜG Rn. 75.

333 *Ulrici*, § 1 AÜG Rn. 77; ErfKomm/*Wank*, § 1 AÜG Rn. 38.

334 BAG 2.8.2006 – 10 AZR 756/05, NJOZ 2006, 4714, 4718; 17.2.1992 – 7 AZR 167/92, NZA 1993, 1125,1127; BeckOKArbR/Rolfs/Giesen/Kreikebohm/Udsching/*Kock*, § 1 AÜG Rn. 78.

335 BAG 15.9.2016 – 8 AZR 187/15, AP Nr 143 zu § 611 BGB Haftung des Arbeitnehmers Rn. 47; Erkomm/*Wank*, § 1 AÜG Rn. 38 f. ; *Ulrici*, § 1 AÜG Rn. 77; BeckOKArbR/Rolfs/Giesen/Kreikebohm/Udsching/*Kock*, § 1 AÜG Rn. 78; *Kania*, NZA 1994, 871, 872 f.

Folgeleistungen (zB Instandhaltung, Wartung, Änderungen etc) überlassen wird.[336]

Zusammenfassend ist festzuhalten, dass die Arbeitnehmerüberlassung sich von sonstigen Erscheinungsformen des drittbezogenen Personaleinsatzes unterscheidet, dass diese es dem Entleiher ermöglicht das Weisungsrecht auszuüben und den Leiharbeitnehmer in seinen Betrieb einzugliedern, um diesen gemäß seinen Vorstellungen und Zielen innerhalb seiner Betriebsorganisation wie einen eigenen Arbeitnehmer zur Förderung seiner Betriebszwecke einzusetzen.[337]

cc. Kriterien der Arbeitsvertragsvermeidung

Die zwei wesentlichen Abgrenzungskriterien des Arbeitsvertrages zu anderen Vertragstypen des Drittpersonaleinsatzes sind die Eingliederung der Arbeitnehmer in die Arbeitsorganisation und deren Weisungsgebundenheit. Der Unternehmer, welcher Drittpersonal in seinem Unternehmen einsetzt, sollte die Verwirklichung dieser Tatbestandsmerkmale des Arbeitsvertrages vermeiden. Dies kann ihm gelingen, in dem er Weisungen gegenüber dem eingesetzten Drittpersonal gänzlich vermeidet oder Weisungen detailliert im Vertrag mit dem Drittunternehmer festlegt. Projektbezogene Weisungen oder Weisungen, die sich ausschließlich auf die zu erbringende Leistung beziehen sind während des Drittpersonaleinsatzes aber möglich.

d. Praktizierte Arbeitsvertragsvermeidung

Im Folgenden wird auf Arbeitsorganisationskonzepte eingegangen, die einen Personaleinsatz mittels eines Arbeitsvertrages vermeiden können und zu diesem Zweck auch in der Praxis genutzt werden.

aa. Outsourcing – Produktionen entlang der Wertschöpfungskette

Die Verringerung der Fertigungstiefe innerhalb der Wertschöpfungskette und der zunehmende Dienstleistungssektor durch den Einsatz von Drittpersonal wurde schon erwähnt.[338] Diese Entgrenzung von Organisation und Arbeit durch Outsourcing soll zukünftig potenziert werden und eine Ära der „Hyper-Spezialisierung“ anbrechen.[339] Somit wären die branchen- und unternehmensübergreifend

---

336 BeckOKArbR/Rolfs/Giesen/Kreikebohm/Udsching/*Kock*, § 1 AÜG Rn. 79.

337 BAG 27.6.2017 – 9 AZR 133/16, juris Rn. 48; BAG 3.12.1997 – 7 AZR 764/96 – zu I 3 der Gründe, BAGE 87, 186.

338 Siehe § 3A.II.1.a, S. 65.

339 *Deinert/Helfen*, Industrielle Beziehungen 2016, 85; *Malone/Laubacher/Johns*, Havard Business Review 2011, 56, 57 ff.

in Wertschöpfungsnetzwerken aufzufindenden Formen der interorganisationalen Arbeitsorganisation wie Projekte, Franchising, Arbeitnehmerüberlassung oder Dienst- und Werkverträge lediglich Vorzeichen eines sich immer mehr auflösenden Zusammenhangs zwischen Organisation und Arbeit.[340] Diese Formen der Arbeitsorganisation zeigen, dass sich das Zusammenwirken zwischen den verschiedenen Arbeitsorganisationen im Leistungsprozess verändert hat.[341] Wertschöpfungsprozesse werden mehr automatisiert, dh die Teilbeiträge zur Fertigstellung eines Arbeitsergebnisses werden in einem stärkeren, sowohl quantitativen wie auch qualitativen, Ausmaß räumlich, zeitlich und sozial zergliedert.[342] Die unternehmenseigene Kantine, der zum Unternehmen gehörende Hausmeister oder das unternehmenszugehörige Wachpersonal – früher in der Regel unternehmensangehöriges Servicepersonal – wird heute je nach Bedarf in zahllose Einzeltätigkeiten zergliedert, um die Tätigkeit so vermeintlich fremdvergabefähig zu machen.[343] Mögliche Grenzen werden hierbei nicht primär vom Recht bestimmt, sondern vor allem von der ökonomischen Vernunft.[344] Zwei Entwicklungen lassen sich dabei klar erkennen: Die Entstehung von Mehrarbeitgeberbeziehungen[345] und die Verbreitung von intermediären Organisationsformen, besonders der damit zusammenhängenden Nutzung von virtuellen Formen der Arbeitsorganisation[346].[347] Bei dieser zunehmenden Fragmentierung von Arbeit und Organisation werden aber weiterhin hierarchisch organisierte Großunternehmen fortbestehenden und auch nach wie vor reguläre Beschäftigungsverhältnisse eingegangen werden, trotz dass sich die unmittelbare Verantwortung für Wertschöpfung und Arbeit fortschreitend reduziert.[348]

[1] Industrienahe Dienstleistungen

Die Reorganisation vieler Unternehmen führt zur Verlagerung der Dienstleistungsschritte auf externe Dritte. Diese erbringen die sog. industrienahen Dienstleistungen selbstständig im Verbund mit dem Auftraggeber innerhalb

---

340 *Deinert/Helfen*, Industrielle Beziehungen 2016, 85.

341 So schon *Sydow*, Industrielle Beziehungen 1999, 5 ff.; *Deinert/Helfen*, Industrielle Beziehungen 2016, 85, 86.

342 *Hensel/Koch/Kocher/Schwarz*, Industrielle Beziehungen 2016, 162, 163.

343 Schüren/*Hamann*, § 1 AÜG Rn. 186.

344 *Böhm*/Hennig/Popp, Kap. 2 B Rn. 20.

345 *Marchington/Grimshaw/Rubery/Willmott*, Fragmenting work. Blurring organizational boundaries and disodering hierachies, Oxford University Press 2005.

346 *Bonet/Cappelli/Hamori*, Academy of Management 2013, 341, 341 ff.

347 *Deinert/Helfen*, Industrielle Beziehungen 2016, 85, 86.

348 *Deinert/Helfen*, Industrielle Beziehungen 2016, 85, 86.

der Wertschöpfungskette.[349] Die Fremdvergabe der Dienstleistung kann auch im Wege der Arbeitnehmerüberlassung erbracht werden. Die industrienahen Dienstleistungen unterscheiden sich aber von der Arbeitnehmerüberlassung insofern, dass nicht ein flexibler Personalbedarf vorübergehend gedeckt werden soll. Vielmehr werden ganze Arbeitsprozesse ausgelagert und durch den Industriedienstleister in eigener Organisation und Verantwortung im Betrieb des Auftraggeberunternehmers erbracht.[350] Ein im Bürgerlichen Gesetzbuch geregelter Industriedienstleistungsvertrag existiert nicht; vielmehr gilt für diesen im Rahmen des gesetzlich zulässigen die Typen- und Gestaltungsfreiheit.[351] Der Industriedienstleister erbringt aufgrund des Vertrages mit einem anderen Unternehmer die Leistung in eigener unternehmerischer Verantwortung, aber im Rahmen der industriellen Produktion des Auftraggebers.[352] So kommen als Vertragstypen der Industrieleistung wie beim gewöhnlichen Drittpersonaleinsatz – alternativ oder kumulativ – Werk-, Dienstleistungs- und Geschäftsbesorgungsvertrag in Betracht.[353] Der Dienstleister schuldet dem Leistungsempfänger nicht die Bereitstellung von Arbeitnehmern, sondern erbringt die vereinbarte Dienstleistung in eigener Verantwortung und hat eine eigene betriebliche Organisation.[354] Die von ihm zur Erfüllung eingesetzten Arbeitnehmer unterliegen als seine Arbeitnehmer seinem alleinigen Weisungsrecht und handeln als seine Erfüllungsgehilfen gem. § 278 BGB.[355]

Zu den neueren agilen Organisationskonzepten industrienaher Dienstleistungen gehören Scrum Teams und das Crowdworking[356]. Scrum Teams werden vor allem in der Softwareentwicklung und der kreativen Branche eingesetzt.[357] Gemischte, kleine Teams (ca. drei bis neun Personen) bestehend aus Mitarbeitern, Selbstständigen und Fachkräften externer Unternehmen arbeiten ohne arbeitsrechtliche Weisungen; sie sind das ausführende Organ und haben die

---

349 *Deinert*, RdA 2014, 65; *Schindele*, ArbRAktuell 2015, 363, 365.

350 *Hamann*, NZA-Beilage 2014, 4.

351 *Hamann*, NZA-Beilage 2014, 3; *Schindele*, ArbRAktuell 2015, 363, 365.

352 *Hamann*, NZA-Beilage 2014, 3.

353 *Hamann*, NZA-Beilage 2014, 3, 3 f.; *Oberthür* in: Freie Industriedienstleistung als Alternative zur regulierten Zeitarbeit, S. 44.

354 *Hamann*, NZA-Beilage 2014, 3, 3 f.; *Oberthür* in: Freie Industriedienstleistung als Alternative zur regulierten Zeitarbeit, S. 44.

355 BAG 9.11.1994 – 7 AZR 217/94, BAGE 78, 252; *Oberthür* in: Freie Industriedienstleistung als Alternative zur regulierten Zeitarbeit, S. 44 f.

356 Zum Thema Crowdwork siehe unten § 3A.II.1.d.aa.[2], S. 84.

357 *Schwaber/Sutherland*, S. 3.

alleinige Gestaltungsmacht über den Arbeitsprozess.[358] Innerhalb des Scrum Teams werden den einzelnen Teammitgliedern unterschiedliche Rollen zugewiesen, wie etwa dem Product Owner, dem Entwicklungsteammitgliedern sowie dem Scrum Master.[359] Ziel ist die schnelle, kostengünstige Entwicklung hochwertiger Produkte bzw. Lösungen.[360] Dabei legt der Product Owner die strategische Marschroute für die geplante Produktentwicklung fest, die vom Entwicklungsteam umgesetzt wird; dies erfolgt eigenständig und ohne Einfluss des Product Owners oder Scrum Masters.[361] Letzterer ist Moderator des Entwicklungsteams und soll die reibungslose Durchführung des Projekts gewährleisten.[362] Die Beschäftigung von Scrum Teams kann wie bei anderen Arten des Fremdpersonaleinsatzes mehreren Vertragstypen zugeordnet werden. In Betracht kommen die Arbeitnehmerüberlassung, der Werkvertrag, die Gesellschaft bürgerlichen Rechts sowie die arbeitnehmerähnliche Person.[363] Somit lässt sich die Scrum Organisation nicht streng einem bestimmten Vertragstyp zuordnen. Ferner ist zu bedenken, dass die Abläufe innerhalb eines solchen Scrum Teams in jedem Einzelfall unterschiedlich erfolgen und nicht wie in dem oben beschriebenen idealtypischen Konzept. Für die schuldrechtliche Beziehung kommt es auf die Parteivereinbarung und die tatsächliche Vertragsdurchführung an, wobei Letztere nach der Rechtsprechung das maßgebliche Beurteilungskriterium ist.[364]

[2] Plattformökonomie, Solo- und Scheinselbstständige

Ungeachtet der überwiegenden Zahl der abhängig beschäftigten Arbeitnehmer mit Arbeitsort Deutschland von ca. 40 Mio.[365] gegenüber 4,3 Mio.[366] Selbstständigen ist die Erbringung von Dienstleistungen durch Selbstständige weiterhin ein Mittel zur Personalkostensenkung. Für den Unternehmer ist der Einsatz eines Selbstständigen besonders interessant, weil in diesem Fall keine Beiträge zur Sozialversicherung anfallen und das „Arbeitgeberbrutto" um mehr als 40 %

---

358 *Schindele*, ArbRAktuell 2015, 363, 365 f.

359 *Heise/Friedl*, NZA 2015, 129, 130.

360 *Schindele*, ArbRAktuell 2015, 363, 366.

361 *Schwaber/Sutherland*, S. 5.

362 *Heise/Friedl*, NZA 2015, 129, 131.

363 *Schindele*, ArbRAktuell 2015, 363, 366; *Heise/Friedl*, NZA 2015, 129, 135 ff.

364 BAG 18.1.2012 – 7 AZR 723/10, NZA-RR 2012, 455; 6.8.2003 – 7 AZR 180/03, NZA 2004, 1182.

365 https://www.destatis.de/DE/ZahlenFakten/Indikatoren/Konjunkturindikatoren/Arbeitsmarkt/karb804.html I Stand 16.3.2018.

366 https://www.destatis.de/DE/ZahlenFakten/Indikatoren/Konjunkturindikatoren/Arbeitsmarkt/karb805.html I Stand 16.3.2018.

reduziert wird.[367] Die schon oben aufgeführten Motive für eine Vermeidung der Entstehung von Arbeitgeberpflichten sowie die Flexibilisierung des Personalbedarfs steigern die Attraktivität der Beschäftigung von Selbstständigen für Unternehmer.

Beim Einsatz von Selbstständigen besteht jedoch die Gefahr, dass deren Beschäftigung faktisch als Arbeitsverhältnis im arbeitsrechtlichen Sinne ausgestaltet bzw. gelebt wird und somit auch rechtlich als Arbeitsverhältnis mit den damit verbundenen Konsequenzen, insbesondere der Pflicht zur Abführung von Sozialabgaben, verbunden ist (Scheinselbstständigkeit). Dies lässt sich nicht dadurch umgehen, dass der Scheinselbstständige eine Einmann-GmbH gründet, der Dienst- oder Werkvertrag mit dieser GmbH geschlossen wird und der alleinige Gesellschaftergeschäftsführer die Leistungspflicht für die GmbH erfüllt. Auch in diesem Fall sind die tatsächlichen Gegebenheiten und die Vertragsdurchführung entscheidend.[368]

Entgegen anderweitiger öffentlicher Wahrnehmung sind Selbstständige nicht überwiegend schutzlos gegenüber dem Auftraggeber gestellt. Einzelne arbeitsrechtliche Normen sind anwendbar, zB wenn der Selbstständige unter den Tatbestand der arbeitnehmerähnlichen Person subsumiert werden kann. Arbeitnehmerähnliche Personen sind in § 12a TVG umschrieben und unterscheiden sich von Arbeitnehmern insofern, dass sie zwar nicht persönlich, jedoch von einem einzelnen Auftraggeber abhängig sind und aus diesem Grund in ihrer sozialen Stellung einem Arbeitnehmer vergleichbar sind.[369] Gem. § 12a Abs. 1 Nr. 1 TVG ist die Leistungserbringung durch Dienst- oder Werkverträge erfasst, wobei diese nur durch eine arbeitnehmerähnliche Person als eine natürliche, nicht aber eine juristische, Person erfolgen kann.[370] Neben § 12a TVG, der zum Abschluss von Tarifverträgen für diese Beschäftigtengruppe ermächtigt, sind weitere arbeitsrechtliche Normen wie § 2 Satz 2 BUrlG, § 5 Abs. 1 Satz 2 ArbGG, § 221 SGB IX; § 2 Abs. 2 Nr. 3 ArbSchG; § 6 Abs. 1 Nr. 3 AGG ebenfalls anwendbar. Wichtigste Rechtsfolge der Arbeitnehmerähnlichkeit ist aber die grundsätzliche Nichtanwendbarkeit des Arbeitsrechts.[371]

---

367 *Däubler*, S. 331.

368 BAG 17.1.2017 – 9 AZR 76/16, NJW 2017, 2058 Rn. 14.

369 HK-ArbR/*Däubler*, Einl. Rn. 5; ErfKomm/*Franzen*, § 12a TVG Rn. 4.

370 OLG Oldenburg 15.12.2916 – 1 U 39/60, AP ArbGG 1953 § 2 Nr. 50; MünchKomm/*Müller-Glöge*, § 611 BGB Rn. 213.

371 BAG 8.5.2007 – 9 AZR 777/06, AP BGB § 611 Arbeitnehmerähnlichkeit Nr. 15.

Soloselbstständige sind in der heutigen Dienstleistungsgesellschaft trotz anderweitiger öffentlicher Wahrnehmung eher die Ausnahme statt Regel.[372] Soloselbstständige sind Unternehmer, die weder Arbeitnehmer im rechtlichen Sinn sind noch als arbeitnehmerähnliche Personen beschäftigt werden.[373] Echte Soloselbstständige genießen daher auch keinen arbeitsrechtlichen Schutz. Eine Art Schutz erfolgt nur über die zivilrechtliche Vertragskontrolle der §§ 305 ff. BGB. Dabei wird Soloselbstständigen aber ein weitaus größerer Schutz eingeräumt als Arbeitnehmern, denn die im Arbeitsrecht geltenden Besonderheiten iRd § 310 Abs. 4 Satz 2 BGB sind nicht zu beachten.[374]

Eine Variante von Soloselbstständigkeit ist Crowdwork.[375] Crowdwork/Crowdsourcing ist nach *Leimeister, Zogaj, Blohm* die Vergabe/Auslagerung von bestimmten Arbeiten durch einen Auftraggeber (Crowdsourcer) an eine üblicherweise zahlenmäßig unbestimmte Gruppe von Menschen (die „Crowd").[376] Dazu werden Aufträge auf eine Internetplattform gestellt und dann durch die Crowdworker, also durch die einzelnen Auftragnehmer, ausgeführt.[377] Unternehmen können so Tätigkeiten zur Reintegration in den Wertschöpfungsprozess abrufen; die zeitliche, räumliche und soziale Entkoppelung von Wertschöpfungsprozessen ist möglich.[378] Dies kann in Zusammenarbeit der Crowdworker oder wettbewerbsorientiert zwischen den einzelnen Crowdworkern erfolgen. Die Aufträge können eine Vielzahl von kleinen Teilaufgaben beinhalten, es kommen aber auch weniger standardisierte Arbeiten oder hochkomplexe Aufgaben infrage.[379] Im Grundsatz ist Crowdsourcing in allen Bereichen der Wertschöpfung eines Unternehmens möglich.[380] Vorteile bei dieser Art der Arbeitsorganisation für Unternehmen sind die Möglichkeit, Projekte kurzfristig zu organisieren, der flexible Zugriff auf Arbeitskräfte, der Zugang zu internationalem Know-how, die Geschwindigkeit der Bearbeitung, die Steuerungsmöglichkeiten bzgl. der Arbeitsgeschwindigkeit sowie die vergleichsweise

372 Laut BT-Drs. 18/10762 waren 2014 von 4,2 Mio. Selbstständigen 54 % Soloselbstständige; *Böhm*/Hennig/Popp, Kap. 2 D. Rn. 69.
373 *Vetter*, NZA-RR 2017, 281; *Deinert*, S. 17.
374 *Däubler*, Industrielle Beziehungen 2016, 236, 244.
375 *Däubler/Klebe*, NZA 2015, 1032, 1033.
376 *Leimeister/Zogaj/Blohm* in: Benner, S. 9, 15.
377 *Däubler/Klebe*, NZA 2015, 1032, 1033.
378 *Hensel/Koch/Kocher/Schwarz*, Industrielle Beziehungen 2016, 162, 176.
379 *Däubler*, S. 318 f.; BITKOM, Crowdsourcing für Unternehmen, S. 26 ff.
380 *Hensel/Koch/Kocher/Schwarz*, Industrielle Beziehungen 2016, 162, 176.

geringen Kosten und die Reduzierung von Fixkosten.[381] Crowdworker sind keine Arbeitnehmer: Eine persönliche Abhängigkeit ist in aller Regel zu verneinen, da Crowdworker keinen Weisungen nachkommen müssen, sondern lediglich vorgegebene Anforderungen zu erfüllen haben.[382] Der Unternehmer oder Plattformbetreiber ist lediglich Besteller/Empfänger eines Werkes oder einer Dienstleistung aufgrund eines Werk- oder Dienstvertrags zwischen den Beteiligten.[383] Eine Arbeitnehmerähnlichkeit ist ebenfalls zu verneinen; es wird keine wirtschaftliche Abhängigkeit gegenüber einen bestimmten Plattformbetreiber oder Unternehmen gegeben sein.[384] Die fehlende wirtschaftliche Abhängigkeit spricht auch gegen die Anwendbarkeit des Heimarbeitsgesetzes.[385] Trotz Nichteinschlägigkeit arbeitsrechtlicher Schutznormen können sich Crowdworker als Selbstständige auf die AGB-Kontrolle einzelner Normen des zugrunde liegenden Vertrags mit dem Unternehmer berufen.[386] Die vereinbarte Vergütung als vereinbarte Hauptpflicht ist einer AGB-Kontrolle entzogen, sodass Maßstab für die Überprüfung der Lohnabrede nur § 138 BGB sein kann.[387] Für die Annahme von Lohnwucher müssen Leistung und Gegenleistung in einem auffälligen Missverhältnis zueinanderstehen und weitere sittenwidrige Umstände wie zB eine verwerfliche Gesinnung, Ausbeutung der Zwangslage und besondere Unerfahrenheit hinzutreten.[388] Die relativ großzügige Rechtsprechung des BAG, die bei einer 1/3-Unterschreitung des üblichen Entgelts eine Sittenwidrigkeit bejaht, ist mangels Vorliegen eines Arbeitsverhältnisses nicht einschlägig.[389] Der BGH verlangt für das Gegebensein von Sittenwidrigkeit eine Differenz von 100 % nach

---

381 *Bücker*, Industrielle Beziehungen 2016, 187, 198; BITCOM 2014, Crowdsourcing für Unternehmen – Leitfaden, S. 16 ff.

382 *Däubler*, S. 322.

383 *Däubler*, S. 322; *Hötte*, MMR 2014, 795, 797; *Klebe/Neugebauer*, AuR 2014, 5; Böhm/*Hennig*/Popp, Kap. 3 C. Rn. 66 f.

384 *Däubler* in: Benner, S. 243, 247; *Klebe/Neugebauer*, AuR 2014, 5.

385 BAG 3.4.1990 – 3 AZR 258/88, AP HAG § 2 Nr. 11; *Däubler* in Benner, S. 243, 247; Böhm/*Hennig*/Popp, Kap. 3 C. Rn. 65; *Deinert*, RdA 2018, 359, 363.

386 Böhm/*Hennig*/Popp, Kap. 3 C. Rn. 68; *Däubler*, S. 342; Däubler/Klebe, NZA 2015, 1032, 1037.

387 Böhm/*Hennig*/Popp, Kap. 3 C. Rn. 68 f.

388 BAG 19.8.2015 – 5 AZR 500/13, AP BGB § 138 Nr. 71; 16.5.2012 – 5 AZR 268/11, NZA 2012, 974.

389 BAG 24.3.2004 – 5 AZR 303/03, NZA 2004, 971, 973; Böhm/*Hennig*/Popp, Kap. 3 C. Rn. 69 f.

oben bzw. 50 % nach unten.[390] Bei alledem ist nicht zu vergessen, dass Crowdworking-Aufträge nicht allein innerhalb Deutschlands vergeben werden. Vielmehr haben viele Plattformen ihren Sitz außerhalb Deutschlands.[391] Nur bei fehlender ausdrücklicher Regelung in den AGB solcher Plattformen kann nach Art. 4 Abs. 1 b) Rom-I-Verordnung das Recht des Staates Anwendung finden, in dem der Dienstleister seinen gewöhnlichen Aufenthaltsort hat.

[3] Arbeitnehmerüberlassung

In der Praxis ist Zeitarbeit zu einem unverzichtbaren Instrument geworden. Denn mittels der Zeitarbeit können Unternehmen ihre betriebliche Flexibilität wahren, Auftragsspitzen abdecken und so das eigene Wachstum, oder jedenfalls den Bestand, sichern.[392] Trotz dieser positiven wirtschaftlichen Aspekte hat der Gesetzgeber in der 18. Legislaturperiode die Zeitarbeit strenger reglementiert. Dies führt zur Unattraktivität der Zeitarbeit und macht selbst für den redlichen Entleiher den Einsatz von Fremdpersonal mittels Arbeitnehmerüberlassung als Mittel des flexiblen Personaleinsatzes nur noch sehr bedingt praktikabel.[393] Das vom Gesetzgeber verfolgte Ziel, gegen die angeblichen Missstände durch Arbeitnehmerüberlassung vorzugehen, ließ den Eindruck entstehen, dass es sich bei den in Deutschland abgeschlossenen Werkverträgen mehrheitlich um Scheingeschäfte handelt.[394] Es gibt und gab – außer bei Umfragen unter Betriebsräten – keine belastbaren Fakten zum Einsatz von Werkverträgen oder ihres missbräuchlichen Einsatzes, welche eine stärkere Regulierung notwendig erscheinen ließen.[395] Letztlich wurde mit der Arbeitnehmerüberlassungsgesetz-Novelle 2017 strenger reglementiert als notwendig. Große Industrieunternehmen bedienen sich vorwiegend der Zeitarbeit und dies wirkt sich positiv auf die internationale Wettbewerbsfähigkeit der deutschen Volkswirtschaft aus und sichert damit auch Arbeitsplätze; dies hat selbst der Gesetzgeber ausdrücklich festgestellt.[396] Durch die neuen Einschränkungen dürfte der jetzt schon nicht

---

390 BAG 24.3.2004 – 5 AZR 303/03, NZA 2004, 971, 973; BGH 13.3.1990 – XI ZR 252/89, NJW 1990, 1595.

391 Zum Beispiel gilt bei Amazon Mechanical Tusk das Recht von Massachusetts; bei Freelancer.com gilt das Recht von New South Wales.

392 *Iwd*, Ein Erfolgsmodell, 5.11.2015.

393 *Lembke*, NZA 2017, 1, 12.

394 *Bauer/Heimann*, NJW 2013, 3287, 3289; *Lembke*, NZA 2017, 1, 12.

395 *Henssler*, RdA 2016, 18; *Böhm*/Hennig/Popp, Kap. 1 A. Rn. 62; *iwd*, Neue Regeln braucht das Land – nicht, 2.6.2016.

396 BT-Drucks. 18/9232, S. 1 f.

mehr wachsende, frühere Job-Motor Zeitarbeit, weiter stagnieren.[397] Wer sich nunmehr als Unternehmer dauerhaft seiner Stellung als Arbeitgeber entziehen und die damit einhergehenden Pflichten vermeiden möchte, wird sich nicht der Zeitarbeit bedienen. Die Inanspruchnahme von Zeitarbeit weist zwar einen Flexibilisierungsvorteil bei Auftragsspitzen und vorübergehenden Personalbedarf auf. Die dauerhafte Inanspruchnahme eines bestimmten Zeitarbeitnehmers ist aber gesetzlich zeitlich begrenzt (vgl. § 1 Abs. 1b AÜG)[398] und somit kein effektives Mittel zur Vermeidung der Arbeitgeberstellung.

bb. Netzwerk- und Matrixorganisationen

Eine zunehmende Abkehr von standardisierten, zentralisierten und hierarchisch organisierten Arbeitsprozessen erfolgt des Weiteren durch die Implementierung vom flexiblen und projektorientierten Arbeitsorganisationsstrukturen, die einen hohen Grad an inner- und überbetrieblicher Vernetzung aufweisen.[399] Vor allem im Rahmen der überbetrieblichen Vernetzung ist der Trend zu beobachten, dass Wertschöpfungsprozesse, die bisher innerhalb einer Unternehmensorganisation integriert waren, aus dieser Organisation segmentiert und unternehmensübergreifend in der Form von Netzwerken reorganisiert werden.[400] Diese interorganisationalen Netzwerke sind auf gegenseitige Kooperation von mindestens drei, in der Regel aber mehr kooperierenden Unternehmen ausgerichtet.[401] Die Netzwerke werden überwiegend durch ein zentrales, also im Zentrum des Netzwerks positioniertes, Unternehmen strategisch gesteuert.[402] Dabei sind die Netzwerke durch komplexe gegenseitige, eher kooperative als kompetitive und relativ stabile Beziehungen zwischen rechtlich selbstständigen, wirtschaftlich jedoch zumeist abhängigen Unternehmungen, gekennzeichnet.[403] Das zentrale Unternehmen lässt die im Wertschöpfungsprozess anfallenden Arbeiten nur zu einem Teil von seinen eigenen Arbeitnehmern ausführen. Viele Aufgaben werden auf Leiharbeitnehmer übertragen oder im Rahmen von Dienst- oder

---

397 Iwd, Neue Regeln braucht das Land – nicht, 2.6.2016.

398 *Deinert*, RdA 2017, 65, 77; *Lembke*, NZA 1, 4; *Wank*, RdA 2017, 100, 109.

399 *Bücker*, Industrielle Beziehungen 2016, 187, 196, *Müller-Jentsch*, Industrielle Beziehungen 2013, 258, 266 f.; *BMAS*, Grünbuch – Arbeiten 4.0, S. 14.

400 *Sydow*, S. 3; *Bücker*, Industrielle Beziehungen 2016, 187, 196.

401 *Sydow/Wirth*, S. 8.

402 *Bücker*, Industrielle Beziehungen 2016, 187, 196.

403 *Sydow/Möllering*, S. 187; *Sydow*, S. 375; *Schubert* (2008), S. 10; *Bücker*, Industrielle Beziehungen 2016, 187, 196 f.

Werkverträgen ausgeführt.[404] Der Einsatz der Arbeitskräfte innerhalb der Netzwerkorganisation unterliegt einer koordinierten Steuerung.[405] Beispiele, in denen Reorganisationsprozesse mit dem Ziel einer unternehmensübergreifenden Netzwerkorganisation nachgewiesen wurden, sind Branchen wie das Baugewerbe, die Informationstechnikbranche, die Automobil- und Chemieindustrie sowie das Dienstleistungs-, Handels- und Transportgewerbe, die Softwareindustrie sowie die Medien- und Kulturproduktion.[406] Derzeit überschreitet die Reorganisation auch Branchen- und Sektorengrenzen dergestalt, dass Dienstleistungen des tertiären Wirtschaftssektors in die unternehmensübergreifenden Netzwerkorganisationen integriert werden und industrielle Produktion und Dienstleistungen immer mehr zusammenwachsen.[407]

Für die eingesetzten Arbeitskräfte hat dies zur Folge, dass deren Arbeitsverhältnis nicht bloß von einem Arbeitgeber, sondern von zwei oder mehr zusammen kooperierenden Unternehmen geprägt wird, da sie weniger beim Vertragsarbeitgeber als beim jeweiligen Kunden vor Ort eingesetzt werden.[408] An die Stelle des herkömmlichen Zwei-Personen-Arbeitsverhältnisses tritt eine drei- oder mehrseitige Konstellation.[409] Für diese Konstellationen gibt es bis auf das Arbeitnehmerüberlassungsgesetz keine gesetzliche Bestimmung zur Regulierung des Arbeitseinsatzes in Netzwerken. Arbeitnehmer können im Einsatz- oder Kundenunternehmen, wie schon aufgezeigt[410], als Leiharbeitnehmer zum Einsatz kommen oder als Erfüllungsgehilfe im Rahmen eines Werk- oder Dienstvertrages bzw. einer vergleichbaren rechtlichen Konstruktion. Aber auch freie Mitarbeiter bzw. Soloselbstständige werden genutzt. Lediglich Ansätze für eine Regulierung von Netzwerkorganisationen weisen die das Arbeitnehmerüberlassungsgesetz ergänzenden arbeitsrechtlichen Normen wie zB § 13 MiLoG,

---

404 *Bücker*, Industrielle Beziehungen 2016, 187, 197.

405 *Helfen*, Netzwerkförmige Tertialisierung und triangularisierte Beschäftigung: Braucht es eine interorganisationale Personalpolitik?, 171, 175 ff.; *Wirth*, S. 12; *Bücker*, Industrielle Beziehungen 2016, 187, 197.

406 *Helfen*, Netzwerkförmige Tertialisierung und triangularisierte Beschäftigung: Braucht es eine interorganisationale Personalpolitik?, 171, 178 ff.; *Sydow/Möllering* S. 273 ff.; *Sydow*, S. 381 f.; *Bücker*, Industrielle Beziehungen 2016, 187, 197.

407 *Helfen*, Netzwerkförmige Tertialisierung und triangularisierte Beschäftigung: Braucht es eine interorganisationale Personalpolitik?, 171, 178 ff.; *Bücker*, Industrielle Beziehungen 2016, 187, 197.

408 *Bücker*, Industrielle Beziehungen 2016, 187, 197.

409 *Helfen*, Netzwerkförmige Tertialisierung und triangularisierte Beschäftigung: Braucht es eine interorganisationale Personalpolitik?, 171, 180 f.

410 Siehe dazu § 3A.II.1.c.aa, S. 74.

§ 14 AEntG auf, die eine gemeinsame Haftung kooperierender Unternehmen für den Mindestlohn normieren; auch § 8 ArbSchG enthält arbeitsschutzrechtliche Kooperationspflichten.[411] Letztlich kann ein Unternehmen in der Netzwerkorganisation sich aber so strategisch ausrichten, dass es selbst über keine eigenen Arbeitnehmer verfügt und die benötigten Dienstleistungen innerhalb der Netzwerkorganisation bezieht. Eine gänzliche Vermeidung von Arbeitgeberpflichten ist somit dem Unternehmer innerhalb einer Netzwerkorganisation möglich, der zum Auftraggeber wird und sein Endprodukt, ggf. vermittelt durch sein Know-how, innerhalb der Organisation produzieren lässt.

Eine weitere Form der Netzwerkorganisation sind Matrixstrukturen. Eine im Jahr 2003 erhobene Stichprobe unter 72 produzierenden, multinationalen, deutschen Unternehmen ergab, dass ca. 45 % dieser Unternehmen eine Matrixstruktur aufweisen.[412] Eine einheitliche, allgemein anerkannte Definition der „Matrixstruktur" bzw. „Matrixorganisation" existiert nicht.[413] In der Betriebswirtschaftslehre ist für Matrixstrukturen charakteristisch, dass die Unternehmensorganisation mehrdimensional erfolgt und bei ihrer Bildung die betriebswirtschaftliche Organisation von der rechtlichen Struktur des Konzerns abweicht.[414] Eingesetzt werden Matrixorganisationen in einzelnen Unternehmen als einem Rechtsträger oder im Konzern mit mehreren selbstständigen Rechtsträgern. Letztere Variante ist wohl am häufigsten.[415] So werden im Konzern in den gebildeten Matrixstrukturen bestimmte zentrale Funktionen von einem oder mehreren konzernangehörigen Unternehmen gebündelt und zugleich bei anderen Konzerngesellschaften minimiert oder gänzlich abgeschafft.[416] Die klassische, hierarchische Organisationsstruktur, die in herkömmlichen Konzern- bzw. Unternehmensstrukturen vorherrscht, wird dadurch reorganisiert, dass zu dieser eine unternehmensübergreifende Gliederung nach Funktions- und

---

411 *Bücker*, Industrielle Beziehungen 2016, 187, 214.

412 *Adzic*, S.2.

413 *Kort*, NZA 2013, 1318; *Witschen*, RdA 2016, 38, 39.

414 *Neufeld/Michels*, KSzW 2012, 49, 50; *Seibt/B. Wollenschläger*, AG 2013, 229; *Kort*, NZA 2013, 1318; *Witschen*, RdA 2016, 38, 39.

415 Dies lässt sich aus der Praxis und Literatur entnehmen, die überwiegend im Zusammenhang mit Matrixorganisationen auf den Konzernverbund abstellen, vgl. *Berger*, S. 57; *Maywald*, S. 18 ff.; *Bauer/Herzberg*, NZA 2011, 713; *Bodenstedt/Schnabel*, BB 2014, 1525; *Engesser*, AuR 2015, 79; *Gimmy/Hügel*, NZA 2013, 764; *Henssler*, NZA-Beilage 2014, 95, 101; *Kort*, NZA 2013, 1318; *Meyer*, NZA 2013, 1326, 1329; *Neufeld*, AuA 2012, 219; *Neufeld/Michels*, KSzW 2012, 49; *Rieble*, NZA-Beilage 2014, 28.

416 *Schmidl*, ZJS 2009, 453, 454; *Kort*, NZA 2013, 1318; *Witschen*, RdA 2016, 38, 39.

Produktionsbereichen erfolgt.[417] Diese zur bestehenden vertikalen Hierarchie hinzukommende horizontale Verantwortlichkeit lässt die mehrdimensionalen Strukturen der „Matrixen" entstehen.[418]

Aus arbeitsrechtlicher Sicht ist die Bildung von Matrixstrukturen durch eine vom Vertragsarbeitgeber unabhängig gestaltete Arbeitsorganisation gekennzeichnet.[419] Der Arbeitnehmer wird innerhalb der unternehmensübergreifenden Matrixstruktur eingesetzt, sodass er innerhalb des Konzerns über Unternehmensgrenzen hinweg tätig wird und seine Arbeitsleistung nicht nur dem Vertragsarbeitgeberunternehmen, sondern auch einem anderen Konzernunternehmen erbringt.[420] Dies hat zur Folge, dass das fachliche und disziplinarische Weisungsrecht getrennt ausgeübt wird.[421] Im Normalfall steht das Weisungsrecht ungetrennt allein dem Vertragsarbeitgeber zu und ist im Zweifel gem. § 613 Satz 2 BGB nicht übertragbar.[422] Unproblematisch erweist sich daher die Konstellation von Matrixstrukturen in einem Unternehmen als einziger Rechtsträger, denn Matrixleitung (Vertragsarbeitgeber) und Matrixmanager (Ausübender des Direktionsrechts) fallen nicht auseinander.[423] Anders ist die Fallgestaltung bei einem unternehmensübergreifenden Einsatz von Arbeitnehmern – hier bedarf es einer vertraglichen Gestaltung. Die Möglichkeit, dass der Konzern der Vertragsarbeitgeber ist, scheidet mangels dessen Rechtssubjektsqualität aus.[424] Eine zulässige rechtliche Gestaltungsvariante ist die Stellvertretung, bei der dem Matrixmanager das fachliche Weisungsrecht mittels einer Ausübungsermächtigung gem. den §§ 164 ff. BGB übertragen wird.[425] Der Matrixmanager erteilt seine Weisungen im Namen des Vertragsarbeitgebers, den er als Vertreter rechtsgeschäftlich vertritt („Offenkundigkeitsprinzip").[426] Dies unterfällt nach BAG und hM nicht dem § 613 Satz 2 BGB und bedarf somit keiner Zustimmung des Arbeitnehmers.[427] Weitere Gestaltungsmöglichkeit, die allerdings der vertraglichen

---

417 *Witschen*, RdA 2016, 38, 39; *Kort*, NZA 2013, 1318; *Maschmann*, NZA 2017, 1557.

418 *Neufeld/Michels*, KSzW 2012, 49, 50; *Kort*, NZA 2013, 1318.

419 *Kort*, NZA 2013, 1318, 1319.

420 Braun/Wisskirchen/*Fedder/Braner*, S. 198.

421 Braun/Wisskirchen/*Fedder/Braner*, S. 198.

422 ErfKomm/*Preis*, § 613 BGB Rn. 8; *Maywald*, S. 122.

423 *Maywald*, S. 126.

424 *Windbichler*, Arbeitsrecht im Konzern, S. 68; *Maschmann*, RdA 1996, 24, 26; MünchKomm/*Müller-Glöge*, § 611 BGB Rn. 249; Braun/Wisskirchen/*Röhrborn*, S. 201.

425 *Seibt/B. Wollenschläger*, AG 2013, 229, 235; *Kort*, NZA 2013, 1318, 1320.

426 *Maschmann*, NZA 2017, 1557, 1558.

427 BAG 10.3.1998 – 1 AZR 658/97, NZA 1998, 1242; *Neufeld/Michels*, KSzW 2012, 49, 53; *Müller-Bonanni/Mehrens*, ZIP 2010, 2228, 2229; *Maschmann*, NZA 2017, 1557, 1558.

Fixierung im Arbeitsvertrag des Arbeitnehmers bedarf, ist die Delegation des fachlichen Weisungsrechts an den Matrixmanager.[428] Der Matrixmanager kann dann das Weisungsrecht im eigenen Namen ausüben und ist der Empfänger der Arbeitsleistung.[429] Ein solche vorformulierte sog. Matrixklausel unterliegt der AGB-Kontrolle[430] und kann die Anwendbarkeit des Arbeitnehmerüberlassungsgesetz eröffnen, das im Konzernunternehmen jedoch dann nicht gilt, wenn die Voraussetzungen des § 1 Abs. 3 Nr. 2 oder § 1 a AÜG erfüllt sind.[431] Ansonsten schließt die Übertragung des fachlichen Weisungsrechts die Arbeitnehmerüberlassung aus.[432] Durch die Einbindung des Vertragsarbeitgebers in eine Unternehmensverbindung mit Matrixstrukturen verfolgt dieser bei Beibehaltung des disziplinarischen Weisungsrechts eigene Betriebszwecke und will nicht ausschließlich fremde fördern.[433] Diese Gestaltungsvarianten haben zur Folge, dass die Erfüllung der Arbeitgeberpflichten beim konzernangehörigen Vertragsunternehmen des Arbeitnehmers verbleibt. Es entsteht durch diese Art des Drittpersonaleinsatzes in der Regel auch kein einheitliches Arbeitsverhältnis mit zwei Arbeitgebern und kein Doppelarbeitsverhältnis.[434] Personalkosten können somit konzentriert werden, Konzernunternehmen ohne eigene Arbeitnehmer agieren und der Personaleinsatz flexibel gestaltet werden.

cc. Organisationsformen zur Vermeidung des Arbeitnehmerüberlassungsgesetzes

Aufgrund der starken Reglementierung durch das Arbeitnehmerüberlassungsgesetz ist die Arbeitnehmerüberlassung gegenüber der Auftragsvergabe mit Einschränkungen und erheblichem Zusatzaufwand verbunden.[435] Für Auftragnehmer von Arbeitnehmerüberlassung kommen nur solche Anbieter in Betracht, die eine entsprechende Erlaubnis besitzen; auch kann der Kundenbetriebsrat Mitbestimmungsrechte bzgl. des Einsatzes von Leiharbeit ausüben. Zudem haben die Leiharbeitnehmer direkte Ansprüche gegen den Entleiher (zB § 13b AÜG).[436] All dies verursacht zusätzliche Kosten. Somit gelangen

428 *Maywald*, S. 126; *Maschmann*, NZA 2017, 1557, 1558; *Kort*, NZA 2013, 1318, 1320.
429 *Maschmann*, NZA 2017, 1557, 1558; *Maywald*, S. 126.
430 *Maywald*, S. 126 f.
431 *Maschmann*, NZA 2017, 1557, 1558; *Kort*, NZA 2013, 1318, 1320.
432 *Rieble*, NZA-Beilage 2014, 28, 29; *Kort*, NZA 2013, 1318, 1320.
433 *Kort*, NZA 2013, 1318, 1320; *Neufeld/Michels*, KSzW 2012, 49, 54.
434 *Kort*, NZA 2013, 1318, 1326.
435 *Böhm*/Hennig/Popp, Kap. 2 A. Rn. 4.
436 *Müller/Brugger*, ArbRAktuell 2013, 538; *Böhm*/Hennig/Popp, Kap. 2 A. Rn. 4.

Organisationsformen des Drittpersonaleinsatzes vermehrt zum Einsatz, die strategisch darauf ausgelegt sind, die Rechtsfolgen der Arbeitnehmerüberlassung zu vermeiden bzw. zu umgehen. Im Fokus der dabei zum Einsatz kommenden Arbeitsorganisationen steht die Vermeidung der offenkundigen Ausübung des arbeitsrechtlichen Weisungsrechts durch den Auftraggeber.

Die Vertragsbeziehung zwischen dem Unternehmer als Auftraggeber und der Drittfirma als Auftragnehmerin kann rechtlich unterschiedlich ausgestaltet werden. Regelfall ist der Werkvertrag.[437] Zwar kommt dem Dienstvertrag angesichts der stetig wachsenden Dienstleistungsgesellschaft immer mehr Bedeutung zu[438], die freie Mitarbeit nimmt hier aber, bis auf einige Branchen, eher eine untergeordnete Rolle ein[439].

Ein mögliches Gestaltungsinstrument des Drittpersonaleinsatzes ohne die direkte Erteilung von arbeitsrechtlichen Weisungen ist der Rahmenvertrag und die damit später erfolgende Erteilung von Einzelaufträgen. Dieses Gestaltungsinstrument wird insbesondere bei auf Dauer angesetzten Geschäftsbeziehungen genutzt, wobei der Rahmenvertrag die zu erbringende Leistung nur ganz allgemein bezeichnet und die Konkretisierung dann je nach Bedarf durch spezielle Einzelaufträge erfolgt.[440] Die Einzelaufträge oder Einzelbestellungen übernehmen dann die Steuerungsfunktion bzw. die Weisungen für die zu erbringenden Leistungen.[441] Diese sind der Auftrag im Rechtssinne und nicht der Rahmenvertrag selbst.[442] Sollte aber der gesamte Arbeitsprozess ohne jegliches Zutun bzw. ohne jegliche Handlungsanweisungen des Werk- bzw. Dienstleisters an das eingesetzte Personal erfolgen, so wäre dieser ein reiner Personalgesteller und eine Arbeitnehmerüberlassung ist zu bejahen.[443]

Eine dem Rahmenvertrag ähnlich gelagerte und vor allem in der IT-Branche häufig genutzte Organisationsform des Drittpersonaleinsatzes ohne die Nutzung von Arbeitnehmerüberlassung sind sog. Ticketsysteme.[444] Dabei setzt ein IT-Dienstleister als Werkvertrags- oder Dienstleistungsauftragnehmer

---

437 *Böhm*/Hennig/Popp, Kap. 2 B. Rn. 6.

438 *Böhm*/Hennig/Popp, Kap. 2 B. Rn. 6.

439 BMAS, Forschungsbericht 465, Solo-Selbstständige in Deutschland – Strukturen und Erwerbsverläufe, S. 15 f.

440 *Hamann*, S. 47; *Böhm*/Hennig/Popp, Kap. 2 B Rn. 28 f.

441 Schüren/*Hamann*, § 1 AÜG Rn. 186.

442 *Böhm*/Hennig/Popp, Kap. 2 B Rn. 27; *Ulber*, AÜG, Einl. C Rn. 44.

443 *Hamann*, S. 48; BAG 8.11.1978 – 5 AZR 261/177, NJW 1979, 2636; LAG Köln 21.7.2010 – 9 TaBV 6/10, jurisPR-ArbR 10/2011, Anm. 2, Hamann.

444 Siehe dazu *Litschen/Yacoubi*, NZA 2017, 484, 485; *Heise/Friedl*, NZA 2015, 129.

seine Mitarbeiter auf Grundlage von sog. Tickets beim Auftragnehmer ein. Die Arbeitnehmer des IT-Dienstleisters erhalten Tickets, in denen bestimmte spezifische Aufträge enthalten sind, die von diesen nach Öffnung des Tickets abgearbeitet werden müssen. Die Organisation der Entnahme und Verteilung solcher Aufträge durch das Ticketsystem und die Zuordnung an die Mitarbeiter obliegt ausschließlich dem IT-Dienstleistungsunternehmen.[445] Für die rechtliche Einordnung eines solches Vertrages ist der Geschäftsinhalt entscheidend, der sich anhand ausdrücklicher Vereinbarungen der Vertragsparteien und der praktischen Durchführung des Vertrags beurteilen lässt.[446] Unproblematisch erweist sich im Rahmen von IT-Dienstleistungen die betriebliche Eingliederung. Die Bearbeitung des Tickets muss nicht am Einsatzort vorgenommen werden, sondern kann beim Auftragnehmer bzw. ortsunabhängig erfolgen.[447] Diffizil ist bei den Ticketsystemen die Ausübung des Weisungsrechts. Erteilt das Auftragsgeberunternehmen arbeitsrechtliche Weisungen, ist eine Arbeitnehmerüberlassung gegeben.[448] Beauftragen Arbeitnehmer des Auftraggebers oder dieser selbst außerhalb des Ticketsystems in größerem Umfang die Beschäftigten des Auftragnehmers direkt und erteilen unter zeitlich-örtlichen Vorgaben auch personenbezogene Anweisungen, spricht dies ebenfalls für eine Arbeitnehmerüberlassung.[449]

Folglich zeigt sich am Beispiel der Ticketsysteme als Drittpersonaleinsatz, dass die Rechtsfolgen des Arbeitnehmerüberlassungsgesetzes am effektivsten umgangen werden, wenn die Übertragung des arbeitsvertraglichen Weisungsrechts gänzlich vermieden wird.

Zwei weitere Arbeitsorganisationsstrategien, die dazu geeignet sind die Anwendbarkeit des Arbeitnehmerüberlassungsgesetzes zu vermeiden, sind die Zwischenschaltung einer Aufsichtsperson und die Steuerung des Arbeitsprozesses durch detaillierte Regelungen im Vertrag zwischen dem Werk-/Dienstleistungsunternehmer und dem Leistungsempfänger.[450] Damit das arbeitsvertragliche Weisungsrecht beim Auftragnehmer verbleibt, werden bei

---

445 LAG Baden-Württemberg 1.8.2013 – 2 Sa 6/13, NZA 2013, 1017; *Litschen/Yacoubi*, NZA 2017, 484, 489.

446 LAG Baden-Württemberg 1.82013 – 2 Sa 6/13, NZA 2013, 1017.

447 BAG 27.6.2017 – 9 AZR 133/16, juris Rn. 48; LAG Baden-Württemberg 1.8.2013 – 2 Sa 6/13, NZA 2013, 1017.

448 BAG 27.6.2017 – 9 AZR 133/16, juris Rn. 48; 3.12.1997 – 7 AZR 764/96 – zu I 3 der Gründe, BAGE 87, 186.

449 LAG Baden-Württemberg 1.8.2013 – 2 Sa 6/13, NZA 2013, 1017.

450 Schüren/*Hamann*, § 1 AÜG Rn. 172; *Maschmann*, NZA 2013, 1305, 1309.

erstgenannter Variante die Weisungen an die Aufsichtsperson erteilt. Diese Aufsichtsperson (zB ein Vorarbeiter oder Einsatzleiter) ist ausschließlich dem Auftragnehmerunternehmen zugehörig und übt gegenüber dessen Erfüllungsgehilfen das Weisungsrecht des Auftragnehmers aus.[451] So kann schon nach dem äußeren Erscheinungsbild nicht von einer Arbeitnehmerüberlassung ausgegangen werden. Aber auch in dieser Konstellation darf das arbeitsvertragliche Weisungsrecht nicht faktisch auf den Auftraggeber übergehen.[452] Müsste der Vorarbeiter die Weisung des Auftraggebers ohne eigenen unternehmerischen Entscheidungsspielraum an die Arbeitnehmer des Auftragnehmers weiterleiten, wäre dies gleichzusetzen mit der direkten arbeitsvertraglichen Weisung und in der Folge eine Arbeitnehmerüberlassung gegeben.[453] Denn dem Auftragnehmer würde so die unternehmerische Entscheidung abgenommen, wie er seine eigenen Arbeitnehmer zur Erfolgshandlung einsetzen will. Er würde lediglich die Erklärung bzw. Weisung des Auftraggebers an seine Arbeitnehmer weiterleiten und zu dessen Boten werden.[454]

Die zweite Strategie zur Vermeidung der Arbeitnehmerüberlassung sind detaillierte vertragliche Regelungen, die den Leistungsgegenstand exakt regeln und so die zum Fremdpersonaleinsatz nötigen Weisungen in den Vertrag selbst implementieren.[455] Aufgrund der detailreichen vertraglichen Regelung müssen keine Weisungen des Auftraggebers mehr erfolgen und eine Arbeitnehmerüberlassung scheidet gem. § 1 Abs. 1 Satz 2 AÜG tatbestandlich aus. Das BAG billigt diese Konstruktion und erachtet selbst die Aushändigung eines Handbuchs mit Dienstanweisungen des Auftraggebers für zulässig.[456] So scheidet nach Ansicht des BAG ein Dienst- oder Werkvertrag nicht bereits aus, wenn die zu erbringende Leistung vertraglich hinsichtlich aller Einzelheiten bezüglich Ausführung, Umfang, Güte, Zeit und Ort so detailliert vereinbart ist, dass dem Auftragnehmer hinsichtlich der Erbringung der Leistung kaum oder kein eigener

---

451 *Maschmann*, NZA 2013, 1305, 1309; *Litschen/Yacoubi*, NZA 2017, 484, 488.

452 Schüren/*Hamann*, § 1 AÜG Rn. 172.

453 BAG 15.6.1983 – 5 AZR 111/81, AP Nr. 5 zu § 10 AÜG; LAG Köln 17.10.1988, EzAÜG § 10 AÜG Fiktion Nr. 59; ArbG Köln 18.10.1989, EzAÜG § 10 AÜG Fiktion Nr. 65; *Maschmann*, NZA 2013, 1305, 1309; *Brauneisen/Ibes*, RdA 2014, 213, 220.

454 *Brauneisen/Ibes*, RdA 2014, 213, 220.

455 Schüren/*Hamann*, § 1 AÜG Rn. 187; *Hamann*, S. 49 f.; *Maschmann*, NZA 2013, 1305, 1309.

456 BAG 18.1.2012 – 7 AZR 723/10, NZA-RR 2012, 455; 1.12.1992 – 1 ABR 30/92, EzA § 99 BetrVG 1972 Nr. 110.

Entscheidungsspielraum mehr verbleibt.[457] Dem Auftragnehmer muss lediglich die Hoheit über die Personaldispositionen verbleiben.[458]

Die Vermittlung von Selbstständigen bzw. die Verschaffung freier/selbstständiger Dienste ist ebenfalls keine Arbeitnehmerüberlassung. Hierbei verpflichtet sich der Auftragnehmer dem Auftraggeber gegen Zahlung einer Vermittlungsgebühr die Dienste eines Selbstständigen zu verschaffen.[459] Diese Art des Dienstverschaffungsvertrags wird auch als sog. „Contracting" bezeichnet und kommt bei qualifizierteren, eher selbstständigen Tätigkeiten wie bspw. denen von IT-Spezialisten, Architekten, Ingenieuren und Handelsvertretern vor.[460] Daneben besteht in der Wirtschaft ein Bedürfnis nach der Verfügbarkeit von hochqualifizierten und erfahrenen Führungskräften, die als sog. Interimsmanager entweder zeitlich oder zweckbefristet eine Managementposition in einem Unternehmen übernehmen sollen.[461] Die vertragliche Konstruktion ist auch hier zumeist durch eine Dreierkonstellation gekennzeichnet, wobei zwischen dem Selbstständigen und dem Einsatzunternehmen keinerlei vertraglichen Beziehungen entstehen sollen.[462] Der Dienstverschaffer bzw. -vermittler haftet nur für eine fehlerhafte Auswahl des Selbstständigen, nicht dagegen für dessen Schlechtleistungen.[463] Damit ist aber nicht zur Anwendbarkeit des Arbeitnehmerüberlassungsgesetzes oder einer Scheinselbstständigkeit kommt, muss der vermittelte Selbstständige im Einsatzunternehmen auch tatsächlich wie ein Selbstständiger behandelt werden.[464] Die Eingliederung des Selbstständigen in die betriebliche Organisation des Auftraggebers und der Ausübung des arbeitsbezogenen Weisungsrecht durch den Auftraggeber führt zu einem Arbeitsverhältnis mit dem Einsatzunternehmen.[465] Bei mehrmaliger Vermittlung des Selbstständigen einhergehend mit

---

457 BAG 18.1.2012 – 7 AZR 723/10, NZA-RR 2012, 455; 5.5.1992 – 1 ABR 78/91, NZA 1992, 1044.

458 *Hamann*, S. 51.

459 Schüren/*Hamann*, § 1 AÜG Rn. 240.

460 Schüren/*Hamann*, § 1 AÜG Rn. 240; ErfKomm/*Wank*, § 1 AÜG Rn. 35; *van Venrooy*, NZA 2011, 670.

461 *Vogt/Geulen*, ArbRAktuell 2019, 319; *Vogt/Deepen*, ArbRAktuell 2012, 573; *Buschbaum/Klösel*, NJW 2012, 1482.

462 Schaub/*Vogelsang*, § 9 Rn. 20; Schüren/*Hamann*, § 1 AÜG Rn. 240.

463 BAG 31.3.1993 – 7 AZR 338/92, NZA 1993, 1078; MünchKomm/*Müller-Glöge*, § 611 BGB Rn. 36; Schüren/*Hamann*, § 1 AÜG Rn. 240.

464 Schüren/*Hamann*, § 1 AÜG Rn. 240; Böhm/*Hennig*/Popp, Kap. 3. B. Rn. 52.

465 LAG Berlin-Brandenburg 15.12.2015 – 3 Ta 192/15, BeckRS 2016, 67049; LAG Baden-Württemberg 1.8.2013 – 2 Sa 6/13, NZA 2013, 1017; Schüren/*Hamann*, § 1 AÜG Rn. 240

der stärkeren Beteiligung bei der Auftragsausführung wie zB der Übernahme des Vergütungsrisikos gegenüber dem Selbstständigen, der fortlaufenden Rechnungsstellung oder die Bezahlung nur nach Stunden- oder Tagessätzen droht die Vermittlung zur illegalen Arbeitnehmerüberlassung zu werden.[466]

e. *Gemeinsamkeiten der Arbeitsvertragsvermeidung*

Die aufgeführten rechtlichen Möglichkeiten des Personaleinsatzes und die damit realisierbaren Organisationen von Arbeit zeigen, dass ein Arbeitsvertrag vermeidbar ist und die Arbeitgeberpflichten und -risiken externalisiert werden können. Interessanter sind die Gemeinsamkeiten der Arbeitsvertragsvermeidung. Die Strategien und Organisationskonzepte zur Vermeidung des Abschlusses eines Arbeitsvertrages sind gekennzeichnet durch eine zeitliche Begrenzung der Arbeitgeberstellung, der arbeitsteiligen Zergliederung der Arbeitsprozesse sowie der Trennung der Arbeitgeber- von der Unternehmerfunktion. Bei der zeitlichen Begrenzung der Arbeitgeberstellung behält der Arbeitgeber sein wichtigstes arbeitsvertragliches Recht für einen zeitlich begrenzten Zeitraum – das Weisungsrecht. Insbesondere die Arbeitnehmerüberlassung ermöglicht es dem Arbeitgeber (als Entleiher), sein Weisungsrecht weiterhin gegenüber dem Fremdpersonal auszuüben. Er trägt somit zwar die Verantwortung für den Erfolg der Arbeitsorganisation, dafür kann er aber jederzeit intervenieren und die Fremdarbeiter wie eigene Mitarbeiter einsetzen, ohne die nachteiligen Pflichten und Risiken eines Arbeitsvertrags zu tragen.

Die zwei weiteren Merkmale, arbeitsteilige Zergliederung der Arbeitgeberstellung sowie die Trennung von Arbeitgeber- und Unternehmerfunktion, überschneiden sich teilweise bzw. stehen im Zusammenhang. Die arbeitsteilige Zergliederung meint die Zergliederung der Arbeitsprozesse im Unternehmen des Arbeitgebers. Arbeitsprozesse, deren Durchführung mittels des Arbeitsvertrages dem Arbeitgeber zu kostenintensiv sind oder deren Zukauf eine Spezialisierung des Unternehmens ermöglicht, werden ausgegliedert. Dies führt dazu, dass der Arbeitgeber sich die Dienstleistung von einem externen Dritten erbringen lassen kann und infolgedessen seine Arbeitgeber- von der Unternehmerfunktion trennt.

Eine arbeitsteilige Zergliederung findet statt durch die Verringerung der Fertigungstiefe in Unternehmen sowie der räumlichen, zeitlichen und sozialen Trennung der Wertschöpfungsprozesse. Eine arbeitsteilige Zergliederung der Arbeitsprozesse ist vorwiegend in Netzwerkorganisationen, Produktionen

---

466 Schüren/*Hamann*, § 1 AÜG Rn. 240; Böhm/*Hennig*/Popp, Kap. 3. B. Rn. 52.

entlang der Werkschöpfungskette und Matrixstrukturen aufzufinden. Diese Zergliederung führt aber nicht bloß zur Trennung von Arbeitgeber- von Unternehmerfunktion. In Konzernen und den in diesen häufig gegebenen Matrixstrukturen impliziert sie vielmehr Mehrarbeitgeberbeziehungen, in denen das fachliche und das disziplinarische Weisungsrecht getrennt werden.

Die Trennung der Arbeitgeber- von der Unternehmerfunktion ist dadurch charakterisiert, dass der Unternehmer bzgl. bestimmter Produktionsprozesse selbst nicht mehr Arbeitgeber ist, sondern sich diese von einem Dritten erbringen lässt und so eine Art Kundenrolle einnimmt. Eine Ausübung des Weisungsrechts ist ihm dann nicht mehr möglich, er ist insoweit auf die Ausübung von Gewährleistungsansprüchen bei Schlechtleistungen oder Nichterfüllung angewiesen. Im Gegenzug trägt er nicht die Risiken und Pflichten aus einer Arbeitgeberstellung. Jegliches Auslagern von Arbeitsprozessen auf Drittfirmen, Soloselbstständige oder freie Mitarbeiter führt zur Trennung der Arbeitgeber- von der Unternehmerfunktion. Dem Weisungsrecht zwar nicht gleichwertig, aber diesem nahekommend, ist die detaillierte vertragliche Festlegung der Werk- oder Dienstleistungserbringung, die Zwischenschaltung einer Aufsichtsperson zur Weisungserteilung oder der Abschluss eines Rahmenvertrages.

2. *Vermeidung des Kündigungsschutzes*

Jede Kündigungsschutznorm beschränkt die auf der Vertragsfreiheit basierende Kündigungsfreiheit des Arbeitgebers.[467] Der deutsche Gesetzgeber und die deutschen Arbeitsgerichte haben dem Arbeitgeber mit dem Kündigungsschutzgesetz eine im praktischen Ergebnis unter Umständen mehrjährige Ungewissheit über Bestand oder Nichtbestand des Arbeitsverhältnisses auferlegt: Zwischen Eingehen der Kündigungsschutzklage und rechtskräftiger Entscheidung durch das LAG bzw. BAG können je nach Verfahrensgang ohne Weiteres zwei, drei oder gar fünf Jahre liegen.[468] Für Arbeitgeber bedeutet dies eine längere Ungewissheit über Bestand oder Nichtbestand des Arbeitsverhältnisses sowie ein damit einhergehendes Verlangen nach Rechtssicherheit. Diesen Unsicherheiten wirkt die drei Wochenfrist des § 4 KSchG nur bedingt entgegen, denn bei jeder Kündigung besteht das immanente Risiko, dass der Arbeitnehmer fristgerecht Kündigungsschutzklage erhebt und einer Präklusion damit vorbeugt. Das keineswegs nur theoretische Risiko, bei Unterliegen im Kündigungsschutzprozess unter Umständen für mehrere Jahre den Arbeitslohn einschließlich Sozialabgaben für

467 APS/*Preis*, Grundlagen B. Rn. 5.
468 *Willemsen*, NJW 2000, 2779, 2782.

tatsächlich gar nicht geleistete Arbeit nachzahlen zu müssen, macht die Durchführung solcher Prozesse zumindest für kleinere und mittelständische Betriebe zu einem nicht zu verkraftenden finanziellen Wagnis. Dies ist ein Umstand, der von Arbeitsrichtern häufig genutzt wird, um auf der Arbeitgeberseite „Motivation" in Richtung Vergleichsabschluss zu erzeugen.[469] Dieser ist vom Gesetzgeber auch gewollt, vgl. § 46 Abs. 2 Satz 1 ArbGG iVm § 278 Abs. 1 ZPO. So lag 2014 bei Bestandsstreitigkeiten die Vergleichsquote bei 77 %.[470] Somit ist der Kündigungsschutz für Arbeitgeber nicht nur Bremse hinsichtlich eines flexiblen Personaleinsatzes mit Blick auf eine ggf. erforderliche, wenn auch nur zeitlich begrenzte Reduzierung der Belegschaft, sondern auch ein enormes Kostenrisiko. Aus diesen Gründen gewinnen Arbeitsorganisationsformen immer mehr an Bedeutung, die zur Vermeidung des Kündigungsschutzes geeignet sind und mithin insbesondere mehr Flexibilität und ein geringeres Kostenrisiko gewährleisten.

a. Eingreifen von Kündigungsschutz

Die Kündigungsschutzfristen des § 622 BGB beschränken den Arbeitgeber in seiner Vertragsfreiheit, intensiver wird diese allerdings bei Anwendbarkeit des Kündigungsschutzgesetzes eingeschränkt, nicht nur mit Blick auf die dann geltenden Fristen.[471] Sobald das Kündigungsschutzgesetz Anwendung gem. §§ 1 Abs. 1, 23 Satz 3 KSchG findet, bedarf die Kündigung eines Arbeitnehmers einer sozialen Rechtfertigung. Dieser kann gem. § 1 Abs. 1 KSchG nur aus verhaltens-, personen- oder betriebsbedingten Gründen gekündigt werden. Auf die Einzelheiten, insbesondere die strengen Voraussetzungen dieser Kündigungsgründe soll hier nicht weiter eingegangen werden.

b. Rechtliche Möglichkeiten zur Vermeidung der Anwendbarkeit von Kündigungsschutz nach dem Kündigungsschutzgesetz

Effektivste Möglichkeit zur Vermeidung der Anwendbarkeit des Kündigungsschutzes ist die Nichteingehung eines Arbeitsverhältnisses und die Leistungserbringung durch Dritt- bzw. Fremdpersonal, wie schon zuvor erörtert.[472] Es stehen aber weitere alternative Gestaltungsinstrumente zur Verfügung, die trotz gegebener Arbeitgeberstellung im Arbeitsverhältnis den Kündigungsschutz

469 *Willemsen*, NJW 2000, 2779, 2782.
470 APS/*Preis*, Grundlagen B. Rn. 25.
471 APS/*Preis*, Grundlagen B. Rn. 5; siehe auch § 3A.I.2.c, S. 60.
472 Siehe § 3A.II.1.c.cc, S. 81.

nicht gänzlich entfallen lassen, ihn aber in seinen strengen Rechtsfolgen abschwächen bzw. flexibilisieren. Dazu zählt die Befristung von Arbeitsverhältnissen nach dem Teilzeit- und Befristungsgesetz. Das Reduzieren der Arbeitnehmeranzahl unter die gesetzlichen Schwellenwerte des Kündigungsschutzgesetzes kann den Kündigungsschutz nach dem Kündigungsschutzgesetz sogar wieder entfallen lassen. Wenn Betriebe nicht die in § 23 KSchG notwendigen Schwellenwerte erreichen, sind in diesen sogenannten Kleinbetrieben (bei einer ordentlichen Kündigung) nur die Kündigungsfristen gem. § 622 BGB zu beachten. Weitere Gestaltungsinstrumente zur Flexibilisierung des Kündigungsschutzes sind Vertragskonstruktionen, in denen das Personal auf Betriebsführungs- und Personalführungsgesellschaften transferiert wird, um so eine Trennung der Arbeitgeber- von der Unternehmerstellung zu erreichen. Des Weiteren können nicht nur Arbeitsverträge befristet werden, sondern auch die zeitliche Begrenzung der Arbeitgeberstellung durch Gestaltungsvarianten der Zweck- oder Zeitbefristung von juristischen Personen ist möglich.

c. *Praktizierte Vermeidung der Anwendbarkeit von Kündigungsschutz*

aa. Organisatorische Gestaltungsvarianten des Teilzeit- und Befristungsgesetzes

§ 1 TzBfG beinhaltet das Ziel des Teilzeit- und Befristungsgesetzes, die Voraussetzungen für die Zulässigkeit befristeter Arbeitsverträge gesetzlich zu regeln. Zentrale Norm des Befristungsrechts ist § 14 TzBfG, der die Sachbefristung sowie die sachgrundlose Befristung regelt. Der Vorteil einer Befristung ist, dass der Arbeitnehmer nicht dauerhaft an den Arbeitgeber gebunden ist. Jedoch zielt die Zulässigkeit befristeter Arbeitsverträge nicht auf die Umgehung des allgemeinen und besonderen Kündigungsschutzes ab.[473] Im Rahmen einer Neueinstellung kann die Befristung für den Arbeitgeber von Vorteil sein, denn anstatt der dauerhaften Bindung kann der Arbeitgeber testen, ob der Arbeitnehmer sich auf Dauer für die Stelle eignet. Die sachgrundlose Befristung war erneut großes Streitthema bei den Koalitionsverhandlungen der Bundesregierung der 19. Legislaturperiode. Dabei ist auch hier im Gegensatz zur öffentlichen Wahrnehmung zu konstatieren, dass befristete Arbeitsverhältnisse in den vergangenen zehn Jahren seltener geworden sind.[474] Öffentliche Arbeitgeber

473 ErfKomm/*Müller-Glöge*, § 14 TzBfG Rn. 7.
474 *Iwd*, Befristungen: Das eingebildete Problem, 7.2.2018.

befristen zudem deutlich häufiger als private Unternehmen.[475] Die Befristung als Flexibilisierungsinstrument bietet dem Arbeitgeber die Möglichkeit, flexibel auf kurzzeitigen Arbeitskräfte- und Beschäftigungsbedarf zu reagieren. So können Auftragsspitzen, saisonale Schwankungen, Urlaubs- und Krankheitsvertretungen abgefedert werden, ohne dass langfristig ein weiterer Arbeitsplatz im Unternehmen geschaffen werden muss.[476] Für den Arbeitgeber hat die Befristung den rechtlichen Vorteil, dass das Arbeitsverhältnis automatisch gem. § 15 Abs. 1 TzBfG mit Ablauf der vereinbarten Zeit endet und der Kündigungsschutz nicht anwendbar ist. Hohe Flexibilität bietet vor allem die sachgrundlose Befristung gem. § 14 Abs. 2 TzBfG. Dabei kann der Arbeitsvertrag bis zu zwei Jahre mit dreimaliger Verlängerungsmöglichkeit zeitlich befristet werden. Die Rechtsprechung des BAG und der Arbeitsgerichte, wonach dies nur gilt, wenn keine „Zuvor-Beschäftigung" innerhalb der letzten drei Jahre vor der Befristung beim Arbeitgeber stattgefunden hat, wurde vom BVerfG aufgehoben.[477] Einer Beschränkung der sachgrundlosen Befristung auf die erstmalige Beschäftigung bei dem jeweiligen Arbeitgeber bedarf es nur für den Schutz vor der Gefahr der Kettenbefristung in Ausnutzung einer strukturellen Unterlegenheit des Arbeitnehmers und zur Sicherung des unbefristeten Arbeitsverhältnisses als Regelfall.[478] Zeitlich unbegrenzt, dafür vom Gegebensein eines Sachgrundes abhängig, ist die Sachgrundbefristung gem. § 14 Abs. 1 TzBfG.

bb. Unternehmen ohne Arbeitnehmer

Die Anwendbarkeit des Kündigungsschutzgesetzes und die damit einhergehenden Einschränkungen für den Unternehmer können auch vermieden werden, indem der Unternehmer seine Arbeitsprozesse ohne eigene Arbeitnehmer ausführt und diese von Drittpersonal oder Drittfirmen erbringen lässt.[479] Entscheidend ist, dass der Arbeitgeber selbst nicht mehr als zehn Arbeitnehmer beschäftigt (§§ 1, 23 KSchG).

[1] Outsourcing

Die unternehmerische Entscheidung, Arbeitsprozesse auszulagern und fremdzuvergeben, ist bis zur Grenze der Willkür Unternehmerentscheidung aufgrund derer Arbeitnehmer betriebsbedingt gem. § 1 Abs. 2 Satz 1 KSchG gekündigt

---

475 *Iwd*, Befristungen: Das eingebildete Problem, 7.2.2018.

476 *Pletke/Schrader/Siebert/Thoms/Klagges*, B. Rn. 15.

477 BVerfG 6.6.2018 – 1 BvL 7/14 und 1 BvR 1375/14, NZA 2018, 774.

478 BVerfG 6.6.2018 – 1 BvL 7/14 und 1 BvR 1375/14, NZA 2018, 774.

479 Siehe dazu auch § 3A.II.1.c, S. 74.

werden können.[480] Der Auslagerung von Tätigkeiten aus dem Unternehmen sind aber auch Grenzen gesetzt. Rechtsmissbräuchlich ist eine entsprechende betriebsbedingte Kündigung, wenn der Arbeitgeber ein unternehmerisches Konzept zur Kostenreduzierung wählt, welches faktisch nicht zu Änderungen der betrieblichen Abläufe führt, jedoch bei allen Arbeitnehmern der betroffenen Abteilungen zum Verlust ihres Arbeitsplatzes, obwohl der Beschäftigungsbedarf weiterhin vorhanden ist.[481] Eine solche unzulässige Austauschkündigung ist immer dann gegeben, wenn die bislang im eigenen Unternehmen erledigten Arbeiten zukünftig einem anderen Unternehmen zur nicht selbstständigen Erledigung übertragen werden.[482] Dies ist der Fall, wenn die zukünftig mit den Tätigkeiten betrauten Personen in den betrieblichen Arbeitsablauf wie Arbeitnehmer integriert sind und der Unternehmer die Direktions- und Leitungsmacht gleich einem Arbeitgeber gegenüber diesen ausübt.[483] Der Wegfall der bisherigen betrieblichen Arbeitsplätze bzw. der entsprechende Beschäftigungsbedarf ist dann zu verneinen. Somit ist die betriebsbedingte Kündigung unwirksam, wenn die gekündigten Arbeitsplätze zukünftig zB mit Leiharbeitnehmern besetzt werden sollen, die den fortbestehenden Beschäftigungsbedarf faktisch decken.[484] Denn durch die Besetzung der Arbeitsplätze mit Leiharbeitnehmern verbleibt dem Arbeitgeber weiterhin das Weisungsrecht und er kann über die Leiharbeitnehmer verfügen wie über eigene Arbeitnehmer; das betriebliche Erfordernis der Kündigung ist dann nicht gegeben. Die beabsichtigte langfristige Bindung an ein gewerbliches Zeitarbeitsunternehmen[485] dient als unternehmerisches Konzept nur dem Austausch der Arbeitnehmer unter Beibehaltung des arbeitgeberseitigen Direktionsrechts.[486] Ein dringendes betriebliches Erfordernis ist dagegen gegeben, wenn der Arbeitgeber die bislang von eigenen Arbeitnehmern

---

480 BAG 31.7.2014 – 2 AZR 422/13, NZA 2015, 104; 27.6.2002 – 2 AZR 489/01, NZA 2002, 1304.

481 BAG 26.9.2002 – 2 AZR 636/01, NZA 2003, 549; MünchKomm/*Hergenröder*, § 1 KSchG Rn. 327; *Annuß*, NZA 2003, 783; *Reuter*, RdA 2004, 161 ff.

482 BAG 16.12.2004 – 2 AZR 66/04, NZA 2005, 761, 763.

483 BAG 2.3.2017 – 2 AZR 546/16, NZA 2017, 905 Rn. 21; 16.12.2004 – 2 AZR 66/04, NZA 2005, 761, 763.

484 LAG Berlin-Brandenburg 5.3.2013 – 12 Sa 1624/12, NZA-RR 2013, 466, 467 f.; LAG Hamm 24.7.2007 – 12 Sa 320/07, NZA-RR 2008, 239, 240 f.; 5.3.2007 – 11 Sa 1338/06, BB 2007, 2462, 2464; *Bayreuther*, NZA 2016, 1304, 1307; *Hamann*, NZA 2010, 1211, 1213 f.

485 *Kiel*, FS Reuter 2010, 589, 597.

486 HaKo/*Mesterwerdt*/*Zimmermann*, § 1 KSchG Rn. 771.

verrichteten Tätigkeiten nur zu den Bedingungen einer selbstständigen Tätigkeit freien Mitarbeitern übertragen will.[487] Bei der Fremdvergabe von ganzen Tätigkeitsbereichen an ein Drittunternehmen ist bei der Auslagerung stets zu prüfen, ob nicht die Voraussetzungen eines Betriebs- oder Betriebsteilübergangs gegeben sind und somit gem. § 613a Abs. 1 Satz 1 BGB die bestehenden Arbeitsverhältnisse auf das andere Unternehmen übergehen.[488] Daher sollte vor der Auslagerung von Tätigkeiten an Dritte die „Stunde Null" für die Übergabe festgesetzt werden.[489] Dies bedeutet, dass vor der Ausgliederung von Tätigkeitsbereichen an Dritte die Schnittstellen zwischen eigenen und fremdvergabefähigen Tätigkeiten neu definiert bzw. geschaffen werden müssen.[490] Dies schafft Rechtssicherheit und vermeidet spätere mögliche Haftungsrisiken aufgrund von § 613a BGB. Die Auslagerung durch Verlegung des betrieblichen Standorts rechtfertigt die betriebsbedingte Kündigung[491] in der Regel, wobei aufgrund von Kosteneinsparungen vor allem die zulässige Auslagerung von Teilproduktionen ins Ausland[492] aus unternehmerischer Sicht lohnenswert sein kann.

[2] Arbeitnehmerüberlassung

Auf die Vorteile einer Arbeitnehmerüberlassung aus Sicht des Entleihers wurde bereits eingegangen.[493] Zu beachten bleibt allerdings, dass sich für den dauerhaften Einsatz von Drittfirmenpersonal die Arbeitnehmerüberlassung aufgrund etlicher gesetzlicher Restriktionen nur bedingt eignet. Seit der Arbeitnehmerüberlassungsgesetz-Reform 2017 ist die Arbeitnehmerüberlassung gem. § 1 Abs. 1 Satz 4, Abs. 1b grundsätzlich auf 18 Monate beschränkt (Höchstüberlassungsdauer). Bezugspunkt für die Feststellung der Überschreitung der Höchstüberlassungsdauer ist der betreffende entliehene Arbeitnehmer im eingesetzten Entleiherunternehmen.[494] Somit ist für denselben Leiharbeitnehmer zwar die Höchstüberlassungsdauer der 18 Monate zu beachten, aber derselbe Arbeitsplatz beim Entleiher kann zeitlich unbegrenzt nacheinander mit wechselnden

---

487 BAG 13.3.2008 – 2 AZR 1037/06, NZA 2008, 878.

488 Siehe oben § 3A.II.1.b.dd, S. 72; ErfKomm/*Oetker*, § 1 KSchG Rn. 273.

489 *Böhm*/Hennig/Popp, Kap. 2 E. Rn. 111, 122.

490 *Böhm*/Hennig/Popp, Kap. 2 E. Rn. 111.

491 BAG 9.8.2013 – 2 AZR 809/12, NZA 2014, 730 Rn. 17; 27.9.2001 – 2 AZR 246/00, EzA KSchG § 2 Nr. 41.

492 BAG 9.8.2013 – 2 AZR 809/12, NZA 2014, 730 Rn. 20.

493 Siehe § 3A.II.1.d.aa.[3], S. 88.

494 *Lembke*, NZA 2017, 1, 4; *Zimmermann*, BB 2016, 53, 53 f.; Böhm/Hennig/*Popp*, Kap. 1 B. Rn. 171, 175; *Ulrici*, § 1 AÜG Rn. 93, 95; BT-Drs. 18/9723, S. 6.

Leiharbeitnehmern besetzt werden.[495] Dies kann unpraktisch mit Blick auf bestimmte Arbeitsplätze sein, die eine gewisse Qualifikation und Einarbeitungsdauer voraussetzen. Arbeitsplätze mit geringen Qualifikationsanforderungen können aber durchaus dauerhaft mit Leiharbeitnehmern besetzt werden.[496]

Die 18-monatige Höchstüberlassungsdauer ist trotz alledem ein Hemmnis für die dauerhafte Nutzung der Arbeitnehmerüberlassung, weswegen Unternehmer zur Vermeidung dieser auf andere Gestaltungsvarianten der Arbeitsorganisation zurückgreifen, wie zB Joint Ventures oder Gemeinschaftsbetriebe. Diese Gestaltungsmöglichkeiten lassen einen Drittpersonaleinsatz wie iRd Arbeitnehmerüberlassung zu, vermeiden aber die Anwendbarkeit des Arbeitnehmerüberlassungsgesetzes[497] – jedoch nicht unbegrenzt und diese müssen einer eventuellen Rechtsmissbrauchskontrolle gem. § 242 BGB standhalten.[498] Interessant ist der unternehmensbezogene Bezugspunkt der Höchstüberlassungsdauer für Konzernstrukturen. Leiharbeitnehmer können zwischen den einzelnen Konzerngesellschaften wechseln und so die Frist für die Höchstüberlassungsdauer jeweils neu anlaufen lassen; eine der Drehtürklausel entsprechende Regelung wie § 8 Abs. 3 AÜG existiert für Konzernstrukturen nicht.[499] Letztlich ist die Arbeitnehmerüberlassung aber ein Flexibilisierungsinstrument, welches es ermöglichen soll, eine externe Personalreserve zu nutzen und vor allem aus kündigungsrechtlicher Sicht die Personalabbaukosten bei nicht mehr vorhandenem Personalbedarf zu reduzieren. Arbeitsprozesse gänzlich auf Arbeitnehmerüberlassung auszulagern, um ein arbeitnehmerfreies Unternehmen zu erschaffen, kann sich bei einfachen, standardisierten Arbeitsprozessen lohnen. Solch einfache Tätigkeiten können aber ebenso durch eine Drittfirma erbracht werden, denn bei einfach gelagerten Tätigkeiten kann der Verlust des arbeitsrechtlichen Weisungsrechts hingenommen werden.

[3] Betriebsführungsgesellschaften

Ein Gestaltungsinstrument, Betriebe ohne hohe Transferkosten, insbesondere ohne Abfindungszahlungen an die Arbeitnehmer, stillzulegen, ist der Betriebsführungsvertrag. Bei diesem wird die Arbeitgeberstellung von der wirtschaftlichen Unternehmerstellung getrennt wird, indem das Personal auf die vermögenslose Betriebsführungsgesellschaft übertragen wird und die das

495 Böhm/Hennig/*Popp*, Kap. 1 B. Rn. 171.

496 *Gaul*, Aktuelles Arbeitsrecht 2016, S. 3; Böhm/Hennig/*Popp*, Kap. 1 B. Rn. 172.

497 Siehe dazu§ 3A.II.1.d.cc, S. 93.

498 *Ulrici*, § 1 AÜG Rn. 93; *Hund/Weiss*, DB 2016, 2903, 2905 ff.; *Lembke*, NZA 2017, 1, 4.

499 Böhm/Hennig/*Popp*, Kap. 1 B. Rn. 175; *Hamann*, S. 87.

Betriebsvermögen besitzende Eigentümergesellschaft arbeitnehmerlos ist.[500] Der benötigte Personaleinsatz für die Eigentümergesellschaft erfolgt auf Grundlage eines Betriebsführungsvertrags, welcher die Belegschaft von den Betriebsmitteln trennt.[501]

Mit Blick auf dieses Gestaltungsmittel gibt es zwei Konstellationen zu unterscheiden: den echten und den unechten Betriebsführungsvertrag. Der echte Betriebsführungsvertrag ist dadurch gekennzeichnet, dass die Betriebsführungsgesellschaft nicht im eigenen, sondern im Namen der Eigentümergesellschaft auftritt, mit der ein Betriebsführungsvertrag besteht.[502] Die Arbeitsverhältnisse bestehen, wie bei der Betriebsüberlassung, nicht mit der Betriebsführungs-, sondern mit der Eigentümergesellschaft.[503] Die Betriebsführungsgesellschaft nimmt die Rechte der Eigentümergesellschaft als Arbeitgeberin wahr, ist also nicht aus eigenem Recht, sondern aus abgeleitetem Recht Arbeitgeber und übt die Weisungsrechte aus.[504] Insbesondere findet ein Übergang der Arbeitsverhältnisse gem. § 613a BGB auf die Betriebsführungsgesellschaft nicht statt, denn es fehlt insoweit an einem Wechsel des Betriebsinhabers.[505] Die Betriebsführungsgesellschaft ist bei der Erteilung von Weisungen an die Arbeitnehmer an die Richtlinien und Weisungen der Eigentümergesellschaft gebunden; sie hat somit eine dem leitenden Angestellten vergleichbare Stellung inne, nur dass eine juristische Person anstatt einer natürlichen Person tätig wird.[506]

Beim unechten (oder atypischen) Betriebsführungsvertrag hingegen agiert der Betriebsführer im eigenen Namen, wird somit nach außen selbst rechtsgeschäftlich berechtigt oder verpflichtet, handelt im Innenverhältnis aber weiterhin für Rechnung der Eigentümergesellschaft.[507] Die Betriebsführungsgesellschaft

---

500 *Ginal/Raif*, GWR 2017, 131, 132; *Rieble*, NZA 2010, 1145, 1149.

501 *Ginal/Raif*, GWR 2017, 131, 132; *Rieble*, NZA 2010, 1145.

502 MünchHdBArbR/*Richter*, § 25 Rn. 16; BeckOKArbR/Rolfs/Giesen/Kreikebohm/Udsching/*Gussen*, § 613a BGB Rn. 79a.

503 LAG Berlin-Brandenburg 11.5.2016 – 15 Sa 108/16, ArbRAktuell 2016, 357; MünchHdBArbR/*Richter*, § 25 Rn. 16; BeckOKArbR/Rolfs/Giesen/Kreikebohm/Udsching/*Gussen*, § 613a BGB Rn. 79a.

504 MünchHdBArbR/*Richter*, § 25 Rn. 16; BeckOKArbR/Rolfs/Giesen/Kreikebohm/Udsching/*Gussen*, § 613a BGB Rn. 79a.

505 LAG Berlin-Brandenburg 11.5.2016 – 15 Sa 108/16, ArbRAktuell 2016, 357; LAG Baden-Württemberg 9.3.2016 – 4 Sa 19/15, GWR 2016, 239; LAG Thüringen 9.2.2017 – 3 Sa 403/15, BeckRS 2017, 107165.

506 MünchHdBArbR/*Richter*, § 25 Rn. 16; *Rieble*, NZA 2010, 1145.

507 *Rieble*, NZA 2010, 1145, 1146; *Ginal/Raif*, GWR 2017, 131; MünchHdBArbR/*Richter*, § 25 Rn. 17.

haftet nach außen für von ihr eingegangene Rechtsgeschäfte mit Dritten – und trägt damit auch das Insolvenzrisiko.[508]

Nur der unechte Betriebsführungsvertrag bietet die Gewähr, dass ein Betriebsübergang gem. § 613a BGB von der Eigentümer- auf die Betriebsführungsgesellschaft stattfindet.[509] So setzt die Rechtsprechung für einen Betriebsübergang voraus, dass es zum Wechsel in der Person des Inhabers kommt, also tatsächlich ein Arbeitgeberwechsel bei den Arbeitnehmern stattfindet[510] und der Betriebsführer nach außen als Betriebsinhaber auftritt[511]. Zudem muss die Betriebsführungsgesellschaft fortan sämtliche erforderlichen Betriebsmittel der Eigentümergesellschaft nutzen dürfen.[512] Stellt die Eigentümergesellschaft hingegen ihre wirtschaftliche Tätigkeit im Betrieb nicht ein und erteilt weiterhin Weisungen gegenüber der Betriebsführungsgesellschaft, ist ein Betriebsübergang zu verneinen.[513]

Der Betriebsführungsvertrag gewährt als gewöhnlicher Geschäftsbesorgungsvertrag iSd §§ 675, 665 ff. BGB der Eigentümergesellschaft grundsätzlich ein Weisungsrecht (§ 665 BGB), sofern der Betriebsführungsvertrag keine abweichenden Regelungen enthält.[514] Trotz Nichteinschränkung des Weisungsrechts der Eigentümergesellschaft stellt sich die Frage, ob ein Betriebsführungsvertrag, welcher nicht die Intensität einer „totalen" Beherrschung gegenüber der Eigentümergesellschaft erreicht, dem Regime der Unternehmensverträge (§§ 292 ff. AktG) untersteht.[515] Die herrschende Meinung verneint zwar eine direkte Anwendung des § 292 Abs. 1 Nr. 3 AktG, spricht sich aber für eine analoge Anwendung diesen aus.[516] Bedenkt man, dass bei der unechten Betriebsführung die Eigentümergesellschaft erhebliche Machtpotentiale gegenüber der Betriebsführungsgesellschaft innehat, indem sie bspw. mit der Kündigung des Betriebsführungsvertrages ihr die wirtschaftliche Grundlage entzieht, scheint

508 *Rieble*, NZA 2010, 1145, 1146; *Ginal/Raif*, GWR 2017, 131; MünchHdBArbR/*Richter*, § 25 Rn. 17.

509 *Rieble*, NZA 2018, 1302, 1307; *Ginal/Raif*, GWR 2017, 131, 132.

510 BAG 25.1.2018 – 8 AZR 309/16, NZA 2018, 933.

511 BAG 25.1.2018 – 8 AZR 309/16, NZA 2018, 933, 934.

512 BAG 25.1.2018 – 8 AZR 309/16, NZA 2018, 933, 934.

513 LAG Baden-Württemberg 9.3.2016 – 4 Sa 19/15, GWR 2016, 239.

514 Henssler/Strohn/*Paschos*, § 292 AktG Rn. 14; MünchKommAktG/*Altmeppen*, § 292 AktG Rn. 148.

515 *Rieble*, NZA 2010, 1145, 1146.

516 MünchKommAktG/*Altmeppen*, § 292 Rn. 150; *Emmerich*/Habersack, § 292 Rn. 59; KölnerKommAktG/*Koppensteiner*, § 292 Rn. 81; Hüffer/*Koch*, § 292 Rn. 20.

eine analoge Anwendung des § 292 Abs. 1 Nr. 3 AktG nicht in jedem Fall vertretbar.

Bei der unechten Betriebsführung ist der Belegschaft der Zugriff auf das Vermögen der Eigentümergesellschaft versperrt.[517] Insbesondere Ansprüche der Arbeitnehmer, die auf die ertrags- oder vermögensrechtliche Situation des Vertragsarbeitgebers zielen, werden so gemindert bzw. ausgeschlossen.[518] Dazu zählen beispielsweise Sozialplanansprüche gem. §§ 111 ff. BetrVG, Betriebsrentenanpassungen nach § 16 BetrAVG sowie ertragsabhängige Vergütungen gem. § 315 BGB.[519] All diese Ansprüche der Arbeitnehmer richten sich gegen die vermögenslose Betriebsführungsgesellschaft als deren Arbeitgeber, ohne dass ein Haftungs- oder Berechnungsdurchgriff auf die Eigentümergesellschaft möglich ist.[520]

Auch der Kündigungsschutz ist mittelbar betroffen, denn durch die rechtliche Verselbstständigung der Betriebsführungsgesellschaft beschränkt sich auch die Sozialauswahl auf diese.[521]

Der echte Betriebsführungsvertrag ist niemals Arbeitnehmerüberlassung; es fehlt am Fremdpersonaleinsatz, da lediglich Arbeitnehmer der Eigentümergesellschaft eingesetzt werden.[522] Bei einem unechten Betriebsführungsvertrag scheidet eine Arbeitnehmerüberlassung ebenfalls grundsätzlich aus: Die Betriebsführungsgesellschaft wird Arbeitgeber und setzt die Arbeitnehmer nach ihren Weisungen im Betrieb ein.[523] Eine Arbeitnehmerüberlassung ließ sich möglicherweise bejahen, wenn der Betriebsführer – nach dem Betriebsübergang auf die Betriebsführungsgesellschaft – seine Arbeitnehmer auf Rechnung und für die Eigentümergesellschaft einsetzt und sich die Eigentümergesellschaft im Betriebsführungsvertrag Weisungsrechte im Zusammenhang mit dem Einsatz der Arbeitnehmer vorbehält.[524] Dies lässt sich aber durch eine saubere Vertragsgestaltung vermeiden: Der gesamte operative Betrieb muss in eigener Verantwortung und ohne jeglichen Vorbehalt zugunsten der Eigentümergesellschaft von der Betriebsführungsgesellschaft durchgeführt werden.[525]

---

517 *Ginal/Raif*, GWR 2017, 131, 132.
518 *Ginal/Raif*, GWR 2017, 131, 132.
519 *Ginal/Raif*, GWR 2017, 131, 132.
520 *Rieble*, NZA 2010, 1145, 1149 f.; *Ginal/Raif*, GWR 2017, 131, 132.
521 *Rieble*, NZA 2010, 1145, 1147.
522 *Rieble*, NZA 2010, 1145, 1147; *Ginal/Raif*, GWR 2017, 131, 133; MünchHdBArbR/*Richter*, § 25 Rn. 17.
523 *Ginal/Raif*, GWR 2017, 131, 133; MünchHdBArbR/*Richter*, § 25 Rn. 17.
524 *Ginal/Raif*, GWR 2017, 131, 133.
525 *Ginal/Raif*, GWR 2017, 131, 133.

Somit ist der unechte Betriebsführungsvertrag ein interessantes Gestaltungsinstrument zur Herstellung bzw. Erhöhung arbeitsrechtlicher Flexibilität, da sich so die Vertragsarbeitgeberstellung effektiv von der wirtschaftlichen Unternehmerstellung trennen lässt. Insbesondere für die Frage der Anwendbarkeit des Kündigungsschutzgesetzes ist beim unechten Betriebsführungsvertrag allein auf die Betriebsführungsgesellschaft abzustellen ist, deren Geschäftsbetrieb jederzeit eingestellt werden kann und damit eine betriebsbedingte Kündigung aller Arbeitnehmer rechtfertigt.

[4] Konzerninterne Personalführungsgesellschaften

Personaldienstleistungsgesellschaften, vereinzelt auch als Personalservicegesellschaften oder Personalführungsgesellschaften bezeichnet, sind keine gefestigten rechtlichen Begriffe.[526] Sie beschreiben zumeist selbstständige Unternehmen, die verschiedene und breit gefächerte Personaldienstleistungen anbieten, wie zB Personalberatung und -beschaffung, die Verwaltung und Zurverfügungstellung von Personal sowie die Schulung und Qualifizierung von Personal.[527] Zu dieser Art von Dienstleistern zählen auch Beschäftigungs- und Qualifizierungsgesellschaften.[528] Der Unternehmenszweck von in einem Konzern eingebundenen Personaldienstleistungsgesellschaften besteht vor allem darin, die Personalverwaltung innerhalb eines Konzerns bzw. Unternehmensverbunds zu konzentrieren und die Verwaltung von allen konzernangehörigen Unternehmen durch diese Gesellschaft zentral durchführen zu lassen – Arbeitnehmer werden in diesem Fall dann nicht überlassen.[529]

In anderen Konstellationen können solche konzerninternen Personalführungsgesellschaften den Zweck dienen, eigene Arbeitnehmer innerhalb und/oder außerhalb des Konzerns anderen Gesellschaften zur Arbeit zu überlassen.[530] Dann haben diese Gesellschaften die Funktion gleichkommend einer konzerninternen Arbeitsvermittlungsagentur oder einer Beschäftigungs- oder Auffanggesellschaft, um im Falle von Umstrukturierungen innerhalb des Konzerns betriebsbedingte Kündigungen bei den betreffenden Konzerngesellschaften zu

526 Schüren/*Hamann*, § 1 AÜG Rn. 513; Braun/Wisskirchen/*Fedder/Braner*, S. 286.

527 Braun/Wisskirchen/*Fedder/Braner*, S. 286; *Windbichler*, S. 196 f.; Schüren/*Hamann*, § 1 AÜG Rn. 513; *Lembke*, BB 2012, 2497, 2498.

528 Schüren/*Hamann*, § 1 AÜG Rn. 513; *Ulber*, AÜG, Einl. C Rn. 117.

529 Braun/Wisskirchen/*Fedder/Braner*, S. 286; Schüren/*Hamann*, § 1 AÜG Rn. 624 f. ; *Ulber*, AÜG, Einl. C Rn. 120, 122.

530 Braun/Wisskirchen/*Fedder/Braner*, S. 286; Schüren/*Hamann*, § 1 AÜG Rn. 658 f. ; *Lembke*, BB 2010, 1533.

vermeiden.[531] Die Senkung von Personalkosten kann ein weiterer Grund für diese Gestaltung der Arbeitsorganisation sein.[532]

Mit der Arbeitnehmerüberlassungsgesetz-Novelle 2011 hat die konzerninterne Arbeitnehmerüberlassung allerdings an Attraktivität verloren. Denn eine Arbeitnehmerüberlassung ist nun schon gem. § 1 Abs. 1 Satz 1 AÜG gegeben, wenn die Überlassung von Arbeitnehmern „im Rahmen ihrer wirtschaftlichen Tätigkeit" erfolgt und nicht erst wie nach der aF des § 1 Abs. 1 Satz 1 AÜG bei „Gewerbsmäßigkeit". Somit unterliegt der Einsatz einer Personalführungsgesellschaft im Konzern dem Arbeitnehmerüberlassungsgesetz, wenn die Arbeitnehmerüberlassung nicht nur vorübergehend erfolgt und bedarf dann auch der Erlaubnis gem. § 1 Abs. 1 Satz 1 AÜG.[533] Ebenso ist dann der sog. Equal-Pay-Grundsatz gem. § 3 Abs. 1 Nr. 3 AÜG anwendbar, der den Arbeitnehmern der Personalführungsgesellschaft die wesentlichen Arbeitsbedingungen gewährt, die in dem eingesetzten Konzernunternehmen gegeben sind.

Trotz der gesetzlichen Verschärfung mit Blick auf eine einschlägige Arbeitnehmerüberlassung nach dem Arbeitnehmerüberlassungsgesetz sind Personalführungsgesellschaften als Gestaltungsinstrument in Verbindung mit einem Gemeinschaftsbetrieb[534] zur Personalkostensenkung alternativ einsetzbar.[535] Gestalterisch interessant ist die Bildung eines Gemeinschaftsbetriebes unter Einbeziehung einer neu gegründeten bzw. zu „aktivierenden" konzerninternen Vorratsgesellschaft, die als Personalführungsgesellschaft in dem Gemeinschaftsbetrieb ihre Arbeitnehmer zur Verfügung stellt.[536] Eine Arbeitnehmerüberlassung scheidet hierbei aus.[537] Nach ständiger Rechtsprechung und hM schließen sich Arbeitnehmerüberlassung und ein Gemeinschaftsbetrieb rechtstechnisch aus[538]: Während die Arbeitnehmerüberlassung dadurch gekennzeichnet ist,

---

531 Braun/Wisskirchen/*Fedder/Braner*, S. 286; Schüren/*Hamann*, § 1 AÜG Rn. 661 f. ; *Lembke*, BB 2010, 1533, 1538.

532 *Lembke*, BB 2010, 1533, 1538; Braun/Wisskirchen/*Fedder/Braner*, S. 286.

533 ErfKomm/*Wank*, § 1 AÜG Rn. 86; Schüren/*Hamann*, § 1 AÜG Rn. 288 sieht die Vorschrift des § 1 Abs. 3 Nr. 2 AÜG als nicht mehr der entsprechenden Richtlinie vereinbar an, da diese kein Konzernprivileg enthalte.

534 Zu den Voraussetzungen eines Gemeinschaftsbetriebs siehe § 3B.II.1.a.dd, S. 124.

535 *Panzer-Heemeier/Schwipper*, DB 2017, 1584; *Schönhöft/Oelze*, BB 2016, 565; *Schönhöft/Lermen*, BB 2008, 2515.

536 *Panzer-Heemeier/Schwipper*, DB 2017, 1584.

537 LAG Rheinland-Pfalz 1.2.2018 – 4 Sa 136/17, BeckRS 2018, 11843.

538 BAG 17.2.2010 – 7 ABR 51/08, NZA 2010, 832 Rn. 34; 25.10.2000 – 7 AZR 487/99, DB 2001, 767; *Boemke*/Lembke, § 1 AÜG Rn. 42; Schaub/*Koch*, § 120 Rn. 25; *Panzer-Heemeier/Schwipper*, DB 2017, 1584, 1585.

dass Arbeitnehmer in die fremde Betriebsorganisation des Entleihers eingegliedert werden und dessen arbeitsrechtlichen Weisungen unterworfen sind[539], ist bei einem Gemeinschaftsbetrieb eine gemeinsame Betriebsorganisation gegeben und der Vertragsarbeitgeber kann das Weisungsrecht neben dem weiteren Konzernunternehmen ausüben.[540] Der Gemeinschaftsbetrieb unter Einschaltung einer konzerninternen Personalführungsgesellschaft wurde auch vom BAG gebilligt.[541] Eine den Gemeinschaftsbetrieb ausschließende Zusammenarbeit zweier Unternehmen ist dagegen gegeben, wenn die unternehmerische Zusammenarbeit sich nur auf Personalgestellung beschränkt und das personalstellende Unternehmen nicht an der Erreichung des arbeitstechnischen Betriebszwecks des anderen Unternehmens mitwirkt.[542] Ein Rechtsmissbrauch ist beim Gemeinschaftsbetrieb unter Einschaltung einer konzerninternen Personalführungsgesellschaft, mit dem die Anwendbarkeit des Arbeitnehmerüberlassungsgesetzes vermieden wird, zu verneinen, denn es handelt sich um eine zulässige Tatbestandsvermeidung und der verfolgte Zweck der Personalkostensenkung begründet nicht schon einen Rechtsmissbrauch.[543] Jedoch hat dieses Gestaltungsinstrument auch einen Nachteil gegenüber der ohne Gemeinschaftsbetrieb existierenden Personalführungsgesellschaft: Angesichts der Bildung des Gemeinschaftsbetriebs wird der Kündigungsschutz der Arbeitnehmer der Personalführungsgesellschaft ausgeweitet und alle vergleichbaren Arbeitnehmer des gemeinsamen Betriebs sind in die soziale Auswahl einzubeziehen.[544] Als effektives Mittel zur Vermeidung von umfänglichen Kündigungsschutz ist diese rechtliche Konstruktion daher weniger geeignet.

---

539 BAG 3.12.1997 – 7 AZR 764/96, NZA 1998, 876; *Lembke*, NZA 2018, 393, 403; *Panzer-Heemeier/Schwipper*, DB 2017, 1584, 1585.

540 BAG 24.1.1996 – 7 ABR 10/95, NZA 1996, 1110, 1112; *Lembke*, NZA 2018, 393, 403; *Panzer-Heemeier/Schwipper*, DB 2017, 1584, 1585.

541 BAG 16.4.2008 – 7 ABR 4/07, AP Nr. 32 zu § 1 BetrVG 1972 Gemeinsamer Betrieb; 28.4.2011 – 8 AZR 709/09, NZA 2011, 197; Schüren/*Hamann*, § 1 AÜG Rn. 66.

542 BAG 16.4.2008 – 7 ABR 4/07, AP Nr. 32 zu § 1 BetrVG 1972 Gemeinsamer Betrieb; 25.5.2005 – 7 ABR 38/04, NZA 2005, 1080; *Schönhöft/Oelze*, BB 2016, 565 567; *Panzer-Heemeier/Schwipper*, DB 2017, 1584, 1585.

543 LAG Rheinland-Pfalz 1.2.2018 – 4 Sa 136/17, BeckRS 2018, 11843; *Panzer-Heemeier/Schwipper*, DB 2017, 1584, 1591; Panzer-Heemeier/Schwipper, DB 2018, 2931, 2933.

544 BAG 29.11.2007 – 2 AZR 763/06, AP KSchG 1969 § 1 Soziale Auswahl Nr. 95; 14.8.2007 – 8 AZR 1043/06, NZA 2007, 1431 Rn. 29 ff.; ErfKomm/*Oetker*, § 1 KSchG Rn. 322; *Schönoft/Oelze*, BB 2016, 565, 569.

cc. Befristete Arbeitgeber

Befristete Arbeitgeber meint im folgenden Zusammenhang nicht allein die befristete Beschäftigung von Arbeitnehmern aufgrund des Teilzeit- und Befristungsgesetz. Befristeten Arbeitgebern kommt hier die Bedeutung zu, wonach Unternehmer nur für einen bestimmten Zeitraum in die Arbeitgeberstellung hineinwachsen und sich von dieser lösen, ohne infolgedessen nachteiligen Arbeitgeberpflichten ausgesetzt zu sein. Insbesondere hinsichtlich des Kündigungsschutzgesetzes ermöglicht dies Unternehmern eine Kostenreduzierung mit Blick auf die Vermeidung kostenintensiver Kündigungsprozesse oder eventueller Abfindungsverpflichtungen.

[1] Arbeitgeberstellung auf Zeit

Eine Arbeitgeberstellung auf Zeit kann durch verschiedene Konstruktionen herbeigeführt werden. Allen voran ist dies auf Grundlage des Teilzeit- und Befristungsgesetzes möglich.[545] Wird ein Arbeitnehmer wirksam befristet eingestellt, so endet das Arbeitsverhältnis (und damit die Arbeitgeberstellung) mit Fristablauf oder Zweckerreichung gem. § 15 Abs. 1 und 2 TzBfG automatisch.[546] Eine Beendigung der Arbeitgeberstellung ist auch durch Kündigung aller Arbeitnehmer möglich. Dafür bedarf es aber (bei Anwendbarkeit des Kündigungsschutzgesetzes) gem. §§ 1, 23 KSchG eines Kündigungsgrundes, wobei hier der Fokus auf der betriebsbedingten Kündigung liegen dürfte. Kündigungsrelevante dringende betriebliche Erfordernisse für eine Kündigung können ua bestehen, wenn die Durchführung oder eingeleitete Durchführung[547] einer unternehmerischen Entscheidung einer Beschäftigungsmöglichkeit die Grundlage entzieht.[548] Eine in Betracht kommende unternehmerische Entscheidung als Legitimation einer Arbeitgeberstellung auf Zeit ist insbesondere die Betriebsstilllegung. Eine solche setzt den ernstlichen und endgültigen Entschluss des Unternehmers voraus, die Betriebs- und Produktionsgemeinschaft zwischen Arbeitgeber und Arbeitnehmer für einen seiner Dauer nach unbestimmten, wirtschaftlich nicht unerheblichen Zeitraum, aufzugeben.[549] Die Gründe, die einen Arbeitgeber zur Stilllegung

---

545 Siehe dazu § 3A.II.2.c.aa, S. 101.

546 Siehe § 3A.II.2.c.aa, S. § 3A.II.2.c.aa.

547 BAG 19.6.1991 – 2 AZR 127/91, NZA 1991, 891.

548 ErfKomm/*Oetker*, § 1 KSchG Rn. 217; *Walker*, ZfA 2004, 501, 535; *Kaiser*, NZA-Beilage 2005, 31.

549 Ständige Rspr.: BAG 18.10.2012 – 6 AZR 41/11, NZA 2013, 1007 Rn. 47; 16.2.2012 – 8 AZR 693/10, NZA-RR 2012, 465 Rn. 37; 26.5.2011 – 8 AZR 37/10, NZA 2011, 1143 Rn. 26.

des Betriebs veranlasst haben, sind dabei vollkommen unerheblich.[550] Im Falle der Verfolgung eines unternehmerischen Stilllegungskonzeptes mit der sofortigen und gleichzeitigen Kündigung aller Arbeitnehmer entfällt auch das Erfordernis einer sozialen Auswahl gem. § 1 Abs. 3 KSchG.[551] Eine Betriebsstilllegung bedarf - aus arbeitsrechtlicher Sicht - grundsätzlich keiner kompletten Auflösung der Gesellschaft.[552] Allerdings rechtfertigt die Auflösung einer Gesellschaft die betriebsbedingte Kündigungen, da mit der Auflösung in aller Regel zugleich die Beschäftigungsmöglichkeit entfällt.[553]

[2] Organisationsformen befristeter Arbeitgeber

[a] Projektarbeit

Die flächendeckende Verbreitung von Projektarbeit ist in Bereichen wie der Entwicklung und Forschung zu finden, aber auch im Management oder der Beratung sowie in der Medienbranche, Softwareproduktion, Biotechnologie und selbst in der traditionellen Industrie wie der Bauwirtschaft.[554] Im Vergleich zu traditionellen Arbeitsorganisationsformen weist Projektarbeit eine Reihe besonderer Merkmale auf: Projektarbeit ist durch nicht routinemäßige und komplizierte Arbeitsaufgaben gekennzeichnet; die Projektgruppen setzen sich in der Regel aus verschiedenen Experten zusammen, deren Zusammenarbeit zeitlich befristet ist.[555] Projekte können extern vergeben werden, wenn angesichts hinreichend genauer Zielvorgaben zwischenzeitliche Weisungen des Auftraggebers obsolet sind oder mittels vorgegebener Etappen die Ziele erneuert werden. Für diese Art der Projektarbeit bieten sich Organisationsformen wie zB Scrum Teams an[556], die ein agiles Zusammenarbeiten mit externen Arbeitern ermöglichen, unter Wahrung bestimmter Einflussnahmemöglichkeiten des Auftragnehmers. Bei Projektarbeit besteht aber die Gefahr, in die Grauzone der

---

550 BAG 19.6.1991 - 2 AZR 127/91, NZA 1991, 891, 892 f.; 28.4.1988 - 623/87, NZA 1989, 265, 267.

551 BAG 8.11.2007 - 2 AZR 554/05, AP Nr. 28 zu § 17 KSchG 1969; 7.7.2005 - 2 AZR 554/05, NZA 2006, 266.

552 BAG 14.3.2013 - 8 AZR 154/12, AP KSchG 1969 § 1 Betriebsbedingte Kündigung Nr. 199 Rn. 31; 5.4.2001 - 2 AZR 696/99, NZA 2001, 949, 950.

553 BAG 28.5.2009 - 8 AZR 273/08, NZA 2009, 1267.

554 *Gerlmaier*, WSI-Mitteilungen 2005, 498, 500; *Windeler/Wirth*, Industrielle Beziehungen 2004, 295.

555 *Gerlmaier*, WSI-Mitteilungen 2005, 498, 500.

556 *Litschen/Yacoubi*, NZA 2017, 484, 487; ausführlicher zu Scrum siehe § 3A.II.1.d.aa. [1], S. 82.

Scheinselbstständigkeit bzw. illegalen Arbeitnehmerüberlassung hineinzugelangen. Aus diesem Grund werden im Rahmen von Projektarbeit Arbeitnehmer befristet eingestellt. Solche Projektbefristungen dienen dazu, einen durch ein konkretes Projekt (zB durch einen Forschungsauftrag) verursachten personellen Mehrbedarf abzudecken, der eine Sachgrundbefristung gem. § 14 Abs. 1 Satz 2 Nr. 1 TzBfG rechtfertigt.[557] Der Arbeitgeber kann sich auf diesen Sachgrund nur berufen, wenn es sich bei den Projektaufgaben um gegenüber den Daueraufgaben des Arbeitgebers abgrenzbare vorübergehende Zusatzaufgaben handelt. Die Aufgaben dürfen vom Arbeitgeber im Rahmen des von ihm verfolgten üblichen Betriebszwecks nicht dauerhaft wahrzunehmen oder er zu deren Durchführung verpflichtet sein.[558] Die unternehmerische Tätigkeit darf also nicht automatisiert und künstlich in einzelne „Projekte" zerlegt werden oder eine Befristung damit begründet werden, dass Unsicherheiten bzgl. eines Anschlussvertrages bzw. Anschlussprojektes bestehen.[559] Die Realisierung oder Mitwirkung an einem bestimmten, zeitlichen begrenzten Projekt ist allerdings ein Sachgrund iSd § 14 Abs. 1 Satz 2 Nr. 1 TzBfG.[560] Die wirksame Befristung setzt jedoch nicht voraus, dass nach dem prognostizierten Auslaufen des Projekts keine anderweitige Einsatzmöglichkeit für den Arbeitnehmer (zB im Rahmen anderer Projekte) mehr vorhanden ist.[561] Somit können Projekte, wie zB die Entwicklung eines bestimmten Produkts oder, im Medienbereich, die Produktion einer bestimmten Serie, unter Befristung gemäß dem Teilzeit- und Befristungsgesetzes realisiert werden, ohne Einbußen hinsichtlich des flexiblen Personalbedarfs oder Kosten für einen etwaigen Kündigungsschutzprozess aufzuwenden. Der prägnanteste Vorteil der Sachbefristung ist dabei, dass dem Unternehmer das Weisungsrecht verbleibt und er eine jederzeitige Einflussnahme auf den Projektverlauf ausüben kann.

[b] Gesellschaften auf Zeit

Juristische Personen können für einen bestimmten Zeitraum errichtet, § 131 Abs. 1 Nr. 1 HGB, § 3 Abs. 2 HGB und auch Personengesellschaften zeitlich

---

557 BAG 16.11.2005 – 7 AZR 81/05, NZA 2006, 784, 789; 28.5.1986 – 7 AZR 581/84, AP BGB Befristeter Arbeitsvertrag Nr. 102; *Meinel*/Heyn/Herms, § 14 TzBfG Rn. 92.

558 BAG 24.9.2014 – 7 AZR 987/12, NZA 2015, 301; 29.7.2009 – 7 AZR 907/07, AP TzBfG § 14 Nr. 65; 7.11.2007 – 7 AZR 484/06, AP TzBfG § 14 Nr 42.

559 BAG 27.7.2016 – 7 AZR 545/14, NZA 2016, 1531 Rn. 18; *Schlüchtern/Kaufmann*, AuA 2002, 491, 492.

560 BAG 24.9.2014 – 7 AZR 987/12, NZA 2015, 301 Rn. 16; 13.2.2013 – 7 AZR 284/11, NZA 2013, 1271.

561 BAG 27.7.2016 – 7 AZR 545/14, NZA 2016, 1531 Rn. 19; ErfKomm/*Müller-Glöge*, § 14 TzBfG Rn. 25.

befristet werden.[562] Dies kann als Gestaltungsmittel auch aus arbeitsrechtlicher Sicht genutzt werden. Vor allem in der Baubranche werden Bauarbeitsgemeinschaften (ARGE) als Gelegenheitsgesellschaften in Form von BGB-Gesellschaften nur für ein bestimmtes Bauvorhaben gegründet und bei Bauprojektverwirklichung bzw. Zweckerreichung automatisch beendet.[563]

d. Gemeinsamkeiten der Kündigungsschutzvermeidung

Die Vermeidung der Anwendbarkeit des gesetzlichen Kündigungsschutzes lässt sich durch vielfältige Gestaltungsvarianten erreichen, welche sich auf drei Merkmale zurückführen lassen. Erstes Merkmal ist die zeitliche Begrenzung der Arbeitgeberstellung, welche insbesondere auf Grundlage des Teilzeit- und Befristungsgesetzes und dem Arbeitnehmerüberlassungsgesetz, durch Projektarbeit sowie Gesellschaften, die nur für einen bestimmten Zeitraum gegründet werden, erfolgen kann. Wie auch bei der Arbeitsvertragsvermeidung kennzeichnet sich die zeitlich begrenzte Arbeitgeberstellung dadurch, dass der Arbeitgeber für einen bestimmten Zeitraum das Weisungsrecht ausübt und nach dessen Ablauf den Arbeitnehmereinsatz beenden kann, ohne dass er die Vorschriften des Kündigungsschutzgesetzes zu beachten hat.

Infolge der Zugehörigkeit des Kündigungsschutzes zum Pflichtenkatalog des Arbeitgebers ist eine Vermeidung dessen ebenfalls gekennzeichnet durch das zweite Merkmal – der arbeitsteiligen Zergliederung die Arbeitsprozesse. So ermöglicht die Auslagerung von Arbeitsprozessen auf Drittfirmen, Soloselbstständige und freie Mitarbeiter, auch innerhalb Netzwerk- oder Matrixorganisationen, die Vermeidung des Kündigungsschutzes. Die Gründung eines Gemeinschaftsbetriebes sollte vermieden werden; auch wenn ein solcher den Personaleinsatz flexibler gestalten kann ohne eine Arbeitnehmerüberlassung auszulösen, wird der Kündigungsschutz vielmehr ausgeweitet, nämlich auf alle Betriebe des Gemeinschaftsbetriebs.

In gleicher Weise wie die Arbeitsvertragsvermeidungsstrategien sind auch die Kündigungsschutzvermeidungsstrategien durch die Trennung der Arbeitgeber- von der Unternehmerfunktion charakterisiert. So sind Unternehmen ohne eigene Arbeitnehmer befreit von jeglichen Arbeitgeberverpflichtungen, vor allem von der Einhaltung umfassenden Kündigungsschutzes. Insbesondere der Einsatz von Betriebsführungsgesellschaften stellt die Eigentümergesellschaft von einer arbeitsvertraglichen und kündigungsschutzrechtlichen Haftung frei: Der

562 MünchKomm/*Schäfer*, Vor § 723 BGB Rn. 14 f.
563 Henssler/Strohn/*Servatius*, § 705 BGB Rn. 10.

Eigentümergesellschaft gelingt die vollständige Loslösung von der Arbeitgeberfunktion ohne Verlust der Einflussnahme auf Arbeitsprozesse und -ergebnisse der Betriebsführungsgesellschaft.

III. Gemeinsamkeiten der Praktiken der Vermeidung der Anwendbarkeit von individualarbeitsrechtlichen Regelungen

Arbeitgeber, die sich den Risiken und Verpflichtungen des Individualarbeitsrechts entziehen wollen, bedienen sich verschiedener Vermeidungsstrategien. Diese Strategien zielen nicht allein auf die Vermeidung der Arbeitgeberstellung ab; diese ist teilweise sogar erwünscht, allerdings mit der jederzeitigen Beendigungsmöglichkeit oder einer automatischen Beendigung ohne Anwendbarkeit des Kündigungsschutzgesetzes. Schließlich lässt sich aber feststellen, dass den Organisationskonzepten zur Vermeidung der individualarbeitsrechtlichen Regelungen folgende Gemeinsamkeiten zugrunde liegen: Die zeitliche Begrenzung der Arbeitgeberstellung, die arbeitsteilige Zergliederung der Arbeitsprozesse und die Trennung der Arbeitgeber- von der Unternehmerfunktion. Dabei treten diese Merkmale teilweise gemeinsam auf oder das eine Merkmal ist durch ein anderes bedingt.

B. Arbeitgeberfluktuation in der Mitbestimmung

I. Der Arbeitgeber in der Betriebsverfassung

Das Betriebsverfassungsgesetz ist die arbeitsrechtliche Grundordnung für die Zusammenarbeit des Arbeitgebers und der Arbeitnehmer im Betrieb. In Betrieben mit mindestens fünf wahlberechtigten Arbeitnehmern (§ 7 BetrVG), von denen mindestens drei wählbar sind (§ 8 BetrVG), kann eine Arbeitnehmervertretung in Form eines Betriebsrates errichtet werden.

Betriebliche Mitbestimmung kann für Arbeitgeber positive Auswirkungen haben: Sie kann die Motivation der Arbeitnehmer steigern sowie die Akzeptanz, Plausibilität und Transparenz für Entscheidungen des Arbeitgebers angesichts der Einbindung der Arbeitnehmer verbessern.[564] Beim einvernehmlichen Zusammenwirken von Arbeitgeber und Arbeitnehmervertretern bewirkt die Mitbestimmung eine „Legitimation durch Verfahren“.[565] Trotzdem ist betriebliche Mitbestimmung aus Arbeitgeberperspektive nicht immer erwünscht. Denn

564 BAG 7.9.1959 – 1 AZR 649/54, AP BetrVG § 56 Nr. 2; MünchHdBArbR/*Hoyningen-Huene*, § 210 Rn. 4.

565 MünchHdBArbR/*Hoyningen-Huene*, § 210 Rn. 4.

die betriebliche Mitbestimmung geht mit einer nicht unerheblichen Kostenbelastung, aber auch mit längeren, aufwendigen Entscheidungsprozessen einher, die sich negativ auf die Effektivität und Planungssicherheit mit Blick auf die Abläufe im Betrieb auswirken können. Ferner besteht die Gefahr, dass die Mitbestimmung zum Selbstzweck des Kollektivs und seiner Organe wird, ohne dass die Sachfrage im Vordergrund steht.[566]

1. Zweck des Betriebsverfassungsgesetzes

Das Betriebsverfassungsgesetz bezweckt den Schutz und die Teilhabe der Arbeitnehmer durch Verknüpfung der Mitbestimmungsordnung mit dem Betrieb.[567] Dafür wird auf der Betriebsebene ein Arbeitnehmervertreter installiert, der entsprechend die Mitwirkungs- und Mitbestimmungsrechte ausübt.[568] Leitprinzip der Betriebsverfassung ist der Gedanke einer gleichberechtigten Teilhabe der Arbeitnehmer an den sie betreffenden betrieblichen Abläufen.[569] Dies wird ermöglicht, indem die alleinige Ausübung der Leitungsbefugnisse des Arbeitgebers in den gesetzlich vorgesehenen Fällen begrenzt wird. Zudem wird die betriebliche Ordnung und Organisation in gewissem Rahmen festgelegt und es soll über die Einbindung der Arbeitnehmer auch das Wohl dieser geschützt bzw. gefördert werden.[570] Betriebsverfassungsrecht ist Organisationsrecht und zugleich inhaltsbestimmendes Recht betrieblicher Entscheidungstätigkeit.[571]

a. Teilhabe an der Entscheidungsmacht des Arbeitgebers

Der Arbeitnehmer ist aufgrund des Arbeitsvertrags zur Leistung weisungsgebundener, fremdbestimmter Arbeit in persönlicher Abhängigkeit verpflichtet. Die Erbringung der Arbeitsleistung erfolgt zumeist im Betrieb des Arbeitgebers, also in einer Ordnung, die dem Arbeitnehmer im Ausgangspunkt vorgegeben ist und auf die er als Einzelner kaum oder keinen Einfluss nehmen kann.[572] Diese Ausgangssituation wird durch das Betriebsverfassungsgesetz wesentlich

---

566 MünchHdBArbR/*Hoyningen-Huene*, § 210 Rn. 5.

567 *Fitting*, §1 BetrVG Rn. 6.

568 Richardi/*Maschmann*, § 1 BetrVG Rn. 3; MünchHdBArbR/*Hoyningen-Huene*, § 210 Rn. 1.

569 ErfKomm/*Koch*, § 1 BetrVG Rn. 1.

570 MünchHdBArbR/*Hoyningen-Huene*, § 210 Rn. 1; Schaub/*Koch*, § 210 Rn. 1; ErfKomm/*Koch*, § 1 BetrVG Rn. 1.

571 MünchHdBArbR/*Hoyningen-Huene*, § 210 Rn. 1; Schaub/*Koch*, § 210 Rn. 1; ErfKomm/*Koch*, § 1 BetrVG Rn. 1.

572 *Fitting*, § 1 BetrVG Rn. 1.

modifiziert. Die Alleinentscheidungsbefugnis des Arbeitgebers wird begrenzt[573] und den Arbeitnehmern Mitbestimmungs- und Mitwirkungsrechte bei den Entscheidungen des Arbeitgebers gegeben.[574]

b. Umsetzung der Mitwirkung und Mitbestimmung der Arbeitnehmer im Betriebsverfassungsgesetz

Die Beteiligungsrechte werden durch den von den Arbeitnehmern gewählten und so demokratisch legitimierten Arbeitnehmerinteressenvertreter wahrgenommen, dem Betriebsrat.[575] Das Betriebsverfassungsgesetz stellt den Arbeitnehmervertretern hierfür ein differenziertes System von Informations-, Anhörungs-, Beratungs-, Veto- und Initiativrechten zur Verfügung. Diese Beteiligungsrechte ermöglichen eine bestimmte Einflussnahme auf die privatrechtlichen Beziehungen der Arbeitnehmerschaft zum Arbeitgeber.[576] Damit der Betriebsrat seine Funktion und Aufgabe effektiv wahrnehmen kann, enthält das Betriebsverfassungsgesetz überdies gesonderte Sekundärrechte für die Mitglieder des Betriebsrats, wie das Recht auf Freistellung, Schulung, Kostenerstattung und Sachmittel.[577]

c. Kein Recht auf mitbestimmungsoptimierte Arbeitsorganisationen

Die Betriebsdefinition und damit der Anknüpfungspunkt für die Bildung einer Arbeitnehmervertretung, steht nicht zur Disposition des Arbeitgebers.[578] Es ist dem Arbeitgeber aber unbenommen, die Unternehmensstruktur im Rahmen des gesetzlich Zulässigen so zu gestalten, dass betriebsverfassungsrechtlich die Errichtung eines Betriebsrats nicht möglich ist.[579] Das Betriebsverfassungsgesetz gibt den Arbeitnehmern kein Recht, bei dieser unternehmerischen Entscheidung des Arbeitgebers mitzuwirken. Es existiert im Betriebsverfassungsgesetz kein Recht auf eine mitbestimmungsoptimierte Arbeitsorganisation. Bestehende mitbestimmte Organisationseinheiten können durch den Arbeitgeber im Rahmen von Umstrukturierungen verändert oder gänzlich abgeschafft werden.[580]

---

573 *Fitting*, § 1 BetrVG Rn. 2.
574 *Fitting*, § 1 BetrVG Rn. 2; HaKoBetrVG/*Düwell*, Einl. Rn. 101; ErfKomm/*Koch*, § 1 BetrVG Rn. 1.
575 *Fitting*, § 1 BetrVG Rn. 2; HaKoBetrVG/*Düwell*, Einl. Rn. 98.
576 ErfKomm/*Koch*, § 1 BetrVG Rn. 2.
577 *Fitting*, § 1 BetrVG Rn. 2.
578 HaKoBetrVG/*Kloppenburg*, § 1 BetrVG Rn. 17.
579 Richardi/*Maschmann*, § 1 BetrVG Rn. 30.
580 *Willemsen*/Hohenstatt/Schweibert/Seibt, A Rn. 5.

Ein strenger Bestandsschutz einer bestehenden kollektiven Ordnung soll durch das Betriebsverfassungsgesetz nicht gewährleistet werden.[581]

2. Funktion des Arbeitgebers im Betriebsverfassungsgesetz

Die Betriebsverfassung betrifft das Verhältnis des Arbeitgebers zur Belegschaft. Durch die Beteiligungsrechte des Betriebsrats sollen insbesondere die Entscheidungen des Arbeitgebers hinsichtlich der Organisation des Betriebs und des Arbeitsablaufs sowie der Zusammensetzung der Belegschaft beeinflusst werden. Dementsprechend ist der Arbeitgeber in einer Vielzahl von Normen im Betriebsverfassungsgesetz genannt und unterliegt einer Vielzahl von Pflichten. Der Arbeitgeber wird durch seine betriebsverfassungsrechtlichen Pflichten zum Organ der Betriebsverfassung[582]; er wird als solches aber nicht im Betriebsverfassungsgesetz definiert. Die Betriebsverfassung ist auf betriebliche Belange bezogen und soll die unternehmerische Entscheidungsfreiheit des Arbeitgebers unberührt lassen.[583] Jedoch ist aufgrund der Repräsentationsstruktur der Betriebsverfassung die Betriebsvertretung auch, jedenfalls mittelbar und faktisch, an wirtschaftlich-unternehmerischen Entscheidungen in erheblichem Umfang beteiligt.[584] Adressat der Beteiligungsrechte ist stets der Arbeitgeber, daher ist für die Bildung des Betriebsrats wesentlich, dass die von ihm repräsentierten Arbeitnehmer in einer arbeitsrechtlichen Vertragsbeziehung zum Betriebsinhaber stehen.[585] Dies schränkt die Betriebsratsrechte bei Dritt- und Fremdpersonaleinsatz erheblich ein.[586]

3. Das Unternehmen in der Betriebsverfassung

Das Unternehmen in der Betriebsverfassung ist angelehnt an die Unternehmensdefinition, welche auch sonst im Recht verwendet wird.[587] Demgemäß ist das Unternehmen die organisatorische Einheit, mit der der Unternehmer seine

---

581 Richardi/*Maschmann*, § 1 BetrVG Rn. 30.
582 HaKoBetrVG/*Kloppenburg*, § 1 Rn. 168.
583 MünchHdBArbR/*Hoyningen-Huene*, § 210 Rn. 8.
584 BVerfG 1.3.1979 – 1 BvR 533/77, ua, BVerfGE 50, 290, 327; Richardi/*Maschmann*, § 1 BetrVG Rn. 4.
585 Richardi/*Maschmann*, § 1 BetrVG Rn. 9.
586 *Wißmann*, NZA 2001, 409, 410; *Fitting*, § 1 BetrVG Rn. 235.
587 MünchHdBArbR/*Richter*, § 24 Rn. 20; Richardi/*Maschmann*, § 1 BetrVG Rn. 51; *Fitting*, § 47 BetrVG Rn. 9.

wirtschaftlichen oder ideellen Zwecke verfolgt.[588] Im Betriebsverfassungsrecht weist das Unternehmen jedoch eine Besonderheit auf, weil es überdies eine Repräsentationsstufe für die Bildung einer Arbeitnehmervertretung ist.[589] So legt das Unternehmen die Organisationseinheit fest, für die bei Bestehen mehrerer Betriebsräte ein Gesamtbetriebsrat zu errichten ist (§ 47 Abs. 1 BetrVG) und bei entsprechender Arbeitnehmerzahl ein Wirtschaftsausschuss gebildet wird (§ 106 Abs. 1 Satz 1 BetrVG).[590] Somit muss das Unternehmen als Rechtsträger aber auch Arbeitgeber sein, denn ohne Arbeitnehmer im Unternehmen besteht in diesem auch keine Betriebsverfassung.[591] Das Betriebsverfassungsgesetz verwendet die Definition des Unternehmers nicht vollständig deckungsgleich mit der des Arbeitgebers.[592] So spricht das Gesetz bei wirtschaftlichen Angelegenheiten (§§ 53 Abs. 2, 106 ff., 111 ff. BetrVG) nicht vom Arbeitgeber, sondern vom Unternehmer. Dies ist richtig, solange die wirtschaftlichen Maßnahmen Entscheidungen der Unternehmensleitung betreffen und der Unternehmer als Inhaber des Unternehmens und nicht als Arbeitgeber, in seinen Beziehungen zu den Arbeitnehmern und der Belegschaft, im Vordergrund steht.[593]

II. Vermeidung der Bildung betriebsratsfähiger Organisationseinheiten

Auch wenn sich in Unternehmen der Trend zur bewussten Wertschätzung von Humanressourcen beobachten lässt und teils ein partizipatives Management angestrebt wird, in dem der Betriebsrat proaktiv von der Geschäftsleitung eingebunden wird, wird ein Betriebsrat in vielen Unternehmen als Hindernis bei der Unternehmensführung empfunden.[594] Wie bereits erwähnt, sind neben den Kosten für die Installierung und die laufenden Tätigkeiten eines Betriebsrats vor allem Flexibilisierungs- und Effektivitätsverluste bei Miss-Co-Management Grund für Unternehmer, zunehmend betriebsratsfähige Organisationseinheiten in ihren Unternehmen zu vermeiden oder diese nur an denjenigen Stellen zuzulassen, an denen keine Behinderung durch Betriebsratstätigkeiten erwartet wird.

588 MünchHdBArbR/*Richter*, § 24 Rn. 20; Richardi/*Maschmann*, § 1 BetrVG Rn. 51; *Fitting*, § 1 BetrVG Rn. 145.
589 Richardi/*Maschmann*, § 1 BetrVG Rn. 11.
590 Richardi/*Maschmann*, § 1 BetrVG Rn. 51.
591 Richardi/*Maschmann*, § 1 BetrVG Rn. 54.
592 Schaub/*Koch*, § 212 Rn. 1 ff.
593 Richardi/*Annuß*, Vorb. §§ 106 ff. BetrVG Rn. 12; *Fitting*, § 106 BetrVG Rn. 28.
594 *Müller-Jentsch* (2008), S. 171.

1. *Betriebsratsfähige Organisationseinheiten als Grundvoraussetzung des Betriebsverfassungsgesetzes*

Betriebsratsfähige Organisationseinheiten sind die Grundvoraussetzung für die Errichtung einer Interessenvertretung der Arbeitnehmer. Fehlt eine solche, kann ein Betriebsrat nicht gebildet werden oder dieser entfällt, wenn keine betriebsratsfähige Organisation mehr vorhanden ist.[595] Dies eröffnet gestalterische Spielräume für die Organisation von Unternehmen, welche auf Betriebsratsstrukturen auf horizontaler wie vertikaler Ebene von enormem Einfluss sein können.

a. *Im Betriebsverfassungsgesetz enthaltene organisationsfähige Einheiten*

Bei der Konzeption des Betriebsverfassungsgesetzes ließ sich der Gesetzgeber von der Vorstellung des klassischen Unternehmens leiten: Ein Unternehmen bestand aus einem oder mehreren Betrieben und konnte gegebenenfalls in einen Konzern eingegliedert sein. An dieser Dreiteilung orientiert sich das Betriebsverfassungsgesetz noch heute, denn es ermöglicht die Errichtung einer Interessenvertretung im Betrieb, Unternehmen und Konzern. Der Anwendungsbereich des Betriebsverfassungsgesetzes ist auf Betriebe innerhalb der Grenzen der Bundesrepublik Deutschland begrenzt; so gilt das Betriebsverfassungsgesetz nicht für ausländische Betriebe, Nebenbetriebe oder Betriebsteile deutscher Unternehmen.[596]

aa. Betrieb

Der Betrieb ist im Betriebsverfassungsgesetz nicht definiert. Nach Rechtsprechung und Lehre wird ein Betrieb iSd Betriebsverfassungsgesetzes bestimmt als „organisatorische Einheit, innerhalb derer ein Arbeitgeber allein oder mit seinen Arbeitnehmern mit Hilfe von technischen und immateriellen Mitteln bestimmte arbeitstechnische Zwecke fortgesetzt verfolgt“[597]. Trotz der Änderung sowie dem Hinzukommen neuer Organisationsformen von Arbeit hält das BAG ungeachtet von Kritik an seiner Rechtsprechung an dieser Definition fest.[598] Die Definition

---

595 Richardi/*Maschmann*, § 1 BetrVG Rn. 91.

596 BAG 22.3.2000 – 7 ABR 34/98, NZA 2000, 1119; 7.12.1989 – 2 AZR 228/89, AP Internationales Privatrecht, Arbeitsrecht Nr. 27; 10.9.1985 – 1 ABR 28/83, AP BetrVG 1972 § 117 Nr. 3.

597 BAG 23.11.2016 – 7 ABR/3/15, NZA 2017, 1003; 9.12.2009 – 7 ABR 38/08, NZA 2010, 906; 17.1.2007 – 7 ABR 63/05, NZA 2007, 703; Richardi/*Maschmann*, § 1 BetrVG Rn. 16; ErfKomm/*Koch*, § 1 BetrVG Rn. 7; *Fitting*, § 1 BetrVG Rn. 63.

598 BAG 23.11.2016 – 7 ABR/3/15, NZA 2017, 1003; 9.12.2009 – 7 ABR 38/08, NZA 2010, 906; 17.1.2007 – 7 ABR 63/05, NZA 2007, 703.

des Betriebs hat zwei Funktionen. Zum einen grenzt die Betriebsdefinition die räumlich-gegenständliche Einheit ein, zum anderen grenzt sie auch den Bereich ab, in welchem die Handlungs- und Einwirkungsmöglichkeiten des Arbeitgebers dem Einfluss des Betriebsrats ausgesetzt werden sollen.[599]

bb. Betriebsteil

Ein Betriebsteil ist eine Einheit, die in die Organisation eines (Haupt-)Betriebes eingegliedert ist und sich an dessen Zweck ausrichtet, diesem gegenüber aber organisatorisch abgrenzbar sowie relativ verselbstständigt ist.[600] Die Selbstständigkeit ist „relativ" zu verstehen; sie darf nicht so weit reichen, dass ein vollkommen eigenständiger Betrieb gegeben ist, da ansonsten von einem selbstständigen Betrieb und keinem Betriebsteil auszugehen ist.[601] Der Grad der Verselbstständigung ist anhand des Umfangs der von der Betriebsleitung ausgeübten Leitungsmacht festzustellen.[602] Organisatorisch abgrenzbar ist der Betriebsteil, wenn dieser gem. § 4 Abs. 1 BetrVG entweder räumlich weit vom Hauptbetrieb entfernt oder in Organisation und Aufgabenbereich eigenständig ist. Beide Varianten stehen alternativ nebeneinander.[603] Betriebsteile sind nach § 4 Abs. 1 Satz 1 Nr. 1 BetrVG vom Hauptbetrieb räumlich weit entfernt, wenn wegen dieser Entfernung eine sachgerechte Vertretung der Arbeitnehmer des Betriebsteils durch den Betriebsrat des Hauptbetriebs nicht gewährleistet werden kann; dabei kommt es nicht allein auf die objektive Entfernung an.[604] Bei § 4 Abs. 1 Satz 1 Nr. 2 BetrVG setzt die eigenständige Organisation eine eigene Leitung auf der Ebene des verselbstständigten Teils des Betriebs voraus, die in der Lage ist, die Arbeitgeberfunktionen in den wesentlichen Bereichen der betrieblichen

599 *Krause*, Digitalisierung der Arbeitswelt – Herausforderungen und Regelungsbedarf, Gutachten B zum 71. DJT, B 89.

600 BAG 23.11.2016 – 7 ABR 3/15, BeckRS 2016, 118638; 9.12.2009 – 7 ABR 38/08, NZA 2010, 906; *Fitting*, § 4 BetrVG Rn. 7; ErfKomm/*Koch*, § 4 BetrVG Rn. 2; GK-BetrVG/*Franzen*, § 4 BetrVG Rn. 4.

601 BAG 7.5.2008 – 7 ABR 15/07, NZA 2009, 328; 21.7.2004 – 7 ABR 57/03, NJOZ 2005, 4853; *Fitting*, § 4 BetrVG Rn. 7; ErfKomm/*Koch*, § 4 BetrVG Rn. 4; GK-BetrVG/*Franzen*, § 4 BetrVG Rn. 4.

602 BAG 23.11.2016 – 7 ABR/3/15, NZA 2017, 1003; 9.12.2009 – 7 ABR 38/08, NZA 2010, 906; ErfKomm/*Koch*, § 4 BetrVG Rn. 4.

603 BAG 14.1.2004 – 7 ABR 26/03, BeckRS 2009, 55090; *Richardi/Maschmann*, § 4 BetrVG Rn. 25.

604 BAG 19.2.2002 – 1 ABR 26/01, NZA 2002, 1300; ErfKomm/*Koch*, § 4 BetrVG Rn. 3 f.

Mitbestimmung wahrzunehmen.[605] Ist ein eigenständiger Aufgabenbereich – insbesondere durch Verfolgung eines vom Hauptbetrieb abweichenden, gesonderten arbeitstechnischen Zwecks – gegeben, wird ein Betrieb iSd § 4 Abs. 1 Satz 1 BetrVG fingiert.[606]

cc. Gesamt- und Konzernbetriebsrat

Ein Gesamtbetriebsrat ist gem. § 47 Abs. 1 BetrVG zwingend zu errichten, wenn ein Unternehmen mehrere Betriebsräte hat. Die Errichtung des Gesamtbetriebsrats ist eine Rechtspflicht der einzelnen Betriebsräte, die entsprechend Mitglieder in den Gesamtbetriebsrat entsenden müssen.[607] Ein Verstoß gegen diese Pflicht ist eine grobe Pflichtverletzung gem. § 23 Abs. 1 BetrVG.[608] Voraussetzung ist, dass die (mehreren) Betriebe von demselben Unternehmen betrieben werden. Es bedarf einer rechtlichen Identität des betreibenden Unternehmens[609], weswegen für Betriebe verschiedener Unternehmen kein Gesamtbetriebsrat errichtet werden kann.[610] Folglich kann kein Gesamtbetriebsrat bei Mutter- und Tochtergesellschaften, zwischen zwei rechtlich selbstständigen Unternehmen, aber mittels Beherrschungsvertrag verbundenen Unternehmen oder in Franchise-Systemen, installiert werden.[611] Mit dem Gesamtbetriebsrat sieht die Betriebsverfassung eine Arbeitnehmervertretung vor, die auf einer Repräsentationsebene agiert, die mit der Reichweite der Entscheidungsgewalt des Rechtsträgers korrespondiert.[612] Mögliche unternehmensübergreifend zulässige Gremien sind der Konzernbetriebsrat, der mittels Tarifvertrag nach § 3 Abs. 1 Nr. 2 BetrVG errichtbare

---

605 BAG 23.11.2016 – 7 ABR 3/15, BeckRS 2016, 118638; ErfKomm/*Koch*, § 4 BetrVG Rn. 5.

606 *Richardi/Maschmann*, § 4 BetrVG Rn. 26; ErfKomm/*Koch*, § 4 BetrVG Rn. 4; *Fitting*, § 4 BetrVG Rn. 24.

607 *Fitting*, § 47 BetrVG Rn. 8; Richardi/*Annuß*, § 47 BetrVG Rn. 40.

608 *Fitting*, § 47 BetrVG Rn. 8; Richardi/*Annuß*, § 47 BetrVG Rn. 40; GK-BetrVG/*Kreutz*, § 47 Rn. 30.

609 BAG 17.3.2010 – 7 AZR 706/08, NJOZ 2010, 1831 Rn. 15; 13.2.2007 – 1 AZR 184/06, NZA 2007, 825; *Fitting*, § 47 Rn. 10; Richardi/*Annuß*, § 47 BetrVG Rn. 6.

610 BAG 17.4.2012 – 3 AZR 400/10, BB 2012, 57; 17.3.2010 – 7 AZR 706/08, NJOZ 2010, 1831; 13.2.2007 – 1 AZR 184/06, NZA 2007, 825.

611 Richardi/*Annuß*, § 47 BetrVG Rn. 6; *Fitting*, § 47 BetrVG Rn. 11; ErfKomm/*Koch*, § 47 BetrVG Rn. 3; GK-BetrVG/*Kreutz*, § 47 BetrVG Rn. 25.

612 *Fitting*, § 1 BetrVG Rn. 144; Richardi/*Maschmann*, § 1 BetrVG Rn. 11, *Salamon*, NZA 2013, 708.

Spartenbetriebsrat sowie die Einführung anderer Arbeitnehmervertretungsstrukturen nach § 3 Abs. 1 Nr. 3 BetrVG.[613]

Die Errichtung eines Konzernbetriebsrats ist im Gegensatz zum Gesamtbetriebsrat fakultativ. Voraussetzung für die Errichtung eines Konzernbetriebsrats ist das Bestehen eines Konzerns; was gem. § 54 Abs. 1 BetrVG nach der Konzerndefinition des § 18 Abs. 1 AktG zu bestimmen ist. Dementsprechend kann ein Konzernbetriebsrat nur in einem Unterordnungs- und nicht in einem Gleichordnungskonzern errichtet werden.[614] Ein solcher Unterordnungskonzern iSd § 18 AktG bedarf eines Abhängigkeitsverhältnisses und einer tatsächlichen Beherrschung der abhängigen Unternehmen durch die einheitliche Leitung eines herrschenden Unternehmens.[615] Grundsätzlich kann für einen Unterordnungskonzern nur ein einziger, beim herrschenden Unternehmen errichteter, Konzernbetriebsrat gebildet werden. Ausnahmen von diesem Grundsatz können aufgrund effektiver Wahrnehmung von Arbeitnehmerbeteiligungsrechten der „Mehrmütterkonzern“ und der „Konzern im Konzern“ sein.[616]

dd. Gemeinschaftsbetrieb

Eine gesetzliche Definition des Gemeinschaftsbetriebs existiert im Betriebsverfassungsgesetz nicht. § 1 Abs. 2 BetrVG bestimmt nur, unter welchen Voraussetzungen ein Gemeinschaftsbetrieb fingiert wird. Nach der Rechtsprechung des BAG ist von einem gemeinsamen Betrieb mehrerer Unternehmen auszugehen, wenn die in mehreren Betriebsstätten vorhandenen materiellen und immateriellen Betriebsmittel für einen einheitlichen arbeitstechnischen Zweck zusammengefasst, geordnet und gezielt eingesetzt werden und der Einsatz der menschlichen Arbeitskraft von einem einheitlichen Leitungsapparat gesteuert wird.[617] Dazu müssen die beteiligten Unternehmen zumindest stillschweigend zur gemeinsamen Führung rechtlich verbunden sein.[618] Eine solche Führungsvereinbarung kann sich auch aus den tatsächlichen Umständen ergeben.[619] Wenn

---

613 *Fitting*, § 47 BetrVG Rn. 10; ErfKomm/*Koch*, § 47 BetrVG Rn. 2.

614 BAG 11.2.2015 – 7 ABR 98/12, BeckRS 2015, 69307; 9.2.2011 – 7 ABR 11/10, NZA 2011, 866; *Fitting*, § 54 BetrVG Rn. 9a; Richardi/*Annuß*, § 54 BetrVG Rn. 3.

615 BAG 22.11.1995 – 7 ABR 9/95, NZA 1996, 706; ErfKomm/*Koch*, § 54 BetrVG Rn. 3; Richardi//*Annuß*, § 54 BetrVG Rn. 3; *Fitting*, § 54 BetrVG Rn. 9a.

616 *Fitting*, § 54 BetrVG Rn. 10; GK-BetrVG/*Franzen*, § 54 BetrVG Rn. 32 ff.; ErfKomm/*Koch*, § 54 BetrVG Rn. 5.

617 Siehe dazu bei den Voraussetzungen des Betriebs § 3B.II.1.a.aa, S. 121.

618 BAG 31.5.2000 – 7 ABR 78/98, NZA 2000, 1350.

619 BAG 24.1.1996 – 7 ABR 10/87, NZA 1996, 110; *Fitting*, § 1 BetrVG Rn. 84.

die Arbeitgeberfunktionen im sozialen und personellen Bereich im Wesentlichen einheitlich ausgeübt werden, ist regelmäßig eine konkludente Führungsvereinbarung anzunehmen – dies entspricht iE auch dem Vermutungstatbestand des § 1 Abs. 2 Nr. 1 BetrVG.[620]

ee. Strukturvereinbarungen gem. § 3 BetrVG

Der Betriebsbegriff steht grundsätzlich nicht zur Disposition der Betriebs- und Tarifvertragsparteien.[621] Denn die organisatorischen Bestimmungen des Betriebsverfassungsgesetzes sind zwingend und nicht durch Betriebsvereinbarung oder Tarifvertrag abänderbar.[622] Nur § 3 BetrVG lässt abweichende Arbeitnehmervertretungsstrukturen durch die Betriebs- und Tarifvertragsparteien ausdrücklich zu; er ermöglicht diesen die Bildung neuer betriebsverfassungsrechtlicher Organisations- und Repräsentationseinheiten.[623] Gemäß § 3 Abs. 1 Nr. 1 bis 5 BetrVG ist die Bildung von einheitlichen Betriebsräten für mehrere Betriebe im Unternehmen und Konzern oder die anderweitige Bildung von Arbeitnehmervertretungsstrukturen möglich, sowie können zusätzliche unternehmensübergreifende betriebsverfassungsrechtliche Gremien (Arbeitsgemeinschaften) und andere zusätzliche betriebsverfassungsrechtliche Vertretungen der Arbeitnehmer gebildet werden. Diese gelten dann nach § 3 Abs. 5 BetrVG als Betriebe iSd BetrVG.[624] Es kann aber keine vom Betriebsverfassungsgesetz abweichende Zuständigkeit für die Ausübung von Beteiligungsrechten geschaffen werden.[625]

b. Entscheidendes Tatbestandsmerkmal eines Betriebs gemäß dem Betriebsverfassungsgesetz: Der einheitliche Leitungsapparat

Eine effektive Arbeitnehmervertretung im Einklang mit Sinn und Zweck des Betriebsverfassungsgesetzes setzt voraus, dass der entsprechende Betriebsrat an der Stelle errichtet wird, an welcher die Entscheidungen des Arbeitgebers mit Einfluss auf die zu vertretende Arbeitnehmerschaft getroffen werden.[626] Somit ist

---

620 BAG 11.2.2004 – 7 ABR 27/03, NZA 2004, 618; *Fitting*, § 1 BetrVG Rn. 84 f.; Richardi/*Maschmann*, § 1 BetrVG Rn. 64 ff.

621 GK-BetrVG/*Franzen*, § 3 BetrVG Rn. 3; *Fitting*, § 3 Rn. 2.

622 BAG 10.11.2004 – 7 ABR 17/04, NJOZ 2005, 3038; 10.2.1988 – 1 ABR 70/86, NZA 1988, 699; GK-BetrVG/*Franzen*, § 3 BetrVG Rn. 3; *Fitting*, § 3 Rn. 2.

623 MünchHdBArbR/v. *Hoyningen-Huene*, § 211 Rn. 2; *Fitting*, § 3 BetrVG Rn. 2.

624 MünchHdBArbR/v. *Hoyningen-Huene*, § 211 Rn. 2; *Richardi*, § 3 BetrVG Rn. 3 ff.

625 BAG 18.11.2004 – 1 ABR 21/13, NZA 2015, 694; *Fitting*, § 3 BetrVG Rn. 2.

626 *Fitting*, § 1 BetrVG Rn. 67; GK-BetrVG/*Franzen*, § 1 BetrVG Rn. 35; DKKW/*Wedde*, Einl. Rn. 117.

entscheidendes Kriterium für die Bestimmung eines Betriebs die Ermittlung der Organisationseinheit, welche die Leitungsmacht ausübt – der Leitungsapparat. Dieser einheitliche Leitungsapparat setzt die in einer Arbeitsstätte vorhandenen materiellen und immateriellen Betriebsmittel gezielt ein und steuert den Einsatz der menschlichen Arbeitskraft.[627]

aa. Einheitliche Ausübung der Leitungsmacht

Die Ausübung der einheitlichen Leitungsmacht setzt nicht voraus, dass die Unternehmens- und Betriebsleitung identisch sind; auch muss die Betriebsleitung nicht die Kompetenz für alle Maßnahmen im Betrieb innehaben.[628] Ebenso bedarf es für die betriebsverfassungsrechtliche Betriebsdefinition nicht der Delegation eines Kerns der Arbeitgeberfunktionen.[629] Die Zuständigkeiten im Unternehmen können über mehrere Ebenen verteilt sein oder die Unternehmensleitung kann sich vorbehalten, wichtige Entscheidungen selbst zu treffen.[630] Ausschlaggebend für das Vorhandensein eines Betriebes ist, dass eine Arbeitsstätte von der Unternehmensleitung die Leitungsmacht eingeräumt bekommt, die personellen und sozialen Entscheidungen im Wesentlichen alleine treffen zu können.[631] Unschädlich ist, wenn sich diese Entscheidungen nach Richtlinien einer Zentrale des Unternehmens zu richten haben.[632]

bb. Einheitliche Arbeitsorganisation

Das Vorhandensein eines Betriebes iSd Betriebsverfassungsgesetzes hängt entscheidend von der Organisation des Arbeitgebers ab.[633] Die Organisation muss vor allem einheitlich sein.[634] Folglich kann ein Betrieb iSd

---

627 BAG 22.6.2005 – 7 ABR 54/04, NZA 2005, 1248; 11.2.2004 – 1 ABR 27/03, NZA 2004, 618; Richardi/*Maschmann*, § 1 BetrVG Rn. 27; *Fitting*, § 1 BetrVG Rn. 71.

628 HaKoBetrVG/*Kloppenburg*, § 1 BetrVG Rn. 15 f.; ErfKomm/*Koch*, § 1 BetrVG Rn. 10.

629 Richardi/*Maschmann*, § 1 BetrVG Rn. 31; HaKoBetrVG/*Kloppenburg*, § 1 BetrVG Rn. 16.

630 HaKoBetrVG/*Kloppenburg*, § 1 BetrVG Rn. 16; Richardi/*Maschmann*, § 1 BetrVG Rn. 27.

631 BAG 22.6.2005 – 7 ABR 57/04, NZA 2005, 1248; 23.9.1982 – 6 ABR 42/81, DB 1983, 1498; HaKoBetrVG/*Kloppenburg*, § 1 BetrVG Rn. 16; *Fitting*, § 1 BetrVG Rn. 71; GK-BetrVG/*Franzen*, § 1 BetrVG Rn. 43.

632 *Fitting*, § 1 BetrVG Rn. 71; GK-BetrVG/*Franzen*, § 1 BetrVG Rn. 43.

633 *Fitting*, § 1 BetrVG Rn. 72.

634 BAG 23.11.2016 – 7 ABR 3/15, NZA 2017, 1003 Rn. 31; 13.2.2013 – 7 ABR 36/11, AP BetrVG 1972 § 1 Gemeinsamer Betrieb Nr. 34 Rn. 28; 18.1.2012 – 7 ABR 72/10,

Betriebsverfassungsgesetzes nur gegeben sein, wenn ein einheitlicher Leitungsapparat für die arbeitstechnische Organisationseinheit besteht.[635]

[1] Abgrenzung Betrieb und Unternehmen
Betrieb und Unternehmen sind nicht identisch.[636] Sie sind voneinander nach dem verfolgten Zweck abzugrenzen[637]: Der Betrieb verfolgt einen arbeitstechnischen Zweck, das Unternehmen ein hinter dem arbeitstechnischen Zweck liegendes wirtschaftliches oder ideelles Ziel.[638] Das Unternehmen gibt aber die Leitungsstruktur des Betriebs vor, wovon letztlich die Frage abhängt, ob es sich bei einer Arbeitsstätte um einen eigenständigen Betrieb handelt oder nicht.[639] Betreibt bspw. ein Unternehmen nur einen Betrieb, ist in betriebsverfassungsrechtlicher Hinsicht keine Unterscheidung zwischen Betrieb und Unternehmen erforderlich.[640] Dies gestaltet sich anders, wenn ein Unternehmen mehrere betriebsratsfähige Betriebe aufweist, dann kann in jedem dieser Betriebe ein Betriebsrat errichtet werden.[641] Diese Betriebsräte haben dann gem. § 47 BetrVG wiederum einen Gesamtbetriebsrat zu wählen. Aber auch nach Errichtung eines Gesamtbetriebsrats bleibt das Bezugsobjekt und Regelungssubstrat der betrieblichen Mitbestimmung der einzelne Betrieb.[642]

[2] Abgrenzung Unternehmen und Arbeitgeber
Der „Betriebsarbeitgeber" (Betriebsinhaber) muss nicht zwingend der „Vertragsarbeitgeber" sein – das Anstellungsverhältnis kann mit einem dem Betrieb übergeordneten Unternehmen geschlossen worden sein.[643] Die Beteiligungsrechte des Betriebsrats bestehen in diesem Fall grundsätzlich gegenüber dem

---

AP BetrVG 1972 § 1 Gemeinsamer Betrieb Nr. 33 Rn. 25; *Fitting*, § 1 BetrVG Rn. 64, 71 ff.; Richardi/*Maschmann*, § 1 BetrVG Rn. 27.

635 Richardi/*Maschmann*, § 1 BetrVG Rn. 27; HaKoBetrVG/*Kloppenburg*, § 1 BetrVG Rn. 15.

636 *Fitting*, § 1 BetrVG Rn. 72.

637 HaKoBetrVG/*Kloppenburg*, § 1 Rn. 10.

638 BAG 7.8.1986 – 6 ABR 57/85, NZA 1987, 183; 24.2.1976 – 1 ABR 62/75, AP Nr. 2 zu § 4 BetrVG 1972.

639 HaKoBetrVG/*Kloppenburg*, § 1 BetrVG Rn. 15; *Fitting*, § 1 BetrVG Rn. 72.

640 *Fitting*, § 1 BetrVG Rn. 147; ErfKomm/*Koch*, § 1 BetrVG Rn. 10; Richardi/*Maschmann*, § 1 BetrVG Rn. 11.

641 *Fitting*, § 1 BetrVG Rn. 148; ErfKomm/*Koch*, § 1 BetrVG Rn. 10; Richardi/*Maschmann*, § 1 BetrVG Rn. 11.

642 BAG 18.9.2002 – 1 ABR 54/01, NZA 2003, 670; *Fitting*, § 1 BetrVG Rn. 148; Richardi/*Maschmann*, § 1 BetrVG Rn. 11.

643 Richardi/*Maschmann*, § 1 BetrVG Rn. 44.

Unternehmer, der zugleich der Vertragsarbeitgeber ist.[644] Besitzt der Unternehmer nur einen Betrieb, dann sind Unternehmer und Arbeitgeber identisch. Sind der Betriebsinhaber und der Vertragsarbeitgeber nicht identisch, zB bei einem gemeinsamen Betrieb mehrerer Unternehmen oder in Fällen der Arbeitnehmerüberlassung, muss entsprechend dem Regelungsgegenstand erst der richtige Ansprechpartner durch den Betriebsrat ermittelt werden.[645]

2. *Zusätzliche faktische Bildungsvoraussetzungen eines Betriebsrats außerhalb des Betriebsverfassungsgesetzes*

In etwa 9 % der betriebsratsfähigen Betriebe in Deutschland existiert derzeit ein Betriebsrat.[646] Der Anteil der Betriebe mit Betriebsrat ist zwischen 1996 und 2014 um 3 % zurückgegangen.[647] Vor allem in mittelgroßen Betrieben mit einer Beschäftigungsanzahl von 51 bis 100 Arbeitnehmern ist der Anteil in dem oben genannten Zeitraum um ganze 13% gesunken.[648] Betriebe ohne Betriebsräte sind vor allem in Klein- und Mittelbetrieben anzutreffen.[649] Allerdings sind diese Zahlen zu relativieren, wenn man bedenkt, dass die Hälfte aller Beschäftigten in Deutschland in Betrieben mit Betriebsrat tätig sind.[650]

a. *Wahl des Betriebsrats*

Neben dem Vorhandensein einer betriebsratsfähigen Organisationseinheit bedarf es zudem der Wahl eines Betriebsrates. So kann ein Betriebsrat durch Wahl der Arbeitnehmer in allen Betrieben gebildet werden, die idR mindestens fünf Wahlberechtigte beschäftigen, von denen drei wählbar sind (§ 1 Abs. 1 Satz 1 BetrVG). Soweit in einem betriebsratsfähigen Betrieb kein Betriebsrat besteht, kann gem. § 17 Abs. 1 BetrVG ein ggf. bestehender Gesamtbetriebsrat oder

---

644 *Joost*, S. 231; *Fitting*, § 1 BetrVG Rn. 149.

645 *Fitting*, § 1 BetrVG Rn. 235 f.; *Wißmann*, NZA 2001, 409, 410.

646 *Ellguth/Kohaut*, WSI-Mitteilungen 2019, 290, 24; *Ellguth/Kohaut*, WSI-Mitteilungen 2018, 299, 302; *Absenger/Prieble*, WSI-Mitteillungen 2016, 192.

647 *Ellguth/Kohaut*, WSI-Mitteilungen 2019, 290, 294; *Ellguth/Kohaut*, WSI-Mitteilungen 2018, 299, 303; *Ellguth/Trinczek*, WSI-Mitteillungen 2016, 172.

648 *Ellguth/Kohaut*, WSI-Mitteillungen 2012, 297.

649 *Rudolph/Wassermann*, Übergänge zwischen Betriebsratslosigkeit und Betriebsratsgründung: Neue Betriebsratsgründungen im Bereich kleiner Betriebe und Reform der Betriebsverfassung 2001, in: Betriebe ohne Betriebsrat, S. 82.

650 *Ellguth*, Betriebe ohne Betriebsrat – Verbreitung, Entwicklung und Charakteristika – unter Berücksichtigung betriebsspezifischer Formen der Mitarbeitervertretung, in: Betriebe ohne Betriebsrat, S. 44.

Konzernbetriebsrat einen Wahlvorstand bestellen; soweit diese nicht bestehen, wählt in einer Betriebsversammlung die Mehrheit der anwesenden Arbeitnehmer einen Wahlvorstand (§ 17 Abs. 2 BetrVG). Das Verfahren zur Durchführung von Betriebsratswahlen ist, insbesondere in größeren Betrieben, komplex und fehleranfällig.[651] Der Wahlvorstand muss nicht nur die §§ 7 bis 20 BetrVG (und die dazu ergangene Rechtsprechung) beachten, sondern auch die zahlreichen Vorschriften der Wahlordnung (WahlO).[652]

In Kleinbetrieben findet ein vereinfachtes Wahlverfahren nach Maßgabe von § 14a BetrVG statt. Die Vereinfachung hat aber nicht zu einer verstärkten Bildung von Betriebsräten in diesen Betriebsgrößen geführt.[653] Denn in kleineren Betrieben ist eine erstmalige Betriebsratsbildung wegen der Komplexität des Verfahrens und angesichts der Schutzbedürftigkeit der Arbeitnehmer, welche die tradierte betriebliche Ordnung nachhaltig infrage stellen, ohne professionelle Unterstützung von außen kaum umsetzbar.[654]

b. Motive und Determinanten der Betriebsratsbildung

Die im Rahmen empirischer Studien festgestellten wesentlichen Motivgruppen für eine Betriebsratsgründungsinitiative sind Wachstumskonflikte innerhalb eines Unternehmens, Umbrüche in der Unternehmensführung, Konflikte hinsichtlich des Führungsstils und der vorhandenen Arbeitsbedingungen sowie wirtschaftliche Krisensituationen im Unternehmen.[655] Alle Motivgruppen sind häufig Folgen eines einschneidenden Umbruchs der betrieblichen Situation bzw. der Infragestellung tradierter Umgangsformen, einhergehend mit der Gefährdung von Besitzständen und der Verunsicherung hinsichtlich der zukünftigen Entwicklung.[656]

---

651 *Junker*, 3. Teil Rn. 684.

652 *Junker*, 3. Teil Rn. 684.

653 *Rudolph/Wassermann*, Übergänge zwischen Betriebsratslosigkeit und Betriebsratsgründung: Neue Betriebsrats-gründungen im Bereich kleiner Betriebe und Reform der Betriebsverfassung 2001, in: Betriebe ohne Betriebsrat, S. 84.

654 *Rudolph/Wassermann*, Übergänge zwischen Betriebsratslosigkeit und Betriebsratsgründung: Neue Betriebsrats-gründungen im Bereich kleiner Betriebe und Reform der Betriebsverfassung 2001, in: Betriebe ohne Betriebsrat, S. 84.

655 *Artus/Kraetsch/Röbenack*, WSI-Mitteilungen 2016, 183, 187 ff.; *Rudolph/Wassermann*, Übergänge zwischen Betriebsratslosigkeit und Betriebsratsgründung: Neue Betriebsrats-gründungen im Bereich kleiner Betriebe und Reform der Betriebsverfassung 2001, in: Betriebe ohne Betriebsrat, S. 94 f.

656 *Artus/Kraetsch/Röbenack*, WSI-Mitteilungen 2016, 183, 187 ff.; *Rudolph/Wassermann*, Übergänge zwischen Betriebsratslosigkeit und Betriebsratsgründung: Neue

Neben den Motiven für die Installierung einer betrieblichen Interessenvertretung sind aber weitere tatsächliche Gegebenheiten ausschlaggebend dafür, ob und wann ein Betriebsrat errichtet wird. So nimmt mit zunehmender Betriebsgröße die Verbreitung von Betriebsräten zu, weil die Betriebsabläufe komplexer werden und es oft einer institutionalisierten Form der Mitarbeitervertretung zur Vereinfachung der Kommunikation und Interessenaushandlung bedarf.[657] Auch die jeweilige Branche bzw. der Wirtschaftszweig kann ausschlaggebend sein.[658] Zum Beispiel werden im Dienstleistungssektor Arbeitnehmer durchschnittlich seltener vertreten als solche im verarbeitenden Gewerbe.[659] Die Beschäftigtenstruktur ist ebenfalls von erheblichem Einfluss, prägend sind vorwiegend berufskulturelle Orientierungsmuster und Interessenlagen sowie mit der Qualifikation verbundene Machtressourcen.[660] Weitere Determinanten sind die Konzernabhängigkeit von Unternehmen und die bestehenden Eignerverhältnisse; Zweigbetriebe größerer Unternehmenseinheiten weisen eine höhere Wahrscheinlichkeit eines Betriebsrats auf, während in mitbestimmungsaversen eigentümergeführten Familienunternehmen auf die Sozialverfassung von Familienbetrieben verwiesen wird.[661] Auch die Region in der sich ein Betrieb befindet hat Einfluss auf die Verbreitung von Betriebsräten.[662] So sind Betriebe mit Betriebsrat in ländlichen Regionen sowie im Osten der Bundesrepublik Deutschland erheblich seltener.[663] Das Betriebsalter spielt ebenfalls eine Rolle. Eine Betriebsratsgründung ist in der Entstehungs- und Anfangsphase von Unternehmen eher unwahrscheinlich.[664] Letzter, nicht zu verkennender Einflussfaktor ist die Tarifbindung. Bei

---

Betriebsrats-gründungen im Bereich kleiner Betriebe und Reform der Betriebsverfassung 2001, in: Betriebe ohne Betriebsrat, S. 94.

657 *Ellguth/Trinczek*, WSI-Mitteilungen 2016, 172, 174; *Rudolph/Wassermann*, Übergänge zwischen Betriebsratslosigkeit und Betriebsratsgründung: Neue Betriebsratsgründungen im Bereich kleiner Betriebe und Reform der Betriebsverfassung 2001, in: Betriebe ohne Betriebsrat, S. 83.

658 *Ellguth/Kohaut*, WSI-Mitteilungen 2019, 290, 294; *Ellguth/Trinczek*, WSI-Mitteilungen 2016, 172, 174.

659 *Ellguth/Kohaut*, WSI-Mitteilungen 2019, 290, 294 f.; *Ellguth/Kohaut*, WSI-Mitteilungen 2014, 286.

660 *Ellguth/Trinczek*, WSI-Mitteilungen 2016, 172, 175.

661 *Ellguth/Trinczek*, WSI-Mitteilungen 2016, 172, 175.

662 *Ellguth/Trinczek*, WSI-Mitteilungen 2016, 172, 175.

663 *Ellguth/Trinczek*, WSI-Mitteilungen 2016, 172, 175.

664 *Ellguth/Trinczek*, WSI-Mitteilungen 2016, 172, 175.

Vorhandenen gewerkschaftlichen Einfluss und Unterstützung ist die betriebliche Mitbestimmung leichter umsetzbar.[665]

3. *Motive für die Vermeidung der Bildung von betriebsratsfähigen Organisationseinheiten*

Es existieren Arbeitgeber, die eine Betriebsratsbildung va verhindern wollen, um ein Höchstmaß an unternehmerischer Entscheidungs- bzw. Handlungsflexibilität zu wahren.[666] Sofern die Voraussetzungen für eine betriebsratsfähige Organisationseinheit gem. § 1 BetrVG gegeben sind und die Arbeitnehmer eine ordnungsgemäße Betriebswahl durchgeführt haben, ist ein Betriebsrat mit rechtlich zulässigen Mitteln kaum zu vermeiden. Bestimmte Arbeitsorganisationen eröffnen dem Arbeitgeber allerdings Gestaltungsspielräume, innerhalb derer die Bildung betriebsratsfähiger Organisationseinheiten erschwert werden kann. Besonders an Stellen im Unternehmen, an denen wichtige Unternehmens-/Arbeitgeberentscheidungen getroffen werden und deshalb aus Unternehmersicht ein besonderes Interesse der Vermeidung von betrieblicher Mitbestimmung besteht.[667] Ziel von Arbeitgebern ist zumeist ein schnelles Agieren am Wettbewerbsmarkt, was nur mittels Flexibilität verwirklicht werden kann – diese notwendige Flexibilität sehen Arbeitgeber durch den Betriebsrat gehemmt.[668]

Die Vermeidung der Bildung betriebsratsfähiger Organisationseinheiten kann auch ungewollte Nebenfolge sein. So ist die Kehrseite der Dezentralisierung und der Bildung von Unternehmensnetzwerken, dass sich durch die schlanken, fraktalen oder virtuellen Unternehmen der Betrieb als wirtschaftliche und soziale Einheit auflöst.[669] Die Beteiligung der Arbeitnehmer kann teilweise dennoch erwünscht sein, weshalb manche Arbeitgeber zur Gewährleistung des Unternehmenserfolgs alternative Mitarbeitervertretungen installieren, wie zB „Runde Tische" oder „Belegschaftssprecher".[670]

---

665 *Ellguth/Trinczek*, WSI-Mitteilungen 2016, 172, 175 f.; *Rudolph/Wassermann*, Übergänge zwischen Betriebsratslosigkeit und Betriebsratsgründung: Neue Betriebsratsgründungen im Bereich kleiner Betriebe und Reform der Betriebsverfassung 2001, in: Betriebe ohne Betriebsrat, S. 84 f.

666 *Fuerstenberg*, Industrielle Beziehungen 2013, 304 ff.

667 Vgl. *Schul*, Verlagerung der Betriebsratszuständigkeit.

668 MünchHdBArbR/*Hoyningen-Huene*, § 210 Rn. 5.

669 *Müller-Jentsch*, MittAB 1998, 575, 577.

670 *Ellguth/Kohaut*, WSI-Mitteilungen 2017, 278, 284.

4. *Entgrenzung des Betriebsbegriffs*

Die Ausgestaltung der Organisationseinheiten Betrieb, Unternehmen und Konzern ist im ständigen Wandel angesichts der Entwicklungen des wirtschaftlich-unternehmerischen Handels. Neue Organisationsformen entstehen durch immer weiter fortschreitende Automatisierung und Digitalisierung der Arbeitswelt, die auch Leitungsstrukturen in den Betrieben und Unternehmen gravierend verändert haben und weiter verändern.[671] So hat beispielsweise die „Industrie 4.0" zum Ziel, hoch automatisierte Produktionsketten zu nutzen, bei denen virtuelle und reale Prozesse auf der Basis cyber-physischer Systeme miteinander verschmelzen.[672] Das Internet ermöglicht Arbeit zu jeder Zeit und an jedem Ort: Homeoffice, Mobile Working und Desk-Sharing-Konzepte sind auf dem Vormarsch.[673] Agile Projektarbeit führt Mitarbeiter in virtuellen Teams zusammen, die je nach Arbeitsanfall und -aufgabe in wechselnder Zusammensetzung miteinander in einer digitalen Cloud arbeiten.[674] Diese Entwicklungen führen zu betrieblicher Entgrenzung, welche auch durch die Dezentralisierung von Entscheidungseinheiten in und zwischen Unternehmen gekennzeichnet ist.[675] All das ist nicht ohne Auswirkung auf den Betrieb als Organisationseinheit.

a. *Grenzen des Betriebs*

Ausgangspunkt der Betriebsverfassung ist, dass sich Arbeitgeber und Betriebsrat in einem Betrieb gegenüberstehen. Basierend auf diesem zweipoligen Modell ist der Anknüpfungspunkt nicht das Unternehmen, genauer der Rechtsträger und Vertragsarbeitgeber, sondern der Betrieb.[676] Kleine, auch betriebs- oder unternehmensübergreifende, Einheiten decken sich nicht immer mit dem Betriebsverständnis des Betriebsverfassungsrechts. Die Grenzen des Betriebs werden durch neue Organisationsformen infrage gestellt. Der Betrieb als Anknüpfungspunkt der Betriebsverfassung wird nicht mehr ohne Weiteres als Referenzeinheit der Unternehmensorganisation angesehen werden können.[677] Werden Leitungseinheiten für Produktion und Personal nicht mehr in einer zentralen Einheit gebündelt und hierarchisch weitergegeben, sondern in spezialisierten Einheiten

---

671 *Maschmann*, NZA-Beilage 2017, 73.

672 *Maschmann*, NZA-Beilage 2017, 73.

673 *Maschmann*, NZA-Beilage 2017, 73.

674 *Maschmann*, NZA-Beilage 2017, 73.

675 *Gistel*, S. 19; *Böhm*, RdA 2013, 193, 197.

676 Richardi/*Maschmann*, § 1 BetrVG Rn. 8 f.; ErfKomm/*Koch*, § 1 BetrVG Rn. 8.

677 *Günther/Böglmüller*, NZA 2015, 1025, 1027, *Rieble*, NZA-Beilage 2014, 28.

mit dezentralen Entscheidungsstrukturen gebildet, entspricht der klassische Betrieb nicht mehr zwangsläufig der Einheit der arbeitnehmerrelevanten Entscheidungen.[678] Wertschöpfungsketten und Just-in-Time-Produktionen verstärken die Arbeitsteilung zwischen den Unternehmen und führen dazu, dass die eigene Arbeitsorganisation durch Einflüsse Dritter geprägt ist. Zu diesen Entwicklungen kommt hinzu, dass die im Betriebsbegriff enthaltene räumliche Komponente aufgrund zunehmender Automatisierung von Datenflüssen über Unternehmensgrenzen hinweg an Bedeutung verliert.[679] Automatisierte Produktionsprozesse entstehen und zeichnen sich dadurch aus, dass sie nicht zwingend ortsgebunden zusammengefasst sind; dies gilt ebenso für die am Produktionsprozess beteiligten Mitarbeiter.[680]

b. Rechtliche Möglichkeiten der Entgrenzung

Ein einheitlicher Rechtsträger, eine einheitliche Leitung, eine räumliche Einheit, eine gewisse Dauer sowie eine organisierte Zweckverfolgung sind die Merkmale, die den betriebsverfassungsrechtlichen Betrieb beschreiben, ohne dass zwingend alle Merkmale gegeben sein müssen.[681] Es bedarf einer Gesamtwürdigung.[682] Die Auflösung einer räumlichen Einheit und einer einheitlichen Leitung, als die relevantesten dem Betriebsverfassungsgesetz immanenten Bezugspunkte, führt zum Wegfall der betriebsorganisatorischen Einheit. Organisationsformen von Arbeit sind daher von erheblichem Einfluss auf das Vorhandensein der den Betrieb kennzeichnenden Merkmale und können bei bestimmten Gestaltungsformen zum Entfallen des Betriebs führen.

aa. Entbetrieblichung des Betriebs

Die räumliche Einheit ist bedeutendes Merkmal des Betriebs.[683] Dies zeigt sich insbesondere anhand von § 4 BetrVG sowie der in den §§ 47 ff. BetrVG enthaltenen gesetzlichen Wertung der Primärzuständigkeit der Betriebsräte vor Ort, also der Einzelbetriebsräte.[684] Angesichts der stetigen Fortentwicklung der Digitalisierung von Arbeitsprozessen ist die erforderliche geforderte Arbeitnehmernähe[685]

---

678 *Günther/Böglmüller*, NZA 2015, 1025, 1027.
679 *Günther/Böglmüller*, NZA 2015, 1025, 1027.
680 *Günther/Böglmüller*, NZA 2015, 1025, 1027; *Rieble*, NZA-Beilage 2014, 28.
681 GK-BetrVG/*Franzen*, § 1 BetrVG Rn. 35 ff.; *Fitting*, § 1 BetrVG Rn. 67 ff.
682 GK-BetrVG/*Franzen*, § 1 BetrVG Rn. 35 ff.; *Fitting*, § 1 BetrVG Rn. 67 ff.
683 *Fitting*, § 1 BetrVG Rn. 74, GK-BetrVG/*Franzen*, § 1 BetrVG Rn. 40.
684 BAG 18.10.1994 – 1 ABR 17/94, NZA 1995, 390; ErfKomm/*Koch*, § 50 BetrVG Rn. 2.
685 *Fitting*, § 1 BetrVG Rn. 74; GK-BetrVG/*Franzen*, § 1 BetrVG Rn. 40.

häufig nicht mehr gegeben, denn der physisch-räumlich Ort der Arbeit hat immer mehr an Bedeutung verloren.[686] Die Notwendigkeit der Konzentration von Betriebsmitteln und Arbeitnehmern an einem physischen Ort entfällt durch digitale Prozesse zunehmend, der Betrieb hat keine maßgebliche Bedeutung als Kern der unternehmerischen Betätigung mehr und damit „als soziale Basis für die institutionelle Einflussnahme der Arbeitnehmerseite auf Entscheidungen der Arbeitgeberseite".[687] Das Gegebensein der Einheit Betrieb kann verhindert werden, wenn Prozesse zergliedert sowie flexible Arbeitsorganisationen genutzt werden. Schließlich kann es aufgrund der fehlenden Bündelung der Arbeitnehmer an einem Ort, an einem inneren Zusammenhalt der Arbeitnehmer und damit an der Motivation zur Bildung eines Betriebsrats fehlen. Auch die Flüchtigkeit von Organisationsstrukturen vermeidet eine Kontinuität, welche für eine betriebliche Mitbestimmung erforderlich ist.

bb. Fehlender Leitungsapparat

Weiterer wichtiger Faktor der Betriebsratsbildung ist die „Entscheidungsnähe" zum Arbeitgeber.[688] Ist ein Leitungsapparat in der möglichen betriebsratsfähigen Einheit nicht vorhanden, ist die Bildung eines Betriebsrats nicht sinnvoll, denn die Ausübung von Mitbestimmungsrechten würde ins Leere laufen.

Neue Organisationsformen von Arbeit sind gekennzeichnet durch Dezentralisierung von Entscheidungsprozessen.[689] Betriebs- und Unternehmensleitung müssen nicht identisch sein; die Einheit des Leitungsapparates kann deshalb im Verhältnis zur Unternehmensleitung nur relativ gegeben sein, was dazu führt, dass der Betrieb teilweise schwer eingrenzbar ist.[690] So führt das ArbG Frankfurt aM[691] aus, dass es an einem einheitlichen Leitungsapparat beispielsweise fehle, wenn zwar eine Zentrale in München existiere, die relevanten Entscheidungen für den Frankfurter Standort jedoch innerhalb einzelner Business Units der internationalen Matrixstruktur und von unterschiedlichen, überwiegend im Ausland beschäftigten Personen getroffen werden. Das Gericht sah

686 *Franzen*, in: Industrie 4.0 als Herausforderung des Arbeitsrechts, S. 112.

687 *Hanau*, NJW 2016, 2613, 2615; *Krause*, Gutachten, Digitalisierung der Arbeitswelt – Herausforderungen und Regelungsbedarf, Gutachten B zum 71. DJT, B 29; *Franzen*, in: Industrie 4.0 als Herausforderung des Arbeitsrechts, S. 112.

688 Siehe hierzu § 3B.II.1.b, S. 125.

689 *Franzen*, in: Industrie 4.0 als Herausforderung des Arbeitsrechts, S. 112; *Rieble*, NZA-Beilage 2014, 28, 29; *Günther/Böglmüller*, NZA 2015, 1025, 1027.

690 MünchHdBArbR/*Richter*, § 24 Rn. 10.

691 ArbG Frankfurt a.M. 21.7.2009 – 12 BV 184/09, BeckRS 2013, 72862.

einen einheitlichen – deutschen – Leitungsapparat als nicht gegeben an und ein Betrieb iSd § 1 Abs. 1 BetrVG schied für den Standort Frankfurt aM aus. Trotz dieser fehlenden Voraussetzungen kann dennoch ein Betriebsteil iSd § 4 Abs. 1 BetrVG gegeben sein; so sah dies im gegebenen Fall auch das ArbG Frankfurt aM.[692] Somit wurde den Arbeitnehmern trotz fehlendem Leitungsapparat die Errichtung einer Arbeitnehmerinteressenvertretung ermöglicht. Trotzdem ist bei fehlendem Leitungsapparat ein Betrieb iSd Betriebsverfassungsgesetzes stets zu verneinen. Denn die Betriebsratsrechte sind ohne Wirkung, da dem Betriebsrat der Gegenspieler fehlt, gegenüber dem er seine Rechte geltend machen kann oder dieser ist nicht imstande die betriebsverfassungsrechtlichen Pflichten zu erfüllen.

c. *Rechtliche Möglichkeiten der Eingrenzung von Betrieben innerhalb neuer Organisationsstrukturen*

In einer vom Betrieb iSd Betriebsverfassungsgesetzes abweichenden Organisationsstruktur ist es möglich, eine Arbeitnehmerinteressenvertretung gem. § 3 BetrVG zu errichten. § 3 BetrVG ermöglicht zB den Tarifvertragsparteien den Abschluss eines sogenannten Zuordnungs-Tarifvertrages gem. § 3 Abs. 1 Nr. 3 BetrVG, wenn eine solche tarifvertragliche Regelung eine wirksame und zweckmäßige Interessenvertretung der Arbeitnehmer gewährleistet. Eingeschränkt besteht weiter die Möglichkeit, mittels Betriebsvereinbarungen alternative Organisationsstrukturen zu schaffen. Trotz der in § 3 BetrVG enthaltenden Möglichkeiten der Schaffung alternativer Organisationsstrukturen für die Installierung einer Arbeitnehmervertretung, kann § 3 BetrVG nicht alle neue Formen der Arbeitsorganisationen abdecken. Insbesondere flüchtige Organisationsformen wie sie bei Projektarbeit oder in Rahmen von Lieferbeziehungen gegeben sind, können nicht ohne Weiteres unter den Betrieb iSd Betriebsverfassungsgesetzes subsumiert werden.[693] Überdies kann sich eine tarifvertragliche Regelung als zu unflexibel erweisen.[694] Vor allem bei sich überschneidenden Organisationsstrukturen innerhalb einer Matrixstruktur kann zB die Installierung von Spartenbetrieben iSd § 3 Abs. 1 Nr. 2 BetrVG dazu führen, dass sich die Zuständigkeiten eines errichteten Spartenbetriebsrat mit der Zuständigkeit eines schon zuvor existenten Betriebsrats überschneidet.[695] Gem. § 3 Abs. 5 BetrVG sind auf

692 Ebenso LAG Hessen 13.4.2011 – 8 Sa 922/10, BeckRS 2011, 75839.

693 *Richardi*, § 1 BetrVG Rn. 40 f.; *Fitting*, § 1 BetrVG Rn. 77.

694 *Rieble*, NZA-Beilage 2014, 28, 30.

695 *Kort*, NZA 2013, 1318, 1322; *Fitting*, § 3 BetrVG Rn. 39.

den eigens geschaffenen Betriebsrat die gesetzlichen Regelungen des Betriebsverfassungsgesetzes anzuwenden; es kann immer nur einen Betriebsrat geben, der „seine Belegschaft“ im Rahmen seiner Zuständigkeit umfassend vertritt.[696] § 3 BetrVG bietet daher keine lückenlose Gewährleistung, neue Formen der Arbeitsorganisation der betrieblichen Mitbestimmung zu unterwerfen.

5. *Rechtliche Möglichkeiten zur Erschwerung der Bildung eines Betriebsrats*

a. *Befristete Betriebe*

aa. Zeiträume für die Errichtung eines Betriebsrats

Eine betriebsratsfähige Organisationseinheit muss auf eine gewisse Dauer angelegt sein, sie muss aber nicht notwendig auf längere oder unbestimmte Zeit existieren.[697] Jedoch bedarf die Installierung eines neuen Betriebsrats eines längeren Zeitraumes. Denn zunächst müssen die Arbeitnehmer die Initiative zur Betriebsratsgründung ergreifen. Auslöser für eine solche Initiative sind meist plötzlich eintretende, unerwartete und eher kritische Ereignisse, wie zB Übernahme, Fusion, Verkauf oder Insolvenz eines Unternehmens.[698] Zu den Initiatoren gehören meist langjährige Arbeitnehmer, welche sich in kleinen Gruppen formieren, aus denen die Betriebsratsgründungsaktivitäten auf die gesamte Belegschaft ausgedehnt werden.[699] Die anschließende Betriebsratswahl nimmt keinen langen Zeitraum in Anspruch; was so vom Gesetzgeber auch gewollt ist. Die nach dem Willen des Gesetzgebers alle vier Jahre turnusmäßig stattfindenden Betriebsratswahlen können bei Betriebsratsneugründungen auch früher durchgeführt werden, § 13 Abs. 2 Nr. 6 BetrVG. Nach der Wahl eines Wahlvorstandes hat dieser gem. § 18 Abs. 1 Satz 1 BetrVG die Wahl unverzüglich einzuleiten, sie durchzuführen und das Wahlergebnis festzustellen. Während die Wahl eines Betriebsrats recht zügig durchgeführt werden kann, zeigt sich meist im ersten Amtsjahr, ob sich der Betriebsrat auf Dauer im Betrieb installieren lässt und sich zu einer gefestigten Arbeitnehmervertretung entwickelt.[700] Man

---

696 *Rieble*, NZA-Beilage 2014, 28, 30; *Hanau*, NJW 2016, 2613, 2615.

697 *Fitting*, § 1 BetrVG Rn. 77; *Richardi*, BetrVG Rn. 40.

698 *Artus/Kreatsch/Röbenack*, S. 68; *Rudolph/Wassermann*, Übergänge zwischen Betriebsratslosigkeit und Betriebsratsgründung: Neue Betriebsrats-gründungen im Bereich kleiner Betriebe und Reform der Betriebsverfassung 2001, in: Betriebe ohne Betriebsrat, S. 94; siehe dazu auch § 3B.II.2.b, S. 129.

699 *Artus/Kreatsch/Röbenack*, S. 68 f.

700 *Artus/Kreatsch/Röbenack*, S. 44 f.

spricht dabei auch von der sog. „Vertretungswirksamkeit" des Betriebsrats, also seiner praktischen Vertretungsfähigkeit und -effizienz im betrieblichen Alltag.[701]

Es ist festzuhalten, dass eine Betriebsratsgründung kein Vorgang ist, der sehr schnell abläuft bzw. abgeschlossen ist, sondern vielmehr einer heranwachsenden Solidarität in der Belegschaft bedarf. Erst in der Langzeitphase zeigt sich, ob sich der gewählte Betriebsrat dauerhaft im Betrieb etabliert. Die Vorlaufzeit bis zur tatsächlichen Errichtung kann vom Arbeitgeber letztlich genutzt werden, um die Etablierung eines Betriebsrats im Unternehmen zu verhindern.

bb. Organisationsformen auf Zeit

Temporäre Organisationen sind in der Arbeitswelt immer häufiger anzutreffen. Sie ermöglichen am Wettbewerbsmarkt ein zeitlich und räumlich flexibleres Agieren für Unternehmer. Arbeitsorganisationen auf Zeit erschweren aufgrund ihrer teilweisen räumlichen Unabhängigkeit die Bildung einer betriebsratsfähigen Einheit. Auch durch eine zeitliche Begrenzung lässt sich die dauerhafte Etablierung einer Arbeitnehmervertretung im Betrieb verhindern.

[1] Projektarbeit

Das bisherige Arbeitsrecht hat den Betrieb als ein gewissermaßen dauerhaftes Konstrukt verstanden. Projektbezogene Arbeitsorganisationen, bei denen sich die Akteure für einen überschaubaren Zeitraum zusammenfinden und sich die Arbeitsorganisation spätestens nach Beendigung des Projekts wieder auflöst, entsprechen dem nicht.[702] Zunächst wirft diese Form der Arbeitsorganisation das Problem auf, ob überhaupt für den Zeitraum des Projekts eine betriebsratsfähige Einheit entsteht. Dies bereitet für Projektarbeit innerhalb eines Unternehmens weniger Schwierigkeiten, als wenn sich das Team der Projektmitarbeiter aus mehreren Arbeitnehmern verschiedener Unternehmer oder gar aus Selbstständigen bzw. freien Mitarbeitern zusammensetzt und es dann an der Erfüllung der Voraussetzungen des § 1 Abs. 1 BetrVG fehlt. Auch als Projektarbeit einzuordnen sind virtuelle Unternehmen. Dabei schließen sich mehrere rechtlich selbstständige Unternehmen zeitlich begrenzt zusammen, um ein bestimmtes Produkt oder eine Dienstleistung arbeitsteilig zu erstellen.[703] Bei Zielerreichung wird die Kooperation wieder aufgelöst.[704] Beruht die Projektarbeit auf einem virtuellen Unternehmen, fehlen stabile Standortbestimmungen, dauerhafte

---

701 *Artus/Kreatsch/Röbenack*, S. 44 f.

702 *Ricken*, ZfA 2016, 535; *Sydow/Braun*, zfo 2015, 232.

703 *Aalderks*, S. 5 ff.

704 *Lange*, BB 1998, 1165, 1171.

Ressourcenzuweisungen sowie geregelte Ablaufstrukturen – diese werden je nach Bedarf und eher kurzfristig eingerichtet.[705] Dank moderner IT-Technik können Arbeitnehmer an räumlich getrennten Arbeitsplätzen und zu unterschiedlichen Arbeitszeiten „per Mausklick“ flexibel Aufgaben übertragen und diese unternehmensübergreifend in Projektteams zusammenführen.[706] Feste Arbeitszeiten und -orte sind nicht mehr existent, feste Unternehmensgrenzen verschwimmen ineinander.[707] Durch diese Organisation der teilweise unstetigen und variablen Arbeitsformen wird eine effektive betriebliche Mitbestimmung oft unmöglich.[708] Falls Betriebsratsstrukturen vorhanden sein sollten, sind diese völlig variabel oder nur von kurzfristiger Dauer, sodass diese für die Installierung einer Arbeitnehmervertretung nicht geeignet sind.

[2] Gesellschaften auf Zeit

Die Errichtung von Gesellschaften für einen bestimmten Zeitraum oder die Erreichung eines bestimmten Zwecks ist durch Vereinbarung im Gesellschaftervertrag ohne Weiteres möglich.[709] Neben der klassischen Projektarbeit werden auch entsprechend Gesellschaften – sei es als Personen- oder Kapitalgesellschaft – nur auf Zeit gegründet, um ein bestimmtes Ziel oder Ergebnis zu verwirklichen oder es ist von Anfang an abzusehen, dass der Zweck der Gesellschaft nur für einen gewissen Zeitraum bestehen wird.[710] So kann für den Zeitraum der Existenz der Gesellschaft zwar eine betriebsratsfähige Einheit entstehen. Für die Bildung einer betrieblichen Arbeitnehmervertretung bedarf es in der Regel aber auch eines gewissen Zeitraumes, in dem sich eine Solidarität innerhalb der Belegschaft für die Gründung einer Arbeitnehmervertretung entwickeln muss. Auch die dauerhafte Installierung eines Betriebsrats benötigt Zeit.[711] Ist die Gesellschaft nur für einen relativ kurzen Zeitraum existent, wird sich zum einen die Initiative für die Betriebsratswahl nicht in der Belegschaft durchsetzen, zum anderen wird sich der Betriebsrat mit seiner Arbeit nicht im Betrieb verfestigen können. Mit Beendigung der Gesellschaft geht die Betriebsstilllegung einher und infolgedessen geht auch der Betriebsrat unter, § 21b BetrVG.

---

705 *Schipper*, S. 34; *Linnenkohl*, BB 1998, 45, 47; *Kort*, AG 2003, 13, 23; Richardi/*Maschmann*, § 1 BetrVG Rn. 110.

706 *Schipper*, S. 34; Richardi/*Maschmann*, § 1 BetrVG Rn. 110.

707 *Linnenkohl*, BB 1998, 45, 47; *Lange*, BB 1998, 1165, 1165 f.; *Schipper*, S. 34.

708 *Wisskirchen/Block*, NZA-Beilage 2017, 90, 92.

709 Baumbach/Hueck/*Fastrich*, § 3 GmbHG Rn. 27; MünchKomm/*Schäfer*, Vor § 723 BGB Rn. 14 ff.

710 Siehe dazu auch § 3A.II.2.c.cc.[2][b], S. 115.

711 Siehe § 3B.II.5.a.aa, S. 136.

b. Umstrukturierungen

In Betrieben mit einem Betriebsrat bedarf eine Re- oder Umstrukturierung mit einem größeren Personalabbau der Beteiligung des Betriebsrats und Verhandlungen über einen Interessenausgleich und Sozialplan, §§ 111 ff. BetrVG. Eine Beteiligung der Arbeitnehmer nach dem Betriebsverfassungsgesetz greift nicht, wenn in dem Betrieb kein Betriebsrat besteht.[712] Umstrukturierungsmaßnahmen können auch dazu genutzt werden, die künftige Bildung eines Betriebsrats zu erschweren.

Der Arbeitgeber kann die Betriebsänderung ohne Beachtung von Beteiligungsrechten auch dann durchführen, wenn ihm im Zeitpunkt seines Entschlusses bekannt war, dass im Betrieb ein Betriebsrat gewählt werden soll.[713] Mittels der Umstrukturierungsmaßnahmen können „unliebsame" Arbeitnehmer in andere Betriebe versetzt oder diese sogar betriebsbedingt gekündigt werden. In diesem Fall ist § 15 KSchG zu beachten: Mitglieder eines Wahlvorstandes, Wahlbewerber sowie die Initiatoren der ersten Betriebsversammlung genießen einen gesonderten Kündigungsschutz.

Nicht nur die erstmalige Bildung eines Betriebsrates, sondern auch die Bildung von Gesamt- und Konzernbetriebsräten als vertikale Arbeitnehmervertretungsstrukturen können durch Umstrukturierungen unterbunden werden. Ein Konzernbetriebsrat kann bspw. nicht errichtet werden, wenn die Konzernobergesellschaft einen ausländischen Sitz hat.[714] Für den Fall der Nichterrichtung eines Konzernbetriebsrats gibt es nach dem Betriebsverfassungsgesetz keine konzerndimensionale Mitbestimmung, sodass konzerndimensionale Angelegenheiten mitbestimmungsfrei bleiben.[715] Denn das Betriebsverfassungsgesetz kennt in seiner Zuständigkeitsordnung grundsätzlich keine Auffangzuständigkeit.[716] Dieser Grundsatz soll nach Auffassung des BAG jedoch nicht gelten, wenn aufgrund einer ausländischen Konzernspitze kein Konzernbetriebsrat

---

712 BAG 30.5.2006 – 1 AZR 25/05, BB 2006, 1745; Richardi/*Annuß*, § 111 BetrVG Rn. 27; *Fitting*, § 111 BetrVG Rn. 33 f.

713 BAG 28.10.1992 – 10 ABR 75/91, NZA 1993, 429; Richardi/*Annuß*, § 111 BetrVG Rn. 27; *Fitting*, § 111 BetrVG Rn. 34; ErfKomm/*Kania*, § 111 BetrVG Rn. 6; GK-BetrVG/*Oetker*, § 111 BetrVG Rn. 37.

714 BAG 23.5.2018 – 7 ABR 60/16, DB 2018, 2510; 14.2.2007 – 7 ABR 26/06, NZA 2007, 999; 16.5.2007 – 7 ABR 63/06, AP Nr. 3 zu § 96a ArbGG 1979.

715 BAG 14.12.1993 – 3 AZR 618/93, NZA 1994, 554; GK-BetrVG/*Franzen*, § 58 BetrVG Rn. 8; *Windbichler*, Arbeitsrecht im Konzern, S. 345 f.

716 *Rieble* in: Bewegliche Mitbestimmung, S. 102; Richardi/*Annuß*, § 50 BetrVG Rn. 46; *Fitting*, § 50 BetrVG Rn. 9; GK-BetrVG/*Kreutz*, § 50 BetrVG Rn. 17.

gebildet werden kann.[717] In diesem Fall soll eine Auffangzuständigkeit der Gesamt- oder örtlichen Betriebsräte zur Wahrnehmung der Beteiligungsrechte greifen.[718] Diese vom BAG konstruierte Verhinderung einer befürchteten Mitbestimmungslücke ist aber dogmatisch widersprüchlich.[719] Zum einen ist die gesetzliche Zuständigkeitsverteilung zwingend und unabdingbar.[720] In Angelegenheiten des § 58 Abs. 1 Satz 1 Halbs. 1 BetrVG bestimmt das Gesetz ausdrücklich nur den Konzernbetriebsrat für zuständig; so kann nicht ersatzweise der Gesamtbetriebsrat an dessen Stelle treten. Zum anderen ist nicht ersichtlich, wie es dem Gesamtbetriebsrat, der Angelegenheiten des § 58 Abs. 1 Satz 1 Halbs. 1 BetrVG letztlich nicht durch die einzelnen Gesamtbetriebsräte innerhalb deren Unternehmen regeln lassen kann, möglich sein soll, zB einen konzernweiten Verhaltenskodex einzuführen oder umzusetzen.[721] Letztlich beendet auch die Entkonzernierung durch Entherrschungsvertrag oder Anteilsveräußerung die Konzernverbindung und somit auch die Regelungszuständigkeit für einen möglichen Konzernbetriebsrat, aber eben auch für die Obergesellschaft, der dann das Regelungsmandat für das konzernfremde Unternehmen fehlt.

Ebenfalls der nach dem Betriebsverfassungsgesetz zwingend zu errichtende Gesamtbetriebsrat ist durch eine Reorganisation vermeidbar. So lässt der Übergang eines von zwei Betrieben auf einen neuen Erwerber den Gesamtbetriebsrat als Gremium entfallen; denn dieser ist vom Bestand des Unternehmens mit mindestens zwei Betrieben abhängig.[722] Das Betriebsverfassungsgesetz mit seinen beweglichen Zuständigkeiten ermöglicht es folglich dem Arbeitgeber, mittels der entsprechenden Arbeitsorganisation die Bildung bestimmter betriebsverfassungsrechtlicher Gremien zu verhindern.

6. *Faktische Möglichkeiten zur Erschwerung der Bildung eines Betriebsrats*

Nicht allein Faktoren wie die örtliche Lage des Betriebs, die Branche, Unternehmensumstrukturierungen oder die Tarifbindung sind von Einfluss auf die

717 BAG 14.2.2007 – 7 ABR 26/06, NZA 2007, 999 Rn. 62.

718 BAG 14.2.2007 – 7 ABR 26/06, NZA 2007, 999 Rn. 62; LAG München 4.9.2014 – 2 TaBV 50/13, juris; kritisch ggü. dieser Rspr.: *Rieble* in: Bewegliche Mitbestimmung, S. 102; *Dzida*, NZA 2008, 1265, 1267.

719 *Rieble* in: Bewegliche Mitbestimmung, S. 102; *Fitting*, § 54 BetrVG Rn. 34a ff.

720 BAG 14.11.2006 – 1 ABR 4/06, NZA 2007, 399 Rn. 34; *Fitting*, § 1 BetrVG Rn. 34g.

721 BAG 22.7.2008 – 1 ABR 40/07, NZA 2008, 1248; *Fitting*, § 1 BetrVG Rn. 34g.

722 *Fitting*, § 47 BetrVG Rn. 18; Richardi/*Annuß*, § 47 BetrVG Rn. 4 f.

Bildung eines Betriebsrats.[723] Arbeitgeber können die Bildung eines Betriebsrats durch einfachere Faktoren steuern – wie bspw. die Betriebsgröße oder den Abbau der Kernbelegschaften und einem darauf folgenden Fremdpersonaleinsatz. Die nachfolgende Untersuchung bezieht sich nur auf die erstmalige Errichtung eines Betriebsrats. Denn in Betrieben mit bestehendem Betriebsrat ist kein Einfluss der nachfolgenden Faktoren festzustellen.[724] Vielmehr ist den Betrieben, in denen ein Betriebsrat existiert, die Resonanz bei der Wahlbeteiligung groß: Im Jahr 2010 lag diese durchschnittlich bei fast 80 Prozent.[725]

a. *Betriebsgröße*

Die Betriebsgröße ist häufig von Einfluss darauf, ob tatsächlich Bestrebungen zur Errichtung einer Arbeitnehmervertretung erfolgen.[726] In kleinen bis mittleren Betrieben ist die Zahl der Betriebe mit einer existenten Arbeitnehmervertretung in den Jahren 1996 bis 2014 um 13 % zurückgegangen.[727] Erst mit zunehmender Betriebsgröße steigt auch die Wahrscheinlichkeit der Errichtung bzw. Existenz eines Betriebsrats an.[728] Denn mit steigender Mitarbeiteranzahl erhöht sich in aller Regel auch die Komplexität der betrieblichen Abläufe, was eine institutionalisierte Form der Mitarbeitervertretung zur Vereinfachung der Kommunikation und Interessenaushandlung erforderlich macht.[729] So hat in Westdeutschland nur jeder 19. Kleinbetrieb (bis 50 Beschäftigte) und in Ostdeutschland jeder 17. Kleinbetrieb einen Betriebsrat, während in Großbetrieben (über 500 Beschäftigte) die Existenz eines Betriebsrats die Regel ist[730]: In West- und Ostdeutschland werden die Anteilswerte von 82 % und 95 % erreicht.[731]

---

723 *Ellguth/Trinczek*, WSI-Mitteilungen 2016, 172, 174 f.; siehe auch § 3B.II.2.b, S. 129.

724 *Ellguth/Trinczek*, WSI-Mitteilungen 2016, 172, 174 f.

725 *Iwd*, Geschätztes Gremium, 27.3.2014.

726 *Rudolph/Wassermann*, Übergänge zwischen Betriebsratslosigkeit und Betriebsratsgründung: Neue Betriebsrats-gründungen im Bereich kleiner Betriebe und Reform der Betriebsverfassung 2001, in: Betriebe ohne Betriebsrat, S. 94.

727 *Ellguth/Trinczek*, WSI-Mitteilungen 2016, 172.

728 *Ellguth/Trinczek*, WSI-Mitteilungen 2016, 172, 179.

729 *Ellguth/Trinczek*, WSI-Mitteilungen 2016, 172, 174.

730 *Ellguth/Kohaut*, WSI-Mitteilungen 2017, 278, 282.

731 *Ellguth/Kohaut*, WSI-Mitteilungen 2017, 278, 282.

b. Drittpersonal im Betrieb

aa. Leiharbeitnehmer

Leiharbeitnehmer sind im Entleiherbetrieb gem. § 7 Satz 2 BetrVG wahlberechtigt. Sie sollen betriebsverfassungsrechtlich aus der Randbelegschaft an die Stammbelegschaft herangeführt werden.[732] Ein passives Wahlrecht der Leiharbeitnehmer im Entleiherbetrieb existiert jedoch nicht.[733] Die Wahlberechtigung ist lediglich an die Voraussetzung gebunden, dass die Leiharbeitnehmer länger als drei Monate ununterbrochen eingesetzt werden sollen.[734] Trotz der Möglichkeit der Teilnahme an der Wahl des Betriebsrats im Entleiherbetrieb führt dies in der Praxis eher selten dazu, dass im Entleiherbetrieb vermehrt Betriebsräte vorhanden sind. Eine ausgeprägte Randbelegschaft lässt die Wahrscheinlichkeit der Existenz eines Betriebsrats im Entleiherbetrieb eher sinken, statt eine solche zu begünstigen.[735] Das Leiharbeitnehmer sich nicht an der Betriebswahl im Entleiherbetrieb beteiligen, lässt sich va darauf zurückführen, dass diese ähnlich den befristet Beschäftigen eine deutliche kürzere Betriebszugehörigkeit aufweisen und folglich kein Zugehörigkeitsgefühl zum Betrieb und den dort vorhandenen Mitarbeitern entwickeln können und sich infolgedessen im Entleiherbetrieb nicht als Teil der Kernbelegschaft ansehen.[736]

bb. Fremdpersonal

Im Gegensatz zu den Leiharbeitnehmern steht Fremdpersonal, welches aufgrund eines Dienst- oder Werkvertrages tätig wird, kein Wahlrecht nach § 7 Satz 2 BetrVG im Einsatzbetrieb zu.[737] Der Einsatz von Beschäftigten, die aufgrund eines Dienst- oder Werkvertrags ihres Vertragsarbeitgebers auf dem Betriebsgelände eines anderen Unternehmers tätig sind, führt nicht zu deren Eingliederung im Einsatzbetrieb und eine „Überlassung" iSd § 7 Satz 2 BetrVG ist nicht gegeben.[738] Dies ist auch dann nicht der Fall, wenn die vom Fremdpersonal

---

732 BT-Drs. 14/5741, 28; Schüren/*Hamann*, § 14 AÜG Rn. 61.

733 Schüren/*Hamann*, § 14 AÜG Rn. 73, *Fitting*, § 7 BetrVG Rn. 39; siehe auch § 2 Abs. 3 Satz 2 WahlO.

734 ErfKomm/*Koch*, § 7 BetrVG Rn. 6; Richardi/*Thüsing*, § 7 BetrVG Rn. 11.

735 *Ellguth/Trinczek*, WSI-Mitteilungen 2016, 172, 179.

736 *Baumann/Brehmer*, WSI-Mitteilungen 2016, 201, 208.

737 BAG 21.7.2004 – 7 ABR 38/03, AP BetrVG 1972 § 9 Nr. 8; *Fitting*, § 7 BetrVG Rn. 54; Richardi/*Thüsing*, § 7 BetrVG Rn. 10.

738 Richardi/*Thüsing*, § 7 BetrVG Rn. 10; *Fitting*, § 7 BetrVG Rn. 38.

zu erbringenden Dienst- oder Werkleistungen hinsichtlich Art, Umfang, Güte, Zeit und Ort in den betrieblichen Arbeitsprozess eingegliedert sind.[739] Dem Betriebsrat fehlt jegliches Mandat gegenüber den Arbeitnehmern des Dienstleistungs-/Werkvertragsunternehmers.[740] Geringe Beschäftigtenzahlen kombiniert mit der verstärkten Beschäftigung von Randbelegschaften reduzieren somit die Wahrscheinlichkeit der Existenz eines Betriebsrats.[741]

c. Gelockerte Arbeitsorganisationen

Die Digitalisierung und die Globalisierung führen zu einer verstärkten Inanspruchnahme von gelockerten Arbeitsorganisationen. Gelockerte Arbeitsorganisation ist zwar immer noch eine Beschäftigung von Arbeitnehmern durch einen Arbeitgeber. Diese Arbeitnehmer erbringen ihre Arbeitsleistung aber orts- und zeitungebunden. Die ortsungebundenen Tätigkeiten sind dadurch gekennzeichnet, dass insbesondere das zeitliche Weisungsrecht und damit einhergehend das örtliche Weisungsrecht gelockert ist und der Arbeitnehmer letztlich selbst entscheidet, wann und wo er seine Arbeitsleistung erbringt.[742] Beispiele hierfür sind der klassische Außendienstmitarbeiter, Telearbeit, Home-Office sowie das Mobile Office.[743] Die zeitliche Flexibilisierung ist nicht allein dadurch charakterisiert, dass Arbeitnehmer die Lage ihrer Arbeitszeit frei festlegen können; zeitliche Flexibilisierung meint auch die Beschäftigung nach dem Teilzeit- und Befristungsgesetz.[744] Diesen Arbeitsorganisationsformen ist gemein, dass sie nicht durch eine dauerhafte Anwesenheit an einem ortsfesten Betrieb gekennzeichnet sind. Diese nicht dauerhafte Präsenz im Betrieb vor Ort ist von Einfluss auf die Installierung eines Betriebsrats. Zwar ist in der Praxis zu beobachten, dass sich reguläre Teilzeitbeschäftigte regelmäßig trotz gelockertem Arbeitsverhältnis an Bestrebungen zur Errichtung eines Betriebsrats beteiligen.[745] Im Gegensatz dazu beteiligen sich befristet Beschäftigte eher selten an der Installierung eines Betriebsrats.[746] Die Gründe dafür sind offensichtlich: Sie haben im Schnitt eine

---

739 BAG 8.11.2016 – 1 ABR 57/14, NZA-RR 2017, 134; Richardi/*Thüsing*, § 7 BetrVG Rn. 10.

740 BAG 28.11.1989 – 1 ABR 90/88, AP AÜG § 14 Nr. 5.

741 Siehe auch Motive der Betriebsratsbildung § 3B.II.2.b, S. 129.

742 ErfKomm/*Preis*, § 611a BGB Rn. 59 f.; MünchHdbArbR/*Schneider*, § 18 Rn. 33.

743 ErfKomm/*Preis*, § 611a BGB Rn. 59 f.; *Günther/Böglmüller*, NZA 2015, 1025, 1029.

744 *Wank*, RdA 2010, 193, 206; *Schubert*, NJW 2010, 2613, 2614 f.; zur atypischen Beschäftigung zählt auch die Leiharbeit.

745 *Ellguth/Trinczek*, WSI-Mitteilungen 2016, 172, 179.

746 *Baumann/Brehmer*, WSI-Mitteilungen 2016, 201, 208.

deutlich kürzere Betriebszugehörigkeit, häufig ist die Laufzeit der Arbeitsverträge sogar kürzer als die Dauer einer Amtszeit eines Betriebsrats.[747] Dies führt dazu, dass dieser Beschäftigtengruppe ein gewisses Zugehörigkeitsgefühl zum Betrieb und zu seinen Mitarbeitern fehlt und sie sich deshalb weniger für eine Interessenvertretungsbildung der Kernbelegschaft interessieren.[748] Auch hieraus lässt sich schlussfolgern, dass neben der Betriebsgröße die dauerhafte Bindung zum Betrieb eine Determinante für die Betriebsratsgründung ist.

7. Gemeinsamkeiten der Vermeidung der Bildung betriebsratsfähiger Einheiten

Eine betriebsratsfähige Einheit ist nicht gegeben, wenn keine Organisationseinheit in Form eines Betriebs iSd § 1 Abs. 1 BetrVG besteht oder wenn trotz Erreichen der Mindestarbeitnehmeranzahl kein Betriebsrat gewählt wird. Die Vermeidungsstrategien zielen in der Folge darauf ab, die Erfüllung der vorgenannten Voraussetzungen zu vermeiden. Die valideste Strategie ist die Vermeidung der Einheit des Betriebes. Eine Einflussnahme bestimmter Arbeitsorganisationen auf die Bereitschaft von Arbeitnehmern zur Betriebsratswahl kann zu einem bestimmten Grad erfolgreich sein, nicht aber rechtlich abgesichert werden.

Trotzdem lassen sich hinsichtlich der bewährtesten Vermeidungsstrategien drei wesentliche Merkmale erkennen. Erstes Merkmal der Vermeidungsstrategien ist die zeitliche Begrenzung der Arbeitgeberstellung, sodass die Zeit zur Installierung eines Betriebsrats nicht ausreicht und insbesondere der Wunsch nach einem Betriebsrat in der Belegschaft nicht aufkommt. Arbeitsorganisatorische Beispiele sind Gesellschaften auf Zeit, Projektarbeit sowie befristete Anstellungsverhältnisse und die Beschäftigung von Leiharbeitnehmern. Zwar steht den Leiharbeitnehmern ein Wahlrecht im Entleiherbetrieb gem. § 7 Satz 2 BetrVG zu. Leiharbeitnehmer sind allerdings faktisch eher der Randbelegschaft des Betriebes zuzuordnen, sodass diese sich eher selten an der Installierung eines Betriebsrats im Entleiherbetrieb beteiligen.[749]

Weiteres Merkmal ist die arbeitsteilige Zergliederung der Arbeitsprozesse. Eine Zergliederung der Arbeitsprozesse auf mehrere Betriebe im Unternehmen kann die Bildung eines Gesamtbetriebsrats nach sich ziehen, wenn dadurch mehrere neue Betriebe entstehen bzw. in bestehenden Betrieben die Mindestanzahl

---

747 *Baumann/Brehmer*, WSI-Mitteilungen 2016, 201, 208.
748 *Baumann/Brehmer*, WSI-Mitteilungen 2016, 201, 208.
749 *Ellguth/Trinczek*, WSI-Mitteilungen 2016, 172, 179.

an Arbeitnehmern erreicht wird. Dafür kann aber die Existenz bzw. Bildung von bestimmten einzelnen Betriebsräten in den einzelnen Betrieben verhindert werden. Durch eine Umstrukturierung bzw. die arbeitsteilige Zergliederung auf mehrere rechtlich selbstständige Unternehmen können Arbeitsprozesse hingegen zergliedert werden, ohne dass ein Gesamtbetriebsrat zu bilden ist. Hierbei müssen die Kriterien des gemeinsamen Betriebs gem. § 1 Abs. 2 BetrVG beachtet werden, sollte dieser gewollt vermieden werden. Die Verlegung eines Betriebs ins Ausland entzieht diesen Betrieb ganz dem Anwendungsbereich des Betriebsverfassungsgesetzes. Die Fremdvergabe bzw. Auslagerung von Tätigkeiten auf Drittfirmen, Soloselbstständige und freie Mitarbeiter ist ebenfalls von Einfluss auf die Bildung eines Betriebsrats und im Rahmen einer arbeitsteiligen Zergliederung der Arbeitsprozesse relevant. Diesem Fremdpersonal steht im Einsatzbetrieb kein Wahlrecht zum Betriebsrat zu. Vielmehr kann durch deren Einsatz die Anzahl der wahlberechtigten Arbeitnehmer im Betrieb reduziert bzw. gering gehalten werden; zudem reduzieren ausgeprägte Randbelegschaften die Wahrscheinlichkeit der erfolgreichen Errichtung eines Betriebsrats.[750] Die arbeitsteilige Zergliederung führt dazu, dass Produktionen unternehmensübergreifend erfolgen oder dezentralisiert, statt hierarchisch gesteuert werden, sodass das Auffinden einer betriebsratsfähigen Organisationseinheit erschwert wird.

Die Auslagerung von zuvor unternehmenseigenen Tätigkeiten auf Dritte ist zudem gekennzeichnet durch das dritte Merkmal, die Trennung der Arbeitgeber- von der Unternehmerfunktion. Die Auslagerung von Unternehmensteilen eignet sich ebenso dazu, höhere Betriebsratsgremien entfallen zu lassen oder zu verhindern. Übt bspw. die Konzernobergesellschaft die unternehmensentscheidenden und -lenkenden Funktionen aus und soll die Bildung eines Konzernbetriebsrats verhindert werden, kann dies durch Verlagerung der Konzernobergesellschaft ins Ausland ermöglicht werden. Aber auch die rechtliche Trennung der Unternehmen in einzelne Gesellschaften verhindert die Bildung eines Gesamtbetriebsrats oder die Bildung eines Betriebsrats in dem Unternehmen, in dem die unternehmensrelevanten Entscheidungen getroffen werden. So kann der unechte Betriebsführungsvertrag dazu genutzt werden, dass das Betriebsverfassungsgesetz keine Anwendung auf die Eigentümergesellschaft hat, obwohl in dieser die relevanten Entscheidungen für die Betriebsführungsgesellschaft getroffen werden. Denn die Eigentümergesellschaft und die Betriebsführungsgesellschaft sind rechtlich selbstständige Unternehmen. Die Gestaltungsvarianten zur Vermeidung der Bildung einer betriebsratsfähigen Organisationseinheit

---

750 Siehe dazu § 3B.II.6.b, S. 142 und § 3B.II.2.b, S. 129.

sind vielfältig. Sie lassen sich aber im Grundsatz auf die drei aufgeführten Merkmale reduzieren.

III. Beeinträchtigung der Ausübung von betrieblicher Mitbestimmung

Die Gegebenheiten der heutigen, modernen Arbeitswelt stellen Betriebsräte vor ständig neue Herausforderungen. Internationalisierung, Europäisierung, Flexibilisierung, Unternehmensumstrukturierungen, Betriebsänderungen, rückläufige Tarifvertragsbindungen, Fremdvergabe von Tätigkeiten sowie zunehmende atypische Beschäftigungsverhältnisse durch Befristungen, Leiharbeit und Werkverträge erschweren die Betriebsratstätigkeit.[751] Zudem erfordern neue Formen von Arbeit wie agiles, vernetztes oder projektbezogenes Arbeiten, Antworten der betrieblichen Interessenvertretungen.[752] Aus Betriebsratssicht wird oft behauptet, das jetzige Betriebsverfassungsrecht bietet keine ausreichenden Mitbestimmungs- und Handlungsmöglichkeiten innerhalb dieser neuen Formen der Arbeitsorganisation.[753] Ob dies der Wirklichkeit entspricht und sich Arbeitgeber mittels einer dezentralen Arbeitsorganisation und der Verlagerung der Produktion auf Dritte einer effektiven Betriebsratsarbeit entziehen können, wird nachfolgend untersucht.

1. Faktoren effektiver Mitbestimmung

a. Mitbestimmung in Entscheidungsträgern im Unternehmen und Konzern

Mitbestimmende Arbeitnehmervertretungen können nur effektiv und sachgerecht die ihnen durch das Betriebsverfassungsgesetz verliehenen Beteiligungsrechte ausüben, wenn sie an den Stellen im Unternehmen oder Konzern installiert sind, an denen die für die Betriebsverfassung relevanten Entscheidungen getroffen werden.

aa. Entscheidungsträgerverständnis nach dem Betriebsverfassungsgesetz

Nach dem Entscheidungsträgerverständnis des Betriebsverfassungsgesetzes ist zwischen den Repräsentationsebenen Betrieb, Unternehmen und Konzern zu unterscheiden. Auf betrieblicher Ebene werden die sachnahen örtlichen Betriebsräte installiert.[754] Der Gesamtbetriebsrat wird errichtet, um eine

---

751 *Absenger/Priebe*, WSI-Mitteilungen 2016, 192, 193.
752 *Klebe*, NZA-Beilage 2017, 77, 79.
753 *Absenger/Priebe*, WSI-Mitteilungen 2016, 192, 193.
754 *Richardi*, NZA 2001, 348.

mitbestimmende Arbeitnehmervertretung für den gesamten Geschäfts- und Tätigkeitsbereich eines Unternehmens, das „Gesamtunternehmen“ iSd § 50 Abs. 1 BetrVG, zu gewährleisten.[755] Letzte Repräsentationsebene des Betriebsverfassungsgesetzes ist der Konzernbetriebsrat, welcher die Möglichkeit der Installierung einer Arbeitnehmervertretung für einen Unterordnungskonzern gem. § 18 Abs. 1 AktG (vgl. § 54 Abs. 1 BetrVG) eröffnet. In einem Unterordnungskonzern kann das herrschende Unternehmen betriebsverfassungsrechtlich relevante Entscheidungen für abhängige Unternehmen vorgeben, sodass mit dem Konzernbetriebsrat auf derselben Ebene eine Beteiligung der Arbeitnehmer gewährleistet wird.[756] Die Betriebsverfassung stellt folglich dem jeweiligen Entscheidungsträger auf Arbeitgeberseite eine Arbeitnehmervertretung zur Ausübung von Mitbestimmungsrechten gegenüber.[757]

bb. Abgrenzung der im Betriebsverfassungsgesetz enthaltenen Zuständigkeiten bei der Ausübung von betrieblicher Mitbestimmung

Die Verteilung der originären Zuständigkeiten zwischen Betriebs-, Gesamtbetriebs- und Konzernbetriebsrat regeln die §§ 50 Abs. 1, 58 Abs. 1 BetrVG. Die originären Zuständigkeiten der betriebsverfassungsrechtlichen Gremien schließen sich nach diesen Vorschriften wechselseitig aus.[758] Die im Betriebsverfassungsgesetz enthaltenen Zuständigkeitsverteilungen zwischen Betriebsrat, Gesamt- und Konzernbetriebsrat sind dabei zwingend.[759]

Die §§ 50 Abs. 1, 58 Abs. 1 BetrVG enthalten für die Zuständigkeitsabgrenzung mehrere Grundsätze. An erster Stelle steht der Grundsatz der „Sachnähe“.[760] Damit ist in erster Linie für die Ausübung von Mitbestimmungsrechten derjenige Betriebsrat zuständig, der durch die Wahl unmittelbar legitimiert ist: Der sachnäheste, örtliche Betriebsrat.[761]

---

755 *Fitting*, § 47 BetrVG Rn. 1; ErfKomm/*Koch*, § 47 BetrVG Rn. 1; Richardi/*Annuß*, Vorb. § 54 BetrVG Rn. 1; *Salamon*, NZA 2013, 708.

756 BAG 13.10.2004 – 7 ABR 56/03, NZA 2005, 647; 21.10.1980 – 6 ABR 41/78, AP BetrVG 1972 Nr. 1; ErfKomm/*Koch*, § 54 BetrVG Rn. 1; *Fitting*, § 54 BetrVG Rn. 3.

757 *Salamon*, NZA 2013, 708.

758 BAG 6.4.1976 – 1 ABR 27/74, AP BetrVG 1972 § 50 Nr. 2; *Fitting*, § 54 BetrVG Rn. 34g; ErfKomm/*Koch*, § 50 BetrVG Rn. 2.

759 BAG 14.11.2006 – 1 ABR 4/06, NZA 2007, 399 Rn. 34.

760 *Salamon*, NZA 2013, 708, 709; siehe dazu § 3B.III.1.a.aa, S. 146.

761 BAG 18.7.2017 – 1 ABR 59715, BeckRS 2017, 128317 Rn. 19; 19.6.2007 – 1 AZR 454/06, NZA 2007, 2377.

Das Betriebsverfassungsgesetz enthält zwar keine ausdrückliche Regelung bzgl. der Zuständigkeitsverteilung im Falle einer betriebs- bzw. unternehmensübergreifenden Angelegenheit; nach herrschender Meinung besteht in diesem Fall ein Alternativitätsverhältnis.[762] Somit ist die Zuständigkeit des örtlichen Betriebsrats zwingend ausgeschlossen, wenn in einem gesamtbetriebsratsfähigen Unternehmen der Gesamtbetriebsrat aufgrund notwendig betriebsübergreifender Regelung zuständig ist.[763] Sollte der Gesamtbetriebsrat von seiner Zuständigkeit keinen Gebrauch machen oder ist ein solcher entgegen § 47 BetrVG nicht errichtet worden, sind nicht die örtlichen Betriebsräte zuständig, sondern der Mitbestimmungstatbestand bleibt ungenutzt.[764] Dasselbe gilt für die Zuständigkeitsabgrenzung gegenüber dem Konzernbetriebsrat, die derjenigen zwischen Betriebsrat und Gesamtbetriebsrat nachgebildet ist.[765]

Weiteres Abgrenzungsmerkmal für die originäre Zuständigkeit des Gesamt- oder Konzernbetriebsrats gem. §§ 50 Abs. 1, 58 Abs. 1 BetrVG ist, ob eine Angelegenheit das Gesamtunternehmen bzw. mehrere Betriebe des Unternehmens oder den Konzern bzw. mehrere Konzernunternehmen betrifft – also einen Betriebsbezug auf allen Repräsentationsebenen aufweist.[766] Nach herrschender Meinung genügt deshalb für die Zuständigkeit des Gesamtbetriebsrats ein überbetrieblich einheitlicher Regelungsbedarf.[767] Dasselbe gilt für die Zuständigkeit des Konzernbetriebsrats, die einen die Zuständigkeit des Gesamtbetriebsrats überschreitenden Bezug voraussetzt.[768] Die §§ 50 Abs. 1, 58 Abs. 1 BetrVG zielen folglich nicht auf spezifische Unternehmens- oder Konzernangelegenheiten ab,

---

762 BAG 15.1.2002 – 1 ABR 10/01, NZA 2002, 988, 991; 11.12.2001 – 1 AZR 193/01, NZA 2002, 688, 698; *Fitting*, § 50 BetrVG Rn. 9; ErfKomm/*Koch*, § 50 Rn. 2; Richardi/*Annuß*, § 50 BetrVG Rn. 46; *Salamon*, NZA 2013, 708, 709.

763 BAG 15.1.2002 – 1 ABR 10/01, NZA 2002, 988, 998; Richardi/*Annuß*, § 50 BetrVG Rn. 46, *Fitting*, § 50 BetrVG Rn. 50; ErfKomm/*Koch*, § 50 BetrVG Rn. 2; *Salamon*, NZA 2013, 708, 709.

764 *Fitting*, § 50 BetrVG Rn. 50; ErfKomm/*Koch*, § 50 BetrVG Rn. 2; *Salamon*, NZA 2013, 708, 709.

765 Richardi/*Annuß*, § 58 BetrVG Rn. 21; *Salamon*, NZA 2009, 471, 472 f.

766 *Salamon*, NZA 2013, 708, 709.

767 BAG 3.5.2006 – 1 ABR 15/05, NZA 2007, 1245; 18.9.2002 – 1 ABR 54/01, NZA 2003, 670; *Fitting*, § 50 BetrVG Rn. 18; Richardi/*Annuß*, § 50 BetrVG Rn. 6, GK-BetrVG/*Kreutz*, § 50 BetrVG Rn. 23; *Salamon*, NZA 2013, 708, 709.

768 *Fitting*, § 54 BetrVG Rn. 3; Richardi/*Annuß*, § 58 BetrVG Rn. 5; GK-BetrVG/*Kreutz*, § 54 BetrVG Rn. 4; *Salamon*, NZA 2013, 708, 709.

sondern auf die Tragweite der notwendig einheitlichen Regelung.[769] Eine solche einheitliche Regelung ist erforderlich bzw. für die Zuständigkeit ist ausreichend, wenn eine Regelung ihrer Natur nach einheitlich erfolgen muss und hieraus eine zwingende sachliche Notwendigkeit für eine einheitliche Regelung über einzelne Betriebe hinaus folgt.[770] Maßgebende Kriterien hierfür sind der Regelungsgegenstand und die individuellen unternehmerischen bzw. betrieblichen Verhältnisse die betroffen sind.[771]

Die §§ 50 Abs. 2, 58 Abs. 2 BetrVG ermöglichen es dem Betriebsrat bzw. dem Gesamtbetriebsrat durch Beauftragung die Zuständigkeit des Gesamt- bzw. Konzernbetriebsrats in Fällen zu begründen, in denen eigentlich die Zuständigkeit des einzelnen Betriebsrats bzw. Gesamtbetriebsrats eröffnet wäre. Eine solche Übertragung ist an Voraussetzungen geknüpft, insbesondere muss sie bestimmt sein und darf nicht die Übertragung ganzer Sachbereiche beinhalten, wobei die übertragenen Rechte solche sein müssen, die nach dem Betriebsverfassungsgesetz ursprünglich dem Übertragenden zustehen.[772] Eine Delegationsmöglichkeit „nach unten“ ist im Betriebsverfassungsgesetz nicht vorgesehen.

Diese aufgezeigte Zuständigkeitsabgrenzung eröffnet dem Arbeitgeber Gestaltungsmöglichkeiten hinsichtlich der Zuständigkeit bestimmter Gremien für bestimmte Angelegenheiten.[773]

b. Beteiligungsrechte des Betriebsrats

Wichtigstes Mittel für eine effektive Ausübung der betrieblichen Mitbestimmung sind die dem Betriebsrat gesetzlich gewährten Beteiligungsrechte. Das Betriebsverfassungsgesetz enthält vier Arten von Beteiligungsrechten: Informationsrechte, Anhörungs- und Beratungs- sowie Initiativrechte, Widerspruchs- und Zustimmungsverweigerungsrechte und Mitbestimmungsrechte.[774] Die letzten beiden Beteiligungsformen sind Mitbestimmungsrechte, die ersteren

---

769 BAG 19.6.2012 – 1 ABR 19/11, NZA 2012, 1237; 14.11.2006 – 1 ABR 4/06, NZA 2007, 399; *Fitting*, § 50 BetrVG Rn. 21; Richardi/*Annuß*, § 50 BetrVG Rn. 13.

770 BAG 19.6.2012 – 1 ABR 19/11, NZA 2012, 1237, 1239; 15.1.2002 – 1 ABR 10/01, NZA 2002, 988.

771 BAG 18.7.2017 – 1 ABR 59715, BeckRS 2017, 128317 Rn. 19; 19.6.2012 – 1 ABR 19/11, NZA 2012, 1237; *Fitting*, § 50 BetrVG Rn. 22; ErfKomm/*Koch*, § 50 BetrVG Rn. 3; Richardi/*Annuß*, § 50 BetrVG Rn. 19; *Salamon*, NZA 2013, 708, 709.

772 BAG 26.1.1993 – 1 AZR 303/92, NZA 1993, 714; *Rieble*, RdA 2005, 26, 29; *Fitting*, § 50 BetrVG Rn. 65; Richardi/*Annuß*, § 50 BetrVG Rn. 54.

773 Siehe dazu § 3B.III.2.b.aa, S. 152 ff

774 *Schaub/Koch*, Betriebsrat (Beteiligungsrechte), I. 1.; *Fitting*, § 1 BetrVG Rn. 242.

beiden (nur) sogenannte Mitwirkungsrechte.[775] Mitbestimmungsrechte sind die stärkste Form der Beteiligung; eine Maßnahme des Arbeitgebers, die der Mitbestimmung unterliegt, kann regelmäßig nur mit Zustimmung des Betriebsrats getroffen werden.[776] Mitwirkungsrechte umfassen dagegen nur die Beratungs- und Mitsprachemöglichkeiten bei Entscheidungen des Arbeitgebers, deren Wirksamkeit nicht von der Zustimmung des Betriebsrats oder dritten Stellen abhängt, sondern allenfalls von der vorherigen Unterrichtung und Beteiligung des Betriebsrates.[777] Die Mitwirkungsrechte sind als schwächere Form der Arbeitnehmerbeteiligung dennoch von erheblicher Bedeutung.[778] Zum einen dienen sie als Grundlage für eine weitergehende Beteiligung des Betriebsrats und zum anderen bewirken diese, dass das Gebot der vertrauensvollen Zusammenarbeit gewahrt bleibt (§ 2 Abs. 1 BetrVG). Denn Arbeitgeber und Betriebsrat sind so letztlich gezwungen, bei jeder relevanten Meinungsverschiedenheit rechtzeitig miteinander zusammenzuarbeiten.[779]

2. *Beeinträchtigung der Ausübung von betrieblicher Mitbestimmung durch Dezentralisierung von Organisationsstrukturen*

Die Dezentralisierung ist eines der Merkmale der Reorganisation bestehender Arbeitsorganisationen und dient der Enthierarchisierung, dem Schaffen neuer Arbeitsformen und der Förderung der eigenständigen Teamarbeit; sie soll den Mitarbeitern ein höheres Maß an Kompetenz, Eigenverantwortung, Selbstorganisation und Partizipation einräumen.[780] Letztlich führt diese Art der Reorganisation zur Umgestaltung des Betriebes als wirtschaftliche und soziale Einheit. Sie ist auch von Einfluss auf die bestehenden Interessenvertretungen und deren effektive Ausübung der Mitbestimmung.

a. *Aufbau komplexer Organisationsstrukturen*

Die Globalisierung und die immer neueren Entwicklungen der Industrie 4.0 ermöglichen ein weltweites Agieren von Unternehmen am Markt, sorgen aber

---

775 *Schaub/Koch*, Betriebsrat (Beteiligungsrechte), I. 1.

776 *Fitting*, § 1 BetrVG Rn. 243; Schaub/*Koch*, § 230 Rn. 5.

777 *Fitting*, § 1 BetrVG Rn. 243.

778 *Fitting*, § 1 BetrVG Rn. 244.

779 *Fitting*, § 1 BetrVG Rn. 244; GK-BetrVG/*Kreutz/Jacobs*, § 74 BetrVG Rn. 9; Richardi/*Maschmann*, § 74 BetrVG Rn. 4.

780 *Müller-Jentsch*, Der Wandel der Unternehmens- und Arbeitsorganisation, S. 576.

letztlich auch für eine zunehmende Dezentralisierung der Arbeitsorganisation.[781] Diese Arbeitsorganisationen sind gekennzeichnet durch immer kleiner werdende autonome, rechtliche verselbstständigte Einheiten und die Auslagerung von Produktionen zur Durchführung von Dritten auf Basis entsprechender Dienstleistungsbeziehungen.

aa. Zergliederung in kleine autonome Einheiten

An die Stelle von Unternehmenshierarchien treten dezentrale, modulare Gebilde, welche von Autonomie, Kooperation und indirekter Führung geprägt sind, sog. flache Hierachien.[782] So werden bspw. Personal und Produktion im Unternehmen vermehrt nicht mehr zentral verwaltet, sondern in dezentrale Entscheidungsstrukturen zergliedert.[783] Hinzu kommt, dass sich die Einheiten immer verkleinern, teilweise nur temporär existieren und oft unternehmensübergreifend agieren.[784]

bb. Rechtlich verselbstständigte Unternehmensfunktionen

Verschiedene Funktionen eines Unternehmens, die früher einheitlich in einer Gesellschaft angesiedelt waren, werden heute auf mehrere Gesellschaften verteilt und rechtlich verselbstständigt. Dabei kann durchaus von einer „Flüchtigkeit" rechtlicher Strukturen ausgegangen werden, vor allem, wenn zunehmend virtuelle Unternehmensnetzwerke entstehen.[785] Besonders multinationale Unternehmen verwenden Matrixorganisationen, lagern Bereiche aus und auch wieder ein oder Unternehmen werden ohne formale Konzernstrukturen beherrscht sowie findet in Projekten eine weltweite Zusammenarbeit statt.[786]

cc. Auslagerung von Produktionen

Eine Reduzierung der Fertigungstiefe innerhalb von Produktionen, die sogenannte „systematische Rationalisierung", wurde im Rahmen der Prozessoptimierung schon Mitte der 1980er Jahre begonnen. Seit Anfang der 1990er Jahre geriet das Thema auch unter dem Aspekt der Beeinträchtigung der betrieblichen

---

781 *Günther/Böglmüller*, NZA 2015, 1025, 1026; *Klebe*, NZA-Beilage 2017, 77; *Rieble*, NZA-Beilage 2014, 28, 30; *Bauer/Herzberg*, NZA 2011, 713, 718.

782 Richardi/*Maschmann*, § 1 BetrVG Rn. 110.

783 *Günther/Böglmüller*, NZA 2015, 1025, 1026.

784 *Günther/Böglmüller*, NZA 2015, 1025, 1026.

785 *Klebe*, NZA-Beilage 2017, 77, 79.

786 *Klebe*, NZA-Beilage 2017, 77, 79.

Mitbestimmung zunehmend in den Fokus.[787] Wie auch heutzutage wurde die Ausübung der betrieblichen Mitbestimmungsrechte der Zulieferbetriebe und Subzulieferbetriebe durch den Hauptproduzenten als beeinträchtigt angesehen.[788]

b. Formen dezentralisierter Organisationsstrukturen

aa. Management Holding

Die Holding ist weder gesetzlich noch einheitlich definiert.[789] Unter einer Holding wird ein Unternehmen verstanden, dessen betrieblicher Hauptzweck im Halten einer auf Dauer angelegten Beteiligung an einem oder mehreren anderen rechtlich selbstständigen Unternehmen liegt.[790] Die Management Holding (auch Führungsholding genannt) hat in ihrer typischen Ausgestaltung keine eigenen produktionswirtschaftlichen Tätigkeiten, also kein eigenes operatives Geschäft.[791] Aufgabe der Management Holding ist es, die unternehmerische Führung der Tochter- und ggf. Enkelgesellschaften in einer Gesellschaft zu bündeln.[792] Dies kann mittels Unternehmensverträgen, faktisch über ein zentrales Planungs- oder Finanzmanagement oder einer Personalunion, auf den Führungsebenen erfolgen.[793] Kennzeichnendes Merkmal einer Management Holding ist demzufolge, dass diese als Spitze einer Unternehmensgruppe das operative Geschäft den Tochterunternehmen überlässt und sich auf die Aufgaben der strategischen Steuerung sowie der Konzernkoordination und -kontrolle beschränkt.[794] Die Management Holding hält nicht nur die Beteiligungen an den Tochterunternehmen, sondern führt diese auch.[795] Zu diesen konzernleitenden bzw. strategischen Entscheidungen gehören bspw. die Festlegung einer langfristigen Unternehmenspolitik, dabei vor allem die entsprechende Organisation und Zuständigkeitsregelung aller der Unternehmensgruppe angehörenden Unternehmen, die einheitliche Leitungs- und Weisungsausübung, ein einheitliches

787 *Däubler*, in: Management von Netzwerkorganisationen, S. 342 ff.
788 *Däubler*, in: Management von Netzwerkorganisationen, S. 342 ff.
789 Holding-Hdb/*Lutter*, § 1 Rn. 1.11.
790 *Keller*, S. 32; Holding-Hdb/*Lutter*, § 1 Rn. 1.11.
791 Holding-Hdb/*Lutter*, § 1 Rn. 1.16.
792 Holding-Hdb/*Lutter*, § 1 Rn. 1.16.
793 Holding-Hdb/*Lutter*, § 1 Rn. 1.16.
794 *Bühner*, S. 145 ff.; Holding-Hdb/*Lutter*, § 1 Rn. 1.16.
795 Hasselbach/Nawroth/Rödding/*Mentz*, Teil A Rn. 19; Holding-Hdb/*Lutter*, § 1 Rn. 1.17.

Berichtssystem, die Ausübung eines konzernweiten Compliancesystems sowie die zentrale Finanzhoheit.[796]

Die Management Holding kann selbst ein Betrieb iSd § 1 Abs. 1 Satz 1 BetrVG sein, wenn sie mehr als fünf wahlberechtigte Arbeitnehmer beschäftigt. Für die betriebliche Mitbestimmung der Arbeitnehmer ist die Bildung einer überbetrieblichen Interessenvertretung innerhalb der Management Holding aber von Bedeutung. Denn die Management Holding trifft die konzernleitenden bzw. strategischen Entscheidungen für die gesamte Unternehmensgruppe. Die Bildung einer Arbeitnehmervertretung in der Management Holding ist für die sachgerechte Ausübung von Mitbestimmungsrechten wichtig – denn nur so können die Arbeitnehmer der untergeordneten Betriebe Einfluss auf die Stelle der wesentlichen Konzentration der Entscheidungsmacht ausüben.

Gesetzliche Möglichkeit zur Gewährleistung der Mitbestimmung auf dieser Ebene ist die Bildung eines Konzernbetriebsrats gem. §§ 54 ff. BetrVG. Die Errichtung eines Konzernbetriebsrats ist jedoch rein fakultativ. Wird er nicht errichtet, z. B. weil die Betriebs- oder Gesamtbetriebsräte von der Möglichkeit des § 54 Abs. 1 BetrVG keinen Gebrauch machen oder die Konzernmutter im Ausland sitzt, sind die Arbeitnehmer an den Entscheidungen der Konzernobergesellschaft nicht beteiligt. Aber auch der gebildete Konzernbetriebsrat gewährleistet nicht die 100-prozentige Mitbestimmung der Arbeitnehmer auf Konzernebene und ist ebenfalls Gestaltungsmöglichkeiten zur Einschränkung einer Mitbestimmung auf dieser Ebene ausgesetzt, vor allem aufgrund der gesetzlich festgeschriebenen Zuständigkeitsbegrenzung. § 58 BetrVG setzt einen spezifischen Konzernbezugs der zu regelnden Materie voraus, welcher nur bei Betroffenheit von mindestens zwei Konzernunternehmen zu bejahen ist.[797] Weiter darf die Angelegenheit nicht schon allein auf Unternehmensebene regelbar sein.[798] Letztere Voraussetzung meint dabei nicht die objektive Unmöglichkeit der Regelung durch die einzelnen Gesamt- bzw. Betriebsräte, sondern dass ein zwingendes Erfordernis für eine konzerneinheitliche oder zumindest unternehmensübergreifende Regelung besteht.[799] Eine Zuständigkeitsabgrenzung der einzelnen Repräsentationsebenen richtet sich letztlich danach, ob bei einer Ausübung der Mitbestimmung auf unterer Repräsentationsebene entweder

796 *Keller*, S. 36 f.; *Bühner*, S. 95 ff.; Holding-Hdb/*Lutter*, § 1 Rn. 1.17.

797 *Fitting*, § 58 BetrVG Rn. 9; Holding-Hdb/*Wackerbarth*, § 12 Rn. 12.175.

798 *Fitting*, § 58 BetrVG Rn. 9; Holding-Hdb/*Wackerbarth*, § 12 Rn. 12.175; siehe dazu auch § 3B.III.1.a, S. 146.

799 BAG 22.7.2008 – 1ABR 40/07, NZA 2008, 1248; 19.6.2007 – 1 AZR 454/06, NZA 2007, 1184; *Fitting*, § 58 BetrVG Rn. 11.

Mitbestimmungsrechte einzelner Arbeitnehmervertretungen entwertet würden, weil diese an parallele Regelungen derselben Angelegenheit in anderen Betrieben bzw. Unternehmen gebunden wären, um eine notwendig einheitliche Regelung nicht zu gefährden, oder aber die Ausübung durch verschiedene Mitbestimmungsträger eine notwendig einheitliche Regelung infrage stellen würde.[800] Aber auch hier verbleibt ein Gestaltungsspielraum: So kann sich ein zwingendes objektives Erfordernis für die Zuständigkeit eines Gremiums aus technischen oder rechtlichen Umständen ergeben.[801] Denn der Arbeitgeber entscheidet über die betrieblichen Abläufe; er kann im Rahmen der technischen Möglichkeiten und des operativ-betriebswirtschaftlich Sinnvollen Vorgaben über organisatorische Verklammerungen einzelner betrieblicher bzw. unternehmerischer Maßnahmen treffen und durch diese Ausgestaltung auch etwa die Zuständigkeit der Gremien auf höheren Repräsentationsebenen vermeiden.[802]

Bei Betriebsänderungen können Verlagerungen von Betriebsteilen in andere Betriebe gezielt zur Zuständigkeitsbegründung des Gesamtbetriebsrats bzw. – bei unternehmensübergreifenden Planungen – des Konzernbetriebsrats genutzt werden, sofern mit der Betriebsspaltung in einem Betrieb eine Zusammenlegung von Betrieben/Betriebsteilen in einem anderen Betrieb verbunden ist.[803] Aufgrund der funktionalen Gestaltbarkeit des betriebsverfassungsrechtlichen Betriebsbegriffs über die Ausgestaltung der Leitungsmacht des Entscheidungsträgers, ist dies durch die abstrakte Gestaltung von Vertretungsregelungen (Vollmachten) umsetzbar.[804]

Weitergehende Gestaltungsspielräume bestehen für den Arbeitgeber bei teilmitbestimmten Angelegenheiten, dies gilt insbesondere für freiwillige Leistungen.[805] Ist der Arbeitgeber einseitig berechtigt, mitbestimmungsfrei über das „Ob" einer begünstigenden Leistung zu entscheiden, kann er diese Leistung von einer überbetrieblichen bzw. unternehmensübergreifenden Regelung abhängig machen und folglich die Zuständigkeit der gewünschten betriebsverfassungsrechtlichen Repräsentationsebene erzwingen.[806] Diese Gestaltungsspielräume

---

800 *Salamon*, NZA 2013, 708, 710.

801 BAG 22.7.2008 – 1ABR 40/07, NZA 2008, 1248; *Fitting*, § 58 BetrVG Rn. 11.

802 *Salamon*, NZA 2013, 708, 710.

803 BAG 3.5.2006 – 1 ABR 15/05, NZA 2007, 1245, 1247; 23.10.2002 – 7 ABR 55/01, NZA 2003, 1360; *Salamon*, NZA 2013, 708, 710.

804 *Salamon*, NZA 2013, 708, 710; Holding-Hdb/*Wackerbarth*, § 12 Rn. 12.175.

805 *Salamon*, NZA 2013, 708, 710; Holding-Hdb/*Wackerbarth*, § 12 Rn. 12.176.

806 BAG 23.3.2010 – 1 ABR 82/08, NZA 2011, 642, 643; 10.10.2006 – 1 ABR 59/05, NZA 2007, 523, 525; *Fitting*, § 50 BetrVG Rn. 24; *Salamon*, NZA 2013, 708, 711; Holding-Hdb/*Wackerbarth*, § 12 Rn. 12.176.

sind zwar nicht unbegrenzt, ermöglichen aber Strategien, welche eine betriebliche Mitbestimmung an den entscheidenden Unternehmensträgern reduzieren bzw. vermeiden oder auch ganz bewusst entstehen lässt.

bb. Matrixorganisationen

Matrixorganisationen[807] als Form der dezentralen Organisation von Arbeit können von Einfluss auf die Organisation betriebsverfassungsrechtlicher Gremien sein. Die in der Matrixstruktur vermehrte Dezentralisierung von Managementaufgaben kann das Auffinden einer einheitlichen Leitung als Voraussetzung einer betriebsratsfähigen Organisationseinheit erschweren.[808] Denn die Matrixstruktur teilt Weisungsrechte auf und beeinflusst entsprechend die Führungsstruktur im Unternehmen. Eine „Flucht aus dem Betriebsverfassungsgesetz“ ist aber durch die Einführung von Matrixstrukturen im Allgemeinen nicht möglich.[809] Bei Matrixstrukturen in Konzernen bestehen neben den vertikalen Hierarchien innerhalb der einzelnen Konzernunternehmen weitere horizontale Hierarchieebenen in Form von unternehmensübergreifenden Funktions- und Produktionsbereichen.[810] Wie oben schon ausführlich erläutert, kann das Weisungsrecht auf den Vertragsarbeitgeber und den Matrixmanager der steuernden Einheit aufgespalten werden.[811] Dies lässt aber keinen Gemeinschaftsbetrieb iSd § 1 Abs. 2 BetrVG entstehen. Es fehlt an dem erforderlichen einheitlichen Leitungsapparat, da die disziplinarische Eigenständigkeit der Unternehmen auch innerhalb der Matrix prinzipiell fortbesteht.[812]

Betriebsverfassungsrechtliche Auswirkungen können entstehen, wenn die Matrixmanager keine mitbestimmungsrechtlich relevanten Arbeitgeberfunktionen in personellen und sozialen Angelegenheiten ausüben. In diesem Fall reduziert sich die Entscheidungsmacht der Leitung vor Ort.[813] Denn die maßgebenden Entscheidungen in personellen und sozialen Angelegenheiten müssen tatsächlich im Betrieb fallen, ansonsten laufen die Beteiligungsrechte des

---

807 Siehe für die Definition § 3A.II.1.d.bb, S. 89.

808 *Witschen*, RdA 2016, 38, 41.

809 *Kort*, NZA 2013, 1318, 1321.

810 Richardi/*Maschmann*, § 1 BetrVG Rn. 101; *Fitting*, § 1 BetrVG Rn. 226a; *Dörfler/Heidemann*, AiB 2012, 196.

811 Siehe oben § 3A.II.1.d.bb, S. 89.

812 *Günther/Böglmüller*, NZA 2015, 1025, 1026; *Bauer/Herzberg*, NZA 2011, 713; *Kort*, NZA 2013, 1318, 1320.

813 *Schubert* (2017), S. 40.

Betriebsrats vor Ort leer.[814] Eine Zentralisierung der Entscheidungsbefugnisse kann folglich dazu führen, dass eine betriebsratsfähige Organisationseinheit erst bei den übergeordneten Entscheidungsträgern besteht, wenn den untergeordneten Personen die Leitungsmacht fehlt.[815] Betriebsleitung und Unternehmensleitung fallen dann zusammen – es ist lediglich ein einheitlicher Betriebsrat für das Unternehmen zu errichten.[816]

Aufgrund der Rechtsprechung des ArbG Frankfurt aM[817] sowie des LAG Hessen[818] nehmen einige Stimmen der Literatur[819] an, es genüge ein „Mindestmaß an Organisation" für das Gegebensein eines Betriebs, sodass auch in Einheiten ohne eigenständige Leitungsmacht ein Betriebsrat zu bilden ist. Diese Auffassung kann mit dem Schutzzweck des Betriebsverfassungsgesetzes nur vereinbar sein, wenn die in den oben genannten Entscheidungen zugrunde liegenden Sachverhalte vorliegen. Eine Betriebsratsbildung war nicht möglich, weil sich in den Organisationsstrukturen in Deutschland keine einheitliche personelle Leitung auffinden ließ und diese lediglich im Ausland existierte. Eine andere ausweitende Auslegung ist ansonsten stets zu verneinen. Auch beschränken sich die Mitbestimmungsrechte eines so errichteten Betriebsrats auf den Betrieb im Inland und es kommt nicht zur Inpflichtnahme von Managern in ausländischen Betrieben.[820]

Weitere betriebsverfassungsrechtliche Auswirkungen sind gegeben, wenn die Matrixmanager neben den funktionell zuständigen Betriebsleitungen mitbestimmungsrechtlich relevante Arbeitgeberfunktionen in personellen und sozialen Angelegenheiten ausüben.[821] Dies kann eine „betriebliche Doppelstruktur" hervorrufen, in der – spiegelbildlich zur Aufspaltung der Arbeitgeberfunktionen – neben die „realen Betriebe" der Konzernunternehmen die auf Matrixzellen bezogene „virtuelle Matrixbetriebe" treten und die Zuordnung der Arbeitnehmer zum Betrieb erschweren.[822] Nach Auffassung der Rechtsprechung und einem Teil der Literatur ist entscheidend, dass infolge der Ausübung des

814 BAG 22.6.2005 – 7 ABR 57/04, NZA 2005, 1248; *Fitting*, § 1 BetrVG Rn. 71 f.; GK-BetrVG/*Franzen*, § 1 BetrVG Rn. 43; *Schubert* (2017), S. 42.

815 *Schubert* (2017), S. 42; *Kort*, NZA 2013, 1318, 1321.

816 *Konzen*, S. 106, *Berger*, S. 228.

817 ArbG Frankfurt a.M. 21.7.2009 – 12 BV 184/09, BeckRS 2013, 72862.

818 LAG Hessen 13.4.2011 – 8 Sa 922/10, BeckRS 2011, 75839.

819 *Berger*, S. 222 ff.; für eine einzelfallbezogene Betrachtung *Schubert* (2017), S. 47.

820 *Schubert* (2017), S. 50.

821 Richardi/*Maschmann*, § 1 BetrVG Rn. 101; *Schubert* (2017), S. 40.

822 Richardi/*Maschmann*, § 1 BetrVG Rn. 101; *Schubert* (2017), S. 40.

fachlichen Weisungsrechts durch die steuernde Einheit eine organisatorische Verknüpfung zwischen dieser und dem Weisungsrecht unterworfenen Arbeitnehmer besteht, die betriebsverfassungsrechtlich relevant ist.[823] Bei doppelter Betriebszugehörigkeit ergibt sich daraus konsequent das doppelte Eingreifen von betriebsverfassungsrechtlichen Bestimmungen: Der Arbeitnehmer ist dann aktiv und passiv wahlberechtigt, wird bei Berechnung aller (Schwellen-)Werte mitgezählt, fällt in den persönlichen Anwendungsbereich der Betriebsvereinbarungen beider Betriebe und die Interessenvertretungen der betroffenen Betriebe haben kumulativ Mitwirkungs- und Mitbestimmungsrechte sowie gelten für den Arbeitnehmer die Betriebsvereinbarungen beider Betriebe.[824] Folglich können betriebsverfassungsrechtliche Mitwirkungs- und Mitbestimmungsrechte bei der Schaffung und Durchführung von Matrixstrukturen sowohl aus Sicht des Vertragsarbeitgebers als auch aus Sicht der steuernden Einheit bestehen.[825]

Matrixstrukturen können die Zuständigkeiten des Konzernbetriebsrats gem. §§ 54 ff. BetrVG auslösen; sie können aber auch dazu genutzt werden, die Bildungsvoraussetzungen des Konzernbetriebsrates entfallen zu lassen. Dazu müssen die Matrixstrukturen im Einzelfall so ausgestaltet sein, dass die operative Leitung nicht durch die Geschäftsleitung der Muttergesellschaft erfolgt, sondern ausschließlich in gesellschaftsübergreifenden Matrix-Einheiten stattfindet.[826] Diese Organisationsstruktur ist kein Konzern iSd § 54 Abs. 1 BetrVG iVm § 18 Abs. 1 AktG.

Matrixstrukturen können in bestimmtem Umfang trotz Zergliederung und Dezentralisierung der Arbeitsorganisation vom Betriebsverfassungsgesetz bewältigt und eine betriebliche Interessenvertretung installiert werden. Andererseits kann die Arbeitsorganisation in Matrixstrukturen wie viele andere Formen der Arbeitsorganisation zur Vermeidung der Bildung und Ausübung der betrieblichen Mitbestimmung genutzt werden. Auch hier kann der Arbeitgeber rechtlich zulässige Gestaltungsspielräume je nach Interessenlage nutzen.

---

823 LAG Düsseldorf 10.2.2016 – 7 TaBV 63/15, BeckRS 2016, 68795; LAG Berlin-Brandenburg 17.6.2015 – 17 TaBV 277/15, NZA-RR 2015, 529; LAG Baden-Württemberg 28.5.2014 – 4 TaBV 7/13, BeckRS 2014, 70642; *Fitting*, § 1 BetrVG Rn. 226c; *Kort*, NZA 2013, 1318, 1324; aA Richardi/*Maschmann*, § 1 BetrVG Rn. 105.

824 *Kort*, NZA 2013, 1318, 1324; *Maywald*, S. 159; *Lambrich/Schwab*, NZA-RR 2013, 169, 172.

825 *Kort*, NZA 2013, 1326.

826 *Günther/Böglmüller*, NZA 2015, 1025, 1027; *Kort*, NZA 2013, 1318, 1323.

cc. Betriebsaufspaltungen und Unternehmensteilungen

Betriebsspaltungen und Unternehmensteilungen als Umstrukturierungsmaßnahmen dienen häufig der Reorganisation von Unternehmen in kleinere autonome Einheiten und führen im Ergebnis auch zur Dezentralisierung der Arbeitsorganisation eines Unternehmens.

Zunächst muss bei diesen Formen der Unternehmensumstrukturierung unterschieden werden zwischen der Unternehmens- und der Betriebsebene. Eine Betriebsspaltung ist die Teilung der arbeitsorganisatorischen Einheit, innerhalb derer der Arbeitgeber mit Hilfe eines oder mehrerer Arbeitnehmer fortgesetzt einen oder mehrere Betriebszwecke verfolgt.[827] Folge einer solchen Teilung ist, dass zwei oder mehrere Betriebe entstehen, die eigenständig geführt werden.[828] Allein die auf betrieblicher Ebene stattfindende Betriebsteilung ist nicht automatisch von Einfluss auf den Rechtsträger. Eine solche kann lediglich auf organisatorischen Maßnahmen beruhen, welche die Ebene des agierenden Rechtsträgers nicht betreffen.[829] Betriebsspaltungen sind von unterschiedlichsten Motiven getragen: Größere Kundennähe, das Ziel einer betriebsverfassungsrechtlichen Trennung von Produktions- und Verwaltungseinheit oder die Zuständigkeitsentziehung des Betriebsrates für diesem vorher zugewiesene Mitarbeiter.[830] In der Praxis geht die Verselbstständigung betrieblicher Einheiten zumeist mit der Übertragung auf einen eigenständigen Rechtsträger einher, besonders dann, wenn die Verselbstständigung nicht nur auf betriebsorganisatorischen Erwägungen beruht, sondern zusätzlich von tarifrechtlichen Zielsetzungen geleitet ist.[831] In dem abgespaltenen Betrieb kann zudem das bestehende Betriebsratsamt erlöschen, wenn der Betrieb dermaßen atomatisiert wird, dass ein verbliebener „Kernbetrieb" nicht mehr gegeben ist und die Identität des Betriebes verloren geht.[832] Allerdings besteht in diesem Fall ein Restmandat gem. § 21b BetrVG. Ansonsten bleibt der Betriebsrat des Ursprungsbetriebs im Amt, soweit die Belegschaftsstärke nicht derart absinkt, dass die Voraussetzungen

---

827 *Gaul*, § 2 Rn. 24.

828 *Gaul*, § 2 Rn. 24; *Willemsen*/Hohenstatt/Schweibert/Seibt, B Rn. 46.

829 *Fitting*, § 111 BetrVG Rn. 86; *Gaul*, § 2 Rn. 24; Willemsen/*Hohenstatt*/Schweibert/Seibt, D Rn. 15.

830 Willemsen/*Hohenstatt*/Schweibert/Seibt, D Rn. 15.

831 Willemsen/*Hohenstatt*/Schweibert/Seibt, D Rn. 15.

832 BAG 19.11.2003 – 7 AZR 11/03, NZA 2004, 435; *Fitting*, § 21a BetrVG Rn. 9a; Richardi/*Thüsing*, § 21a BetrVG Rn. 5 ff.; GK-BetrVG/*Kreutz*, § 21a BetrVG Rn. 25.

für eine Neuwahl gem. § 13 Abs. 2 Nr. 1 BetrVG gegeben sind.[833] Die Spaltung des Betriebs als Form der Dezentralisierung bestehender betriebsverfassungsrechtlicher Einheiten löst allerdings die mitbestimmungsrechtlichen Verfahren der §§ 111, 112 BetrVG (Interessenausgleich und ggf. Sozialplan) aus. Denn in Unternehmen mit mehr als 20 wahlberechtigten Arbeitnehmern ist jede Betriebsspaltung eine mitbestimmungsbedürftige Betriebsänderung iSd § 111 Satz 3 Nr. 3 BetrVG.[834] Bei einer Betriebsspaltung im Rahmen eines Unternehmenskaufs (Asset Deal) ist, wenn die beteiligten Parteien einer solchen Transaktion demselben Konzern angehören und zuvor ein einheitlicher Betrieb bestand, außerdem zu bedenken, dass aus der Spaltung ein Gemeinschaftsbetrieb entstehen kann.[835]

Die Spaltung bzw. Teilung des Unternehmens ist streng von der Spaltung des Betriebs zu trennen.[836] Die Unternehmensspaltung führt zur Teilung des Vermögens eines Unternehmens bzw. des Rechtsträgers, der auf einen anderen übergeht.[837] Die Spaltung muss nicht zwingend nach § 123 UmwG erfolgen; das Vermögen kann auch in sonstiger Weise per Einzel- oder Gesamtrechtsnachfolge auf einen anderen Rechtsträger übertragen werden.[838] Soweit die Spaltung des Unternehmens aber mit der Spaltung des Betriebs zusammenfällt, unterfällt dieser Vorgang ebenfalls dem § 111 Satz 3 Nr. 3 BetrVG.[839] In der Praxis sind diese Vorgänge aber häufig voneinander getrennt, sodass betriebsverfassungsrechtlich auf der Ebene der einzelnen Betriebe keine Veränderungen eintreten, insbesondere dann, wenn Betriebe als Ganzes auf andere Rechtsträger übertragen werden.[840] Jedoch kann die Unternehmensspaltung trotz betriebsverfassungsrechtlicher Kontinuität die Entstehung eines Gemeinschaftsbetriebs gem. § 1 Abs. 2 Nr. 2 BetrVG herbeiführen. So kann zwar eine Dezentralisierung in gewissem Umfang abgemildert werden, jedoch bleibt es dem Arbeitgeber

---

833 BAG 19.11.2003 – 7 AZR 11/03, NZA 2004, 435; *Fitting*, § 21a BetrVG Rn. 9a; Richardi/*Thüsing*, § 21a BetrVG Rn. 6.

834 *Fitting*, § 111 BetrVG Rn. 86; Richardi/*Annuß*, § 111 BetrVG Rn. 100.

835 Willemsen/*Hohenstatt*/Schweibert/Seibt, D Rn. 17.

836 *Fitting*, § 111 Nr. 83; *Gaul*, § 2 Rn. 16 f.; Willemsen/*Hohenstatt*/Schweibert/Seibt, D Rn. 11.

837 *Gaul*, § 2 Rn. 25.

838 *Gaul*, § 2 Rn. 25.

839 BAG 10.12.1996 – 1 ABR 32/96, NZA 1997, 898; *Fitting*, § 111 BetrVG Rn. 83; GK-BetrVG/*Oetker*, § 111 BetrVG Rn. 135.

840 DKKW/*Buschmann*, § 21 BetrVG Rn. 34; *Fitting*, § 111 BetrVG Rn. 88; *Gaul*, § 27 Rn. 4; Willemsen/*Hohenstatt*/Schweibert/Seibt, D Rn. 11.

unbenommen, die einheitliche betriebliche Leitungsmacht mittels einer negativen Führungsvereinbarung zu entkräften. Die Spaltung von Betrieben und Unternehmensteilungen ermöglichen es daher, die Betriebszuständigkeiten zu verlagern. Mittels der Einführung einer neuen Arbeitsorganisation, speziell solcher, die durch eine Dezentralisierung geprägt sind, können neue betriebsverfassungsrechtliche Strukturen geschaffen und die Ausübung der betrieblichen Mitbestimmung an entscheidungsrelevanten Unternehmensstellen reduziert oder vermieden werden.

dd. Franchisekonzepte

Franchising ist eine Form der Absatzkooperation, bezeichnend dafür ist eine vertikale Kooperation beim Absatz von Waren oder die Erbringung von Dienstleistungen durch rechtlich selbstständige Unternehmen auf der Grundlage eines vertraglichen Dauerschuldverhältnisses.[841] Der Franchisenehmer verpflichtet sich, ein vom Franchisegeber entwickeltes Konzept, welches bestimmte Waren oder Dienstleistungen beinhaltet, im eigenem Namen und auf eigene Rechnung zu vertreiben.[842] Neben einer Franchise-Gebühr für die Nutzung des Franchise-Konzepts sichert sich der Franchisegeber die Kontrollrechte, um die Einheit des Waren- und Leistungsvertriebs zu gewährleisten; denn kennzeichnend für das Franchise-System ist die Verwendung einer einheitlichen Geschäftsbezeichnung, eines einheitlichen Markenzeichens und einer einheitlichen Aufmachung und Ausstattung.[843] Der Franchisenehmer ist aufgrund des Franchisevertrages nicht zur Erbringung einer Dienstleistung verpflichtet, sondern zur Errichtung und Führung seines eigenen Betriebs ganz oder überwiegend nach Anweisungen oder Richtlinien des Franchisegebers – er ist folglich selbstständiger Unternehmer.[844] Demzufolge ist das Unternehmen des Franchisenehmers auch die betriebsverfassungsrechtliche Organisationseinheit, in der ein Betrieb iSd Betriebsverfassungsgesetzes gebildet werden kann. Auf diese Einheit beschränkt sich auch die betriebliche Mitbestimmung: Bei einem Franchise-System kommt die Bildung eines Gesamtbetriebsrats nicht in Betracht, weil es an der einheitlichen Organisation und Leitung zwischen Franchisegeber und Franchisenehmer fehlt und somit beide eigenständige Unternehmen bilden.[845] Die

---

841 *Horn/Henssler*, ZIP 1998, 598, 598 ff.; MünchHdbARbR/*Schneider*, § 19 Rn. 77.

842 *Selzner*, S. 20; *Schipper*, S. 36.

843 LAG Düsseldorf 20.10.1987 – 16 TaBV 83/87, NJW 1988, 725 Rn. 121; MünchHdbARbR/*Schneider*, § 19 Rn. 77; *Richardi*, § 5 BetrVG Rn. 165.

844 BAG 24.4.1980 – 3 AZR 911/77, AP HGB § 84 Nr. 1; *Fitting*, § 5 BetrVG Rn. 89.

845 *Schwab*, NZA-RR 2007, 505, 506.

betriebsverfassungsrechtliche Mitbestimmung kann daher nicht dort ausgeübt werden, wo tatsächlich die entscheidungsrelevanten Entschlüsse getroffen werden, im Unternehmen des Franchisegebers.[846]

ee. Just-in-Time-Lieferketten

Just-in-Time-Produktionen sind nicht nur eine Form der Unternehmensorganisation, sondern zugleich eine Unternehmenskooperation.[847] Entwickelt wurde die Just-in-Time Produktion in der Automobilindustrie, da sie es den Herstellern von Kraftwagen ermöglichte, ihre Fertigungstiefe und den Lagerungsaufwand zu reduzieren.[848] Sie sind dadurch charakterisiert, dass Material nicht beim produzierenden Unternehmer bereitgehalten, sondern von Zulieferern in der richtigen Menge und zur rechten Zeit geliefert wird – so sollen Kosten und Risiken beim Endproduzenten reduziert werden.[849] Die wesentlichen Komponenten werden von Zulieferern bezogen und diese haben die Produkte in der richtigen Menge und Qualität exakt zum Montagezeitpunkt im Produktionsbetrieb zur Verfügung zu stellen, sodass die Lagerhaltung vom Hersteller auf den Zulieferer abgewälzt wird.[850] Die Produktionszyklen werden somit verkürzt, was letztlich aber einer engen Verzahnung der Arbeitsabläufe und einer damit einhergehenden intensiven Abstimmung zwischen den Beteiligten bedarf.[851] Der Zulieferer wird in die Arbeitsabläufe des Herstellers eingebunden und ist verpflichtet – auch kurzfristig – seine Produktion an die Vorgaben des Herstellers anzupassen.[852] Bezeichnend, aber nicht zwingend für diese Art der Produktion ist die räumliche Nähe der beteiligten Unternehmen.[853] Dennoch bilden diese Produktions- und Wertschöpfungsketten keine einheitliche Betriebseinheit; auch ist kein Gemeinschaftsbetrieb gegeben. Die einzelnen Verarbeitungsstufen der Produkte lassen keine (konkludente) Führungsvereinbarung zwischen den Unternehmen entstehen, auch fehlt es an der einheitlichen Leitungsmacht in

846 *Selzner*, S. 97 f.
847 *Schipper*, S. 32.
848 *Däubler*, in: Management von Netzwerkorganisationen, S. 344; Richardi/*Maschmann*, § 1 BetrVG Rn. 112.
849 *Wellenhofer-Klein*, S. 26; *Lange*, S. 41 ff.; *Schipper*, S. 32.
850 *Wellenhofer-Klein*, S. 26; *Wildemann*, S. 13 ff.; Richardi/*Maschmann*, § 1 BetrVG Rn. 112.
851 *Schipper*, S. 32; Richardi/*Maschmann*, § 1 BetrVG Rn. 112.
852 *Schipper*, S. 32.
853 *Schipper*, S. 32; Richardi/*Maschmann*, § 1 BetrVG Rn. 112.

personellen und sozialen Angelegenheiten, denn ein gemeinsamer Einsatz von Personal ist untypisch.[854] Diese lediglich unternehmerische Zusammenarbeit genügt letztlich nicht für die Annahme eines Betriebs.[855]

c. Auswirkungen der Dezentralisierung

aa. Reorganisation der Entscheidungs- und Verantwortungszuständigkeiten

Der Betriebsrat muss in dem durch die dezentralisierten und komplexen Organisationsstrukturen entstandenen Beziehungsgeflecht zunächst einen Adressaten haben, gegenüber dem er seine Mitbestimmungsrechte ausüben kann. Aber selbst wenn dieser besteht, kann die Ausübung von Mitbestimmungsrechten gegenüber diesem wirkungslos sein oder der Betriebsrat hat es gleich mit mehreren Arbeitgebern zu tun. So führt die Auslagerung und Übertragung betrieblicher Funktionen auf bspw. kleinere Unternehmen oder Selbstständige dazu, dass die Interessenvertretungen ihre Zuständigkeit verlieren und die denkbaren Zuständigkeiten in den verlagerten Unternehmen zu schwach oder inexistent sind.[856]

bb. Fehlende Teilhabe an zentralen Entscheidungen des Arbeitgebers

Entscheidungen werden nicht mehr zwingend im Arbeitgeberunternehmen, sondern dezentral und unternehmensübergreifend getroffen. Dies führt zur Gefahr eines Mitbestimmungsdefizits. Dies resultiert daraus, dass kein geeigneter Ansprechpartner mehr zur Verfügung steht oder der Vertragsarbeitgeber die betrieblichen Abläufe nicht mehr bestimmt, sondern sie Dritten überlässt.[857] So können von einem fokalen Unternehmen abhängige Unternehmen Fragen des Personal- und Technikeinsatzes kaum selbst entscheiden; der Betriebsrat steht einem Arbeitgeber gegenüber, der selbst keinen entscheidenden Einfluss mehr in diesen Angelegenheiten ausübt.[858]

---

854 *Wisskirchen/Block*, NZA-Beilage 2017, 90, 93.

855 BAG 18.1.2012 – 7 ABR 72/10, NZA-RR 2013, 133; 22.6.2005 – 7 ABR 57/04, NZA 2005, 1248; *Fitting*, § 1 BetrVG Rn. 82; *Wisskirchen/Block*, NZA-Beilage 2017, 90, 93.

856 *Müller-Jentsch*, MittAB 1998, 575, 582.

857 *Wisskirchen/Block*, NZA-Beilage 2017, 90.

858 *Müller-Jentsch*, MittAB 1998, 575, 582.

cc. Verhinderung einer kontinuierlichen Interessenvertretung

Bestehende Betriebsräte auf Betriebs-, Unternehmens- und Konzernebene können eine effektive Betriebsarbeit nur ausüben, wenn sie als dauerhafte Arbeitnehmerinteressenvertretung bestehen.[859] Nicht von Dauerhaftigkeit geprägte Organisationskonzepte wie Gesellschaften auf Zeit oder Projektarbeit beeinflussen die Betriebsratsarbeit maßgeblich.[860] Auch Betriebsaufspaltungen und Unternehmensteilungen können von Arbeitgebern effektiv genutzt werden, die betriebliche Mitbestimmung zu verändern und von Einfluss auf die dauerhafte Installierung eines Betriebsrats sein. Dem Arbeitgeber kommt hier ein alleiniger Konzeptions- und Gestaltungsspielraum zu. Mittels einer Dezentralisierung kann der Arbeitgeber Zuständigkeiten verlagern, indem er Angelegenheiten des Konzern- und Gesamtbetriebsrats „nach unten" bewegt.[861] Aber auch das Aufspalten von Betrieben und Zusammenlegen führt zur Verhinderung einer dauerhaften konstanten Interessenvertretung.[862] Dem Betriebsrat verbleibt je nach organisatorischer Gestaltung der Betriebsspaltung lediglich ein Übergangs- oder Restmandat gem. den §§ 21a, 21b BetrVG. Änderungen der Organisationsstruktur sind folglich ein gestalterisches Mittel des Arbeitgebers, die dauerhafte Installierung eines Betriebsrats zu verhindern, denn die Verlagerung der Zuständigkeit für bestimmte Angelegenheiten oder personelle Veränderungen des Betriebsrats aufgrund von Neuwahlen beeinflussen die Arbeit von Betriebsräten nachhaltig.

d. *Möglichkeiten der Gewährleistung der Ausübung von betrieblicher Mitbestimmung*

Die nachfolgenden im Betriebsverfassungsgesetz enthaltenen Instrumentarien sollen trotz der Beeinflussung der Dezentralisierung auf die Ausübung der betrieblichen Mitbestimmung weiterhin die betriebliche Mitbestimmung gewährleisten. Dies kann selbstverständlich gelingen, wenn Arbeitnehmer- und Arbeitgeberseite zusammenwirken. Bei einem Dissens beider Akteure können durch Vermeidungsstrategien des Arbeitgebers die Mitbestimmungsgremien oder die Qualität der Mitbestimmungsausübung an den relevanten unternehmerischen Entscheidungen reduziert werden.

---

859 *Artus/Kreatsch/Röbenack*, S. 44 f.

860 Siehe dazu schon § 3B.II.5.a.bb, S. 137.

861 *Rieble* in: Bewegliche Mitbestimmung, S. 98; *Salamon*, NZA 2013, 708.

862 Siehe dazu oben § 3B.II.5.b, S. 139.

aa. Gesamt- und Konzernbetriebsrat

Der Gesamtbetriebsrat agiert auf der Repräsentationsebene, die der Reichweite der Entscheidungsgewalt des Rechtsträgers entspricht.[863] In dezentralisierten Organisationsstrukturen, welche sich in viele kleine Betriebe aufteilen, soll so die Möglichkeit gewahrt bleiben, eine möglichst nah an den oberen Entscheidungsträgern befindliche Arbeitnehmerinteressenvertretung zu installieren. Aber nicht in jeder Form dezentraler Organisationen ist die Installierung eines Gesamtbetriebsrates möglich, vor allem, wenn es an der rechtlichen Identität der Betriebe des betreibenden Unternehmens fehlt. Denn für Betriebe verschiedener Unternehmen kann kein Gesamtbetriebsrat gebildet werden.[864] Deutlich wird dies vor allem in der Gesellschaftsform der GmbH & Co. KG. Besitzen die Komplementärin sowie die Kommanditgesellschaft eigenständige Betriebe, es fehlt aber an einer einheitlichen Leitung dieser Betriebe, scheidet die Bildung eines Gesamtbetriebsrates aus.[865] Dies gilt ebenso für Franchisesysteme.[866]

Der Gesamtbetriebsrat ist kein unternehmens-, sondern ein betriebsbezogenes Gremium, er hat kein eigenes Amt, ist durch die Betriebsräte der Betriebsebene legitimiert und nimmt deren Mitbestimmungsangelegenheiten war.[867] Dies eröffnet dem Arbeitgeber einen Gestaltungsspielraum hinsichtlich der Reduzierung der Betriebsratsgremien oder Betriebsratszuständigkeit, denn der Bestand des Gesamtbetriebsrats ist vom Bestand des Unternehmens und seiner mindestens zwei Betriebe abhängig[868]. So entfällt der Gesamtbetriebsrat, wenn sich die Zahl der Betriebe durch Veräußerung oder Stilllegung reduziert und damit die Errichtungsvoraussetzungen entfallen. Ebenso können die Verschmelzung zur Neugründung (§ 2 Nr. 2 UmwG) oder zur Aufnahme (§ 2 Nr. 1 UmwG), die Aufspaltung (§ 123 Abs. 1 UmwG), die Abspaltung (§ 123 Abs. 2 UmwG) oder die Ausgliederung (§ 123 Abs. 3 UmwG) von Einfluss auf das Bestehen des Gesamtbetriebsrates sein, wenn infolgedessen die einzelne Betriebsstruktur verändert wird.[869] Sofern dem Betriebsrat kein Initiativrecht zukommt, ist es vor allem in dezentral aufgebauten Organisationen dem Arbeitgeber möglich seinen

863 *Salamon*, NZA 2013, 708.

864 BAG 17.4.2012 - 3 AZR 400/10, BB 2012, 57; 17.3.2010 - 7 AZR 706/08, NJOZ 2010, 1831; 23.1.2008 - 1 AZR 988/06, NZA 2008, 709.

865 DKKW/*Trittin*, § 47 BetrVG Rn. 25; *Fitting*, § 47 BetrVG Rn. 10.

866 GK-BetrVG/*Kreutz*, § 47 BetrVG Rn. 25; Richardi/*Annuß*, § 47 BetrVG Rn. 12; DKKW/*Trittin*, § 47 BetrVG Rn. 29.

867 *Salamon*, RdA 2008, 24, 32; *Schul*, S. 236.

868 *Fitting*, § 47 BetrVG Rn. 18.

869 Willemsen/*Hohenstatt*/Schweibert/Seibt, D. Rn. 109 ff.

Konzeptions- und Gestaltungsspielraum zu nutzen und die Angelegenheit mittels ihres Regelungsbezugs zur Betriebs-, Unternehmens- oder Konzernebene mitbestimmungsfrei zu gestalten.[870] Der Arbeitgeber entscheidet letztlich frei, ob er Organisationsmaßnahmen betriebsbezogen, betriebsübergreifend oder unternehmensübergreifend plant.[871] Gerade mittels der Dezentralisierung kann der Arbeitgeber Angelegenheiten der Zuständigkeit des Konzern- oder Gesamtbetriebsrats nach „unten verlagern".

Weiteres Instrument zur Beteiligung der Arbeitnehmer an der Entscheidungsmacht des Arbeitgebers ist der Konzernbetriebsrat, welcher sich in dezentralisierten Organisationsformen nur teilweise zu dieser Zweckverfolgung eignet. Die betriebliche Mitbestimmung im Konzern dient nicht der Erweiterung der betriebsverfassungsrechtlichen Mitbestimmungs- und sonstigen Beteiligungsrechte.[872] Die §§ 54 ff. BetrVG ermöglichen nur eine Arbeitnehmerrepräsentation innerhalb der gesellschaftsrechtlich vorgegebenen Strukturen; eine bestehende Konzernstruktur kann nicht mittels des Betriebsverfassungsrechts verändert werden.[873] Dies gilt insbesondere für Konzerne mit ausländischer Konzernspitze, auf welche die deutsche betriebliche Mitbestimmung nicht anzuwenden ist.[874] Das Betriebsverfassungsrecht erkennt die freie Bildung gesellschaftlicher Strukturen des Konzerns an – Grenze der freien Unternehmerentscheidung ist der Rechtsmissbrauch bei Bildung oder Umbildung einer bestimmten Konzernstruktur zur Vermeidung des Betriebsverfassungsrechts.[875] Denkbarer Missbrauch läge bspw. vor, wenn der konzernrechtliche Beherrschungsvertrag nur pro forma abgeschlossen wurde und die in- oder ausländische Mutter die Töchter tatsächlich nicht beherrschen will. In der Praxis wird dies kaum nachweisbar sein.[876] Sind die Voraussetzungen der Bildung eines Konzernbetriebsrats nicht gegeben, verbleibt es bei der Zuständigkeit der Gesamt- und Einzelbetriebsräte, welche nicht die in die Zuständigkeiten des Konzernbetriebsrates fallenden Angelegenheiten mitbestimmungsrechtlich beeinflussen können.[877]

---

870 *Rieble* in: Bewegliche Mitbestimmung, S. 98.

871 *Rieble* in: Bewegliche Mitbestimmung, S. 98.

872 *Fitting*, § 54 BetrVG Rn. 3; GK-BetrVG/*Franzen*, § 54 Rn. 4; *Kort*, NJW 2009, 464, 465.

873 *Kort*, NJW 2009, 464, 465.

874 BAG 16.5.2007 – 7 ABR 63/06, NZA 2008, 320; 14.2.2007 – 7 ABR 26/06, NZA 2007, 999.

875 *Kort*, NJW 2009, 464, 465; *Bachmann*, RdA 2008, 107, 109.

876 *Kort*, NJW 2009, 464, 465; *Ulrich*, DB 2007, 2710, 2712.

877 BAG 14.11.2006 – 1 ABR 4/06, NZA 2007, 399; *Fitting*, § 54 BetrVG Rn. 34g; *Kort*, NJW 2009, 464, 465; *Dzida*, NZA 2008, 1265, 1267.

Es ist festzuhalten: Gesamt- und Konzernbetriebsrat können die Ausübung sachgerechter betrieblicher Mitbestimmung in dezentralen Organisationseinheiten gewährleisten, wenn dies vom Arbeitgeber ermöglicht wird. Die Installierung einer Arbeitnehmervertretung an den entscheidungsrelevanten Stellen im Unternehmen kann aber auch durch den Arbeitgeber vermieden werden.

bb. Konzern im Konzern

Im Falle von dreistufiger Unternehmensverbindungen (Mutter, Tochter, Enkel) besteht im Betriebsverfassungsrecht die Figur des „Konzern im Konzern", welche die Bildung eines Konzernbetriebsrats auf der Ebene des vom herrschenden Unternehmen („Mutter") abhängigen Unternehmens („Tochter") zulässt.[878] Voraussetzung ist, dass in einem mehrstufigen Konzern das herrschende Unternehmen von seiner Leitungsmacht zwar im Wesentlichen Umfang, aber doch nur teilweise (zB als Richtlinienkompetenz) Gebrauch macht, und einem abhängigen Unternehmen weiterhin wesentliche Leitungsaufgaben zur eigenständigen Ausübung gegenüber den diesem untergeordneten Unternehmen („Enkelin") belässt.[879] Bei keinem der beiden Verhältnisse darf es ganz an der Ausübung eigenständiger Leitungsmacht fehlen, von welcher sie auch Gebrauch machen müssen.[880] Während der „Konzern im Konzern" im Gesellschaftsrecht nicht zulässig ist, rechtfertigt er sich im Betriebsverfassungsrecht vor dem Hintergrund des Ziels einer effektiven Verwirklichung der betriebsverfassungsrechtlichen Beteiligungsrechte.[881] Diese würden vereitelt werden, wenn bei einer Tochtergesellschaft, der im Wesentlichen ein üblicherweise einer Konzernmutter zustehender Entscheidungsspielraum zur Verfügung steht, kein Konzernbetriebsrat errichtet werden könnte.[882] Die insofern mögliche Verdoppelung von

---

878 BAG 16.5.2007 – 7 ABR 63/06, NJOZ 2008, 726; 14.2.2007 – 7 ABR 26/06, NZA 2007, 999; 21.10.1980 – 6 ABR 41/78, AP BetrVG 1972 § 54 Nr. 1.

879 BAG 16.5.2007 – 7 ABR 63/06, NJOZ 2008, 726; 14.2.2007 – 7 ABR 26/06, NZA 2007, 999; 21.10.1980 – 6 ABR 41/78, AP BetrVG 1972 § 54 Nr. 1; *Fitting*, § 54 BetrVG Rn. 32, ErfKomm/*Koch*, § 54 BetrVG Rn. 5; GK-BetrVG/*Franzen*, § 54 BetrVG Rn. 32; DKKW/*Trittin*, § 54 BetrVG Rn. 18; aA Richardi/*Annuß*, § 54 BetrVG Rn. 12 ff.; MünchHdBArbR/*Joost*, § 227 Rn. 12 ff.

880 BAG 21.10.1980 – 6 ABR 41/78, AP BetrVG 1972 § 54 Nr. 1; *Braun*/Wisskirchen/*Schreiner*, Teil I. 2. Rn. 24; *Kort*, NZA 2009, 468; 464.

881 BAG 16.5.2007 – 7 ABR 63/06, NJOZ 2008, 726; 14.2.2007 – 7 ABR 26/06, NZA 2007, 999; *Fitting*, § 54 BetrVG Rn. 32.

882 BAG 16.5.2007 – 7 ABR 63/06, NJOZ 2008, 726; 14.2.2007 – 7 ABR 26/06, NZA 2007, 999; *Fitting*, § 54 BetrVG Rn. 32.

Konzernbetriebsräten kann dadurch gelöst werden, dass bei der Ausübung der Mitbestimmungsrechte, die Aufteilung der Leitungsmacht zwischen Mutter und Tochter stets von beiden beachtet wird; gewisse Unschärfen iRd Zuständigkeit lassen sich aber nicht von vornhinein ausschließen.[883] Letztlich ist der Konzern im Konzern nur in engen Grenzen zulässig. Er ist nicht überall zu errichten, wo ein potenzieller Ansprechpartner eines betriebsverfassungsrechtlichen Gremiums oberhalb der Unternehmensebene und unterhalb der Konzernspitze vermutet wird.[884] Demzufolge ist der Anwendungsbereich der Figur des „Konzern im Konzern“ in dezentralisierten Organisationsstrukturen nur unter den oben aufgeführten Voraussetzungen zulässig und rechtfertigt nicht in jedem mehrstufigen Konzern die mehrfache Errichtung eines Konzernbetriebsrates.

cc. Zusätzliche betriebsverfassungsrechtliche Vertretungen der Arbeitnehmer gem. § 3 BetrVG

§ 3 BetrVG ermöglicht die Errichtung alternativer bzw. gewillkürter Betriebsratsstrukturen. In dezentralisierten Organisationsstrukturen können Mitbestimmungsorgane auf der Ebene von Konzernen und Unternehmen nach produkt- oder projektspezifischen Geschäftsbereichen (sog. Sparten) oder nach sonstigen auf die spezifische Interessenlage zugeschnittene Mitbestimmungsstrukturen geschaffen werden.[885] Gewillkürte Betriebsratsstrukturen können lediglich auf Grundlage eines Tarifvertrages oder gegebenenfalls gem. § 3 Abs. 1 Nr. 2 BetrVG durch Betriebsvereinbarung geschaffen werden und dürfen zudem nur errichtet werden, wenn sie der Errichtung einer sachgerechten und zweckmäßigen Interessenvertretung dienen. § 3 BetrVG verwendet hierbei eine Reihe unbestimmter Rechtsbegriffe und ist auch ansonsten durch zahlreiche Unabwägbarkeiten gekennzeichnet, sodass rechtswirksame alternative Strukturen betriebsverfassungsrechtlicher Mitbestimmung auf Basis von § 3 BetrVG schwer, bzw. mit einem gewissen Maß an Rechtsunsicherheit, zu schaffen sind.[886] Vor allem die Ermöglichung anderer Arbeitnehmervertretungsstrukturen mittels Tarifvertrag nach § 3 Abs. 1 Nr. 3 BetrVG ist den Tarifvertragsparteien nur möglich, wenn die mit dem Betriebsverfassungsgesetz verfolgten Zwecke innerhalb der gewillkürten Repräsentationsstruktur besser erreicht werden können als im

883 *Kort*, NZA 2009, 464, 468.
884 *Kort*, NZA 2009, 464, 468.
885 *Kort*, NZA 2013, 1318.
886 *Fitting*, § 3 BetrVG Rn. 50; *Richardi*, § 3 BetrVG Rn. 39; *Kort*, NJW 2009, 464, 466.

Rahmen der gesetzlich gegebenen Möglichkeiten.[887] Somit können alternative Arbeitnehmervertretungsstrukturen bei Betrieben mit häufigem Personalwechsel oder ständig wechselnden Betriebsstätten geschaffen werden, insbesondere bei Just-in-Time-Produktionsketten, fraktalen Fabriken, Shop-in-Shop-Konzepten, der virtuellen Fabrik, in Unternehmensnetzwerken und Industrieparks.[888] Allerdings erweisen sich die gesetzlich gegebenen Arbeitnehmervertretungsstrukturen als betriebsverfassungsrechtlich weniger risikoreich, sodass bei Zusammenarbeit von Unternehmen oder Matrixstrukturen § 3 BetrVG keine bessere betriebliche Mitbestimmung ermöglicht.[889] Die Betriebsverfassung kann zwar mittels § 3 BetrVG flexibel auf dezentrale Organisationsstrukturen reagieren – ob eine effektive betriebliche Mitbestimmung immer und dauerhaft gewährleistet werden kann, ist aber eine Frage des Einzelfalles.

dd. Europäischer Betriebsrat

Das Betriebsverfassungsgesetz gilt nur für Betriebe innerhalb der Grenzen der Bundesrepublik Deutschland und gilt daher auch für inländische Betriebe ausländischer Unternehmen.[890] Sobald Betriebe deutscher Unternehmen ins Ausland verlegt werden, ist das Betriebsverfassungsgesetz nicht mehr anwendbar.[891] Dies führt dazu, dass Mitbestimmungsrechte auf Unternehmensebene nur in den im Inland gelegenen Betrieben bestehen sowie an einer Bildung des Gesamtbetriebsrats nicht die im Ausland liegenden Betriebe teilnehmen.[892] Auf internationaler Ebene besteht die Möglichkeit der Installierung einer betrieblichen Interessenvertretung lediglich in Form eines europäischen Betriebsrats. Aber auch dieser ist auf das Gebiet der Europäischen Union begrenzt. Der europäische Betriebsrat ist in erster Linie ein Informations- und Konsultationsgremium, wenngleich er sich in vielen Fällen zu einem Verhandlungspartner der Unternehmen entwickelt hat.[893] Weitergehende Rechte auf transnationaler Ebene bestehen nicht. Infolgedessen fehlen dem europäischen Betriebsrat echte Mitbestimmungsrechte, ihm verbleibt nur ein beschränkter Vereinbarungsspielraum.[894]

---

887 BAG 13.3.2013 – 7 ABR 70/11, NZA 2013, 738; GK-BetrVG/*Franzen*, § 3 BetrVG Rn. 22; ErfKomm/*Koch*, § 3 BetrVG Rn. 6.

888 DKKW/*Trümner*, § 3 BetrVG Rn. 114 f.; *Fitting*, § 3 BetrVG Rn. 50; *Kort*, AG 2003, 23.

889 *Fitting*, § 3 BetrVG Rn. 50; *Kort*, NZA 2013, 1318, 1322; *Witschen*, RdA 2016, 38, 44.

890 *Fitting*, § 1 BetrVG Rn. 14; GK-BetrVG/*Franzen*, § 1 BetrVG Rn. 5.

891 BAG 10.9.1985 – 1 ABR 28/83, AP BetrVG 1972 § 117 Nr. 3; *Fitting*, § 1 Rn. 16.

892 *Fitting*, § 1 BetrVG Rn. 18; ErfKomm/*Koch*, § 47 BetrVG Rn. 5.

893 *Klebe*, NZA-Beilage 2017, 77, 83.

894 *Rieble*, NZA-Beilage 2014, 28, 30.

3. *Beeinträchtigung der Ausübung von betrieblicher Mitbestimmung durch Drittbeziehungen*

Das Betriebsverfassungsgesetz regelt nur die Rechtsbeziehungen zwischen dem Betriebsrat und dem Arbeitgeber. Aus diesem Grund kann der Betriebsrat seine Beteiligungsrechte nur gegenüber dem Arbeitgeber geltend machen; dementsprechend ist ihm dies nicht gegenüber Dritten möglich, die außerhalb des Unternehmens stehen.[895]

a. Formen von Drittbeziehungen

aa. Definition Drittbeziehungen

Drittbeziehungen des Arbeitgebers beschreiben im nachfolgenden Zusammenhang Vertragsbeziehungen des Arbeitgebers mit außenstehenden Dritten, welche von Einfluss auf die betriebliche Mitbestimmung sind. Solche Drittbeziehungen ergeben sich infolge des Einsatzes von Drittfirmen im eigenen Unternehmen oder bestimmter anderweitiger Formen von Unternehmenskooperationen. Solche Unternehmenskooperationen existieren häufig über Unternehmens-, Konzern- und Landesgrenzen hinweg. Die Strukturen von Drittbeziehungen gehen mit tief greifenden Veränderungen und einer entsprechenden Aufweichung mit Blick auf das organisatorische Leitbild des Betriebsverfassungsgesetzes einher.[896] Den Formen von Drittbeziehungen ist gemeinsam, dass Entscheidungen nicht mehr zwingend im Arbeitgeberunternehmen, sondern dezentral und unternehmensübergreifend getroffen werden.[897]

bb. Erscheinungsformen in der Arbeitsorganisation

Erscheinungsformen von Drittbeziehungen sind vielfältig und aufgrund von schnelllebigen Entwicklungen durch Globalisierung und Digitalisierung in immer weiter modifizierten Konstellationen aufzufinden. Nachfolgend wird auf die relevantesten Erscheinungsformen von Drittbeziehungen in der Arbeitsorganisation eingegangen.

---

895 *Fitting*, § 87 BetrVG Rn. 9, *Schipper*, S. 144.

896 *Wisskirchen/Block*, NZA-Beilage 2017, 90; *Wiese*, NZA 2003, 1113; *Günther/Böglmüller*, NZA 2015, 1025, 1027 f.

897 *Wisskirchen/Block*, NZA-Beilage 2017, 90; *Uffmann*, NZA 2016, 977.

[1] Strategische Allianzen

Strategische Allianzen sind verschiedene Formen des Zusammenwirkens von Unternehmen, die beispielsweise die Forschung und Entwicklung oder den Vertrieb eines Produkts zum Gegenstand haben können.[898] Eine einheitliche Definition von strategischen Allianzen existiert nicht und wird daher recht undifferenziert für eine Vielzahl verschiedener Formen der Zusammenarbeit verwendet – so können auch die Rechtsformen strategischer Allianzen unterschiedlich sein, wobei die beteiligten Unternehmen rechtlich selbstständig bleiben.[899] Im Wesentlichen nehmen strategische Allianzen Bezug auf ein projektbezogenes Zusammenwirken von Großunternehmen, das sich mitunter auf zukünftige Märkte bezieht.[900] Strategische Allianzen haben Vorteile hinsichtlich der Kosten- und Zeitreduzierung, eines künftigen Marktzutritts sowie des Zugangs zu Know-how und neuen Technologien des strategischen Partners.[901] Betriebsverfassungsrechtlich kann eine strategische Allianz eine Betriebseinheit bilden, wenn die rechtlich selbstständigen Unternehmen einen gemeinsamen Betrieb iSd § 1 Abs. 1 Satz 2, Abs. 2 BetrVG bilden. Ein gemeinsamer Betrieb kann auch entstehen, wenn sich die Unternehmen ausdrücklich oder konkludent zur Führung eines gemeinsamen Betriebs rechtlich verbunden haben.[902]

Strategische Allianzen bestehen zumeist nur für einen bestimmten Zeitraum und lösen sich bei Erreichung des gemeinsamen unternehmerischen Ziels auf.[903] Eine solche, lediglich unternehmerische Zusammenarbeit reicht allein nicht für die Annahme eines gemeinsamen Betriebs aus, solange die Arbeitgeberfunktionen nicht institutionell einheitlich für die beteiligten Unternehmen wahrgenommen werden.[904] Wie dargelegt, können Mitbestimmungsrechte des Betriebsrats nur gegenüber dem Vertragsarbeitgeber als Betriebsinhaber ausgeübt werden, der im Rahmen von strategischen Allianzen gerade nicht mehr der treffende Gegenspieler mit Blick auf die Wahrung, zB sozialer Mitbestimmungsangelegenheiten sein wird. Beeinflussen die Drittbeziehungen die Ausübung der

---

898 Immenga/Mestmäcker/*Zimmer*, § 1 GWB Rn. 307; *Götz*, S. 20 ff.

899 *Götz*, S. 20 ff.; Martinek/Semler/*Flohr*, § 37 Rn. 62 f.

900 Immenga/Mestmäcker/*Zimmer*, § 1 GWB Rn. 307.

901 *Rahmati*, S. 8 ff.

902 BAG 23.11.2016 – 7 ABR3/15, NZA 2017, 1003; 13.2.2013 – 7 ABR 36/11, NZA-RR 2013, 521.

903 *Hergenröder*, RdA 2007, 218, 219.

904 BAG 18.1.2012 – 7 ABR 72/10, NZA-RR 2013, 133; 22.6.2005 – 7 ABR 57/04, NZA 2005, 1248.

betrieblichen Mitbestimmung, hat der Betriebsrat keinen Anspruch gegen den Dritten, dass dieser die betrieblichen Mitbestimmungsrechte zu wahren hat.[905]

[2] Arbeitnehmerüberlassung

Die Arbeitnehmerüberlassung[906] als Form des Drittpersonaleinsatzes lässt zwar eine Dreieckskonstellation zwischen Leiharbeitnehmer, Verleiher und Entleiher entstehen. Aufgrund der starken gesetzlichen Reglementierung der Arbeitnehmerüberlassung ist die Ausübung der betrieblichen Mitbestimmung im Entleiher- wie Verleiherbetrieb jedoch nur gering beeinträchtigt.[907]

[3] Onsite-Werkverträge und Plattformökonomie

Onsite-Werkverträge haben mehrere Vorteile, weswegen sie sich zunehmend als Alternative zur Leiharbeit etablieren. Zum einen sind Onsite-Werkverträge die billigere und den Unternehmer weniger belastende Alternative zur Arbeitnehmerüberlassung, zum anderen sind die durch den Onsite-Werkvertrag zur Verfügung gestellten Arbeitnehmer oft qualifizierter und produktiver als Leiharbeitnehmer.[908]

Kennzeichnend für diese Art der Drittpersonalnutzung sind die auf Dauer angelegten Vertragsbeziehungen und dass die zu erbringenden Leistungen zum Kernbereich der Wertschöpfung des Auftraggebers gehören.[909] Zudem erbringt der Auftragnehmer die Leistungen nicht persönlich, sondern mithilfe von eigenen Arbeitnehmern und der Arbeitsort ist häufig der übliche Ort der Leistungserstellung durch den Auftraggeber (zB Betriebsgelände, Baustellen oder Kundenbetriebe des Auftraggebers).[910] Die Onsite-Werkvertragsarbeitnehmer sind im Rahmen eines abhängigen Beschäftigungsverhältnisses gegenüber dem Werkunternehmer täglich und dauerhaft den Gegebenheiten im Betrieb des Auftraggebers ausgesetzt, sodass sie sich insoweit nicht von Stamm- oder Leiharbeitnehmern unterscheiden.[911]

905 Ihm steht aber ein Anspruch gegen den Arbeitgeber zu, dass dieser die Mitbestimmungsrechte iRd Drittbeziehung wahren muss. Siehe dazu auch § 3B.III.2.c.bb, S. 162 und § 3B.III.3.b.bb, S. 177.

906 Zur genauen Definition, Abgrenzung zu anderen Vertragsarten siehe § 3A.II.1.c, S. 74 ff

907 Ausführlicher hierzu § 3B.III.3.c.bb, S. 183.

908 *Hertwig/Kirsch/Wirth*, AuR 2016, 141, 143.

909 *Hertwig/Kirsch/Wirth*, AuR 2016, 141, 142; *Hamann/Rudnik*, NZA 2016, 1368, 1369.

910 *Hertwig/Kirsch/Wirth*, AuR 2016, 141, 142; *Hamann/Rudnik*, NZA 2016, 1368, 1369.

911 *Hamann/Rudnik*, NZA 2016, 1368, 1369.

Dennoch findet eine Beteiligung des Auftraggeberbetriebsrats bzgl. dieser in seinem Betrieb tätigen Arbeitnehmer nur sehr begrenzt statt.[912] Das BAG hält allein einen gegebenenfalls beim Werkunternehmer gebildeten Betriebsrat für zuständig.[913] Dem Betriebsrat des Auftraggebers spricht das BAG nur ein Mitbestimmungsrecht nach § 99 BetrVG bei der Eingliederung der Fremdfirmenarbeitnehmer in die dortige Betriebsorganisation im Falle einer Einstellung zu.[914] Dies wird in der Literatur als nicht interessengerecht kritisiert.[915] Aufgrund der besonderen Ausgestaltung der Onsite-Werkverträge wird die Aufspaltung der Arbeitgeberstellung vermieden, da das Weisungsrecht vertraglich beim Auftragnehmer verbleibt. Die Situation sei aber vergleichbar mit der Aufspaltung der Arbeitgeberstellung iRd Arbeitnehmerüberlassung, sodass dem Auftraggeberbetriebsrat dieselben Mitbestimmungsrechte zugebilligt werden sollen, wie bei der Arbeitnehmerüberlassung.[916] Dem ist nicht zuzustimmen: Es ist weder eine gesetzliche Grundlage für die Zuständigkeit des Auftraggeberbetriebsrats gegeben noch sind die Normen des Arbeitnehmerüberlassungsgesetzes hier analogiefähig.[917]

Die Ausübung von Mitbestimmungsrechten steht vielmehr allein dem Betriebsrat des Auftragnehmers zu, auch wenn diese faktisch begrenzt sind. So kann der Auftragnehmerbetriebsrat von seinem Arbeitgeber verlangen, dass dieser vertraglich beim Auftraggeber durchsetzt, dass die Mitbestimmungsrechte der Werkvertragsarbeitnehmer (etwa § 86 Abs. 1 und 6 BetrVG) in dessen Betrieb beachtet werden.[918] Über einzelne Modalitäten des Arbeitnehmereinsatzes zu verhandeln, würde aber im Ergebnis dazu führen, dass er sich für oder gegen den Arbeitnehmereinsatz oder jedenfalls dessen Ausgestaltung im Einzelfall aussprechen muss. Eine Zustimmungsverweigerung zu mehreren Aufträgen oder zu einem wichtigen Großauftrag, birgt die Befürchtung für den Betriebsrat, „den Ast abzusägen, auf dem er selbst sitzt".[919] So erkennt auch das BAG an, dass

---

912 *Hamann/Rudnik*, NZA 2016, 1368, 1369; *Hertwig/Kirsch/Wirth*, AuR 2016, 141, 144; *Fitting*, § 5 BetrVG Rn. 288a.

913 BAG 26.1.2016 – 1 ABR 68/13, NZA 2016, 498, 500 f.

914 BAG 13.5.2014 – 1 ABR 50/12, NZA 2014, 1149.

915 *Hamann/Rudnik*, NZA 2016, 1368; *Hertwig/Kirsch/Wirth*, WSI-Mitteilungen 2015, 457, 462 ff.; *Fitting*, § 1 BetrVG Rn. 288b.

916 *Hamann/Rudnik*, NZA 2016, 1368, 1370 ff.; *Fitting*, § 1 BetrVG Rn. 288b f.

917 BAG 18.10.1994 – 1 ABR 9/94, NZA 1995, 281; 28.11.1989 – 1 ABR 90/88, AP Nr. 5 zu § 14 AÜG; Schüren/*Hamann*, § 14 AÜG Rn. 142; *Fitting*, § 99 BetrVG Rn. 64; *Thüsing*, § 14 AÜG Rn. 156 f.

918 BAG 26.1.2016 – 1 ABR 68/13, NZA 2016, 498.

919 *Hamann/Rudnik*, NZA 2016, 1368, 1370.

die wirtschaftliche Mitverantwortung eine effektive Wahrnehmung von Arbeitnehmerinteressen eher verhindert, als dass sie diese stärkt.[920]

Im Rahmen der Erbringung von Inhouse-Dienstleistungen durch Dritte beeinträchtigt besonders die Plattformökonomie die effektive Mitbestimmungsausübung[921], hier vor allem die Leistungserbringung durch Crowdworker. Auf diese wird das Betriebsverfassungsgesetz in der Regel mangels Arbeitnehmereigenschaft nicht anwendbar sein, § 5 BetrVG. Folglich hat der Betriebsrat des Auftraggebers keine Mitbestimmungsrechte gegenüber den Crowdworkern. Ihm verbleiben lediglich Informationsrechte und Beratungsrechte gem. § 80 Abs. 2 BetrVG sowie §§ 92, 92a BetrVG. Nach § 95 BetrVG kann der Anteil der Fremdfirmenarbeit festgelegt werden.[922] Darüber hinaus kann mit der Vergabe von zuvor intern erbrachten Dienstleistungen an Crowdworker eine Betriebsänderung nach § 111 Satz 3 Nr. 4 und 5 BetrVG gegeben sein.[923] Allein dann könnte der Betriebsrat etwa über Interessenausgleich und Sozialplan verhandeln.

[4] Just-in-Time-Lieferbeziehungen

Just-in-Time-Lieferbeziehungen[924] beeinträchtigen die Mitbestimmungsausübung vor allem in Zulieferbetrieben. Es besteht nicht selten eine enge räumliche Verbundenheit zwischen den Unternehmen. Die Zuliefererunternehmen sind oft, nicht zuletzt angesichts einer hohen wirtschaftlichen Abhängigkeit, stark fremdgesteuert. Grund dafür sind die Vorgaben des Herstellers, die tief in die Arbeitsabläufe und die Arbeitsorganisation des Zulieferers wirken[925] und die Spielräume für eigene Entscheidungen bei den Zulieferern beschränken. Damit einhergehend schwinden aber auch die Möglichkeiten für eine effektive Mitbestimmung durch die bei den Zulieferbetrieben bestehenden Belegschaftsvertretungen.[926] Wegen der engen Zusammenarbeit besteht zwar ein Bedürfnis nach einheitlichen Regelungen, insbesondere in sozialen und personellen Angelegenheiten; diese werden aber oftmals im belieferten Unternehmen festgelegt.[927] Dies verringert die Ausübungsmöglichkeiten hinsichtlich einer Mitbestimmung in den Zulieferbetrieben.[928] Die Zulieferbetriebsräte haben zwar

920 BAG 27.1.2004 – 1 ABR 7/03, NZA 2004, 556, 558.

921 Siehe zur Definition und vertraglichen Einordnung § 3A.II.1.d.aa.[2], S. 84.

922 *Däubler/Klebe*, NZA 2015, 1032, 1040.

923 *Däubler/Klebe*, NZA 2015, 1032, 1041.

924 Sie für die Definiton 0, S. 161.

925 *Krebber*, S. 69 ff.; Richardi/*Maschmann*, § 1 BetrVG Rn. 112.

926 Richardi/*Maschmann*, § 1 BetrVG Rn. 112.

927 *Wisskirchen/Block*, NZA-Beilage 2017, 90, 91.

928 *Wisskirchen/Block*, NZA-Beilage 2017, 90, 91.

nach dem Betriebsverfassungsrecht die vollen Mitbestimmungsrechte in ihrem Betrieb. Der Betriebsrat trägt aber auch faktisch eine wirtschaftliche Mitverantwortung: Er kann nicht dauerhaft vom Arbeitgeber die Erfüllung der Mitbestimmungsrechte verlangen, wenn diesem dadurch wichtige Aufträge entgehen.

[5] Industrieparks/Nutzung gemeinsamer Standorte

Ein Industriepark ist ein abgegrenztes Industriegelände, auf dem mehrere Unternehmen einer oder mehrerer Branchen tätig sind, wobei die Unternehmen jeweils rechtlich selbstständig sind und in der Regel keinem gemeinsamen Konzern angehören.[929] Die Infrastruktur des Industrieparks – Straßen, Wege, Plätze, Ver- und Entsorgungsleitungen, Strom, Wasser, Wärme – wird gemeinsam genutzt. Oft werden auch Dienstleistungen in Anspruch genommen, die der Betreiber des Industrieparks durch eine Servicegesellschaft gemeinsam für alle Beteiligten erbringt, wie zB Werksschutz und Zugangskontrollen, Verpflegung, Werksfeuerwehr, medizinische Versorgung und bestimmte technische Dienstleistungen.[930]

Dies löst Mitbestimmungsrechte des Betriebsrats nach § 87 BetrVG aus, die im Interesse der Effektivität einheitlich ausgeübt werden sollten, zumindest bezüglich der Ordnung auf dem Betriebsgelände, des Arbeits- und Gesundheitsschutzes, der Überwachung/Kontrolle und gegebenenfalls einer gemeinsamen IT-Struktur.[931] Diesbezügliche Entscheidungen werden jedoch in der Regel von der Servicegesellschaft allein getroffen, sodass die Betriebsräte der Standortunternehmen regelmäßig keinen Einfluss auf die Entscheidung nehmen können.[932]

Die Schaffung einer einheitlichen Betriebsstruktur zur gemeinsamen Ausübung der Mitbestimmungsrechte innerhalb eines Industrieparks ist schwer umsetzbar. Der Industriepark an sich bildet keine Betriebseinheit, da die Servicegesellschaft keine Leitungsmacht gegenüber den einzelnen Arbeitnehmern, der in dem Industriepark operierenden Unternehmen hat.[933] Aufgrund dieser fehlenden Leitungsmacht der Servicegesellschaft ist trotz der bestehenden Standort- oder Versorgungsverträge kein Gemeinschaftsbetrieb gem. § 1 Abs. 2 BetrVG gegeben.[934] Ebenso scheidet die Schaffung von gewillkürten

---

929 *Wisskirchen/Block*, NZA-Beilage 2017, 90, 91.

930 Richardi/*Maschmann*, § 1 BetrVG Rn. 106.

931 *Wisskirchen/Block*, NZA-Beilage 2017, 90, 91; Richardi/*Maschmann*, § 1 BetrVG Rn. 106.

932 *Wisskirchen/Block*, NZA-Beilage 2017, 90, 91; Richardi/*Maschmann*, § 1 BetrVG Rn. 106.

933 *Wisskirchen/Block*, NZA-Beilage 2017, 90, 92; *Schipper*, S. 67.

934 *Wisskirchen/Block*, NZA-Beilage 2017, 90, 93; *Richardi*, § 1 BetrVG Rn. 107.

Betriebsstrukturen gem. § 3 Abs. 1 Nr. 2 und 3 BetrVG aus: Es fehlt es an einem Konzern (§ 18 AktG)[935], die Mitbestimmungsrechte sind nur teilweise betroffen und § 3 Abs. 1 Nr. 3 BetrVG steht unter dem Vorbehalt der freiwilligen Vereinbarungsmöglichkeit, der sich auf dem Industriepark befindlichen Unternehmen[936]. Folglich hat jedes Standortunternehmen einen eigenen Betrieb und somit einen eigenen Betriebsrat.[937]

Ob sich der Arbeitgeber innerhalb des Industrieparks derart zu organisieren hat, dass er die ihm durch das Betriebsverfassungsgesetz auferlegten Verpflichtungen erfüllen kann[938] und daher von einer Betätigung in einem Industriepark absehen sollte, um die Wahrung der Mitbestimmungsrechte im Außenverhältnis sicherzustellen, erscheint sehr fraglich.[939] Zum einen gewährleistet das Betriebsverfassungsgesetz den Arbeitnehmern keinen Anspruch auf Einfluss auf die unternehmerischen Entscheidungen des Arbeitgebers, sodass erst recht kein Anspruch auf eine mitbestimmungsoptimierte Arbeitsorganisation gegenüber dem Arbeitgeber an einem anderen Standort besteht.[940] Zum anderen ist ein Gestaltungsspielraum bzw. zumindest eine Einwirkungsmöglichkeit des Arbeitgebers Voraussetzung für die Gewährung eines Mitbestimmungsrechts.[941] Dies bedeutet für die Ausübung von Mitbestimmungsrechten im Industriepark, dass der Arbeitgeber zwar keine Einwirkungspflicht auf die Kooperationspartner hat, er aber im Rahmen der Kooperation gewisse Rücksichtnahmepflichten gegenüber dem Betriebsrat zu beachten hat.[942] Eine ähnliche Zusammenarbeit von Unternehmen findet man in Einkaufszentren, Nahversorgungszentren, Büroparks, Vergnügungsparks sowie auf Flughäfen, Bahnhöfen, in Ladenstraßen[943] oder in Shop-in-Shop-Konzepten[944] – auch in diesen Fällen führt jedes

---

935 *Richardi*, § 1 BetrVG Rn. 107.

936 *Schipper*, S. 87; *Wisskirchen/Block*, NZA-Beilage 2017, 90, 93.

937 *Schipper*, S. 72; *Wisskirchen/Block*, NZA-Beilage 2017, 90, 93.

938 LAG Baden-Württemberg 17.1.2017 – 19 TaBV 3/16, BeckRS 2017, 103514; *Wisskirchen/Block*, NZA-Beilage 2017, 90, 95.

939 BAG 21.1.2004 – 1 ABR 7/03, NZA 2004, 556; ErfKomm/*Kania*, § 87 BetrVG Rn. 59, *Fitting*, § 87 BetrVG Rn. 250; *Wisskirchen/Block*, NZA-Beilage 2017, 90, 95; *Schipper*, S. 162.

940 Siehe oben § 3B.I.1.c, S. 118.

941 BAG 20.3.2018 – 1 ABR 50/16, BeckRS 2018, 6531.

942 aA *Wisskirchen/Block*, NZA-Beilage 2017, 90, 95.

943 Richardi/*Maschmann*, § 1 BetrVG Rn. 106.

944 Diese sind vornehmlich im Einzelhandel anzutreffen und dadurch charakterisiert, dass der Einzelhandel den Herstellern oder Großhändlern auf der Basis von Miet-, Agentur- oder Franchiseverträgen innerbetriebliche Verkaufsflächen überlässt, damit

Unternehmen einen eigenständigen Betrieb mit eigenem Betriebsrat und die obigen Ausführungen geltend entsprechend.

b. Auswirkungen von Drittbeziehungen auf die Beteiligungsrechte des Betriebsrats

Im Betriebsverfassungsgesetz ist keine ausdrückliche Regelung enthalten, die den Arbeitgeber verpflichtet, bei Rechtsgeschäften mit außerbetrieblichen Dritten Beteiligungsrechte des Betriebsrats zu sichern – die unternehmerische Entscheidung des Abschlusses von Rechtsgeschäften mit Dritten ist im Grundsatz mitbestimmungsfrei.[945] Der Arbeitgeber kann Verträge beliebigen Inhalts abschließen, sodass er auch abgrenzbare Tätigkeiten, die er bisher selbst ausgeführt hat, auf ein anderes Unternehmen übertragen kann.[946] Dies gilt sogar bei Fremdfirmeneinsatz im eigenen Betrieb, soweit dieser keine nachteiligen Auswirkungen auf die Arbeitsplätze der eigenen Belegschaft hat.[947] Rechtsgeschäfte mit Dritten sind selbst dann mitbestimmungsfrei, wenn diese im Hinblick auf eine mitbestimmte Angelegenheit erfolgen.[948] Dies bleibt nicht ohne Auswirkungen auf die Ausübung der Beteiligungsrechte des Betriebsrats. Teilweise gebietet aber der Inhalt und der Normzweck einzelner Bestimmungen des Betriebsverfassungsgesetzes, dass der Arbeitgeber, wenn er mitbestimmungsrechtlich verantwortlich ist, im Rahmen der vertraglichen Beziehungen die Beteiligungsrechte der Betriebsverfassung im bestimmten Umfang zu wahren hat.

aa. Unzuständigkeit des Betriebsrats

Das Repräsentationsmandat des Betriebsrats erstreckt sich lediglich auf die Arbeitnehmer, die mit dem Betriebsinhaber einen Arbeitsvertrag geschlossen haben.[949] Eine Zuständigkeit des Betriebsrats für Arbeitnehmer eines Werkunternehmers, die auf dem Betriebsgelände des Kundenunternehmen tätig

---

diese ihre Waren eigenständig präsentieren können, *Kulms*, S. 111 ff.; *Schipper*, S. 35; Richardi/*Maschmann*, § 1 BetrVG Rn. 106.

945 *Wiese*, NZA 2003, 1113, 1119; GK-BetrVG/*Wiese*, § 87 BetrVG Rn. 140; *Richardi*, § 87 BetrVG Rn. 41.

946 BAG 22.10.1991 – 1 ABR 28/91, NZA 1992, 376; 11.9.2001 – 1 ABR 14/01, EzA § 99 BetrVG 1972 Einstellung Nr. 10.

947 BAG 5.3.1991 – 1 ABR 39/90, AP BetrVG 1972 § 99 BetrVG Nr. 90; 11.9.2001 – 1 ABR 14/01, EzA § 99 BetrVG 1972 Einstellung Nr. 10.

948 BAG 22.10.1985 – 1 ABR 47/83, AP BetrVG 1972 § 87 Werkmietwohnungen Nr. 5.

949 Zzgl. Beamten und Arbeitnehmern des öffentlichen Dienstes, die im Betrieb tätig sind; *Richardi*, § 87 BetrVG Rn. 14; *Fitting*, § 87 BetrVG Rn 10.

sind, scheidet wegen der fehlenden Weisungsgebundenheit der Arbeitnehmer gegenüber dem Kundenunternehmen aus.[950] Der Betriebsrat im Einsatzbetrieb hat kein durch Wahl oder Eingliederung/Weisungsrecht vermitteltes Mandat; ebenso ist er nicht berechtigt, mit dem Werkvertragsarbeitgeber als externen Dritten Verhandlungen zu führen.[951] Selbst wenn Arbeitnehmer der Drittfirma dauerhaft am Wertschöpfungsprozess des Betriebs beteiligt sind, fehlt es an der Zuständigkeit der Betriebsrats, solange die Arbeitnehmer nicht in die Betriebsorganisation des Werkauftraggebers eingegliedert sind.[952] Letzteres ist nur bei Leiharbeitnehmern der Fall. Eine Zuständigkeit des Entleiherbetriebsrats für die entsprechenden Leiharbeitnehmer richtet sich dabei nach dem Gegenstand des Mitbestimmungsrechts und der darauf bezogenen Leitungsmacht.[953]

bb. Suche nach dem zuständigen Mitbestimmungsadressaten (bzw. Arbeitgeber)

Unternehmenskooperationen wie bspw. Just-in-time-Produktionen oder Industrieparks können dazu genutzt werden, mitbestimmungsrelevante Angelegenheiten gemeinsam auszuführen.[954] Da Unternehmenskooperationen betriebsübergreifend sind, sind auch mehrere Arbeitgeber für die Gewährleistung der betrieblichen Mitbestimmung verantwortlich, sodass der Betriebsrat mehreren Ansprechpartnern gegenübersteht und erst den zuständigen Ansprechpartner ermitteln muss oder sein Mitbestimmungsrecht ist eingeschränkt, weil dieses lediglich betriebsbezogen ist.[955] Der Arbeitgeber kann aber nicht über die gesetzlich gewährleisteten Beteiligungsrechte des Betriebsrats verfügen.[956]. Dies schließt mit ein, dass der Arbeitgeber sicherstellen muss, dass der Betriebsrat einen Ansprechpartner hat. Nach der Rechtsprechung besteht sogar die Pflicht des Arbeitgebers, die Verträge mit Dritten derart auszugestalten, dass der Betriebsrat seine Mitbestimmungsrechte ordnungsgemäß ausüben kann.[957]

---

950 BAG 21.6.2016 – 1 ABR 68/13, NZA 2016, 498.

951 BAG 27.1.2004 – 1 ABR 7/03, NZA 2004, 556.

952 BAG 26.1.2016 – 1 ABR 68/13, NZA 2016, 498, 500 f.; 27.1.2004 – 1 ABR 7/03, NZA 2004, 556, 558; *Fitting*, § 87 BetrVG Rn. 10.

953 BAG 7.6.2016 – 1 ABR 25/14, NZA 2016, 1420; 15.12.1992 – 1 ABR 38/92, NZA 1993, 513; ErfKomm/*Kania*, § 87 BetrVG Rn. 5; *Fitting*, § 87 BetrVG Rn. 11.

954 BAG 18.4.2000 – 1 ABR 28/99, NZA 2001, 167: Vergemeinschaftung der Berufsausbildung; 9.5.1989 – 3 AZR 439/88, NZA 1989, 889: Gemeinsame Finanzierung einer Unterstützungskasse.

955 *Wisskirchen/Block*, NZA-Beilage 2017, 90, 95.

956 BAG 16.6.1998 – 1 ABR 67/97, NZA 1998, 1885, 1886.

957 BAG 21.1.2004 – 1 ABR 7/03, NZA 2004, 556.

Daher ist es dem Arbeitgeber nicht möglich, sich in mitbestimmten Angelegenheiten als Ansprechpartner des Betriebsrats zu entziehen, wenn er die mitbestimmungsrelevanten Angelegenheiten gemeinsam mit einem Dritten ausübt.[958]

cc. Mitbestimmung in personellen Angelegenheiten

Der Betriebsrat ist grundsätzlich vor jeder Einstellung iSv § 99 BetrVG zu beteiligen, wohingegen der Einsatz von Drittpersonal im Normalfall kein Mitbestimmungsrecht des Betriebsrats nach § 99 BetrVG auslöst.[959] Denn dem Mitbestimmungsrecht des Betriebsrats unterliegen zwar nicht nur Arbeitnehmer, sondern auch grundsätzlich alle Personen, die in den Betrieb eingegliedert sind.[960] Diese müssen aber zusammen mit den im Betrieb beschäftigten Arbeitnehmern den arbeitstechnischen Zweck des Betriebs durch weisungsgebundene Tätigkeit verwirklichen.[961] Entscheidend ist dabei nicht das zum Arbeitgeber bestehende Rechtsverhältnis der im Betrieb tätig werdenden Personen.[962] Drittpersonal, bis auf Leiharbeitnehmer, unterliegt aber nicht dem Weisungsrecht des Auftraggebers sondern dem des Auftragnehmers, sodass eine Beteiligung nach § 99 BetrVG ausscheidet. Demzufolge steht dem Betriebsrat nur vor der Beschäftigung von Leiharbeitnehmern gem. § 14 Abs. 3 BetrVG das Beteiligungsrecht gem. § 99 BetrVG zu. Die Arbeitsaufnahme von Leiharbeitnehmern im Entleiherbetrieb ist unabhängig von der Dauer und dem zeitlichen Umfang des Einsatzes stets eine mitbestimmungspflichtige Einstellung.[963] In jüngerer Rechtsprechung bejaht das BAG eine mitbestimmungspflichtige Einstellung, wenn der Betriebsinhaber die Arbeitgeberfunktionen wenigstens im Sinne einer aufgespaltenen Arbeitgeberstellung teilweise ausübt, ohne das eine Personalhoheit gegeben sein muss.[964] Beinhaltet der Vertrag zur Erbringung einer Dienstleistung keine Vorgaben für deren Durchführung, ist infolgedessen der Einsatz der Fremdfirmenarbeiter eine mitbestimmungspflichtige Einstellung.[965] Diese

---

958 So auch iE BAG 18.4.2000 – 1 ABR 28/99, NZA 2001, 167; 9.5.1989 – 3 AZR 439/88, NZA 1989, 889.

959 BAG 5.3.1991 – 1 ABR 39/90, NZA 1991, 686, 688.

960 *Fitting*, § 99 BetrVG Rn. 18; Richardi/*Thüsing*, § 99 BetrVG Rn. 18.

961 BAG 13.12.2016 – 1 ABR 59/14, NZA 2014, 214; 23.6.2010 – 7 ABR 1/09, NZA 2010, 1302; *Fitting*, § 99 BetrVG Rn. 18; Richardi/*Thüsing*, § 99 BetrVG Rn. 18.

962 BAG 13.12.2016 – 1 ABR 59/14, NZA 2017, 525; 23.6.2010 – 7 ABR 1/09, NZA 2010, 1302.

963 BAG 9.3.2011 – 7 ABR 137/09, NZA 2011, 871; 23.1.2008 – 1 ABR 74/06, AP AÜG § 14 Nr. 14; *Fitting*, § 99 BetrVG Rn. 57; GK-BetrVG/*Raab*, § 99 BetrVG Rn. 233.

964 BAG 13.12.2016 – 1 ABR 59/14, NZA 2017, 525.

965 BAG 13.12.2016 – 1 ABR 59/14, NZA 2017, 525.

Rechtsprechung führt letztlich zu Abgrenzungsschwierigkeiten im Rahmen des Einsatzes von Fremdpersonal. Je nachdem, wie das werk- bzw. dienstvertragliche Weisungsrecht im Verhältnis des Arbeitgebers zum Fremdfirmenunternehmer und das arbeitsvertragliche Weisungsrecht des Fremdfirmenunternehmers gegenüber seinem Fremdpersonal besteht, ergeben sich Unklarheiten.[966] Ist der Fremdpersonaleinsatz jedoch keine Einstellung iSd § 99 BetrVG, verbleiben dem Betriebsrat lediglich die sonstigen Beteiligungsrechte, wie die allgemeinen Informations- und Beratungsrechte nach §§ 80 Abs. 2, 92 BetrVG. Hierbei schuldet der Arbeitgeber diejenigen Angaben, die der Betriebsrat benötigt, um beurteilen zu können, ob und inwieweit ihm Mitbestimmungsrechte beim Einsatz des Fremdpersonals zustehen.[967] Des Weiteren stehen dem Betriebsrat Initiativrechte zu den Themen der Personalplanung und Beschäftigungssicherung nach §§ 92 Abs. 2, 92a BetrVG zur Verfügung. Diese enthalten aber lediglich eine Informations- und Beratungspflicht des Arbeitgebers; die Entscheidung über die Umsetzung der Vorschläge des Betriebsrats verbleibt allein beim Arbeitgeber.[968]

dd. Mitbestimmung in sozialen Angelegenheiten

Drittbeziehungen wirken sich bei der Mitbestimmung in sozialen Angelegenheiten gem. § 87 ff. BetrVG insofern aus, als dass dem Betriebsrat zwar das Mitbestimmungsrecht zusteht, er es aber nicht effektiv ausüben kann. Dies kann zB dadurch zustande kommen, dass der Betrieb ein Zulieferbetrieb ist, der sich am Produktionsablauf des Produzenten ausrichten muss und dies von Einfluss auf die betrieblichen Regelungen der Arbeitszeiten gem. § 87 Abs. 1 Nr. 2, 3 BetrVG ist. In dieser Konstellation kann der Betriebsrat zwar die Ableistung von Überstunden verweigern[969], damit gefährdet er aber unter Umständen die wirtschaftliche Lage des Arbeitgebers und mittelbar die Arbeitsplätze der Arbeitnehmer.

Die Mitbestimmung in sozialen Angelegenheiten kann auch beeinflusst sein, wenn sich der Arbeitgeber bei Angelegenheiten, die der Mitbestimmung unterliegen, Dritte zur Hilfe nimmt bzw. diese durch Dritte ausführen lässt. Einzelfallabhängig kann der Arbeitgeber gezwungen sein, bei der Vertragsgestaltung mit dem Dritten sicherzustellen, dass der Betriebsrat seine Mitbestimmungsrechte ausüben kann.[970] Dies gilt auch, wenn der Arbeitgeber

966 *Deinert*, RdA 2014, 65, 73 ff.; *Greiner*, NZA 2013, 1305, 1308 ff.; *Timmermann*, BB 2012, 1729, 1732 f.; *Fitting*, § 99 BetrVG Rn. 68 ff.

967 BAG 15.12.1998 – 1 ABR 9/98, NZA 1999, 722.

968 BAG 8.11.2016 – 1 ABR 64/14, NZA 2017, 942.

969 *Fitting*, § 87 BetrVG Rn. 140; *Richardi*, § 87 BetrVG Rn. 349.

970 BAG 21.1.2004 – 1 ABR 7/03, NZA 2004, 556.

seine Mitarbeiter zu einem Kundenbetrieb entsendet. Müssen sich dort die Arbeitnehmer bspw. einer Fingerabdruckskontrolle unterziehen, muss der Arbeitgeber im Vertrag mit dem Kunden sicherstellen, dass der Betriebsrat diesbezüglich sein Mitbestimmungsrecht gem. § 87 Abs. 1 Nr. 6 BetrVG effektiv ausüben kann.[971] Es kann aber kein allgemeiner Rechtsgrundsatz aufgestellt werden, dass der Arbeitgeber bei Geschäften mit Dritten durch eine entsprechende Vertragsgestaltung verpflichtet ist, die ordnungsgemäße Wahrnehmung des Mitbestimmungsrechts zu gewährleisten.[972] Mitbestimmungstatbestände, welche die unternehmerische Freiheit unmittelbar betreffen sind mitbestimmungsfrei – der Betriebsrat erhält keine Beteiligungsrechte im unternehmerisch-wirtschaftlichen Bereich.[973] Diese fehlende Mitbestimmung folgt schon aus der Gesetzesauslegung.[974] Sollte der Arbeitgeber aber die durch Drittbeziehungen getroffenen Vereinbarungen allein zur Umgehung von Mitbestimmungstatbeständen abschließen, sind diese wegen Rechtsmissbrauchs unbeachtlich.[975]

Der Einsatz von Drittpersonal, ausgenommen Leiharbeitnehmern[976], ist keine Angelegenheit des § 87 Abs. 1 BetrVG; aufgrund der fehlenden Weisungsunterworfenheit stehen dem Betriebsrat bzgl. des Drittpersonals keine Mitbestimmungsrechte zu.[977]

c. *Möglichkeiten der Gewährleistung der Ausübung von betrieblicher Mitbestimmung im Rahmen von Drittbeziehungen*

aa. Errichtung eines Gemeinschaftsbetriebsrats

Ein Gemeinschaftsbetrieb[978] ermöglicht die Errichtung eines Betriebsrates zwischen mehreren rechtlich selbstständigen Unternehmen und überwindet die Grenzen der Unternehmen. Neben dem Vertragsarbeitgeber als Adressat der betrieblichen Mitbestimmungsrechte kommen ein oder mehrere

971 BAG 21.1.2004 – 1 ABR 7/03, NZA 2004, 556; 18. 4. 2000 – 1 ABR 22/99, NZA 2000, 1176.

972 *Wiese*, NZA 2003, 1113, 1121.

973 *Richardi*, § 87 BetrVG Rn. 43, GK-BetrVG/*Wiese*, § 87 BetrVG Rn. 151.

974 GK-BetrVG/*Wiese*, § 87 BetrVG Rn. 151.

975 BAG 21.2.1978 – 1 ABR 54/76, AP § 74 BetrVG 1972 Nr. 1; 28.5.2014 – 7 ABR 36/12, NZA 2014, 1213; *Fitting*, § 2 BetrVG Rn. 23

976 Siehe § 3B.III.3.c.bb, S. 183.

977 Siehe oben § 3B.III.3.b.aa, S. 176.

978 Siehe zu den Voraussetzungen des Gemeinschaftsbetriebs § 3B.II.1.a.dd, S. 124.

Mitbestimmungsadressaten hinzu.[979] Traditionell stärkt der Gemeinschaftsbetrieb die Arbeitnehmerrechte. So können betriebsratlose Betriebe einen Gemeinschaftsbetriebsrat erhalten, der nun ihre Arbeitnehmerrechte wahrnimmt. Die den Gemeinschaftsbetrieb unterfallenden Unternehmen können verpflichtet sein, einen Wirtschaftsausschuss zu bilden (§ 106 Abs. 1 Satz 1 BetrVG); denn es werden nun für das Erreichen der Schwellenwerte alle Arbeitnehmer aus den Unternehmen des Gemeinschaftsbetriebs zusammengerechnet.[980] Aber auch der Kündigungsschutz weitet sich aus. Der regelmäßig nicht unternehmens- bzw. arbeitgeberübergreifende, aber betriebsbezogene Kündigungsschutz ist dann unternehmensübergreifend anzuwenden; auch die Sozialauswahl ist unternehmensübergreifend durchzuführen.[981] Der Gemeinschaftsbetrieb hat aufgrund der einheitlichen Leitung den Vorteil, dass keine Arbeitnehmerüberlassung gegeben ist, wenn Arbeitnehmer innerhalb des Gemeinschaftsbetriebs entsandt werden.[982] Auch kann der Gemeinschaftsbetrieb teilweise genutzt werden, die mitbestimmungsrechtlichen Gremien auf betrieblicher, aber nicht unternehmerischer, Ebene zu reduzieren.[983] Für den Gemeinschaftsbetrieb ist grundsätzlich ein einheitlicher Betriebsrat zu bilden; hierfür ist die Gesamtanzahl der Arbeitnehmer im (Gemeinschafts-)Betrieb wahlberechtigt, sodass sich die Anzahl, der in einem Betrieb zu wählenden Betriebsratsmitglieder nach der Zahl aller dort beschäftigten Arbeitnehmer richtet.[984] Der Gemeinschaftsbetrieb hat damit unmittelbare Auswirkungen auf die Anzahl der örtlichen Mitbestimmungsgremien, die Gesamtanzahl der Betriebsräte und die Freistellungen nach § 38 BetrVG.[985] Aufgrund des degressiven Anstiegs der Anzahl der Mandatsträger bzw. Freistellungen mit Zunahme der Arbeitnehmeranzahl wird sich daher in der Regel mit der Bildung von Gemeinschaftsbetrieben aufgrund der größeren Anzahl der wahlberechtigten Arbeitnehmer der beteiligten Unternehmen die Anzahl der Mandatsträger bzw. Freistellungen verringern lassen.[986]

---

979 BAG 24.1.1996 – 7 ABR 10/95, NZA 1996, 1110; *Wißmann*, NZA 2001, 409, 410.

980 BAG 22.3.2016 – 1 ABR 10/14, NZA 2016, 969; 1.8.1990 – 7 ABR 91/88, NZA 1991, 643.

981 BAG 29.11.2007 – 2 AZR 763/06, ZIP 2008, 1598; 27.11.2003 – 2 AZR 48/03, NZA 2004, 477.

982 BAG 3.12.1997 – 7 AZR 764/96, NZA 1998, 876; Schüren/*Hamann*, § 1 AÜG Rn. 65; *Boemke/Lembke*, § 1 AÜG Rn. 39.

983 *Fitting*, § 1 BetrVG Rn. 78; *Schönhoft/Schönleber*, BB 2013, 2485.

984 *Schönhoft/Schönleber*, BB 2013, 2485; *Fuhlrott/Ritz*, AuA 2012, 402, 404.

985 *Schönhoft/Schönleber*, BB 2013, 2485; *Fuhlrott/Ritz*, AuA 2012, 402, 404.

986 *Schönhoft/Schönleber*, BB 2013, 2485; *Fuhlrott/Ritz*, AuA 2012, 402, 404.

Die Errichtung eines Gemeinschaftsbetriebsrats führt aber nicht vollständig zu einer Ausweitung der betrieblichen Mitbestimmung im Rahmen von Drittbeziehungen. Gerade die Frage, wer im Gemeinschaftsbetrieb Adressat der Beteiligungsrechte des Betriebsrates ist, lässt sich nicht immer einheitlich beantworten.[987] Für die Mitbestimmungsrechte nach den §§ 111 ff., § 99 BetrVG sowie die des § 87 Abs. 1 BetrVG gibt es keine Einheitslösung und der Gemeinschaftsbetriebsrat hat für die Ermittlung des richtigen Adressaten, die Gegenstände der Mitbestimmung zu skelettieren.[988] Sollte der Gemeinschaftsbetrieb nur aufgrund einer konkludenten Absprache bestehen oder diese im Fall der einheitlichen Leitung vermutet werden, ist es für den Betriebsrat noch schwieriger zu ermitteln, wer genau der Adressat des jeweiligen Mitbestimmungsrechtes ist.[989] Gerade die Suche nach einem stabilen Arbeitgeber als Ansprechpartner ist ein echtes Hindernis der Mitbestimmungsausübung. Dieses Problem verstärkt sich weiter, sollte sich der gemeinsame Betrieb der Unternehmen auflösen. Der im Übergangsmandat verbleibende Betriebsrat wird sich nicht leichter tun, den richtigen Ansprechpartner ausfindig zu machen. Zu alldem kommt hinzu, dass die durch Führungsvereinbarung geschaffene Betriebsleitung nicht Arbeitgeberin ist.[990] Sie selbst ist nicht Inhaberin und Adressatin von Rechten der Betriebsverfassung, sondern vertritt insoweit nur die beteiligten Arbeitgeber.[991] Mittels eines Gemeinschaftsbetriebes können zwar für die Arbeitnehmer unternehmensübergreifend teilweise Mitbestimmungsrechte ausgeübt werden; die Arbeit für den Betriebsrat ist aber häufig mit Hemmnissen verbunden und kann sich langwierig gestalten. Ob der Gemeinschaftsbetrieb daher eine wirksame Ausübung von Mitbestimmungsrechten im Rahmen von Drittbeziehungen ermöglicht, zeigt sich im Einzelfall. Seine Bildungsvoraussetzungen werden zudem auch nicht immer gegeben sein[992] und können dadurch umgangen werden, dass eine sog. negative Führungsvereinbarung einen einheitlichen Leitungsapparat nicht entstehen lässt.

---

987 *Wißmann*, NZA 2001, 409, 410 ff.; *Fuhlrott/Ritz*, AuA 2012, 402, 404.

988 *Wißmann*, NZA 2001, 409, 410 ff.; *Fitting*, § 1 BetrVG 103 ff.; HaKoBetrVG/*Kloppenburg*, § 1 BetrVG Rn. 77; ErfKomm/*Koch*, § 1 BetrVG Rn. 16.

989 *Wißmann*, NZA 2001, 409, 410.

990 Wißmann, NZA 2001, 409, 410; Richardi/*Maschmann*, § 1 BetrVG Rn. 66.

991 *Richardi/Maschmann*, § 1 BetrVG Rn. 80; *Wißmann*, NZA 2001, 409, 410.

992 Bei Just-in-time-Lieferketten und Matrixorganisationen ist ein Gemeinschaftsbetriebsrat eher zu verneinen: Richardi/*Maschmann*, § 1 BetrVG Rn. 112; *Schubert* (2008), S. 56; *Wisskirchen/Block*, NZA-Beilage 2017, 90, 92.

bb. Betriebliche Mitbestimmung nach dem Arbeitnehmerüberlassungsgesetz

Leiharbeitnehmer, die beim Entleiher tätig werden, unterfallen grundsätzlich der Zuständigkeit des Verleiherbetriebsrates, § 14 Abs. 1 AÜG.[993] Die arbeitsvertragliche Beziehung besteht zum Verleiher, dennoch ist eine Betriebszugehörigkeit zum Entleiherbetrieb in gewissen Umfang gegeben.[994] So sind Leiharbeitnehmer bspw. nach § 14 Abs. 2 Satz 1 AÜG bei mehr als dreimonatiger Tätigkeit bei Betriebsratswahlen im Entleiherbetrieb aktiv wahlberechtigt. Auch stehen dem Leiharbeitnehmer im Entleiherbetrieb betriebsverfassungsrechtliche Rechte zu: Gem. 14 Abs. 2 Satz 2 und 3 AÜG können Leiharbeitnehmer Sprechstunden der Arbeitnehmervertretungen des Entleiherbetriebs aufsuchen, es besteht eine Unterrichtungs- und Erörterungspflicht des Arbeitgebers nach § 81 BetrVG, ihnen stehen die Anhörungs- und Vorschlagsrechte gem. § 82 Abs. 1 BetrVG zu und sie können das Beschwerderecht nach Maßgabe der §§ 84 bis 86 BetrVG wahrnehmen. Aufgrund der Spaltung der Arbeitgeberstellung im Rahmen der Arbeitnehmerüberlassung können die Rechte der Leiharbeitnehmer sowohl durch den Betriebsrat beim Verleiher als auch durch den des Entleihers wahrgenommen werden – die Zuständigkeit des jeweiligen Betriebsrats bestimmt sich nach dem Gegenstand des geltend gemachten Mitbestimmungsrechts und der darauf bezogenen Entscheidungsmacht des jeweiligen Arbeitgebers.[995] Es ist daher überwiegende Auffassung, dass die punktuelle Regelung in § 14 Abs. 3 AÜG nicht abschließend ist und dem Entleiherbetriebsrat gegenüber den eingesetzten Leiharbeitnehmern alle Beteiligungsrechte zustehen, soweit dem Entleiherbetriebsrat nicht die Zuständigkeit für den Gegenstand der Mitbestimmung fehlt oder der Sinn und Zweck des Beteiligungsrechts entgegenstehen.[996] Im Ergebnis stehen dem Entleiherbetriebsrat überwiegend Mitbestimmungsrechte in sozialen Angelegenheiten für die Leiharbeitnehmer zu.[997] Zudem sind die Kontrollmöglichkeiten des Entleiherbetriebsrats durch das

---

993 BAG 15.10.2014 – 7 ABR 74/12, NZA 2015, 560.

994 BAG 24.8.2016 – 7 ABR 2/15, NZA 2017, 269; 13.3.2013 – 7 ABR 69/11, NZA 2013, 789.

995 BAG 24.8.2016 – 7 ABR 2/15, NZA 2017, 269; *Fitting*, § 5 BetrVG Rn. 267; Schüren/*Hamann*, § 14 AÜG Rn. 117.

996 BT-Drucks. 9/847, S. 9, *Ulrici*, § 14 AÜG Rn. 44; *Thüsing*, § 14 AÜG Rn. 99; *Hamann/Rudnik*, NZA 2016, 1368, 1370.

997 BAG 13.3.2013 – 7 ABR 69/11, NZA 2013, 789; *Fitting*, § 5 BetrVG Rn. 268, *Wiebauer*, NZA 2012, 68 ff.

Arbeitnehmerüberlassungs-Änderungsgesetz vom 21.7.2017 verbessert worden; dazu zählen insbesondere die Ergänzungen in § 80 Abs. 2 BetrVG.[998]

Die Ausübung der betrieblichen Mitbestimmung ist daher durch die Arbeitnehmerüberlassung nur geringfügig beeinflusst. Im Gegenteil, der Gesetzgeber hat dafür Sorge getragen, dass diese trotz gespaltener Arbeitgeberstellung weitgehend gewährleistet ist. § 14 AÜG findet aber keine entsprechende Anwendung, wenn Fremdfirmenarbeitnehmer aufgrund eines Dienst- oder Werkvertrags zum Einsatz kommen.[999]

4. *Gemeinsamkeiten der Beeinträchtigung der Ausübung von betrieblicher Mitbestimmung*

Die vorangegangene Untersuchung zeigt, dass die Ausübung von betrieblichen Mitbestimmungsrechten durch Arbeitgeber mit rechtlich zulässigen Mittel beeinflusst werden kann und in der Praxis auch wird. Diese Beeinflussung der Mitbestimmungsausübung durch Arbeitgeber ist durch vielfältige Strategien und Organisationskonzepte möglich, lässt sich aber auch durch drei wesentliche Merkmale kennzeichnen.

Als Erstes ist die Beeinträchtigung der betrieblichen Mitbestimmungsausübung durch das Merkmal der zeitlichen Begrenzung der Arbeitgeberstellung gekennzeichnet. Mitbestimmung lässt sich nur effektiv ausüben, wenn ihr ein gewisser Zeitraum für die Verwirklichung der Mitbestimmungsrechte zur Verfügung steht. Übt ein Arbeitgeber seine Arbeitgeberstellung nur zeitlich begrenzt zB in Gesellschaften auf Zeit oder aufgrund eines Projekts aus, verbleibt dem Betriebsrat kaum Zeit, seine betrieblichen Mitbestimmungsrechte effektiv auszuüben und umzusetzen, da deren Wirkung durch den begrenzten Zeitraum vereitelt wird. Die Arbeitnehmerüberlassung weist zwar das Merkmal der zeitlich begrenzten Arbeitgeberstellung auf. Aufgrund der starken Reglementierung dieser im Entleiherbetrieb gem. § 14 Abs. 3 AÜG eignet sie sich aber nur bedingt zur Beeinträchtigung der Ausübung der betrieblichen Mitbestimmung.

Weiteres, den Beeinträchtigungsstrategien zugrunde liegendes Merkmal ist die arbeitsteilige Zergliederung der Arbeitsprozesse, welche die effektive Mitbestimmungsausübung negativ tangieren kann. Diese ist besonders gekennzeichnet durch die Umstrukturierung und Reorganisation der Arbeitsprozesse

998 *Fitting*, § 5 BetrVG Rn. 269a.

999 BAG 18.10.1994 – 1 ABR 9/94, NZA 1995, 281; 28.11.1989 – 1 ABR 90/88, AP Nr. 5 zu § 14 AÜG; Schüren/*Hamann*, § 14 AÜG Rn. 142; *Fitting*, § 99 BetrVG Rn. 64; *Thüsing*, § 14 AÜG Rn. 156 f.

in kleinere Einheiten und deren dezentrale Organisation. Allein der Umwandlungsprozess in solche Arbeitsorganisationen durch Betriebsaufspaltungen oder Unternehmensteilungen behindert die Betriebsratsarbeit. Denn den Betriebsräten verbleibt je nach Gestaltung der Umstrukturierung lediglich ein Rest- oder Überhangsmandat gem. §§ 21a, 21b BetrVG. Die spätere arbeitsteilige Zergliederung in flachen Hierarchien und deren dezentrale Leitung kann den Gesamt- oder Konzernbetriebsrat und dessen Zuständigkeit entfallen lassen. Dazu zählt insbesondere die rechtliche Verselbstständigung der einzelnen Arbeitsprozesse auf entsprechende Gesellschaften. Ebenso ist die arbeitsteilige Zergliederung der Arbeitsprozesse in Just-in-Time-Lieferketten und Netzwerkorganisationen von Einfluss auf die Betriebsratstätigkeit, denn dem Betriebsrat kann so die Ausübung seiner Rechte faktisch erschwert werden. In Matrixstrukturen kann es für den Betriebsrat zum einen schwierig sein, den Ansprechpartner ausfindig zu machen, gegenüber dem er seine Mitbestimmungsrechte ausüben kann; zum anderen ist für ihn teilweise nicht erkennbar, ob er überhaupt für die im Betrieb tätigen Arbeitnehmer zuständig ist. Überdies ist auch die Nutzung von Industrieparks, die Nutzung von gemeinsamen Standorten oder die Platzierung des Unternehmens innerhalb von strategischen Allianzen gekennzeichnet durch die arbeitsteilige Zergliederung der Arbeitsprozesse. Durch diese wird es dem Arbeitgeber ermöglicht, bestimmte, zuvor unternehmensintern erbrachte, Dienstleistungen auszulagern. Aber auch die Erbringung eigener Dienstleistungen und der Einsatz eigener Arbeitnehmer in den Unternehmenskooperationen ist möglich und kann die Ausübung von Betriebsratsrechten beschränken. Denn der Arbeitgeber ist innerhalb der Kooperationen selbst nicht mehr in der Lage, die Erfüllung von Mitbestimmungsrechten- und Pflichten zu erfüllen, wenn ihm die Arbeitsorganisation von seinem Vertragspartner vorgegeben wird und dieser sich nicht zur Kooperation bei der Verwirklichung der Mitbestimmungsrechte bereit erklärt. Der Betriebsrat muss sich dann entscheiden, ob er auf die Verwirklichung der Mitbestimmungsrechte beharrt. Dies kann sich in der Folge, jedenfalls mittelbar, negativ auf ihn auswirken, zB wenn das Unternehmen einen wichtigen Auftrag verliert. Die Zuständigkeit des Betriebsrats entfällt gänzlich, wenn Arbeitsprozesse ausgelagert werden und im Betrieb Personal von Drittfirmen, Selbstständigen oder freien Mitarbeitern zum Einsatz kommen – gegenüber diesen hat der Betriebsrat keine betrieblichen Mitbestimmungsrechte.

Diese Art der Arbeitsorganisation beinhaltet auch das dritte und letzte Merkmal der Beeinträchtigungsstrategien der betrieblichen Mitbestimmungsausübung: die Trennung der Arbeitgeber- von der Unternehmerfunktion. Denn durch die Aufgabe der Arbeitgeberstellung und damit einhergehend dem Verlust des Weisungsrechts übt der Arbeitgeber nur die Unternehmerfunktion aus. Die

Trennung ermöglicht es dem Arbeitgeber, dass die betriebliche Mitbestimmung auf seine Tätigkeiten als Unternehmer keinen Einfluss hat bzw. eine Ausübung dieser nicht stattfinden kann. Dies ist zum Beispiel bei dem unechten Betriebsführungsvertrag der Fall. Aber auch Franchisekonzepte oder die Verlagerung der Unternehmensleitungen auf ausländische Gesellschaften sind gekennzeichnet durch die Trennung der Arbeitgeber- von der Unternehmerfunktion.

IV. Der Arbeitgeber als Unternehmer im Kontext der Unternehmensmitbestimmung

Mitbestimmung im Unternehmen ist nach allgemeinem Verständnis jede durch Mitgliedschaft von Arbeitnehmervertretern in Unternehmensorganen vermittelte institutionelle Teilhabe der Belegschaft an Planungen und Entscheidungen des Unternehmens.[1000] Die Unternehmensmitbestimmung ist kein klassisches Arbeitsrecht. Systematisch ist die Unternehmensmitbestimmung in das Gesellschaftsrecht einzuordnen; sie steht jedoch in einem engen sachlichen Zusammenhang mit dem Arbeitsrecht, da sie auch eine Form der kollektiven Interessenwahrnehmung der Arbeitnehmer ist.[1001] Wie anderen Formen der kollektiven Interessenvertretung liegt ihr die Erkenntnis zugrunde, dass es wegen der „strukturellen Unterlegenheit" des einzelnen Arbeitnehmers gegenüber seinem Arbeitgeber für eine wirksame Interessenwahrnehmung kollektiver Instrumente bedarf.[1002] Dies rechtfertigt es, dass Unternehmen, die als Arbeitgeber Arbeitnehmer beschäftigen, die Interessen der Arbeitnehmer auch bei unternehmerischen Planungen und Entscheidungen zu berücksichtigen haben.[1003] Somit wird letztlich in die Eigentumsgarantie (Art. 14 Abs. 1 GG) des Unternehmers eingegriffen, was die Unternehmensmitbestimmung für Unternehmer nicht allzu attraktiv macht.

Die deutsche Unternehmensmitbestimmung geriet im ersten Jahrzehnt des 21. Jahrhunderts zunehmend ins Blickfeld. Diskussionsgrundlage war dabei die zunehmende Europäisierung des Gesellschaftsrechts sowie die aufkommende Corporate Governance Diskussion, welche sich aus der fehlenden Unabhängigkeit sowie der Interessenkonflikte mit Arbeitnehmervertretern im Aufsichtsrat entwickelte.[1004] Dies löste die vermehrte Inanspruchnahme von

---

1000 *Wißmann*/Kleinsorge/Schubert, Vorb. Rn. 1.

1001 *Ulmer/Habersack*/Henssler, Einl. MitbestG Rn. 50.

1002 St. Rspr., vgl. BVerfG 23.11.2006 – 1 BvR 1909/06, AP BGB § 307 Nr. 22; *Wißmann*/Kleinsorge/Schubert, Vorb. Rn. 5.

1003 BVerfG 1.3.1979 – 1 BvR 532/77, NJW 1979, 699.

1004 *Gralla*, S. 1 ff.

Mitbestimmungsvermeidungsstrategien durch Arbeitgeber aus. Diese „schleichende Erosion“ der deutschen Unternehmensmitbestimmung durch Abnahme der Anzahl der mitbestimmten Unternehmen hat sich in jüngster Zeit beschleunigt. Die Zahl der mitbestimmten Unternehmen lag bei Inkrafttreten des Mitbestimmungsgesetzes 1976 bei 472 Unternehmen und ist zunächst weitgehend konstant geblieben und nach der Wiedervereinigung auf die bisherige Höchstzahl von 767 Unternehmen im Jahr 2002 angestiegen, nahm jedoch in den letzten Jahren kontinuierlich ab.[1005] Seit 2015 unterliegen nur 635 Unternehmen der Unternehmensmitbestimmung.[1006] Von diesen 635 Unternehmen haben 343 die Rechtsform der GmbH und 241 die der AG; quasiparitätisch mitbestimmt sind weiter 17 KGaA und neun eG, darüber hinaus haben zwölf SE die paritätische Mitbestimmung übernommen.[1007] Eine mittelbare paritätische Mitbestimmung ist gegeben in 13 Unternehmen mit der Rechtsform der Kapitalgesellschaft & Co. KG.[1008]

Die Aufsichtsratsgröße variiert: 412 Unternehmen haben Aufsichtsräte mit zwölf Mitgliedern, 104 Unternehmen Aufsichtsräte mit 16 Mitgliedern und 119 Unternehmen haben 20 Mitglieder im Aufsichtsrat.[1009] Die Montan-Mitbestimmung ist durch den wirtschaftlichen Strukturwandel im Laufe der Zeit deutlich gesunken und findet heute nur auf 31 Unternehmen Anwendung (zum Vergleich: 1951 auf 105 Unternehmen).[1010] Die Zahl der dem Drittelbeteiligungsgesetz unterfallenden Unternehmen wird aktuell auf 1.500 geschätzt.[1011] Bei dieser Schätzung ist jedoch zu berücksichtigen, dass nach einer stichprobenbasierten Studie des Instituts für Rechtstatsachenforschung zum Deutschen und Europäischen Unternehmensrecht der Friedrich Schiller-Universität Jena etwa die Hälfte aller mitbestimmungspflichtigen Unternehmen ihrer gesetzlichen Verpflichtung zur Bildung eines drittelbeteiligten Aufsichtsrats nicht nachkommt.[1012] Ursache für die rückläufige Zahl mitbestimmter Unternehmen ist nicht überwiegend die

---

1005 *Bayer*, NJW 2016, 1930, 1932; *Hoffmann*, AG 2016, R 167; *Böckler Impuls*, 6/2016, Beschäftige wollen mehr Einfluss.

1006 *Bayer*, NJW 2016, 1930, 1932; *Hoffmann*, AG 2016, R 167; *Böckler Impuls*, 6/2016, Beschäftige wollen mehr Einfluss.

1007 *Bayer*, NJW 2016, 1930, 1932.

1008 *Bayer*, NJW 2016, 1930, 1932.

1009 *Bayer*, NJW 2016, 1930, 1932.

1010 *Bayer*, NJW 2016, 1930, 1932.

1011 *Bayer*, NJW 2016, 1930, 1932; *Bayer/Hoffmann*, AG 2010, R 151; *Sick/Pütz*, WSI-Mitteilungen 2011, 34, 38.

1012 *Bayer*, NJW 2016, 1930, 1932; *Bayer/Hoffmann*, GmbHR 2015, 909.

Flucht *aus* der bestehenden Mitbestimmung, sondern vielmehr die Flucht vor dem Hineinwachsen *in* die Mitbestimmung.[1013]

Die Strategien zur Mitbestimmungsvermeidung sind keine neue Erfindung, sondern Folge gesetzlich eröffneter Gestaltungsspielräume, die durch den begrenzten Anwendungsbereich und die nach Rechtsformen differenzierende Intensität der Mitbestimmung geschaffen worden sind.[1014] Obwohl sich die Unternehmensmitbestimmung derzeit als stabil erweist[1015], kann sie zukünftig durch die Internationalisierung der Wirtschaft, die Zunahme beliebter Vermeidungsstrategien sowie die geringe Akzeptanz von Unternehmensmitbestimmung bei Unternehmen und Betriebsräten immer mehr an Wertschätzung verlieren.[1016]

1. *Das Unternehmen als Arbeitgeber und die Mitbestimmung im Unternehmen*

Im Fokus der Unternehmensmitbestimmung steht nicht der Arbeitgeber, sondern das Unternehmen, das als Arbeitgeber Arbeitnehmer beschäftigt. Natürliche Personen und Personengesellschaften unterfallen nicht dem Anwendungsbereich der Unternehmensmitbestimmung (§ 1 MitbestG, § 1 Montan-MitbestG, § 1 MitbestErgG, § 1 DrittelbG). Die Gesellschaftsstruktur der Personengesellschaft ist zudem nicht für die Unternehmensmitbestimmung geeignet[1017], denn sie beruht auf der persönlichen Mitarbeit und der vollen persönlichen Haftung mindestens eines Teils der Unternehmer (Gesellschafter), sodass zB eine Mitbestimmung der Arbeitnehmer über die personelle Zusammensetzung der Unternehmensleitung mit dieser Gesellschaftsstruktur schwerlich vereinbar ist.[1018] Somit werden von der Unternehmensmitbestimmung nur Kapitalgesellschaften und Genossenschaften erfasst; nach § 4 MitbestG aber auch die Komplementärin der Kommanditgesellschaft, wenn diese eine Kapitalgesellschaft iSd § 1 Abs. 1 MitbestG ist sowie nach § 1 Abs. 1 Nr. 4 DrittelbG die Versicherungsvereine auf Gegenseitigkeit. Ausgenommen aus dem Anwendungsbereich der Mitbestimmung sind Tendenzunternehmen.

1013 *Bayer*, NJW 2016, 1930, 1932; *Kluge*, WSI-Mitteilungen 2015, 473.
1014 *Bayer*, NJW 2016, 1930, 1932.
1015 *Scholz, Vitols*, Mitbestimmungsreport Nr. 43, 1.
1016 *Henssler*, ZfA 2018, 174, 175; *Bauer*, NZA-Beilage 2017, 85, 86.
1017 *Wißmann*/Kleinsorge/Schubert, § 1 MitbestG Rn. 13.
1018 MünchHdbArbR/*Wißmann*, § 278 Rn. 6; *Wißmann*/Kleinsorge/Schubert, § 1 MitbestG Rn. 12.

Die Arbeitnehmer nehmen ihre Beteiligungsrechte der Unternehmensmitbestimmung wahr, indem Arbeitnehmervertreter im Aufsichtsrat an den durch dieses Organ vermittelten Einflussmöglichkeiten auf alle Felder unternehmerischer Entscheidungen teilnehmen können.[1019] Die Arbeitnehmervertreter haben so einen maßgeblichen, wenn auch nicht voll paritätischen Einfluss auf Bestellung, Zusammensetzung und Kontrolle des Leitungsorgans (Vorstand, Geschäftsführung) und ihnen steht ein Mitwirkungsrecht in den Grenzen des § 111 Abs. 4 AktG an zentralen Unternehmensentscheidungen zu.[1020] Kritisch von Arbeitgebern wahrgenommen, wird insbesondere die Beteiligung bei der Bestellung von Aufsichtsratsmitgliedern gem. § 31 MitbestG sowie die Präsenz externer Gewerkschaftsvertreter im Aufsichtsrat gem. § 7 Abs. 2 MitbestG. Das Drittelbeteiligungsgesetz greift weniger intensiv in Unternehmerrechte ein. Der Aufsichtsrat hat nach dem Drittelbeteiligungsgesetz keine zwingenden Kompetenzen in Personalfragen, auch sind unternehmensfremde Gewerkschaftsvertreter nicht vorgeschrieben und die Leitungsstruktur ist ohne Arbeitnehmervertreter gestaltbar.[1021]

Die Unternehmensmitbestimmung wird aufgrund dieser unternehmerischen Einschränkungen von vielen, vor allem ausländischen und eigentümergeführten Unternehmen, nicht als Vorteil, sondern als Nachteil gesehen.[1022] Ebenso wird die Überbürokratisierung iRd Unternehmensmitbestimmung als Nachteil empfunden – Großunternehmen haben es mit einer Vielzahl von Gremien zu tun, wobei die maßgebenden Personen vornehmlich Arbeitnehmervertreter sind. Hinzu kommt die Langwierigkeit der Mitbestimmungsverhandlungen.[1023] Allerdings ist die Mitbestimmung im Aufsichtsrat ein Konsensmodell, welches zwar auch Koppelungsgeschäften ausgesetzt ist, sich aber in wirtschaftlichen Krisenzeiten, wie der Wirtschafts- und Finanzkrise 2008, als Vorteil erwiesen hat diese schneller zu bewältigen als andere Industriestaaten.[1024]

2. *Anwendungsbereich der Unternehmensmitbestimmung*

Die unternehmerische Mitbestimmung ist durch mehrere Gesetze festgeschrieben. Dazu zählen das Mitbestimmungsgesetz, das Drittelbeteiligungsgesetz, das

1019 MünchHdbArbR/*Wißmann*, § 278 Rn. 6; *Habersack*/Henssler, Einl. MitbestG Rn. 11.
1020 *Habersack*/Henssler, Einl. MitbestG Rn. 11; MünchHdbArbR/*Wißmann*, § 278 Rn. 7.
1021 *Götz/Winzer/Arnold*, ZIP 2009, 245.
1022 *Bauer*, NZA Beilage 2017, 85, 86; *Henssler*, ZfA 2018, 174, 193.
1023 *Bauer*, NZA-Beilage 2017, 85, 86.
1024 *Scholz/Vitols*, Mitbestimmungsreport Nr. 43, 1, 2; *Bauer*, NZA-Beilage 2017, 85, 86.

Montan-Mitbestimmungsgesetz und das Montan-Mitbestimmungsergänzungsgesetz. Daneben existiert für grenzüberschreitende Unternehmenssachverhalte auf europäischer Ebene das SE-Beteiligungsgesetz sowie das Gesetz über die Mitbestimmung der Arbeitnehmer bei einer grenzüberschreitenden Verschmelzung. Die Unternehmensmitbestimmung knüpft dabei an zwei wesentliche Tatbestandsmerkmale an: Die Rechtsform des Unternehmens sowie die Anzahl, der im Unternehmen regelmäßig beschäftigten Arbeitnehmer. Erfasst werden nur inländische Gesellschaften, in den jeweils in den Mitbestimmungsgesetzen genannten Rechtsformen, dh nur Gesellschaften, die dem deutschen Gesellschaftsrecht unterfallen.[1025] Eine Anwendung auf Unternehmen ausländischen Rechts scheidet damit regelmäßig aus, selbst wenn diese einen deutschen Verwaltungssitz haben.[1026] Die Vermeidung dieser zwei wesentlichen Tatbestandsmerkmale ist Ziel der Vermeidungsstrategien von Unternehmensmitbestimmung.

V. Vermeidung der Unternehmensmitbestimmung durch Reduzierung der Arbeitnehmeranzahl

Die zwingenden unternehmerischen Mitbestimmungsvorschriften greifen nur ein, wenn in einer Gesellschaft eine bestimmte Anzahl beschäftigter Arbeitnehmer überschritten wird. Demzufolge ist es für Arbeitgeber durchaus lohnenswert, organisatorische Gestaltungen derart vorzunehmen, dass bewusst so wenig Arbeitnehmer wie möglich beschäftigt werden und die Schwellenwerte der Unternehmensmitbestimmung nicht überschritten werden. So gibt es Betriebsaufspaltungen mit dem Ziel, die Zahl der Arbeitnehmer zu reduzieren, indem diese auf rechtlich selbstständige Gesellschaften übergehen – dies ist dann keine Umgehung des Unternehmensmitbestimmung.[1027] Entsprechendes gilt für den Fall, dass die Anzahl der Arbeitnehmer gezielt unter 2.001 gehalten wird.[1028] Solange sich Unternehmer rechtlich zulässiger Mittel bzw. Arbeitsorganisationsformen bedienen, besteht für sie keine Pflicht, eine bestimmte Anzahl an

1025 *Habersack*/Henssler, Einl. MitbestG Rn. 35; Braun/Wisskirchen/*Ackermann/Klein*, S.112; *Wißmann*/Kleinsorge/Schubert, § 1 MitbestG Rn. 18.

1026 *Wißmann*/Kleinsorge/Schubert, § 1 MitbestG Rn. 18; *Habersack*/Henssler, Einl. MitbestG Rn. 35.

1027 *Bayer*, ZGR 1977, 173, 179; *Hoffmann/Lehmann/Heinz*, § 1 MitbestG Rn. 13; *Habersack*/Henssler, § 1 MitbestG Rn. 30; *Raiser*/Veil/Jacobs, § 1 MitbestG Rn. 59.

1028 *Götze/Winzer/Arnold*, ZIP 2009, 246; *Henssler*, ZfA 2000, 241, 245 f.; *Habersack*/Henssler, § 1 MitbestG Rn. 30.

Arbeitnehmern im Unternehmen aufrechtzuerhalten, um Arbeitnehmern eine Unternehmensmitbestimmung zu gewährleisten.

1. Schwellenwerte der Unternehmensmitbestimmung

Tatbestandsvoraussetzung für die Installierung von Arbeitnehmervertretern im Aufsichtsrat ist die Überschreitung eines bestimmten Schwellenwertes, also einer Mindestanzahl von in der Regel beschäftigten Arbeitnehmern. Das Drittelbeteiligungsgesetz greift bei einer Mindestanzahl von in der Regel mehr als 500 Arbeitnehmern und das Mitbestimmungsgesetz setzt in der Regel mehr als 2.000 Arbeitnehmer voraus.[1029] Arbeitnehmer werden „in der Regel" beschäftigt, wenn sie üblicherweise zur Bewältigung des normalen, während der überwiegenden Zeit eines Referenzzeitraumes von 18 bis 24 Monaten anfallenden Arbeitsvolumens beschäftigt werden.[1030] Für die Berechnung der Beschäftigtenzahl kommt es auf die Zahl der den Unternehmenszweck realisierenden Arbeitnehmer an, da das Gesetz insoweit auf die Größe und wirtschaftliche Bedeutung des Unternehmens abstellt.[1031] Dementsprechend sind auch leitende Angestellte oder Teilzeitbeschäftigte, unabhängig von ihrer wöchentlichen Arbeitszeit, sowie Arbeitnehmer mit Home Office und Heimarbeiter mitzuzählen.[1032] Nicht mitzuzählen sind Arbeitnehmer, die nicht arbeitsvertraglich an das Unternehmen gebunden sind, also Arbeitnehmer eines anderen Unternehmens, die aufgrund eines Dienst- oder Werkvertrages im Unternehmen eingesetzt werden, freie Mitarbeiter und Selbstständige.[1033] Die Mitbestimmungsgesetze stellen

---

1029 Das Montan-MitbestG wird außer Acht gelassen, da diese fast keine Relevanz mehr aufweist. Der Montan-Mitbestimmung sind derzeit nur 31 Unternehmen unterworfen und bei dem absehbaren, von der Politik erzwungenen Ausstieg aus der Braunkohle, wird diese Art der Mitbestimmung zum Auslaufmodell, vgl. *Henssler*, ZfA 2018, 174, 175.

1030 ErfKomm/*Oetker*, § 1 MitbestG Rn. 14: Referenzzeitraum von 17 bis 20 Monate; *Wißmann*/Kleinsorge/Schubert, § 1 MitbestG Rn. 47; Habersack/*Henssler*, § 3 MitbestG Rn. 62.

1031 BAG 11.12.1961 – 1 ABR 15/60, AP Nr. 1 zu § 77 BetrVG; OLG Frankfurt 7.6.1985 – 20 W 281/84, EWiR 1985, 607; *Wißmann*/Kleinsorge/Schubert, § 1 MitbestG Rn. 46; Schaub/*Koch*, § 260 Rn. 3

1032 Schaub/*Koch*, § 260 Rn. 3; Braun/Wisskirchen/*Ackermann/Klein*, S.112; WWKK/Koberski, § 1 MitbestG Rn. 35; Habersack/*Henssler*, § 3 MitbestG Rn. 23.

1033 Braun/Wisskirchen/*Ackermann/Klein*, S.112; Habersack/*Henssler*, § 3 MitbestG Rn. 13 ff.; *Wißmann*/Kleinsorge/Schubert, § 3 MitbestG Rn. 14; auf Leiharbeiter wird weiter unter eingegangen, siehe § 3B.V.3.a, S. 194.

zunächst nur auf das Unternehmen selbst ab, da aber wichtige unternehmerische Entscheidungen häufig außerhalb des jeweiligen Unternehmens im Konzernverbund getroffen werden, bestehen besondere Zurechnungsregelungen der Konzernzurechnung (§ 5 MitbestG, § 2 DrittelbG).[1034] § 4 MitbestG enthält eine Zurechnungsregelung, bei der die Arbeitnehmer der nicht mitbestimmten Kommanditgesellschaft der Komplementärkapitalgesellschaft zuzurechnen sind, wenn diese weitgehend eine wirtschaftliche Einheit bilden.[1035] Diese Norm hat aber wenig praktische Relevanz. Am 31.12.2015 wurden nur 13 Kapitalgesellschaften & Co. KG von dieser Norm erfasst.[1036] Arbeitnehmer in ausländischen Tochterunternehmen sind bei der Berechnung der Schwellenwerte nicht mitzuzählen.[1037] Obwohl für Arbeitnehmer, die in unselbstständigen Niederlassungen deutscher Unternehmen im Ausland beschäftigt sind, nach § 1 MitbestG ein Anknüpfungspunkt gegeben wäre, sind diese Arbeitnehmer nach hM nicht in das deutsche Mitbestimmungsrecht einbezogen.[1038]

2. *Unternehmen ohne Arbeitnehmer*

Sofern im Unternehmen keine Arbeitnehmer angestellt sind, ist auch keine Unternehmensmitbestimmung möglich. Eine Vermeidung der Unternehmensmitbestimmung bedarf folglich eine Trennung der Arbeitgeberstellung von der wirtschaftlichen Unternehmerstellung. Geeignetes Mittel hierfür ist der Betriebsführungsvertrag[1039], bei dem die Belegschaft von den Betriebsmitteln getrennt wird. Für die Anwendung der Unternehmensmitbestimmungsgesetze muss zunächst festgestellt werden, wer Arbeitgeber der im Betrieb beschäftigten Arbeitnehmer ist. Gehen die Arbeitnehmer von der Eigentümergesellschaft auf die Betriebsführungsgesellschaft über, ist diese auch Arbeitgeber der Arbeitnehmer und eine Unternehmensmitbestimmung ist nur in dieser Gesellschaft

---

1034 Braun/Wisskirchen/*Ackermann/Klein*, S.125.

1035 *Habersack*/Henssler, § 4 MitbestG Rn. 3; *Wißmann*/Kleinsorge/Schubert, § 4 MitbestG Rn. 2.

1036 *Ehrenstein*, Mitbestimmung 2/2016, 54.

1037 OLG Frankfurt aM 25.5.2018 – 21 W 32/18, DB 2018, 1457; LG Hamburg 6.2.2018 – 403 HKO 130/17, NZG 2018, 466; LG Stuttgart 1.2.2018 – 31 O 47/17 KfH AktG, BeckRS 2018, 5503.

1038 LG Berlin 1.6.2015 – 102 O 65/14 AktG, DB 2015, 1588; LG Landau 18.9.2013 – HK O 27/13, NZG 2014, 229; Habersack/*Henssler*, § 3 MitbestG Rn. 40; MünchKommAktG/*Gach*, § 3 MitbestG Rn. 19; MünchKommBGB/*Kindler*, IntGesR, § 3 MitbestG Rn. 601; *Henssler*, RdA 2005, 330.

1039 Siehe ausführlich zum Betriebsführungsvertrag Kapitel § 3A.II.2.c.bb.[3], S. 105.

möglich.[1040] Zwischen den beiden Gesellschaften besteht aber die Gefahr der Anwendbarkeit des § 5 MitbestG, wenn dessen Voraussetzungen der Abhängigkeit und einheitlichen Leitung (der Konzernvermutung) gegeben sind.[1041] § 18 Abs. 1 AktG ist dagegen nicht einschlägig, wenn die Betriebsführungsgesellschaft und die Eigentümergesellschaft im Gleichordnungskonzern verbunden sind und zugleich keine so intensive Beherrschung stattfindet, dass über § 18 Abs. 1 AktG eine Konzernierung begründet werden kann.[1042] Wird im Betriebsführungsvertrag ausdrücklich aufgenommen, dass dem weisungsgebundenen Betriebsführer lediglich die laufende Geschäftsführung übertragen wird, bleibt dem Vorstand der Eigentümergesellschaft das Recht unbenommen, kraft des Betriebsführungsvertrags die Grundfragen der Unternehmenspolitik zu entscheiden und deren Durchführung durch den Betriebsführer zu überwachen.[1043] Dieses Weisungsrecht folgt aber schon aus dem Geschäftsbesorgungscharakter des Betriebsführungsvertrages und begründet daher nicht das Eingreifen der Konzernvermutung des § 18 Abs. 1 AktG.[1044] Eine Zurechnung der Arbeitnehmer zur Eigentümergesellschaft scheidet folglich aus. Jedoch ist die Gefahr einer Zurechnung aufgrund eines möglicherweise entstehen Gemeinschaftsbetriebs zu bedenken.[1045] Sollte der Betriebsführer gemeinsam entweder mit dem Eigner oder auch anderen Betriebsführern einen Gemeinschaftsbetrieb im betriebsverfassungsrechtlichen Sinne führen, so droht nach einer verbreiteten Ansicht die wechselseitige Zurechnung der Arbeitnehmer nach § 5 Abs. 1 MitbestG für die Unternehmensmitbestimmung.[1046]

3. *Vermeidung der Erreichung der Schwellenwerte*

Nähert sich die Anzahl der Arbeitnehmer in der beschäftigenden Gesellschaft den in § 1 MitbestG und § 1 DrittelbG enthalten Schwellenwerten, sehen Arbeitgeber Handlungsbedarf, die Arbeitnehmeranzahl zu senken und so die Unternehmensmitbestimmung oder die Vergrößerung des Aufsichtsrats zu

---

1040 *Rieble*, NZA 2010, 1145, 1148; *Habersack*/Henssler, § 5 MitbestG Rn. 30.

1041 Dazu ausführlicher siehe § 3B.V.4, S. 196.

1042 *Rieble*, NZA 2010, 1145, 1148.

1043 *Rieble*, NZA 2010, 1145, 1148.

1044 *Rieble*, NZA 2010, 1145, 1148; *Habersack*/Henssler, § 5 MitbestG Rn. 32; MünchHdBArbR/*Krieger*, § 72 Rn. 51; *Weißmüller*, BB 2000, 1949, 1950.

1045 *Rieble*, NZA 2010, 1145, 1148.

1046 BAG 16.8.1995 – 7 ABR 57/94, NJW 1996, 1691; 30.10.1986 – 6 ABR 19/85, BAGE 53, 298; ErfKomm/*Oetker*, § 5 MitbestG Rn. 10; *Raiser*/*Veil*/Jacobs, § 5 MitbestG Rn. 26 f.; MünchHdbArbR/*Wißmann*, § 377 Rn. 24.

verhindern. Dazu bedienen sie sich verschiedener Umstrukturierungsmaßnahmen und Formen der Arbeitsorganisation.[1047]

a. *Arbeitnehmerüberlassung*

Seit dem 31.3.2017 ist die Arbeitnehmerüberlassung kein probates Mittel mehr zur Unternehmensmitbestimmungsvermeidung. Mit § 14 Abs. 2 Satz 6 AÜG hat der Gesetzgeber die umstrittene Frage der Berücksichtigung von Leiharbeitnehmern bei der Ermittlung der Schwellenwerte im Entleiherunternehmen beantwortet. Diese sind nun zu berücksichtigen, wenn die Einsatzdauer sechs Monate überschreitet. Die Regelung in Satz 6 schränkt ausschließlich die Schwellenwertbestimmung in der Unternehmensmitbestimmung ein.[1048] Es soll so verhindert werden, dass ein Unternehmen allein aufgrund des kurzfristigen Einsatzes von Leiharbeitnehmern in ein neues Mitbestimmungsregime hineinwächst.[1049] Unterschreitet der Leiharbeitnehmer die Mindesteinsatzdauer, dann bleibt er jedenfalls im Anwendungsbereich von § 14 Abs. 2 Satz 6 AÜG unberücksichtigt.[1050] Hinsichtlich der Einsatzdauer von sechs Monaten ist eine Prognose zur Dauer des Einsatzes im Entleiherunternehmen vorzunehmen.[1051] Nach Auffassung des LG Hannover und der herrschenden Ansicht in der Literatur ist die in § 14 Abs. 2 Satz 6 AÜG enthaltene Frist arbeitnehmerbezogen zu verstehen, sodass ein Leiharbeitnehmer hinzuzurechnen ist, wenn er prognostisch sechs Monate bei dem Entleiherunternehmen verbleiben soll oder jedenfalls verblieben ist.[1052] Nähere Ausführungen, die auf eine andere Auslegung schließen könnten, finden sich in der Gesetzesbegründung nicht.[1053]

Nach anderer Ansicht des OLG Celle ist § 14 Abs. 2 Satz 6 AÜG arbeitsplatzbezogen auszulegen, weshalb darauf abzustellen sei, wie viele Arbeitsplätze

---

1047 *Götze/Winzer/Arnold*, ZIP 2009, 245; *Willemsen/Hohenstatt/Schweibert/Seibt*, F. Rn. 20 ff.

1048 *Ulrici*, § 14 AÜG Rn. 42; *Thüsing*, § 14 AÜG Rn. 76; *Oetker*, NZA 2017, 29, 35.

1049 BT-Drs. 18/9232, 30.

1050 *Oetker*, NZA 2017, 29, 33.

1051 LG Hannover 12.12.2017 – 26 O 1/17, BeckRS 2017, 145836; *Ulrici*, § 14 AÜG Rn. 43; *Wißmann*/Kleinsorge/Schubert, § 1 MitbestG Rn. 41c.

1052 LG Hannover 12.12.2017 – 26 O 1/17, BeckRS 2017, 145836; dem zustimmend *Mückl/Götte*, DB 2018, 1649, 1654; auch dieser Ansicht *Ulrici*, § 1 AÜG Rn. 42 f.; ErfKomm/*Oetker*, § 1 MitbestG Rn. 9; *Löwisch/Wegmann*, BB 2017, 373, 377; *Schubert/Liese*, NZA 2016, 1297, 1303.

1053 *Thüsing*, § 14 AÜG Rn. 76; *Oetker*, NZA 2017, 29, 33; *Schubert/Liese*, NZA 2016, 1297, 1303.

regelmäßig über sechs Monate hinaus mit – auch wechselnden – Leiharbeitnehmern besetzt würden.[1054] Beide Ansichten berufen sich auf bundesarbeitsgerichtliche Rechtsprechung; eine entsprechende Entscheidung des BAG steht jedoch noch aus. Dies eröffnet für den Arbeitgeber einen gewissen Gestaltungsspielraum hinsichtlich des in § 14 Abs. 2 Satz 6 AÜG enthaltenen Prognoserisikos.[1055] Da in der Rechtsprechung des BAG allerdings die Tendenz zur Berücksichtigung von Leiharbeitnehmern zu erkennen ist, dürfte die sicherere Variante die arbeitsplatzbezogene Auslegung des § 14 Abs. 2 Satz 6 AÜG sein.[1056]

b. Arbeitsorganisationsformen zur Senkung der Arbeitnehmeranzahl

Die Unternehmensmitbestimmung stellt im Gegensatz zur Betriebsverfassung nicht auf den Betrieb, sondern auf das Unternehmen in einer bestimmten Gesellschaftsform ab. Aus diesem Grund kommt eine Aufspaltung des Unternehmens in mehrere Betriebe zur Vermeidung der Unternehmensmitbestimmung nicht in Betracht. Dem Arbeitgeber bleibt es aber unbenommen, die Arbeitnehmer auf unterschiedliche Gesellschaften zu verteilen und so die relevanten Schwellenwerte des § 1 DrittelbG und § 1 MitbestG nicht zu überschreiten. Sollten diese Gesellschaften aber von einem übergeordneten Unternehmen beherrscht werden, besteht die Gefahr des Errichtenmüssens eines Aufsichtsrats im herrschenden Unternehmen (vgl. § 2 DrittelbG, § 5 MitbestG).[1057] Eine Senkung der Arbeitnehmeranzahl unter die Schwellenwerte ist durch Fremdvergabe eigener Tätigkeiten und Auslagerung von Produktionen auf fremde Unternehmer möglich, ausgenommen der Leiharbeit[1058]. Die Ersetzung eigener Arbeitnehmer durch Vergabe der Tätigkeiten an ein anderes Unternehmen oder die Umwandlung von Anstellungsverträgen in Verträge mit selbstständigen Franchisenehmern ist zulässig, selbst wenn diese mit dem Ziel der Vermeidung der Mitbestimmungsgesetze erfolgen.[1059] Dies ist eine legale Gesetzesvermeidung und keine missbräuchliche Umgehung.[1060]

1054 OLG Celle 7.9.2018 – 9 W 31/18, BeckRS 2018, 21536; so auch *Wißmann*/Kleinsorge/Schubert, § 1 MitbestG Rn. 41b ff.

1055 *Mückl/Götte*, DB 2018, 1649, 1654.

1056 Ebenso *Fuhlrott*, GWR 2018, 392.

1057 Siehe dazu § 3B.V.4, S. 196.

1058 Siehe zur Arbeitnehmerüberlassung § 3B.V.3.a, S. 194.

1059 BGH 4.11.1998 – VIII ZB 12/98, NZA 1999, 53; BAG 14.1.1997 – 5 AZB 22/96, NZA 1997, 399; *Horn/Henssler*, ZIP 1998, 598; Habersack/*Henssler*, § 3 MitbestG Rn. 19.

1060 *Säcker*, ZfA 2008, 51, 55; Habersack/*Henssler*, § 3 MitbestG Rn. 19.

4. Vermeidung der Zurechnung von Arbeitnehmern im Konzern

Der Mitbestimmung im Konzern und der Ansiedlung von Arbeitnehmervertretungen im Aufsichtsrat der Konzernobergesellschaft liegt folgende Leitidee der Unternehmensmitbestimmung zugrunde: Es soll die Mitwirkung der Arbeitnehmer an unternehmensbezogenen Entscheidungsprozessen über eine Beteiligung von Arbeitnehmervertretern im Geschäftsleitungskontrollorgan der Gesellschaft sichergestellt werden, bei der auch die für den Arbeitnehmer wichtigen unternehmerischen Entscheidungen getroffen werden.[1061] Das Mitbestimmungsgesetz sieht bei der Arbeitnehmerzahlbestimmung eine weitreichende Konzernzurechnung gem. § 5 MitbestG vor, wenn es auf den aktienrechtlichen Konzernbegriff des § 18 Abs. 1 AktG verweist. Die Rechtsprechung und Literatur legen die darin enthaltenen Definitionen (Unternehmen, Konzern und einheitliche Leitung) originär mitbestimmungsrechtlich und dementsprechend weit aus.[1062] Sind die Konzernvoraussetzungen gegeben, so gelten die Arbeitnehmer des abhängigen Unternehmens zugleich als Arbeitnehmer des herrschenden Unternehmens und sind bei der Feststellung der Arbeitnehmeranzahl des herrschenden Unternehmens zu berücksichtigen (§§ 1 Abs. 1 Nr. 2, 7 Abs. 1 MitbestG).[1063] Trotz des weiten Konzernbegriffs besteht ein gewisser Gestaltungsspielraum, die Unternehmensmitbestimmung in der Konzernobergesellschaft zu vermeiden. Ein Beispiel dafür ist die reine Vermögensholding.[1064] Bei dieser kann eine einheitliche Leitung verneint werden und folglich die Konzernzurechnung als widerlegt angesehen werden, wenn die Vermögensholding keine Führungsaufgaben in den Tochtergesellschaften wahrnimmt und sich ihre Tätigkeit auf die bloße Verwaltung ihrer Beteiligungen, einschließlich der damit verbundenen Finanzierungs- und Verwaltungsaufgaben beschränkt.[1065] Die Konzernvermutung des § 18 Abs. 1 AktG kann aber ebenso durch Abschluss eines Entherrschungsvertrages

---

1061 BAG 18.6.1970 – 1 ABR 3/70, DB 1970, 1595; *Raiser*/Veil/Jacobs, § 5 MitbestG Rn. 1; *Habersack*/Henssler, § 5 DrittelbG Rn. 1.

1062 BayObLG 24.3.1998 – 3Z BR 236/96, NZA 1998, 956, 957; LG München I 25.9.1995 – 21 O 21794/93, AG 1996, 186, 187, OLG Frankfurt 10.11.1986 – 20 W 27/86, WM 1987, 237, 238; *Habersack*/Henssler, § 5 MitbestG Rn. 11; MünchHdBArbR/*Wißmann*, § 377 Rn. 17; *Windbichler*, S. 518.

1063 Willemsen/Hohenstatt/Schweibert/*Seibt*, Kapital F Rn. 41; *Habersack*/Henssler, § 5 MitbestG Rn. 2.

1064 BayObLG 6.3.2002 – 3Z BR 343/00, NZA 2002, 691; 24.3.1998 – 3Z BR 236/96, NZA 1998, 956.

1065 BayObLG 24.3.1998 – 3Z BR 236/96, NZA 1998, 956, 957; Willemsen/Hohenstatt/Schweibert/*Seibt*, Kapital F Rn. 42.

zwischen dem abhängigen und herrschenden Unternehmen widerlegt werden.[1066] Vor allem das Drittelbeteiligungsgesetz ist dispositiv – es existiert nach § 2 Abs. 2 DrittelbG keine Konzernzurechnung im faktischen Konzern.[1067] Dies ermöglicht die Vermeidung der Mitbestimmung dadurch, dass das Unternehmen in mehrere Gesellschaften mit einer Arbeitnehmeranzahl von unter 501 Arbeitnehmern aufgespalten wird.[1068] Die Konzernzurechnung von Arbeitnehmern ist daher auch in rechtlich zulässiger Weise vermeidbar. Allerdings ist dies nicht immer betriebswirtschaftlich sinnvoll, wenn die Konzernleitung keinen beherrschenden Einfluss mehr ausüben darf.

5. Gemeinsamkeiten der Vermeidung der Unternehmensmitbestimmung durch Reduzierung der Arbeitnehmeranzahl

Die Unternehmensmitbestimmung wird vermieden, wenn die relevanten gesetzlichen Schwellenwerte im Unternehmen nicht überschritten werden. Dies ist zum einen realisierbar durch bestimmte Arbeitsorganisationskonzepte und zum anderen durch gesellschaftsrechtliche Konstruktionen. Alle diese Vermeidungsstrategien der Unterschreitung der gesetzlichen Schwellenwerte der Unternehmensmitbestimmung lassen sich auch auf wesentliche drei Merkmale zurückführen.

Eine Reduzierung der Arbeitnehmeranzahl basiert zum Teil auf der zeitlichen Begrenzung der Arbeitgeberstellung. Allerdings in nur sehr begrenzten Umfang durch die Arbeitnehmerüberlassung, da die Arbeitnehmerüberlassung gem. § 14 Abs. 3 AÜG stark reglementiert ist. Eine dauerhafte Vergabe des Arbeitsplatzes, zur Reduktion der Arbeitnehmeranzahl, ist nur denkbar, wenn sich das BAG zukünftig für eine arbeitnehmerbezogene Auslegung des § 14 Abs. 3 AÜG ausspricht und Arbeitsplätze mit wechselnden Leiharbeitnehmern besetzt werden können.

Weiteres Merkmal der Vermeidungsstrategien ist die arbeitsteilige Zergliederung der Arbeitsprozesse. Dies erfolgt durch Umstrukturierung der bisherigen Arbeitsorganisation in kleinere Einheiten auf neue rechtlich selbstständige Gesellschaften, in denen die Arbeitnehmeranzahl unter den gesetzlichen

---

1066 OLG Hamburg 4.7.2017 – 11 W 19/17, ZIP 2017, 1621; OLG Düsseldorf 4.7.2013 – I-26 W 13/08 AktE, ZIP 2014, 517, 519; Willemsen/Hohenstatt/Schweibert/*Seibt*, Kapital F Rn. 42; *Henssler*, ZfA 2018, 174, 194.

1067 *Habersack*/Henssler, § 2 DrittelbG Rn. 12; Wißmann/*Kleinsorge*/Schubert, § 2 DrittelbG Rn. 28; ErfKomm/*Oetker*, § 2 DrittelbG Rn. 18.

1068 *Henssler*, ZfA 2018, 174, 196.

Schwellenwerten gehalten wird. Dabei gilt es allerdings zu beachten, die einzelnen Gesellschaften derart voneinander getrennt zu halten, dass zwischen diesen und übergeordneten Gesellschaften die Arbeitnehmer Letzteren nicht mittels der Zurechnungsnormen der § 2 DrittelbG und § 5 MitbestG zugeordnet werden können. Dies kann durch Entherrschungsverträge geschehen oder der Errichtung einer reinen Vermögensholding, die sich auf die bloße Verwaltung ihrer Beteiligungen beschränkt. Weitere Arbeitsorganisationen zur Reduzierung der Arbeitnehmeranzahl durch arbeitsteilige Zergliederung der Arbeitsprozesse ist das Auslagern bestimmter Tätigkeiten und die Fremdvergabe an Drittfirmen, Soloselbstständige und freie Mitarbeiter. Diese Personen erhöhen nicht die Arbeitnehmeranzahl im Unternehmen, da sie in keinem Arbeitsverhältnis zum Einsatzunternehmen stehen.

Die Auslagerung von zuvor unternehmenseigenen Produktionen auf Dritte ist aber ebenso durch das dritte Merkmal gekennzeichnet: die Trennung der Arbeitgeber- von der Unternehmerfunktion. Der Arbeitgeber verteilt nunmehr Aufträge an Dritte und übt selbst nicht mehr die Funktion des Arbeitgebers aus. Weitere von diesem Merkmal charakterisierte Vermeidungsstrategie ist der Betriebsführungsvertrag. Die Arbeitnehmer sind nur in der Betriebsführungsgesellschaft angestellt. Die Errichtung eines Aufsichtsrats in dieser Gesellschaft ist ohne Einfluss auf die Unternehmerentscheidungen, denn diese werden in der Eigentümergesellschaft getroffen und auf diese hat der Aufsichtsrat keinen Einfluss. Auch innerhalb von Franchisesystemen ist eine Zurechnung der Arbeitnehmer zum Franchisegeber nicht möglich, sodass dieser seine Unternehmerinteressen ohne Mitbestimmung von Arbeitnehmervertretern im Aufsichtsrat wahren kann.

VI. Gesellschaftsformen zur Vermeidung der Unternehmensmitbestimmung

Die Unternehmensmitbestimmung ist hinsichtlich ihres Geltungsbereiches nicht lückenlos. Der Gesetzgeber hat auch keine Regelungen geschaffen, welche Vorkehrungen beinhalten, dass die Einbeziehungsvoraussetzungen mitbestimmter Unternehmen nachträglich verändert und dadurch der Mitbestimmung entzogen werden – ein allgemeiner Bestandsschutz ist im geltenden Recht der deutschen Unternehmensmitbestimmung gerade nicht vorgesehen.[1069] Schranken für eine Vermeidung der Unternehmensmitbestimmung ergeben sich lediglich aus

---

1069 *Kunze*, ZGR 1978, 321, 343; *Henssler*, ZfA 2000, 241, 249; *Götze/Winzer/Arnold*, ZIP 2009, 245.

Umgehungsgesichtspunkten[1070], sodass Umgehungsfälle durch Auslegung oder analoge Anwendung der belastenden Norm zu lösen sind.[1071] Wird von einer mitbestimmungsfreien Rechtsform Gebrauch gemacht und nehmen die Beteiligten, die damit für das Außen- und Innenverhältnis der juristischen Person oder Personengesellschaft verbundenen Rechtsfolgen in Kauf, so ist selbst dann kein Eingreifen der Unternehmensmitbestimmung gegeben, wenn offensichtlich ist, dass die Rechtsformwahl der Vermeidung der Mitbestimmung diente.[1072] Dies gilt ebenso bei nachträglichem Wechsel der Rechtsform sowie bei Maßnahmen der Umwandlung und Umstrukturierung – sofern nicht § 325 UmwG, § 1 MitbestG oder § 5 MitbestG eingreifen.[1073]

1. Bestimmte Gesellschaftsformen

Einige Gesellschaftsformen eignen sich besonders zur Vermeidung der Mitbestimmung oder zumindest zur Reduzierung der Anzahl der Vertreter im Aufsichtsrat. Es existiert eine breite Palette an rechtlich zulässigen Vermeidungsstrategien mittel bestimmter gesellschaftlicher Konstruktionen.[1074] Nachfolgend wird daher nur auf die bekanntesten Gestaltungsvarianten eingegangen.

a. Societas Europaea

Die Societas Europaea (SE) ist neben der deutschen Aktiengesellschaft als europäische Form der Aktiengesellschaft in Deutschland etabliert. Aktuell existieren in Deutschland ca. 411 eingetragene SE.[1075] Einer der Gründe für die Wahl der SE als Gesellschaftsform ist in vielen Fällen die bessere Flexibilität in mitbestimmungsrechtlichen Angelegenheiten. Der Umfang der Arbeitnehmermitbestimmung wird bei Gründung der SE auf Verhandlungsbasis durch entsprechende Vereinbarungen festgelegt und folgt nicht zwingend aus den gesetzlichen

---

1070 Entgegen früher vertretener Ansichten kommt es nicht auf Sittenwidrigkeitselemente oder eine Umgehungsabsicht sowie des Rechtsmissbrauchs an, *Habersack*/Henssler, § 1 MitbestG Rn. 27.

1071 *Wiedemann*, ZGR 1977, 160, 167; *Henssler*, ZfA 2000, 241, 244 ff.; *Habersack*/Henssler, § 1 MitbestG Rn. 28.

1072 *Götze/Winzer/Arnold*, ZIP 2009, 245, 245 ff.; *Henssler*, ZfA 2000, 241, 245 f.; *Habersack*/Henssler, § 1 MitbestG Rn. 30; *Raiser*/Veil/Jacobs, § 1 MitbestG Rn. 59.

1073 *Habersack*/Henssler, § 1 MitbestG Rn. 30; va Willemsen/Hohenstatt/Schweibert/*Seibt*, Kapital F.; *Wißmann*/Kleinsorge/Schubert, § 1 MitbestG Rn. 76 ff.

1074 *Henssler*, ZfA 2018, 174, 178; *Bayer*, NJW 2016, 1930, 1932 ff.

1075 http://www.worker-participation.eu/About-WP/What-s-new/SE-Companies-Facts-and-Figures-2017-available-now I Stand 21.7.2017.

Vorschriften.[1076] Die deutschen Mitbestimmungsgesetze finden gem. § 47 Abs. 1 Nr. 1 SEBG keine Anwendung auf die Organe der SE. Die zum Zeitpunkt der Gründung vereinbarte Mitbestimmung im Unternehmen ändert sich nachträglich nicht mehr – auch wenn die Schwellenwerte in § 1 MitbestG und § 1 DrittelbG überschritten werden.[1077]

Gegründet werden kann die SE gem. Art. 2 SE-VO durch formwechselnde Umwandlung, Verschmelzung, Gründung einer Holding-Gesellschaft sowie durch Gründung einer gemeinsamen ausländischen Tochtergesellschaft. Bei allen vier Gründungsvarianten ist die Mitbestimmung im SE-Beteiligungsgesetz ausführlich geregelt und die Durchführung eines Verhandlungsverfahrens mit den Arbeitnehmern und den Leitungen, der an der SE-Gründung beteiligten Gesellschaften zur Vereinbarung einer Mitbestimmung auf betrieblicher und unternehmerischer Ebene gem. Art. 12 Abs. 2 SE-VO abgesichert. Dagegen sind die Auswirkungen späterer struktureller Änderungen nur nebensächlich geregelt und eröffnen Handlungsspielräume für Umstrukturierungen im Unternehmen zur Mitbestimmungsreduzierung.[1078]

Aus Unternehmerperspektive interessant ist die SE als Komplementärin einer Kommanditgesellschaft bei bestehender Mitbestimmung in der Komplementärin. In dieser Gesellschaftsstruktur sind die deutschen Mitbestimmungsgesetze nicht gem. § 47 Abs. 1 Nr. 1 SEBG auf die Organe der SE anwendbar, mit der Folge, dass die §§ 4, 5 MitbestG auf die SE & Co. KG keine Anwendung finden, weder direkt noch analog.[1079] Eine Zurechnung der Arbeitnehmer der Kommanditgesellschaft zur Komplementär-SE gem. §§ 4 Abs. 1, 1 Abs. 1 MitbestG ist demzufolge nicht möglich.

Mitbestimmungsvernichtend sowie gesellschaftsrechtlich einfacher kann der Austausch der bestehenden Komplementärin gegen eine Vorrats-SE sein. Der Erwerb der Anteile an einer auf Vorrat gegründeten SE vermeidet nicht nur die umständlichen und zeitintensiven Gründungsprozesse gem. Art. 2 SE-VO.[1080]

1076 MünchKommAktG/*Jacobs*, Vorb. SEBG Rn. 15.

1077 Lutter/Hommelhoff/Teichmann/*Oetker*, § 1 SEBG Rn. 6, § 15 SEBG Rn. 18 ff., § 35 SEBG Rn. 5 ff.; MünchKommAktG/*Jacobs*, vor § 1 SEBG Rn. 13.

1078 *Wollburg/Banerjea*, ZIP 2005, 277; *Eidenmüller/Engert/Hornuf*, AG 2008, 721, 728.

1079 *Sigle*, FS Hommelhoff 2012, 1123, 1129; *Habersack*/Henssler, § 4 MitbestG Rn. 11; *Winter/Marx/De Decker*, NZA 2016, 334, 335.

1080 *Schreiner*, Zulässigkeit und wirtschaftliche Neugründung einer Vorrats-SE, S. 28; die Gründung einer Vorrats-SE ist nach hM auch zulässig: MünchKommAktG/*Schäfer*, Art. 16 SE-VO Rn. 9; OLG Düsseldorf 30.3.2009 – I-3 Wx248/08, ZIP 2009, 918; AG München 29.3.2006 – HRB 159649, ZIP 2006, 1300.

Sondern auch die bestehende Mitbestimmung der Kommanditgesellschaft kann so auch nachträglich auf Null reduziert werden. Die Komplementärstellung übernehmende, arbeitnehmerlose Vorrats-SE bleibt stets mitbestimmungsfrei und zwar unabhängig davon, ob die bisherige Komplementär-GmbH mitbestimmungsfrei oder bereits paritätisch mitbestimmt ist.[1081] Denn die Übernahme der Komplementärstellung bedeutet für die SE weder eine strukturelle Änderung iSd § 18 Abs. 3 SEBG, die zur Minderung von Beteiligungsrechten der Arbeitnehmer geeignet wäre, noch eine „wirtschaftliche Neugründung" oder „Aktivierung" der Vorrats-SE, die ein Beteiligungsverfahren veranlasst.[1082] Da bei der Gründung der Vorrats-SE kein Beteiligungsverfahren stattzufinden hat, ist nach der Auffassung einiger Autoren dieses nun bei Aufnahme der Komplementärstellung durchzuführen.[1083] Dogmatisch wird dies wahlweise auf eine analoge Anwendung des § 18 Abs. 3 SEBG[1084] oder der gesetzlichen Auffangregelung gem. den §§ 22 ff. SEBG[1085] gestützt oder einfach als „Kehrseite" der unter diesem Vorbehalt stehenden teleologischen Reduktion des Art. 12 Abs. 2 SE-VO[1086] angesehen. Auch wenn in Literatur und Rechtsprechung eine analoge Anwendung des § 18 Abs. 3 SEBG befürwortet wird, bleibt offen, mit wem das besondere Verhandlungsgremium für die Verhandlung über eine Beteiligungsvereinbarung zu bilden ist.[1087] Eine Zurechnung der Arbeitnehmer der Kommanditgesellschaft nach § 4 Abs. 1 MitbestG ist nicht möglich. Die SE ist im Katalog des § 1 Abs. 1 Nr. 1 MitbestG nicht genannt und eine entsprechende Zurechnungsmöglichkeit von Arbeitnehmern ist im SE-Beteiligungsgesetz nicht vorgesehen.[1088] Eine Bildung des besonderen Verhandlungsgremiums mit den Arbeitnehmern der Kommanditgesellschaft gem. §§ 6 Abs. 2, 2 Abs. 3 SEBG scheidet aus, denn diese muss keine Tochtergesellschaft iSd § 2 Abs. 3 SEBG sein. Sollte die SE

1081 *Sigle*, FS Hommelhoff 2012, 1123, 1125; *Ege/Grzimek/Schwarzfischer*, DB 2011, 1205, 1206; *Feldhaus/Vanscheidt*, BB 2008, 2246, 2247; *Habersack*, ZHR 171, 613, 640.

1082 *Schubert*, ZESAR 2006, 340, 346; *Forst*, RdA 2010, 55, 58; *Sigle*, FS Hommelhoff 2012, 1123, 1125; MünchKommAktG/*Jacobs*, 18 SEBG Rn. 12.

1083 *Casper/Schäfer*, ZIP 2007, 653, 658; Forst, NZG 2009, 687, 692; *Schubert*, ZESAR 2006, 340, 344; MünchKommAktG/*Jacobs*, 18 SEBG Rn. 18.

1084 *Casper/Schäfer*, ZIP 2007, 653, 658; Forst, NZG 2009, 687, 692; MünchKommAktG/*Jacobs*, 18 SEBG Rn. 18.

1085 *Schubert*, ZESAR 2006, 340, 344.

1086 Lutter/Hommelhoff/Teichmann/*Oetker*, § 1 SEBG Rn. 16.

1087 OLG Düsseldorf 30.3.2009 – I-3 Wx248/08 – ZIP 2009, 918; MünchKommAktG/*Jacobs*, § 18 SEBG Rn. 18; Habersack/Drinhausen/*Hohenstatt/Müller-Bonanni*, § 18 SEBG Rn. 11; *Casper/Schäfer*, ZIP 2007, 653, 658; *Forst*, NZG 2009, 687,690 f.

1088 *Sigle*, FS Hommelhoff 2012, 1123, 1126.

als Komplementärin weder die Kapitalrechts- noch die Stimmrechtsmehrheit in der Kommanditgesellschaft innehaben und als „Null-Prozent-Komplementärin“ in der Satzung der Kommanditgesellschaft festgeschrieben sein, ist ein beherrschender Einfluss der SE im Sinne von Art. 3 Abs. 2 bis 7 EBR-RL nicht gegeben.[1089] Auch wenn die in der Richtlinie enthaltenen Beherrschungsmittel als nicht abschließend erachtet werden, muss nach Mehrheitsauffassung die Beherrschungsmöglichkeit wenigstens gesellschaftsrechtlich vermittelt sein.[1090] Für die europarechtlichen Regelungen muss ein Beherrschungsverhältnis gegeben sein, wie es in § 17 AktG voraussetzt wird; eine Beherrschungsmöglichkeit ist somit nur gegeben, wenn diese gesellschaftsrechtlich fundiert ist, also in die Binnenstruktur der zu beherrschenden Gesellschaft eingreift.[1091] Rein wirtschaftliche Beziehungen im Austauschverhältnis sowie personelle Verflechtungen, die gesellschaftsrechtlich nicht abgesichert sind, zählen dazu nicht.[1092] Eine Zurechnung der Arbeitnehmer der Kommanditgesellschaft scheidet somit aus und die SE bleibt mitbestimmungsfrei. Durch Anwachsen der Anteile der Kommanditisten auf die SE durch deren Austritt aus der Kommanditgesellschaft besteht am Ende nur die SE, nicht als Kommandit-, sondern als alleinige Kapitalgesellschaft in Form der SE. Diese ist mitbestimmungsfrei und aufgrund des im europäischen Mitbestimmungsrecht bestehenden Vorher-Nachher-Prinzips wird sie dies auch bleiben. Die Verwendung einer SE als Vehikel zur Mitbestimmungsvermeidung ist somit hochattraktiv – kommt doch zur Mitbestimmungsvermeidung das „europäische Label“ hinzu sowie die Option der monistischen Unternehmensverfassung.[1093]

b. Deutsche Kapitalgesellschaft & Co. KG mit ausländischer Gesellschaft als Komplementärin

§ 4 MitbestG kann bei einer deutschen Kapitalgesellschaft als Komplementärin der Kommanditgesellschaft umgangen werden, wenn die Anteilseignerbeteiligung in der Kommanditgesellschaft und in der Komplementärgesellschaft inkongruent ausgestaltet wird.[1094] Nur wenn die Mehrheit der Kommanditisten

1089 *Winter/Marx/De Decker*, NZA 2016, 334, 336.

1090 MüKoAktG/*Jacobs*, § 2 SEBG Rn. 11; Habersack/Drinhausen/*Hohenstatt/Müller-Bonanni*, § 2 SEBG Rn. 15.

1091 *Henssler*, FS Schmidt 2009, 601, 609, 613.

1092 ArbG Stuttgart 29.4.2008 – 12 BV 109/07, juris Rn. 92 ff.

1093 *Bayer*, NJW 2016, 1930, 1933; *Bayer/Schmidt*, AnwBl 2008, 327.

1094 *Götze/Winzer/Arnold*, ZIP 2009, 245, 247; *Olbertz/Sturm*, GmbHR 2014, 1255 f.; *Bayer*, NJW 2016, 1930, 1932.

auch die Mehrheit der Anteile oder Stimmrechte an der Komplementärin innehat, kann bei der Komplementärin der Kapitalgesellschaft & Co. KG eine Mitbestimmung stattfinden.[1095] Auch greift bei einer deutschen Kapitalgesellschaft & Co. KG bei einer Arbeitnehmeranzahl von unter 2001 Arbeitnehmern der Kommanditgesellschaft nicht das Drittelbeteiligungsgesetz, da dieses keine dem § 4 Abs. 1 MitbestG entsprechende Norm hat. Effektivere Vermeidungsstrategie des § 4 MitbestG ist die Nutzung einer ausländischen oder supranationalen Kapitalgesellschaft als Komplementärin. Denn aus der Verweisung in § 4 Abs. 1 Satz 1 MitbestG auf § 1 Abs. 1 Nr. 1 MitbestG folgt, dass die Vorschrift nur auf Komplementär-Kapitalgesellschaften mit inländischer Rechtsform Anwendung findet; dies gilt auch bei Inlandssitz der ausländischen Kapitalgesellschaft in Deutschland.[1096] Gleiches gilt für die Konstellation, dass ein Unternehmen in supranationaler Form, insbesondere der SE, Komplementärgesellschaft ist.[1097] Diese Form der Mitbestimmungsvermeidung hat in den letzten Jahren stark zugenommen: War im Jahr 2006 bei lediglich neun deutschen Gesellschaften mit mehr als 2000 inländischen Arbeitnehmern diese Typenmischung anzutreffen, so stieg die Zahl im Jahr 2010 auf 16 an und Ende 2014 konnten bereits 60 Kommanditgesellschaften mit ausländischer Komplementärin (beliebt sind insbesondere die niederländische besloten vennootschap (B.V.) und die britische Limited (Ltd.)) ermittelt werden; betroffen sind insgesamt etwa 270.000 Beschäftigte, vor allem in den Wirtschaftszweigen Handel (Beispiele: Esprit, H&M, Primark, Zara) und Logistik (Beispiel: ehemals Air Berlin).[1098] Dem stehen im Jahr 2016 nur 17 Unternehmen gegenüber, die in der Rechtsform der mitbestimmten AG oder GmbH die Komplementärfunktion ausüben.[1099] Rechtliche Einwände

1095 *Habersack*/Henssler, § 4 MitbestG Rn. 13; ErfKomm/*Oetker*, § 4 MitbestG Rn. 4; *Götze/Winzer/Arnold*, ZIP 2009, 245, 247; *Bayer*, NJW 2016, 1930, 1932; *Winter/Marx/De Decker*, NZA 2016, 334; § 4 Abs. 1 Satz 1 MitbestG ist ebenfalls nicht anwenbar, wenn die Komplementärin einen eigenen Geschäftsbetrieb mit mehr als 500 Arbeitnehmern hat, *Habersack*/Henssler, § 4 MitbestG Rn. 20.

1096 *Habersack*/Henssler, § 4 MitbestG Rn. 11; ErfKomm/*Oetker*, § 4 MitbestG Rn. 1; *Wißmann*/Kleinsorge/Schubert, § 4 MitbestG Rn. 10; MüKommAktG/*Gach*, § 4 MitbestG Rn. 3.

1097 *Habersack*/Henssler, § 4 MitbestG Rn. 11; *Wißmann*/Kleinsorge/Schubert, § 4 MitbestG Rn. 10; *Winter/Marx/De Decker*, NZA 2016, 334, 335.

1098 *Bayer*, NJW 2016, 1930, 1933; *Sick/Pütz*, WSI-Mitteilungen 2011, 34, 37; *Wißmann*/Kleinsorge/Schubert, § 4 MitbestG Rn. 10.

1099 *Bayer*, NJW 2016, 1930, 1933.

gegen die Zulässigkeit der Auslandskapitalgesellschaft & Co. KG sind de lege lata nicht gegeben.[1100]

c. *Stiftungen*

Als „ideal" zur Mitbestimmungsvermeidung bezeichnet[1101] wird der Einsatz von (nicht gemeinnützigen) Stiftungen iSv § 80 BGB, die in häufigster Variante als Familienstiftung das Unternehmen für nachfolgende Generationen sichern und aus den Erträgen die Familienmitglieder finanzieren sollen.[1102] Bei der Stiftung & Co. KG ist sowohl die Kommanditgesellschaft als Personengesellschaft als auch die Stiftung als Komplementärin, die keiner Rechtsform iSv § 1 MitbestG unterfällt, mitbestimmungsfrei.[1103] Die Übernahme einer Komplementärstellung durch eine Stiftung und folglich der Managementfunktion für die operative Kommanditgesellschaft ist solange stiftungsrechtlich unbedenklich und nicht als sog. Unternehmensselbststiftung oder reine Funktionsstiftung unzulässig[1104], wenn die Stiftung über die Komplementärstellung hinaus eine weitere, primäre Aufgabe übernimmt.[1105] Selbst wenn die Stiftung & Co. KG eine Organisationsstruktur wie im Unternehmensverbund der GmbH & Co. KG aufweist, scheidet eine analoge Anwendung des § 4 MitbestG in jedem Fall aus.[1106] Dasselbe gilt im Übrigen auch für die Konzernzurechnungsnorm des § 5 Abs. 1 MitbestG. Denn auch hier muss der Zurechnungsdestinatar ein Unternehmensträger in der Rechtsform des § 1 Abs. 1 Nr. 1 MitbestG sein, was bei der Stiftung eindeutig zu verneinen ist.[1107] Im Jahr 2016 wurden bislang neun Unternehmen mit mindestens 85.000 Beschäftigten in dieser Rechtsform ermittelt, im Fall der

---

1100 *Habersack*/Henssler, § 4 MitbestG Rn. 11; *Bayer*, NJW 2016, 1930, 1933; *Sigle*, FS Peltzer 2001, 539, 542.

1101 *Bayer*, NJW 2016, 1930, 1933; *Götze/Winzer/Arnold*, ZIP 2009, 245, 247; *Seibt*, ZIP 2011, 249, 251 f.

1102 Willemsen/Hohenstatt/Schweibert/*Seibt*, F. Rn. 29; *Bayer*, NJW 2016, 1930, 1933; *Seibt*, ZIP 2011, 249, 252.

1103 LG Dortmund 25.3.2010 – 18 O 95/09, ZIP 2010, 2152; *Habersack*/Henssler, § 4 MitbestG Rn. 7; *Seibt*, ZIP 2011, 249, 251 f.; *Bayer*, NJW 1930, 1933.

1104 MünchKommBGB/*Reuter*, § 80 BGB Rn. 149 ff.; MünchKommBGB/*Weitemeyer*, § 81 BGB Rn. 32.

1105 Willemsen/Hohenstatt/Schweibert/*Seibt*, F. Rn. 29; *Seibt*, ZIP 2011, 249, 252.

1106 LG Dortmund 25.3.2010 – 18 O 95/09, ZIP 2010, 2152; *Habersack*/Henssler, § 4 MitbestG Rn. 7; *Seibt*, ZIP 2011, 249, 251 f.

1107 Willemsen/Hohenstatt/Schweibert/*Seibt*, F. Rn. 29.

unternehmenslenkenden Beteiligungsträgerstiftung[1108] sind sogar etwa 250.000 inländische Beschäftigte betroffen.[1109]

2. *Anwendbarkeit von Unternehmensmitbestimmungsregeln auf ausländische Kapitalgesellschaften*

Die Mitbestimmungsgesetze sind auf Auslandsgesellschaften mit inländischen Verwaltungssitz nicht anzuwenden. Der Katalog der in den Mitbestimmungsgesetzen aufgezählten Rechtsformen ist abschließend.[1110] Eine Vermeidungsstrategie der Unternehmensmitbestimmung unter Einsatz einer ausländischen Kapitalgesellschaft ist die Gründung einer ausländischen Holdinggesellschaft als Konzernspitze für die in Deutschland angesiedelten Tochterunternehmen, deren Belegschaften unter den mitbestimmungsrechtlich relevanten Schwellenwerten liegen.[1111] Im Rahmen dieser Verlagerung der Konzernspitze ins Ausland wurde vermehrt eine deutsche Zwischenholding eingesetzt und durch weitere Maßnahmen sichergestellt, dass die Abhängigkeit der deutschen Enkel zur ausländischen Konzernspitze sichergestellt war.[1112] Jedoch fingiert § 5 Abs. 3 MitbestG, dass das abhängige Unternehmen, das dem herrschenden Unternehmen am nächsten steht und in der Form der § 5 Abs. 1 oder 2 MitbestG existiert, herrschendes Unternehmen iSd Mitbestimmungsgesetz ist, sofern die Konzernspitze über dieses die Konzernleitung über weitere abhängige Unternehmen ausübt.

Die Anforderungen an die Leitungsmacht sind rechtlich nicht eindeutig geklärt, jedoch schon Inhalt einiger gerichtlicher Entscheidungen gewesen. So reiche aus, dass die Konzernzwischengesellschaft aufgrund ihrer Beteiligung an nachfolgenden Unternehmen die Leitungsmacht der Konzernspitze vermittelt, wobei sie keine eigene Leitungsmacht ausüben muss; nur die Möglichkeit der Ausübung genügt.[1113] Fraglich erscheint, ob dies dem Zweck des § 5 Abs. 3 MitbestG entspricht, wenn in einer Zwischengesellschaft, die nur

---

1108 Bsp. sind Aldi Nord und Aldi Süd.

1109 *Bayer*, NJW 2016, 1930, 1933.

1110 ErfKomm/*Oetker*, § 1 MitbestG Rn. 2; Hüffer/*Koch*, AktG, § 1 MitbestG Rn. 44; *Habersack*/Henssler, § 1 MitbestG Rn. 31.

1111 Willemsen/Hohenstatt/Schweibert/*Seibt*, F. Rn. 55; *Seibt*, ZIP 2009, 1301, 1308; *Henssler*, ZfA 2018, 174, 193.

1112 *Habersack*/Henssler, § 5 MibestG Rn. 56; Willemsen/Hohenstatt/Schweibert/*Seibt*, F. Rn. 55; *Götze/Winzer/Arnold*, ZIP 2009, 245, 247; *Henssler*, ZfA 2018, 174, 194; *Habersack*, AG 2007, 645, 645 f.

1113 OLG Frankfurt 21.4.2008 – 20 W 342/07, DB 2008, 10321; OLG Düsseldorf 30.10.2006 – I-26 14/06 AktE, NZA 2007, 707; OLG Stuttgart 30.3.1995 – 8 W

Weitervermittler von Weisungen ist, ein Aufsichtsrat installiert wird, der funktionslos ist.[1114] So wird dem Zweck des § 5 Abs. 3 MitbestG eher das Urteil des OLG Celle entsprechen, welches für die Annahme eines Zwischenkonzerns voraussetzt, dass der Konzerntochter in mitbestimmungspflichtigen Angelegenheiten zumindest ein Entscheidungsspielraum zusteht, ihr also in tatsächlicher Hinsicht gegenüber den Konzernenkeln genügend eigener Entscheidungsspielraum verbleibt und sie nicht an konkrete Weisungen der Mutter gebunden ist.[1115] Nach der Rechtsprechung zulässige Gestaltungsmöglichkeiten der Vermeidung der Zurechnung nach § 5 Abs. 3 MitbestG bei der Zwischengesellschaft sind die fehlende Ausübung der Leitungsmacht durch die Konzernmutter oder ein sog. Entherrschungsvertrag zwischen der Konzernmutter und der Zwischengesellschaft.[1116] Diese Rechtsprechung führt aber in letzter Konsequenz dazu, dass die Unternehmen die Zwischengesellschaft auflösen und die Entscheidungsprozesse komplett in die ausländische Konzernmutter verlagert werden.[1117]

Weitere Gestaltungsmöglichkeit ist, neben der Verlagerung des Registersitzes, auch die des Verwaltungssitzes ins Ausland.[1118] Bei Installierung einer Zwischenholding gelten aber die obigen Ausführungen zu § 5 Abs. 3 MitbestG entsprechend.[1119] Die Verlegung des Verwaltungssitzes einer bisher deutschen Kapitalgesellschaft unter gleichzeitiger Änderung des anwendbaren Rechts, also eines grenzüberschreitenden Formwechsels, ist nach Rechtsprechung des EuGH zulässig und kann der deutschen Gesellschaft nicht verwehrt werden.[1120] Einige Autoren wollen dies aber nur unter Aufrechterhaltung Wahrung der Arbeitnehmerrechte für zulässig erachten.[1121] Jedoch besteht für diese Konstellation derzeit

---

355/93, NJW-RR 1995, 1067; *Mückl/Götte*, DB 2018, 1649, 1655; *Seibt*, ZIP 2008, 1301, 1308.

1114 Willemsen/Hohenstatt/Schweibert/*Seibt*, F. Rn. 57; *Mückl/Götte*, DB 2018, 1649, 1655; *Habersack*, AG 2007, 641, 647 f.; *Kort*, NZG 2009, 81, 84 f.; *Henssler*, ZfA 2018, 174, 193 f.

1115 OLG Celle 22.3.1993 – 9 W 130/92, BB 1993, 957, 958.

1116 OLG Hamburg 4.7.2017 – 11 W 19/17, ZIP 2017, 1621; OLG Düsseldorf 4.7.2013 – I-26 W 13/08 AktE, ZIP 2014, 517, 519.

1117 *Henssler*, ZfA 2018, 174, 194.

1118 *Habersack*/Henssler, § 1 MitbestG Rn. 6; *Wißmann*/Kleinsorge/Schubert, § 1 MitbestG Rn. 218 ff.; *Henssler*, ZfA 2018, 174, 193.

1119 *Habersack*/Henssler, § 5 MitbestG Rn. 55.

1120 EuGH 25.10.2017 – Rs C-106/1616, NZG 2017, 1308; 12.2008 – Rs C-210/06, ZIP 2009, 24.

1121 *Bayer/Schmidt*, ZHR 2009, 735, 752 ff.; *Teichmann*, ZIP 2009, 393, 404.

keine gesetzliche Regelung auf deutscher Ebene.[1122] Dies wird sich aber mit der Mobilitäts-RL[1123] ändern. Um den Schutz der von einem grenzüberschreitenden Vorhaben betroffenen Arbeitnehmer zu gewährleisten, enthält die Mobilitäts-RL mehrere Mechanismen.[1124] Der EU-Gesetzgeber greift auf die bereits aus der grenzüberschreitenden Verschmelzung und SE-Gründung bekannten Kombination aus Verhandlungs- und Auffanglösung zurück und lässt diese bei sämtlichen grenzüberschreitenden Vorhaben greifen, wenn nur 4/5 des nationalen Schwellenwertes für die Mitbestimmung erreicht sind.[1125] Gilt für die umgewandelte Gesellschaft ein System der Arbeitnehmermitbestimmung, so ist diese sogar verpflichtet, Maßnahmen zu ergreifen, um sicherzustellen, dass die Mitbestimmungsrechte der Arbeitnehmer im Falle nachfolgender Umwandlungen, Verschmelzungen oder Spaltungen – unabhängig davon, ob es sich um grenzüberschreitende oder innerstaatliche Vorhaben handelt – während vier Jahren nach Wirksamwerden der grenzüberschreitenden Umwandlung geschützt werden.[1126] Somit dürfte diese Konstellation zukünftig nicht mehr zur Vermeidung der Unternehmensmitbestimmung dienen.

Weitere genutzte Vermeidungsstrategie ist die Auslagerung einzelner Unternehmenstätigkeiten auf rechtlich nicht verselbstständigte Zweigniederlassungen ausländischer Rechtsträger, welche aber in Deutschland tätig sind.[1127]

3. *Regelungen der Unternehmensmitbestimmung für Kapitalgesellschaften im Europarecht*

Auf europäischer Ebene existieren lediglich für die Societas Europaea das SE-Beteiligungsgesetz und für die grenzüberschreitende Verschmelzung von Gesellschaften das Gesetz über die Mitbestimmung der Arbeitnehmer bei einer grenzüberschreitenden Verschmelzung (MgVG). Das „Markenzeichen“

1122 Zu dem Vorhaben einer Regelung siehe MünchKommBGB/*Kindler*, IntGesR, § 1 MitbestG Rn. 60 ff. ; *Mückl/Götte*, DB 2018, 1649, 1652.

1123 Richtlinie (EU) 2019/2121 des Europäischen Parlaments und des Rates vom 27. November 2019 zur Änderung der Richtlinie (EU) 2017/1132 in Bezug auf grenzüberschreitende Umwandlungen, Verschmelzungen und Spaltungen.

1124 *Kraft*, BB 2019, 1864, 1868.

1125 *Kraft*, BB 2019, 1864, 1868; *Mörsdorf*, EuZW 20119, 141, 145 f.

1126 Art. 86l Abs. 7 RL 2019/2121; *Kraft*, BB 2019, 1864, 1868.

1127 *Habersack*/Henssler, § 1 MitbestG Rn. 8; *Bayer*, NJW 2016, 1930, 1932; *Götze/Winzer/Arnold*, ZIP 2009, 245, 247; *Olbertz/Sturm*, GmbHR 2014, 1254, 1257; *Hennsler*, ZfA 2018, 174, 193.

des europäischen Mitbestimmungsrechts ist das sog. Verhandlungsmodell.[1128] Arbeitgeber und Arbeitnehmer verhandeln danach grundsätzlich eine Vereinbarung über die Beteiligung der Arbeitnehmer aus – was schon zu mancher Verkleinerung des Aufsichtsrates geführt hat.[1129]

Nur ausnahmsweise greift eine gesetzliche Auffangregelung, welche sich aber an dem zuvor geltenden Niveau der Arbeitnehmerbeteiligung orientiert.[1130] So hat das LG Frankfurt aM[1131] sowie das Landgericht München[1132] entschieden, dass bei Scheitern der Verhandlungen über eine Beteiligungsvereinbarung nach den §§ 22 ff. SEBG der § 35 SEBG dergestalt zu verstehen ist, dass es auf das anzuwendende Mitbestimmungsregime ankommt, welches von den Gründungsgesellschaften tatsächlich ausgeübt wurde, selbst wenn die von der Gründungsgesellschaft praktizierten Vorschriften zu Unrecht angewendet wurden. Dies kann zu einem Wettlauf auf Zeit führen, den Ist-Zustand der vorhandenen Mitbestimmung in einer Gesellschaft mittels der SE einzufrieren.[1133] Dem tritt unzutreffend das OLG Frankfurt entgegen und meint der Wortlaut von § 34 Abs. 1 Nr. 1 und § 35 Abs. 1 SEBG spreche für die Maßgeblichkeit des rechtlichen Soll-Zustandes der Mitbestimmung in der Gründungsgesellschaft.[1134]

Eine Minderung von Mitbestimmungsrechten kann ebenfalls das Eingreifen des europäischen Verhandlungsmodells auslösen.[1135] Ob eine Minderung von Mitbestimmungsrechten gegeben ist, richtet sich nach dem sogenannten Vorher-Nachher-Prinzip, welches im SE-Beteiligungsgesetz und im Gesetz über die

---

1128 Vgl.§§ 11 ff. SEBG sowie §§ 13 ff. MgVG.

1129 Prominente Beispiele sind Allianz SE, BASF SE und Porsche Automobile Holding SE, siehe *Bayer*, NJW 2016, 1930, 1933; *Eidenmüller/Engert/Hornuf*, AG 2008, 721, 728.

1130 MünchKomm/*Jacobs*, § 34 SEBG Rn. 5; Habersack/Drinhausen/*Hohenstatt/Müller-Bonanni*, § 34 SEBG Rn. 6; *Habersack*, AG 2018, 823, 829; *Mückl*, DB 2018, 2868, 271 f.

1131 LAG Frankfurt aM 21.12.2017 – 3-05 O 81/17, BeckRS 1273447; 23.11.2017 – 3-05 O 63/17, ZIP 2018, 932.

1132 LG München 26.6.2018 – 38 O 15760/17, ZIP 2018, 1546.

1133 *Mückl/Götte*, DB 2018, 1649, 1652.

1134 OLG Frankfurt, 27.8.2018 – 21 W 29/18, BB 2018, 2387. Gegen diese Entscheidung spricht aber der Gesetzeswortlaut des § 34 SEBG sowie die Auslegung der Norm *Mückel*, BB 2018, 2868, 2869 ff. Eine nachträgliche Feststellung des Soll-Zustandes der Mitbestimmung in der vorherigen Gesellschaft ist außerdem nicht durch das aktienrechtliche Statusverfahren möglich, da dieses ausschließlich den Zweck verfolgt, das aktuelle Mitbestimmungsstatut der Gesellschaft an veränderte Umstände anzupassen, *Habersack*, AG 2018, 823, 829.

1135 Vgl.§ 18 Abs. 3 SEBG, § 5 MgVG.

Mitbestimmung der Arbeitnehmer bei einer grenzüberschreitenden Verschmelzung gilt.[1136] Im Gegensatz zum § 5 MgVG muss im SE-Beteiligungsgesetz die Minderung der Mitbestimmungsrechte der Arbeitnehmer iRe einer strukturellen Änderung gem. § 18 Abs. 3 SEBG gegeben sein, die die Wiederaufnahme von Verhandlungen über Mitbestimmungsrechte auslöst, während iRd Gesetzes über die Mitbestimmung der Arbeitnehmer bei einer grenzüberschreitenden Verschmelzung nur die erstmalige Verhandlung normiert ist. Lediglich § 30 MgVG enthält bei innerstaatlichen Verschmelzungen eine Mitbestimmungsbeibehaltungsregel.

Des Weiteren enthält das SE-Beteiligungsgesetz in § 43 SEBG ein Missbrauchsverbot, welches verhindern soll, dass die Rechtsform der SE gezielt genutzt wird, um den Arbeitnehmern Beteiligungsrechte zu entziehen oder diesen vorzuenthalten.[1137] Ein solches Verbot enthält die Richtlinie über die Verschmelzung von Kapitalgesellschaften aus verschiedenen Mitgliedstaaten (IntVerschmRL) nicht.[1138] Es ist auch nicht einzelnen Stimmen der Literatur zu folgen, dass dieses Verbot als ungeschriebenes, allgemein geltendes Rechtsinstitut auch im Recht der EU anerkannt sei und daher für die IntVerschmRL Geltung erlange.[1139] Schließlich gilt aber auch bei wie bei jedem Missbrauchsverbot: Gesetzmäßiges Handeln und die Nutzung gesetzlich eröffneter Gestaltungsspielräume, selbst wenn diese zur Einschränkung von Beteiligungsrechten führen, sind nicht rechtsmissbräuchlich.[1140] Und solange dies der Fall ist, sind die europäischen Regelungen zur Mitbestimmungsvermeidung geeignet, vor allem hinsichtlich des „Einfrierens" der Mitbestimmungsfreiheit.[1141]

1136 Habersack/Drinhausen/Thüsing/*Forst*, Einl MgVG Rn. 15; *Krause/Janko*, BB 2007, 2194, 2196.

1137 Habersack/Drinhausen/*Hohenstatt/Müller-Boanni*, § 43 SEBG Rn. 1, BT-Drs. 15/3405, S. 57.

1138 *Habersack*, ZHR 2007, 613, 636; *Müller-Bonanni/Müntefering*, BB 2009, 1699, 1703.

1139 *Habersack*, ZHR 2007, 613, 636; *Müller-Bonanni/Müntefering*, BB 2009, 1699, 1703; aA MünchKommAktG/*Jacobs*, Vor § 1 SEBG Rn. 47; MünchHdBArbR/*Wißmann*, § 287 Rn. 22.

1140 *Drinhausen/Keinath*, BB 2011, 2699, 2703; *Rieble*, BB 2006, 2018, 2022; MüKoAktG/*Jacobs*, § 43 SEBG Rn. 3; Habersack/Drinhausen/*Hohenstatt/Müller-Bonanni*, 2. Aufl. 2016, § 43 SEBG Rn. 3.

1141 *Rieble*, BB 2006, 2018, 2021; Willemsen/Hohenstatt/Schweibert/*Seibt*, F. Rn. 178; *Götze/Winzer/Arnold*, ZIP 2009, 245, 252; *Müller-Bonanni/Melot de Beauregard*, GmbHR 2005, 195, 198.

4. *Gemeinsamkeiten der Vermeidung der Unternehmensmitbestimmung aufgrund bestimmter Gesellschaftsformen*

Die Vermeidungsstrategien sind hauptsächlich dadurch charakterisiert, dass mittels bestimmter gesellschaftlicher Konstruktionen kein Aufsichtsrat mit Arbeitnehmervertretern in den Gesellschaften gesetzlich installiert werden muss, in welchem die relevanten Unternehmensentscheidungen getroffen werden. Aus diesem Grund ist die Trennung der Arbeitgeber- von der Unternehmerfunktion das Hauptmerkmal der Vermeidungsstrategie der Unternehmensmitbestimmung mittels bestimmter Gesellschaftsformen. Die Arbeitnehmer werden in Gesellschaften angestellt, in denen die gesetzlichen Regelungen der Unternehmensmitbestimmung nicht greifen. So wird in der Kommanditgesellschaft die Unternehmerfunktion in der Komplementärgesellschaft ausgeübt. Ist diese Komplementärin eine Societas Europaea oder eine ausländische Kapitalgesellschaft, kann die Bildung eines Aufsichtsrats in der Komplementärin verhindert werden. Aber auch der Einsatz einer Stiftung als Komplementärin der Kommanditgesellschaft verhindert die Anwendbarkeit der gesetzlichen Normen der Unternehmensmitbestimmung. Die Stiftung ist weder im Tatbestand des § 1 MitbestG enthalten noch greift für sie ein Zurechnungstatbestand des Mitbestimmungsgesetzes für die beschäftigten Arbeitnehmer der Kommanditgesellschaft. Die Verlagerung der Konzernmutter oder der Muttergesellschaft ins Ausland verhindert ebenfalls die Errichtung eines arbeitnehmervertreterbesetzten Aufsichtsrats in diesen Gesellschaften. Schließlich kann durch die gesetzlich gegebenen Lücken die Beteiligung der Arbeitnehmer an Unternehmensentscheidungen verhindert werden, ohne dass dies eine unzulässige oder missbräuchliche Umgehung ist.

VII. Gemeinsamkeiten der Praktiken der Vermeidung von Mitbestimmung

Arbeitgeber können die Mitbestimmung auf betrieblicher und unternehmerischer Ebene vermeiden. Dabei bedienen sie sich verschiedener Arbeitsorganisationskonzepte und gesellschaftsrechtlicher Konstruktionen. Nicht immer sind die Mitbestimmungsvermeidungsstrategien darauf ausgerichtet die Mitbestimmung im Ganzen zu vermeiden. Oft soll nur die Ausübung der Mitbestimmung begrenzt oder diese bloß an bestimmten Unternehmensstellen ausgeübt werden. Schließlich lässt sich aber feststellen, dass den Vermeidungsstrategien der Mitbestimmung folgende Gemeinsamkeiten zugrunde liegen: Die zeitliche Begrenzung der Arbeitgeberstellung, die arbeitsteilige Zergliederung der Arbeitsprozesse und die Trennung der Arbeitgeber- von der Unternehmerfunktion. Dabei treten diese Merkmale teilweise gemeinsam auf oder das eine

Merkmal ist durch ein anderes bedingt. Im Ergebnis ist aber jeder Vermeidungsstrategie der Mitbestimmung eines der aufgeführten Merkmale immanent.

C. Arbeitgeberfluktuation im Tarifvertragsrecht

I. Der Arbeitgeber als Tarifvertragspartner

1. Funktion des Tarifvertragsrechts

Tarifverträge bestimmen einen Großteil der Arbeitsbedingungen unter denen Arbeitnehmer in Deutschland ihre Arbeitsleistung erbringen.[1142] Am Jahresende 2016 gab es in Deutschland ca. 71.900 gültige Tarifverträge, die in das Tarifregister eingetragen waren – davon etwa 490 allgemein verbindlich erklärte Tarifverträge.[1143] Das Tarifvertragsrecht, vor allem die Tarifverträge selbst, erfüllen mehrere Funktionen. Primär haben Tarifverträge faktisch und rechtlich eine Schutzfunktion für Arbeitnehmer. Gewerkschaften können ihre kollektive Macht zur Regelung der Arbeitsbedingungen in den Arbeitsverhältnissen einsetzen und so das auf der Ebene des Einzelarbeitsvertrages vielfach bestehende Machtungleichgewicht zwischen Arbeitgeber und Arbeitnehmer aufheben.[1144] Tarifverträge sichern insofern die Mindestarbeitsbedingungen für die Arbeitnehmer.[1145]

Der Tarifvertrag als kollektiver Arbeitsvertrag, dessen Normwirkung als privatautonome Regelung zu verstehen und dessen Normsetzungsbefugnis mitgliedschaftlich legitimiert ist, wird durch die kollektiv ausgeübte Privatautonomie abgesichert.[1146] Diese staatsfreie Privatautonomie, welche das Ziel eines kollektiv, frei von Einflüssen Dritter gefassten Tarifvertrags verwirklichen will, ist als Tarifautonomie insoweit von Art. 9 Abs. 3 GG geschützt, als dass die Tarifparteien mehr Freiheit gegenüber dem Staat innehaben, aber ihre Legitimation gegenüber Nicht- oder Anders organisierten beschränkt ist.[1147] Der Gesetzgeber

---

1142 ErfKomm/*Franzen*, § 1 TVG Rn. 1; *Löwisch/Rieble*, Grundl. Rn. 1.

1143 http://www.bmas.de/DE/Themen/Arbeitsrecht/Tarifvertraege/allgemeinverbindliche-tarifvertraege.html | 19.4.2016.

1144 BVerfG 26.6.1991 – 1 BvR 779/85, BVerfGE 84, 212, 224.

1145 *Löwisch/Rieble*, Grundl. TVG Rn. 26; ErfKomm/*Franzen*, § 1 TVG Rn. 2; *Kempen*/Zachert, § 2 TVG Rn. 7.

1146 BAG 21.7.2004 – 7 AZR 589/03, ZTR 2005, 255; 7.6.2006 – 4 AZR 316/05, NZA 2007, 343; *Löwisch/Rieble*, Grundl. TVG Rn. 30; BeckOKArbR/Rolfs/*Giesen*/Kreikebohm/Udsching, § 3 TVG Rn. 1; *Bayreuther*, S. 57 ff.

1147 *Löwisch/Rieble*, Grundl. TVG Rn. 34.

und die Tarifvertragsparteien nehmen die normative Regelung der Arbeits- und Wirtschaftsbedingungen kooperativ wahr.[1148] Dem Tarifvertrag wird daher vielfach auch eine Ordnungsfunktion zugesprochen.[1149] Obwohl § 1 Abs. 1 TVG von „ordnen" spricht, fehlt es einer Ordnungsfunktion an einer normativen Grundlage.[1150] Eine solche kann dem Tarifvertragsgesetz nur dahin gehend entnommen werden, dass einheitliche und typisierte Arbeitsbedingungen entstehen und damit die Arbeitsvertragsgestaltung erleichtert wird.[1151] Die Ordnungsfunktion kann aber keine Rechtfertigung für die Unterwerfung von Außenseitern unter Tarifnormen bieten.[1152] Auch sind die Tarifvertragsparteien nicht in der Pflicht, ihr Handeln ordnungspolitisch auszurichten; sie sind in ihrer Tarifpolitik vielmehr frei.[1153]

Des Weiteren weist der Tarifvertrag ein sog. Kartellfunktion auf. Diese liegt in der Vereinheitlichung der Arbeitsbedingungen sowie insbesondere darin, dass diese Arbeitsbedingungen grundsätzlich aus dem Wettbewerb genommen sind, da sie nicht mehr von den tarifgebundenen Arbeitgebern unterschreitbar sind.[1154] Einhergehend mit der Friedenspflicht werden so einheitliche Wettbewerbsbedingungen im Wirkungsbereich eines Verbandtarifvertrages hinsichtlich der Arbeits- und Sozialkosten geschaffen, welche durchaus ein Interesse des Arbeitgebers am Tarifvertragsabschluss begründen können.[1155]

1148 *Kempen*/Zachert, Grundl. Rn. 75; ErfKomm/*Linsemaier*, Art. 9 GG Rn. 87; *Däubler*, Einl. Rn. 103.

1149 BAG 14.12.2005 – 4 AZR 536/04, NZA 2006, 607 Rn. 23; 18.3.2009 – 4 AZR 64/08, NZA 2009, 1028 Rn. 60 ff.; ErfKomm/*Franzen*, § 1 TVG Rn. 2; Kempen/*Zachert*, Grundl. Rn. 124.

1150 *Däubler*, Einl. Rn. 102; *Löwisch/Rieble*, Grundl. TVG Rn. 48 ff.

1151 *Löwisch/Rieble*, Grundl. TVG Rn. 48; *Wiedemann*, RdA 1997, 297.

1152 BeckOKArbR/Rolfs/Giesen/Kreikebohm/Udsching/*Waas*, § 1 TVG Rn. 14; *Löwisch/Rieble*, Grundl. TVG Rn. 55 ff.; *Schubert*, RdA 2001, 199, 206; Wiedemann, Einl. Rn. 14; *Kempen*/Zachert, Grdl. Rn. 94.

1153 BVerfG 29.12.2004 – 1 BvR 2582/03, 1 BvR 2283/03, 1 BvR 2504/03, NZA 2005, 153; *Preis/Ulber*, FS Kempen 2013, 15, 17; ErfKomm/*Linsemaier*, Art. 9 GG Rn. 81.

1154 *Däubler*, Einl. Rn. 102; *Löwisch/Rieble*, Grundl. TVG Rn. 40; ErfKomm/*Franzen*, § 1 TVG Rn. 2.

1155 *Löwisch/Rieble*, Grundl. TVG Rn. 29; *Kempen*/Zachert, Grundl. TVG Rn. 132; *Preis/Ulber*, FS Kempen 2013, 15, 19.

2. *Wirkung der Tarifautonomie*

Der Schutz der Koalitionsfreiheit gem. Art. 9 Abs. 3 GG umfasst insbesondere die Tarifautonomie, die im Zentrum der den Koalitionen eingeräumten Möglichkeiten zur Verfolgung ihrer Zwecke steht.[1156] Das BVerfG hat zur Tarifautonomie ausgeführt: „Das Aushandeln von Tarifverträgen ist ein wesentlicher Zweck der Koalitionen (…). Der Staat enthält sich in diesem Betätigungsfeld grundsätzlich einer Einflussnahme (…) und überlässt die erforderlichen Regelungen der Arbeits- und Wirtschaftsbedingungen zum großen Teil den Koalitionen, die sie autonom durch Vereinbarungen treffen. Zu den der Regelungsbefugnis der Koalitionen überlassenen Materien gehören insbesondere das Arbeitsentgelt und die anderen materiellen Arbeitsbedingungen."[1157] Der Staat ist auf eine subsidiäre Ergänzungsfunktion beschränkt.[1158]

Für die Koalitionen ist die Tarifautonomie eine verbandspolitische Existenzfrage – ihre Attraktivität hängt im Wesentlichen von ihren tarifpolitischen Erfolgen ab.[1159] Dabei sind sie auf ein funktionsfähiges Tarifsystem angewiesen, das insbesondere dort, wo es über die gesetzlichen Mindestarbeitsbedingungen hinausgehende tarifliche Regelungen gibt, grundsätzlich nicht durch staatliche Intervention gestört oder gar konterkariert werden darf.[1160] Die Tarifautonomie schließt außerdem die Verantwortung der Tarifvertragsparteien ein, für die ihnen im Mitgliederinteresse überlassene Regelung die Arbeitsbedingungen sicherzustellen.[1161] Die Tarifparteien müssen die Arbeitsbedingungen selbst regeln und dürfen diese Regelungsaufgabe nicht an Dritte delegieren, weder an fremde Tarifparteien und noch an die Betriebs- oder Arbeitsvertragsparteien.[1162] Eine Regelungspflicht besteht für die Tarifvertragsparteien aber nicht[1163], denn

---

1156 ErfKomm/*Franzen*, § 1 TVG Rn. 3; *Löwisch/Rieble*, § 1 TVG Rn. 1; *Thüsing*/Braun, 1. Kap. Rn. 2.

1157 BVerfG 3.4.2001 – 1 BvL 32/97, BVerfGE 103, 293; 27.4.1999 – 1 BvR 2203/93, BVerfGE 100, 271.

1158 BVerfG 24.5.1977 – 2 BvL 11/74, BVerfGE 44, 322, 342; *Kempen*/Zachert, Grundl. Rn. 75; *Löwisch/Rieble*, Grundl. TVG Rn. 42.

1159 ErfKomm/*Linsenmaier*, Art. 9 GG Rn. 52; *Henssler*, RdA 2015, 43, 44; *Rieble/Klebeck*, NZA 2003, 23, 28.

1160 BVerfG 3.4.2001 – 1 BvL 32/97, NZA 2001, 777; ErfKomm/*Linsenmaier*, Art. 9 GG Rn. 52.

1161 *Löwisch/Rieble*, § 1 TVG Rn. 2; ErfKomm/*Linsenmaier*, Art. 9 GG Rn. 53.

1162 *Löwisch/Rieble*, § 1 TVG Rn. 2

1163 BVerfG 19.10.1966 – 1 BvL 24/65, BVerfGE 20, 312, 320.

Art. 9 Abs. 3 GG ist trotz seiner sozialstaatlichen Funktionen in erster Linie ein Freiheitsrecht.[1164]

Aber auch die Tarifautonomie ist nicht grenzenlos gewährleistet und unterliegt Schranken. Mittels Tarifvertrag geregelt werden können nur Arbeits- und Wirtschaftsbedingungen, unter denen abhängige Arbeit geleistet wird.[1165] Somit unterliegen unternehmerische Entscheidungen nicht der Tarifmacht, selbst wenn solche Entscheidungen mittelbare Folgen auf den Arbeitsmarkt oder die Arbeitsbedingungen haben können.[1166] Solche Interessen können die Arbeitnehmer in der Unternehmensmitbestimmung oder durch den Wirtschaftsausschuss geltend machen. Das Recht auf unternehmerische Betätigungsfreiheit hat sich aber in den letzten Jahren gewandelt; so sind vermehrt Tarifverträge aufzufinden, die die wirtschaftliche Entscheidung des Arbeitgebers selbst versuchen mitzugestalten.[1167] Besonders relevant sind Standortsicherungs- und Sanierungstarifverträge sowie Tarifsozialpläne.[1168] Damit einhergehend kommt es zu einem Konflikt zwischen der Tarifautonomie und der Unternehmerfreiheit. Aufgrund der Wechselwirkungen beider Freiheiten innerhalb des Verhältnisses beider Parteien, haftet dieser Konflikt dem Verhältnis beider zueinander immanent an.[1169] Die Zulässigkeit von Tarifverträgen bezüglich unternehmerischer Entscheidungen ist umstritten.[1170] Das BAG hat sich nicht ausdrücklich geäußert, ob die unternehmerische Entscheidung über die Standortverlegung Inhalt eines Tarifvertrages sein kann.[1171] Es hat aber die schuldrechtliche Vereinbarung zur Zustimmungseinholung der Gewerkschaft bei Outsourcing Maßnahmen

---

1164 BVerfG 11.7.2017 – 1 BvR 1043/16, NZA 2017, 915 Rn. 130; ErfKomm/*Linsenmaier*, Art. 9 GG Rn. 53.

1165 BVerfG ständig seit 18.11.1954 – 1 BvR 629/52, BVerfGE 4, 96; *Löwisch/Rieble*, Grundl. TVG Rn. 66.

1166 *Löwisch/Rieble*, Grundl. TVG Rn. 68; *Greiner*, NZA 2008, 1274, 1281.

1167 Däubler/*Heuschmid*, § 1 TVG Rn. 1012; *Däubler*, HSI-Schriftenreihe Bd. 16, S. 13 ff., S. 22 ff.; *Hartmann* in: Ausweitung der Tarifmacht – Zugriff auf Unternehmensautonomie und Marktverhalten, S. 46.

1168 Däubler/*Heuschmid*, § 1 TVG Rn. 1012; Thüsing/Braun/*von Steinau-Steinrück*, 3. Kap. Rn. 178 f.

1169 *Löwisch/Rieble*, § 1 TVG Rn. 786; *Wiedemann*, RdA 1986, 231; *Beuthien*, ZfA 1984, 1, 12 ff.

1170 Däubler/*Heuschmied*, § 1 TVG Rn. 1013; Thüsing/Braun/*von Steinau-Steinrück*, 3. Kap. Rn. 179; *Wiedemann*, Einl. TVG Rn. 442 ff.

1171 BAG 21.5.2014 – 4 AZR 50/12, NZA 2015, 115 Rn. 31; 26.1.2011 – 4 AZR 159/09, NZA 2011, 808 Rn. 20; 24.4.2007 – 1 AZR 252/06, NZA 2007, 987.

als zulässig erachtet.[1172] Zwar können die Tarifvertragsparteien den Beruf des freien Unternehmers nicht abschaffen. Art. 12 GG gewährleistet dem Unternehmer einen angemessenen Spielraum aufgrund dessen ihm ein Kernbereich unternehmerischer Entscheidungen verbleibt, die er frei treffen kann.[1173] Trotzdem bedeutet diese nicht eindeutig geklärte Wechselwirkung, vor allem durch höchstrichterliche Rechtsprechung, für den Arbeitgeber eine Unabwägbarkeit, dass unternehmerische Entscheidungen durch die Gewerkschaft mit zulässigen Arbeitskampfmethoden konterkariert werden können. Diese haben nicht nur nachteilige wirtschaftliche Folgen für den Arbeitgeber, sondern erregen Streiks auch immer wieder die Aufmerksamkeit der Öffentlichkeit und ziehen die Außenwirkung von Arbeitgebern in Mitleidenschaft.[1174]

3. Der Arbeitgeber als Tarifvertragspartei

Gem. § 2 Abs. 1 TVG kann jeder einzelne Arbeitgeber Tarifvertragspartei sein. Damit wird sichergestellt, dass den Gewerkschaften stets ein Tarifvertragspartner zur Verfügung steht, auch wenn ein Arbeitgeberverband nicht existent oder der einzelne Arbeitgeber nicht Mitglied eines solchen ist; es wird somit die kollektive Koalitionsbetätigungsfreiheit der Gewerkschaften gewahrt.[1175] Mit dem Eintritt des Arbeitgebers in einen Arbeitergeberverband bleibt dieser weiterhin als Einzelner tariffähig; auch etwaige Satzungsregelungen des Verbandes können die Tariffähigkeit des einzelnen Arbeitgebers nicht beseitigen.[1176] Das Tarifvertragsgesetz enthält wie die anderen arbeitsrechtlichen Gesetze keine Definition des Arbeitgebers, sodass das dieser ebenfalls nach dem allgemeinen arbeitsrechtlichen Verständnis zu bestimmen ist.[1177] Der im Ausland ansässige Arbeitgeber ist ebenfalls tariffähig und damit Tarifvertragspartei, solange er Arbeitnehmer

---

1172 BAG 21.5.2014 - 4 AZR 50/12, NZA 2015, 115 Rn. 31; 26.1.2011 - 4 AZR 159/09, NZA 2011, 808 Rn. 20; 24.4.2007 - 1 AZR 252/06, NZA 2007, 987.

1173 *Löwisch/Rieble*, § 1 TVG Rn. 787; Däubler/*Heuschmid*, § 1 TVG Rn. 1013; Hanau/Thüsing, ZTR 2001, 1, 49, 52 ff.; *Wiedemann*, RdA 1986, 231 ff.

1174 Vgl. die den Entscheidungen zugrundeliegende Sacherverhalte LAG Schleswig-Holstein 27.3.2003 - 5 Sa 137/03, NZA-RR 2003, 592 sowie LAG Niedersachen 2.6.2004 - 7 Sa 819/04, NZA-RR 2005, 200.

1175 BVerfG 20.10.1980 - 1 BvR 404/78, DB 1982, 231; *Löwisch/Rieble*, § 2 TVG Rn. 460; Thüsing/Braun/*Emmert*, 2. Kap. Rn. 122.

1176 BAG 10.12.2002 - 1 AZR 96/02, NZA 2003, 734; 27.1.2001 - 4 AZR 655/99, NZA 2001, 788; Däubler/*Peter*, § 2 TVG Rn. 96 f.; *Löwisch/Rieble*, § 2 TVG Rn. 461.

1177 BAG 2.12.1992 - 4 AZR 277/92, NZA 1993, 655; siehe oben § 2A.I.1.a.aa, S. 29.

in der Bundesrepublik Deutschland beschäftigt.[1178] Der Konzern als solcher ist nicht tariffähig; er ist lediglich eine besondere Organisationsform ohne eigene Rechtsform.[1179] Nur wenn die Konzernobergesellschaft eigene Arbeitnehmer beschäftigt, ist sie als Arbeitgeber tariffähig. Irgendeine besondere, an die Konzernleitungsmacht anknüpfende Tarifmacht ist im Tarifvertragsgesetz nicht vorgesehen – im Unterschied zum Betriebsverfassungsgesetz und der darin enthaltenen Konzernbetriebsvereinbarung. Ein normativ wirkender Konzerntarifvertrag existiert nicht.[1180]

Die Tariffähigkeit des Arbeitgebers beginnt frühestens, wenn die Einstellung von Arbeitnehmern vorgesehen ist; spätestens mit Abschluss des ersten Arbeitsvertrages.[1181] Für den Beginn entscheidend ist damit die rechtliche Existenz des Arbeitgebers; auf eine Registereintragung von Gesellschaften kommt es nicht an.[1182] Die Tariffähigkeit des Arbeitgebers endet nicht schon, wenn er keine Arbeitnehmer mehr beschäftigt, sondern erst, wenn der Arbeitgeber endgültig und ersatzlos wegfällt.[1183]

Der Arbeitgeber ist zentraler Gegenspieler der Gewerkschaft. Grundlage für eine effektive Tarifbindung ist trotz der Zunahme von Firmentarifverträgen aber die Mitgliedschaft des Arbeitgebers in einem tarifschließenden Verband.[1184] Da die Tarifgestaltung häufig auf großindustrielle Strukturen ausgelegt ist, können mittelständische Unternehmen die Regelungen der Tarifverträge der Arbeitgeberverbände kaum bewältigen und versuchen daher sich der Verbandsmitgliedschaft zu entziehen. Aber nicht allein dieser Faktor bestimmt Fluchtstrategien des einzelnen Arbeitgebers; Tarifverträge vor allem in der Fläche, bedeuten einen hohen Flexibilitätsverlust, eine hohe Regelungsdichte sowie die Behinderung betriebsnaher Regelungen.[1185] Ferner bedürfen Arbeitgeber aufgrund der

1178 Däubler/*Peter*, § 2 TVG Rn. 100; ErfKomm/*Franzen*, § 2 TVG Rn. 23; Thüsing/Braun/*Emmert*, 2. Kap. Rn. 122.

1179 BAG 17.10.2007 – 4 AZR 1005/06, NZA 2008, 713; Däubler/*Peter*, § 2 TVG Rn. 109; ErfKomm/*Franzen*, § 2 TVG Rn. 24; *Löwisch/Rieble*, § 2 TVG Rn. 481.

1180 *Löwisch/Rieble*, § 2 TVG Rn. 482; Kempen/Zachert/*Stein*, § 2 TVG Rn. 111; Wiedemann/*Oetker*, § 2 TVG Rn. 141.

1181 BAG 24.6.1998 – 4 AZR 208/97 – NZA 1998, 1346, 1347; *Löwisch/Rieble*, § 2 TVG Rn. 494; ErfKomm/*Franzen*, § 2 TVG Rn. 25.

1182 BAG 24.1.2001 – 4 ABR 4/00, NZA 2001, 1149, 1150 f.; *Löwisch/Rieble*, § 2 TVG Rn. 495 f.; Däubler/*Peter*, § 2 TVG Rn. 117.

1183 *Löwisch/Rieble*, § 2 TVG Rn. 497; Däubler/*Peter*, § 2 TVG Rn. 117; ErfKomm/*Franzen*, § 2 TVG Rn. 26.

1184 *Deinert/Walser*, S. 73.

1185 *Schaub*, NZA 2000, 15, 16; *Lambrich/Trappehl*, S. 19.

Globalisierung einer Wettbewerbsfähigkeit gegenüber ausländischen Unternehmen, welche aber durch bestehende deutsche Tarifverträge gehemmt sein kann. Die Flucht des Arbeitgebers aus dem Tarifvertrag ist aber kein neues Phänomen – schon zur Zeit der Weimarer Verfassung war zB die Auflösung von Arbeitgeberverbänden ein probates Mittel, um tarifvertraglichen Verpflichtungen zu entgehen.[1186]

II. Erosion der Arbeitgeberverbände

Der Einfluss der Gewerkschaften nimmt in den letzten Jahren immer mehr ab: Die heutige fragmentierte Arbeitswelt, die durch Auflösung der tradierten Berufs- und Beschäftigungsmodelle gekennzeichnet ist, setzt Arbeitnehmern keinen Anreiz sich zu organisieren und zu mobilisieren.[1187] Aber auch die Organisationsdichte auf Arbeitgeberseite innerhalb der Berufsverbände nimmt ab, sei es durch Austritte aus Arbeitgeberverbänden oder die Inanspruchnahme einer Verbandsmitgliedschaft ohne Tarifbindung.[1188] Das deutsche Tarifsystem verknüpft die Tarifbindung eng mit der Verbandsmitgliedschaft (vgl. §§ 3 Abs. 1, 4 Abs. 1 TVG), sodass sich eine unmittelbare Wechselwirkung zwischen der Organisationsfähigkeit der Verbände und der Tarifbindung ergibt.[1189] Die Abnahme der Tarifbindung wird aus diesem Grund von einigen Autoren auf den sinkenden Organisationsgrad in den Arbeitgeberverbänden zurückgeführt.[1190] Damit geht auch ein Bedeutungsverlust der Flächentarifverträge einher. Dieser wird aber nicht durch eine Zunahme des Abschlusses von Unternehmenstarifverträgen kompensiert.[1191]

1. Organisation des Arbeitgebers in Arbeitgeberverbänden

a. Arbeitgeberverbände mit Tarifbindung

Arbeitgeberverbände müssen wie Gewerkschaften tariffähig sein; abgeschlossene Tarifverträge nicht tariffähiger Vereinigungen sind nichtig.[1192] Das Kriterium der

1186 *von Stebut*, SAE 1987, 203.

1187 *Fornasier*, SR 2017, 239.

1188 *Löwisch/Rieble*, Grundl. Rn. 8; *Fornasier*, SR 2017, 239; *Müller-Jentsch*, S. 111.

1189 *Seiwerth*, RdA 2014, 358, 359; *Deinert/Walser*, S. 21.

1190 *Völkl*, Industrielle Beziehungen 1998, 165, 170 ff.; *Schroeder/Ruppert*, WSI-Mitteilungen 1996, 316, 318; *Deinert/Walser*, S. 21.

1191 *Löwisch/Rieble*, Grundl. Rn. 16; *Fornasier*, SR 2017, 239.

1192 BAG 13.3 2013 – 5 AZR 954/11, NJW 2013, 2544 Rn. 21; 15.11.2006 – 10 AZR 665/05, NZA 2007, 448.

Tariffähigkeit wird aus Art. 9 Abs. 3 GG hergeleitet und ist von mehreren Voraussetzungen abhängig.[1193] Der Arbeitgeberverband bedarf der demokratischen Organisation.[1194] Die Vereinigung muss unabhängig vom Wechsel ihrer Mitglieder, auf Dauer angelegt und fähig zur eigenen Willensbildung sein.[1195] Sie muss außerdem den Zweck verfolgen, die in Art. 9 Abs. 3 GG genannten Arbeits- und Wirtschaftsbedingungen zu wahren und zu fördern.[1196] Dazu zählt vor allem die Tarifwilligkeit, also der Abschluss von Tarifverträgen, die zu den satzungsmäßigen Aufgaben des Verbands gehören und in der Satzung festgeschrieben sein muss.[1197] Die genannte Zwecksetzung kann nur ordnungsgemäß erfolgen, wenn die Vereinigung vom Gegner unabhängig organisiert ist, also von diesem zB nicht finanziert wird.[1198] Arbeitgeberverbände unterliegen nicht den gleichen Maßstäben wie die Tariffähigkeit von Gewerkschaften[1199]; so will das BAG für Arbeitgeberverbände auf das Erfordernis der Mächtigkeit verzichten[1200].

b. Arbeitgeberverbände ohne Tarifbindung

Seit Anfang der 1990er Jahre nahm der Organisationsgrad der Arbeitgeberverbände ab. Um dieser Entwicklung entgegenzusteuern, ließen die Arbeitgeberverbände eine Mitgliedschaft ohne Tarifbindung zu, die sog. OT-Mitgliedschaft.[1201] Die OT-Mitgliedschaft ist ein Fall der gewillkürten (partiellen) Tarifunwilligkeit aufseiten der Arbeitgeberverbände.[1202] Sie zeichnet sich dadurch aus, dass

1193 BAG 25.11.1986 – 1 ABR 22/85, NZA 1987, 492, 493; 9.7.1968 – 1 ABR 2/67 – DB 1968, 1715.

1194 BAG 25.11.1986 – 1 ABR 22/85, NZA 1987, 492, 493; 9.7.1968 – 1 ABR 2/67 – DB 1968, 1715; ErfKomm/*Franzen*, § 2 TVG Rn. 15; *Löwisch/Rieble*, § 2 TVG Rn. 112 ff.

1195 BAG 15.3.1977 – 1 ABR 16/75, BAGE 29, 72; BeckOKArbR/Rolfs/Giesen/Kreikebohm/Udsching/*Waas*, § 2 TVG Rn. 6; *Löwisch/Rieble*, § 2 TVG Rn. 57.

1196 Däubler/*Peter*, § 2 TVG Rn. 125.

1197 BAG 25.11.1986 – 1 ABR 22/85, AP TVG § 2 Nr. 36; 10.9.1985 – 1 ABR 32/83, AP TVG § 2 Nr. 34; BVerfG 20.10.1981 – 1 BvR 404/78, AP TVG § 2 Nr. 31.

1198 BVerfG 20.10.1981 – 404/78, BVerfGE 58, 223; 18.11.1954 – 1 BvR 629/52, AP GG Art. 9 Nr. 1.

1199 Däubler/*Peter*, § 2 TVG Rn. 123; Kempen/Zachert/*Stein*, § 2 TVG Rn. 112 ff.

1200 BAG 20.11.1990 – 1 ABR 62/89, NZA 1991, 428; dem zustimmend Däubler/*Peter*, § 2 TVG Rn. 123; Kempen/Zachert/*Stein*, § 2 TVG Rn. 125; aA ErfKomm/*Franzen*, § 2 TVG Rn. 11; *Löwisch/Rieble*, § 2 TVG Rn. 201; Wiedemann/*Oetker*, § 2 TVG Rn. 396 ff. Siehe auch § 3C.III.2.a, S. 228.

1201 Däubler/*Peter*, § 2 TVG Rn. 136; *Mergener/Décieux/Nachtwey*, WSI-Mitteilungen 2015, 86.

1202 Däubler/*Peter*, § 2 TVG Rn. 136; ErfKomm/*Franzen*, § 2 TVG Rn. 9; *Löwisch/Rieble*, § 2 TVG Rn. 215.

die OT-Mitglieder keine Flächentarifverträge als Verbandsmitglied mit den Gewerkschaften abschließen, aber die Service- und Beratungsleistungen der Arbeitgeberverbände in Anspruch nehmen. Die OT-Mitgliedschaft wurde vom BAG gebilligt und ist in den Organisationsstrukturen des Aufteilungs- und Stufenmodells zulässig.[1203]

Beim Aufteilungsmodell werden zwei Organisationen geschaffen. Dies geschieht dadurch, dass sich der Arbeitgeberverband für tarifunwillig erklärt und seine allgemeine Tätigkeit auf die Dienstleistung und Interessenvertretung der Mitglieder beschränkt.[1204] Diejenigen Mitglieder, die weiterhin eine tarifpolitische Interessenvertretung wollen, schließen sich in einer Tarifgemeinschaft oder -verband zusammen. Diese muss hinsichtlich der tarifpolitischen Entscheidungen unabhängig sein vom allgemeinen Arbeitgeberverband.[1205]

In der Praxis dominierender ist das Stufenmodell.[1206] Hierbei verbleiben die Mitglieder in einem Verband organisiert und die Satzung eröffnet ihnen die Wahlmöglichkeit zwischen der üblichen Vollmitgliedschaft unter Einschluss der Tarifbindung oder der OT-Mitgliedschaft.[1207] Die Satzung muss aber sicherstellen, dass eine direkte Einflussnahme von OT-Mitgliedern auf tarifpolitische und Arbeitskampfentscheidungen ausgeschlossen ist; die Befugnisse der Mitglieder mit und ohne Tarifbindung müssen klar getrennt sein.[1208] Trotz Billigung beider Modelle durch das BAG, ist vor allem die OT-Mitgliedschaft im Stufenmodell kritischen Stimmen ausgesetzt[1209]. Jene sehen durch diese Form der OT-Mitgliedschaft insbesondere die Betätigungsfreiheit der Gewerkschaften reduziert und damit einhergehend die Parität zwischen den Tarifvertragsparteien verschoben. Dem kann aber nicht zugestimmt werden. Sollte in der Tarifrunde der Arbeitgeberverband oder die einzelnen Mitglieder mit einem Wechsel in

---

1203 BAG 4.6.2008 – 4 AZR 419/07, NZA 2008, 1366; 18.7.2006 – 1 ABR 36/05, AP TVG § 2 Tarifzuständigkeit Nr. 19; 23.2.2005 – 4 AZR 186/04, AP TVG § 4 Nachwirkung Nr. 42.

1204 ErfKomm/*Franzen*, § 2 TVG Rn. 9, Däubler/*Peter*, § 2 TVG Rn. 137; Kempen/Zachert/*Stein*, § 2 TVG Rn. 131.

1205 ErfKomm/*Franzen*, § 2 TVG Rn. 9; *Löwisch/Rieble*, § 3 TVG Rn. 60.

1206 *Deinert/Walser*, S. 30.

1207 Däubler/*Peter*, § 2 TVG Rn. 138; Kempen/Zachert/*Stein*, § 2 TVG Rn. 132; *Löwisch/Rieble*, § 3 TVG Rn. 60; ErfKomm/*Franzen*, § 2 TVG Rn. 9.

1208 BAG 21.11.2012 – 4 AZR 419/07, DB 2013, 1735; BAG 22.4.2009 – 4 AZR 111/08, NZA 2010, 102; 4.6.2008 – 4 AZR 419/07, NZA 2008, 1366.

1209 vgl.nur Däubler/*Peter*, § 2 TVG Rn. 140 ff.; *Berg*, AuR 2001, 393, 393 f.; *Deinert*, AuR 2006, 217, 218; *Thüsing*, ZTR 1996, 481, 484; *Deinert/Walser*, S. 31

die OT-Mitgliedschaft drohen, bleibt es der Gewerkschaft unbenommen, einen Haustarifvertrag abzuschließen.[1210] Einer etwaigen Paritätsstörung im Arbeitskampf kann die Gewerkschaft außerdem mit arbeitskampfrechtlichen Mitteln begegnen.[1211]

2. *Arbeitgeberverbandsflucht*

Der sinkende Organisationsgrad innerhalb der Arbeitgeberverbände ist viel weniger durch Verbandsaustritte veranlasst als durch die Nichtbeitritte neu gegründeter Unternehmen – diese tendieren eher dazu, Verbänden und der Tarifbindung fernzubleiben.[1212] Der Rückgang der Mitgliederzahlen in einem Arbeitgeberverband hat weitere Ursachen. Gerade kleinere und mittelständische Unternehmen sind wenig in Verbänden organisiert; die Bindung an einen Verband nimmt mit sinkender Betriebsgröße ab.[1213] Unternehmen sehen sich außerdem zum Verbandsaustritt aus Unzufriedenheit mit den Verbandstarifverträgen veranlasst, besonders, wenn diese nicht genügend Flexibilität für eigene betriebliche Belange beinhalten.[1214] Insbesondere kleinere und mittlere Unternehmen, für welche die Bedingungen in den Verbandstarifverträgen hohe finanzielle Belastungen sind, sehen sich zum Austritt veranlasst.[1215]

a. *Möglichkeiten des Austritts aus dem Arbeitgeberverband*

§ 39 Abs. 1 BGB garantiert dem Mitglied eines Vereins ein grundsätzliches Austrittsrecht – enthält die Satzung keine Austritts- oder Bindungsfrist, ist der Austritt jederzeit und fristlos möglich.[1216] Den Mitgliedern des Arbeitgeberverbandes ist sozusagen ein „Blitzaustritt“ nach dem BGB gewährt.[1217] Gem. § 39 Abs. 2 BGB kann in der Satzung aber vorgesehen werden, dass ein Austritt nur zum Schluss eines Geschäftsjahres oder erst nach dem Ablauf einer Kündigungsfrist

---

1210 *Löwisch/Rieble*, § 3 TVG Rn. 60; ErfKomm/*Franzen*, § 2 TVG Rn. 9a.

1211 *Löwisch/Rieble*, § 3 TVG Rn. 60; *Berg*, AuR 2001, 393, 397; *Reuter*, RdA 1996, 201, 205.

1212 *Behrens*, WSI-Mitteilungen 2013, 473, 475; *Kohaut/Ellguth*, IAB-Kurzbericht 2008, 1, 6.

1213 *Ellguth/Kohaut*, WSI-Mitteilungen 2019, 290, 292; *Schnabel*, NZA-Beilage 2011, 56, 57; *Ellguth/Kohaut*, WSI-Mitteilungen 2012, 297, 299 f.; *Deinert/Walser*, S. 26.

1214 *Behrens*, WSI-Mitteilungen 2013, 473, 474.

1215 *Bispinck*, Wirtschaftsdienst 2008, 7, 8.

1216 *Löwisch/Rieble*, § 3 TVG Rn. 133; Däubler/*Lorenz*, § 3 TVG Rn. 45; ErfKomm/*Franzen*, § 3 TVG Rn. 9.

1217 *Rieble*, RdA 2009, 280.

zulässig ist. Diese Frist hat die Rechtsprechung wegen der Bedeutung der Koalitionen unter dem rechtlichen Gesichtspunkt der negativen Koalitionsfreiheit bei Gewerkschaftssatzungen sowie Arbeitgeberverbandssatzungen auf ein halbes Jahr begrenzt.[1218] Ist in der Satzung ein Wechsel in eine OT-Mitgliedschaft vorgesehen, so ist dieser Wechsel gleich einem Austritt aus dem Verband; „Blitzwechsel" sind auch hier vereins- sowie tarifrechtlich zulässig.[1219]

Der Wechsel vollzieht sich beim Auslaufmodell wie wenn der Arbeitgeber „normal" aus dem Arbeitgeberverband oder der Tarifgemeinschaft austritt und erneut in den OT-Verband eintreten muss.[1220] Im Stufenmodell wird die Abstufung zur OT-Mitgliedschaft rechtstechnisch durch Wechsel der Mitgliedschaftsform mittels einseitigem „austrittsähnlichen" Gestaltungsrecht vollzogen, vielfach ohne Frist oder „zum Tagesende".[1221] Sollte der Arbeitgeber einen Blitzwechsel in die OT-Mitgliedschaft vornehmen, ist aber nach der Rechtsprechung des BAG die potenzielle Gefährdung der Funktionsfähigkeit der Tarifautonomie zu berücksichtigen.[1222] Ist der Wechsel in die OT-Mitgliedschaft in einem unmittelbaren zeitlichen Zusammenhang mit dem Abschluss von Tarifverträgen, oder besteht zu dem Zeitpunkt bereits ein Vorvertrag über den Abschluss eines Tarifvertrages, so muss der Arbeitgeber seinen Wechsel der verhandelnden Gewerkschaft mitteilen.[1223] Eine Nichtbeachtung dieser Informationspflicht lässt den Statuswechsel unwirksam werden.[1224] Das Unterbleiben der Offenlegung lässt den Arbeitgeber an den Tarifvertrag gebunden, der Gegenstand der Verhandlungen war.[1225]

1218 BGH 29.7.2014 - II ZR 243/13, NZA 2014, 1352; 22.9.1980 - II ZR 34/80, AP GG Art. 9 Nr. 33.

1219 BAG 21.5.2015 - 4 AZR 797/13, BB 2015, 2547; 19.6.2012 - 1 ABR 775/10, NZA 2012, 1372; Däubler/*Lorenz*, § 3 TVG Rn. 49; *Löwisch/Rieble*, § 3 TVG Rn. 145; Henssler/Moll/Bepler/*Höpfner*, Teil 2 Rn. 170.

1220 *Löwisch/Rieble*, § 3 TVG Rn. 145.

1221 *Löwisch/Rieble*, § 3 TVG Rn. 145.

1222 BAG 23.9.2009 - 4 AZR 346/08, AP TVG § 3 Verbandszugehörigkeit Nr. 29; 4.6.2008 - 4 AZR 419/07, NZA 2008, 1366, 1369.

1223 Thüsing/*Braun*, 6. Kap. Rn. 22; Henssler/Moll/Bepler/*Höpfner*, Teil 2 Rn. 174.

1224 BAG 23.9.2009 - 4 AZR 346/08, AP TVG § 3 Verbandszugehörigkeit Nr. 29; 4.6.2008 - 4 AZR 419/07, NZA 2008, 1366, 1369.

1225 BAG 4.6.2008 - 4 AZR 419/07, NZA 2008, 1366; 20.2.2008 - 4 AZR 64/07, NZA 2008, 946; kritisch und zutreffend gegenüber dieser Rechtsprechung, da eine unzulässige Trennnung von Vereins- und Tarifrecht erfolgt *Rieble*, RdA 2009, 280; *Höpfner*, ZfA 2009, 541; *Bauer/Haußmann*, RdA 2009, 99.

Weiteres Beendigungsinstrument ist die vertragliche Aufhebung der Mitgliedschaft durch einvernehmliche Aufhebungsvereinbarung zwischen Arbeitgeber und Verband.[1226] Eine solche wird nach Rechtsprechung des BAG wohl auch der Gewerkschaft für ihre Wirksamkeit anzuzeigen sein. Wie bei allen Dauerrechtschuldverhältnissen ist es dem Arbeitgeber außerdem unbenommen, mittels außerordentlicher Kündigung in Form des außerordentlichen Verbandsaustritts aufgrund eines wichtigen Grundes aus dem Arbeitgeberverband auszuscheiden.[1227]

b. Rechtliche Folgen eines Arbeitgeberverbandsaustritts

Nach dem Verbandsaustritt bleibt gem. § 3 Abs. 3 TVG die Tarifgebundenheit bestehen bis der Tarifvertrag endet. Der Vierte Senat hat diese Wirkung mit der Bezeichnung „Nachbindung" geprägt[1228]; diese bezieht sich ausschließlich auf die Legitimation durch Mitgliedschaft. Daher können sich die Tarifvertragsparteien mittels Austritt nicht mit sofortiger Wirkung der Tarifbindung entziehen – eine „Flucht aus dem Tarifvertrag" bzgl. des einzelnen tarifunterworfenen Arbeitsverhältnisses wird durch § 3 Abs. 3 TVG verhindert.[1229] Die Norm fingiert für die Tarifbindung die fehlende Mitgliedschaft der jeweiligen Arbeitsvertragspartei im tarifschließenden Verband.[1230] Die Nachbindung an einen Tarifvertrag nach Beendigung der Mitgliedschaft im tarifschließenden Verband endet mit dem Ablauf der Kündigungsfrist nach einer erfolgten Kündigung oder dem Ende bzw. der Beendigung des Tarifvertrages; nach der Beendigung der Mitgliedschaft neu abgeschlossene Tarifverträge gelten für den Ausgetretenen nicht.[1231] Wird nur ein Teil des Tarifvertrags beendet, gilt der verbliebene Teil des Tarifvertrags insoweit weiter, wie er eine sinnvolle Regelung darstellt.[1232] Davon zu unterscheiden ist die inhaltliche Änderung des Tarifvertrages. Jede Änderung

---

1226 BAG 18.5.2011 – 4 AZR 457/09, NZA 2011, 1378, 1380; Thüsing/*Braun*, 6. Kap. Rn. 22.

1227 Thüsing/Braun/*Heise*, 11. Kap. Rn. 39; *Däubler*, NZA 1996, 225, 226.

1228 BAG 17.5.2000 – 4 AZR 363/99, NZA 2001, 453; *Löwisch/Rieble*, § 3 TVG Rn. 241.

1229 Däubler/*Lorenz*, § 3 TVG Rn. 79; Thüsing/Braun/*Heise*, Kap. 11 Rn. 40 f.; *Löwisch/Rieble*, § 3 TVG Rn. 245.

1230 ErfKomm/*Franzen*, § 3 TVG Rn. 23; *Löwisch/Rieble*, § 3 TVG Rn. 245.

1231 BAG 20.5.2009 – 4 AZR 230/08, BeckRS 2009, 74394; 13.12.1995 – 4 AZR 1062/94; AP TVG § 1 Rückwirkung Nr. 15; ErfKomm/*Franzen*, § 3 TVG Rn. 25; Thüsing/Braun/*Heise*, Kap. 11 Rn. 42; Däubler/*Lorenz*, § 3 TVG Rn. 111.

1232 ErfKomm/*Franzen*, § 3 TVG Rn. 26; *Löwisch/Rieble*, § 3 TVG Rn. 280; Thüsing/Braun/*Heise*, Kap. 11 Rn. 42.

einer Tarifnorm – auch nur die teilweise Änderung – lässt die Nachbindung des abgeänderten Tarifvertrages insgesamt enden.[1233]

Aber auch nach dem Ende der Nachbindung ist der Arbeitgeber nicht völlig frei, denn es gilt die Nachwirkung gem. § 4 Abs. 5 TVG. Die Rechtsnormen des Tarifvertrages gelten dann solange weiter, bis sie durch eine andere Abmachung ersetzt werden. Damit entfällt zumindest die zwingende Wirkung der Tarifnormen.[1234] Es trifft den Arbeitgeber eine umfassende und grundsätzlich unbefristete Ablösungslast, wenn er anstelle der Tarifbedingungen andere Arbeitsbedingungen setzen will.[1235] Dies kann in Konsequenz zu einer Endlosbindung des Arbeitgebers führen, einhergehend mit einem hohen Flexibilitätsverlust für diesen. Aus diesem Grund wird für eine Begrenzung der Nachbindung plädiert, um so beitrittswilligen Mitgliedern einen Anreiz zur Mitgliedschaft mit Tarifbindung zu geben.[1236] Der Verbandaustritt kann aber auch dazu genutzt werden, einem anderen Verband beizutreten, der aus Arbeitgebersicht einen wirtschaftlich günstigeren Tarifvertrag abgeschlossen hat. Dem neuen Tarifvertrag kommt dann gegenüber dem nach § 3 Abs. 3 TVG geltenden Tarifvertrag grundsätzlich der Vorrang zu.[1237]

3. *Folgen der Erosion der Arbeitgeberverbände*

Der Organisationsgrad sowie die Bindungsfähigkeit der Arbeitgeberverbände ist von unmittelbaren Einfluss auf die Reichweite von Tarifverträgen.[1238] Die Mitgliederanzahl in den tarifschließenden Arbeitgeberverbänden verzeichnet seit 1996 einen Rückgang von 37 %.[1239] Diese abnehmende Mitgliederanzahl führt in Konsequenz zu einer abnehmenden Tarifbindung, welche Einfluss auf die Arbeitsbedingungen der abhängig Beschäftigen hat. Denn hinter der

---

1233 BAG 22.2.2012 – 4 AZR 8/10, AP TVG § 1 Bezugnahme auf Tarifvertrag Nr. 108 Rn. 20; 7.11.2001 – 4 AZR 703/00, NZA 2002, 748; 27.9.2001 – 2 AZR 236/00, NZA 2002, 750.

1234 BAG 17.5.2000 – 4 AZR 363/99, AP TVG § 3 Verbandsaustritt Nr. 8; 8.1.1987 – 5 AZR 323/86, AP TVG § 4 Nachwirkung Nr. 16; 29.1.1975 – 4 AZR 218/74, AP TVG § 4 Nachwirkung Nr. 8.

1235 *Löwisch/Rieble*, § 4 TVG Rn. 826.

1236 *Henssler*, RdA 2015, 43, 44; *Höpfner*, NJW 2010, 2173, 2177; *Wiedemann*, FS Reuter 2010, 889, 900.

1237 BAG 26.10.1983 – 4 AZR 218/81, AP TVG § 3 Nr. 3; ErfKomm/*Franzen*, § 4a TVG Rn. 32; *Löwisch/Rieble*, § 4a TVG Rn. 331.

1238 *Walser*, S. 64; *Bispinck*/Schulten, S. 20 ff.

1239 *Deinert/Walser*, S. 24.

„Verbandsflucht" steckt häufig auch der Anreiz der „Tarifflucht".[1240] Durch die Abnahme von tarifschließenden Mitgliedern in den Arbeitgeberverbänden wird die Normierungskraft des Verbandtarifvertrages löchrig und eine Zunahme der Dezentralisierung der Verhandlungsebene tritt ein.[1241] Gewerkschaften können mit Arbeitgebern, bei denen ein niedriger Organisationsgrad besteht, dann auch nicht über Firmentarifverträge verhandeln, was häufig eine Tariflosigkeit zur Folge hat; auch gelingt der Abschluss von Anerkennungstarifverträgen nur selten.[1242] Das macht die Mitgliedschaft ohne Tarifbindung gerade für organisationsschwache Betriebe besonders attraktiv.[1243] Demzufolge wächst mit dieser Entwicklung auch das Machtgefälle zwischen Arbeitgeberverbänden und Gewerkschaften. Den Arbeitgeberverbänden steht mit der Drohung des Wechsels in die OT-Mitgliedschaft ein effektives Druckmittel zur Verfügung, auch aus arbeitskampfrechtlicher Sicht.[1244] Die OT-Mitgliederzunahme ist jedoch ein zweischneidiges Schwert. Denn durch die Zunahme der OT-Mitglieder liegt der Schwerpunkt der Verbände nicht mehr auf der Gestaltung der Lohn- und Arbeitsbedingungen, sondern die Beratungs-, Service- und Lobbyfunktion rückt in den Vordergrund der Verbandsarbeit.[1245] Die OT-Mitglieder entscheiden selbst, inwiefern sie sich verpflichten wollen. Auch wächst die Unterrepräsentanz kleinerer und mittelständischer Unternehmen. Diese waren in der Mitgliederlandschaft der Arbeitgeberverbände schon immer unterrepräsentiert, doch mit der Einführung von OT-Mitgliedschaften hat sich diese Unterrepräsentanz vermehrt, sodass deren Interessen immer weniger Beachtung finden und sich in den Tarifergebnissen nicht niederschlagen.[1246]

III. Flucht aus der Tarifbindung

Im Jahr 2018 waren 71 % der westdeutschen und 8 % der ostdeutschen Betriebe nicht tarifgebunden.[1247] Allerdings gaben etwa 42 % der nichttarifgebundenen

---

1240 *Behrens*, WSI-Mitteilungen 2013, 473, 474.

1241 *Schroeder/Silvia*, Hdb Gewerkschaften in Deutschland, S. 337, 358.

1242 *Schroeder/Ruppert*, WSI-Mitteilungen 1996, 316, 326; *Völkl*, Industrielle Beziehungen 1998, 165, 171, *Walser*, S. 72.

1243 Däubler/*Peter*, § 2 TVG Rn. 124.

1244 *Behrens/Helfen*, WSI-Mitteilungen 2013, 472, 477 f.

1245 *Haipeter/Schilling*, Industrielle Beziehungen 2006, 21, 34; *Schroeder/Silvia*, HdB Gewerkschaften in Deutschland, S. 337, 358.

1246 *Haipeter/Schilling*, Industrielle Beziehungen 2006, 21, 37 f.; *Behrens/Helfen*, WSI-Mitteilungen 2013, 472, 479 f.

1247 *Ellguth/Kohaut*, WSI-Mitteilungen 2019, 290, 291.

westdeutschen Betriebe und 36 % der ostdeutschen Betriebe an, sich in ihren Einzelarbeitsverträgen an bestehenden Branchentarifverträgen zu orientieren – davon hält sich aber in etwa nur ein Viertel an die Regelungen des Branchentarifvertrages in der Gänze.[1248] Vor allem die Branchentarifbindung zeigt seit Mitte der 1990er eine rückläufige Tendenz auf, dies hauptsächlich in Betrieben in der Privatwirtschaft während im öffentlichen Sektor die Tarifbindung weitestgehend stabil bleibt.[1249] Die verbleibende Tariflandschaft unterliegt einem starken Wandel, der durch Differenzierung und Dezentralisierung geprägt ist.[1250] Zwar gewinnen Firmentarifverträge an Bedeutung; Arbeitgeber und Arbeitgeberverbände setzen aber auf die Strategie der Auflockerung des Flächentarifvertrages und die Interessenvertretung ohne Tarifbindung.[1251] Der Wandel der Tariflandschaft beruht zum einen auf dem sinkenden Organisationsgrad der Gewerkschaften, zum anderen auf Strategien der Arbeitgeber, der Tarifbindung zu entgehen.[1252] Solche Fluchtstrategien durch organisatorische Fluchtakte wie Verbandsaustritte, Betriebsveräußerungen, Ausgliederung oder Tätigkeitsbeschränkungen lässt das deutsche Tarifrecht grundsätzlich zu.[1253]

1. Arten der (autonomen) Tarifbindung

Die Tarifgebundenheit ist Voraussetzung für die normative Wirkung des Tarifvertrages. Gem. § 3 Abs. 1 TVG sind tarifgebunden die Mitglieder der Tarifvertragsparteien und der Arbeitgeber, der selbst Partei des Tarifvertrages ist. Für diese gelten gem. § 4 TVG die Tarifnormen zwingend und unmittelbar. Dementsprechend benennt § 3 Abs. 1 TVG den Personenkreis, dem gegenüber die Tarifvertragsparteien zur Normsetzung berechtigt sind und begründet deren staatliche Legitimation zur Normsetzung.[1254] Die Tarifbindung entsteht grundsätzlich durch den Abschluss des Tarifvertrages durch die tarifgebundenen Tarifvertragsparteien; nach Tarifvertragsabschluss tritt die Tarifbindung direkt

1248 *Ellguth/Kohaut*, WSI-Mitteilungen 2019, 290, 291.

1249 *Ellguth/Kohaut*, WSI-Mitteilungen 2019, 290, 292; *Ellguth/Kohaut*, WSI-Mitteilungen 2018, 299, 302.

1250 *Bispinck*, Wirtschaftsdienst 2008, 7; *Ellguth/Kohaut*, Industrielle Beziehungen 2010, 345.

1251 *Bispinck*, Wirtschaftsdienst 2008, 7.

1252 *Seitwerth*, RdA 2014, 358, 358 f.; *Bosch*, Wirtschaftsdienst 2008, 16, 17.

1253 *Löwisch/Rieble*, § 1 TVG Rn. 1251.

1254 ErfKomm/*Franzen*, § 3 TVG Rn. 1; Thüsing/*Braun*, 6. Kap. Rn. 1; Däubler/*Lorenz*, § 3 TVG Rn. 1.

im Zeitpunkt des Verbandeintritts ein.[1255] Ein Beitritt zu den Parteien ist freiwillig – Ausnahme vom Grundsatz der Freiwilligkeit ist in rechtlicher Hinsicht die Allgemeinverbindlicherklärung.[1256] § 5 TVG erweitert den Geltungsbereich des Tarifvertrages dadurch, dass er mittels staatlichen Hoheitsakts, die in dem Geltungsbereich bisher nicht tarifgebundenen Arbeitgeber und Arbeitnehmer erfasst.

a. Flächentarifvertrag

Als Flächentarifvertrag wird ein Tarifvertrag bezeichnet, der innerhalb einer im Tarifvertrag definierten Branche für eine Vielzahl von Unternehmen (die Mitgliedsunternehmen des Arbeitgeberverbands) gilt.[1257] Die Legitimationsgrundlage für die Geltung eines Flächentarifvertrags stellt der freiwillige Verbandsbeitritt dar. Tarifgebunden sind nach § 3 Abs. 1 TVG alle Mitglieder des tarifschließenden Arbeitgeberverbands. Der Flächentarifvertrag regelt die wesentlichen Bestandteile der Arbeitsverhältnisse auf kollektiver und überbetrieblicher Ebene in einer Branche.[1258] Es werden so Standards in einer Branche gesetzt, von denen eine Abweichung nach unten nur ohne Tarifbindung möglich ist.[1259] Der Flächentarifvertrag bedeutet aber für Arbeitgeber den Verlust der Unternehmensautonomie, einen hohen Flexibilitätsverlust sowie eine Minimierung des Kostensenkungsspielraums – so ist aus Arbeitgebersicht eine Verbandsabstinenz bzw. eine betriebsautonome Tarifgestaltung wünschenswerter.[1260]

b. Haus- und Firmentarifverträge

Der abgeschlossene Tarifvertrag zwischen dem einzelnen Arbeitgeber und der Gewerkschaft ist der Haus- oder Firmentarifvertrag.[1261] Der räumliche Geltungsbereich eines Firmentarifvertrages beschränkt sich auf ein Werk, einen Betrieb, ein Unternehmen, ein Unternehmensteil oder einen Konzern; in den Rechtswirkungen ist der Firmentarifvertrag aber mit dem Verbandstarifvertrag

1255 Thüsing/*Braun*, 6. Kap. Rn. 4; Däubler/*Lorenz*, § 3 TVG Rn. 1; Schaub/*Treber*, § 204 Rn. 20.
1256 Däubler/*Lorenz*, § 3 TVG Rn. 4.
1257 Däubler/*Nebe*, § 1 TVG Rn. 68.
1258 Däubler/*Nebe*, § 1 TVG Rn. 68; *Ellguth/Kohaut*, WSI-Mitteilungen 2019, 290.
1259 *Hering*, NZA-Beilage 2011, 61, 62.
1260 *Schmidt*, Wirtschaftsdienst 2008, 24, 25.
1261 Däubler/*Peter*, § 2 TVG Rn. 94; *Löwisch/Rieble*, § 1 TVG Rn. 1460.

identisch.[1262] Die Zahl der Firmentarifverträge hat sich zwischen 1990 und 2017 mehr als vervierfacht - von ca. 2.550 auf 11.446.[1263] Die Zunahme der Haustarifabschlüsse nimmt aber nicht nur in verbandsfreien Unternehmen zu, sondern wird auch als Instrument zur unternehmensspezifischen Differenzierung der Arbeitsbedingungen eines Flächentarifs genutzt.[1264] Denn der Abschluss eines Firmentarifvertrages verdrängt nach dem Grundsatz der Spezialität den Verbandstarifvertrag.[1265] Sollte es dem Arbeitgeber gelingen, mit einer für den Betrieb tarifzuständigen Gewerkschaft einen ökonomisch sinnvolleren Firmentarifvertrag zu schließen, verdrängen dessen Regelungen die Normen des geltenden Verbandtarifvertrages.[1266]

c. Unternehmensbezogener Verbandstarifvertrag

Der unternehmens- oder firmenbezogene Verbandstarifvertrag wird zwischen der Gewerkschaft und einem Arbeitgeberverband geschlossen; der räumliche Geltungsbereich wird dabei auf ein Unternehmen, welches dem Arbeitgeberverband angehört, oder auf mehrere Bereiche des Unternehmens begrenzt.[1267] Der Abschluss eines solchen Tarifvertrages zielt in der Praxis vor allem darauf ab, dass einzelne, nicht der Leistungsfähigkeit der restlichen Verbandsmitglieder entsprechende Unternehmen, nicht aus dem Verband austreten oder in die OT-Mitgliedschaft wechseln, weil sie das Tarifniveau oder einzelne Regelungsgegenstände überfordern.[1268] So kann mittels des unternehmensbezogenen Verbandtarifvertrages vom Standard des Flächentarifvertrages abgewichen werden. In der Praxis wird er daher als wirksames Flexibilisierungsinstrument gegenüber dem Flächentarifvertrag eingesetzt.[1269]

1262 Däubler/*Peter*, § 2 TVG Rn. 154; Thüsing/Braun/*Oberwinter*, 9. Kap. Rn. 6; Wiedemann/*Oetker*, § 2 TVG Rn. 167.

1263 WSI-Tarifarchiv/*Bispinck*, Statistisches Taschenbuch 2018, Nr. 1.4.

1264 *Löwisch/Rieble*, Grundl. TVG Rn. 24.

1265 BAG 4.4.2001 - 4 AZR 237/00, AP TVG § 4 Tarifkonkurrenz Nr. 26; 20.4.1999 - 1 AZR 631/98, AP BetrVG 1972 § 77 Tarifvorbehalt Nr. 12.

1266 *Lammbrich/Trappehl*, S. 72; ErfKomm/*Franzen*, § 4a TVG Rn. 32.

1267 Däubler/*Peter*, § 2 TVG Rn. 171; Thüsing/Braun/*Oberwinter*, 9. Kap. Rn. 14; Kempen/Zachert/*Wendeling-Schröder*, § 4 TVG Rn. 407 ff.

1268 Däubler/*Peter*, § 2 TVG Rn. 171; Kempen/Zachert/*Wendeling-Schröder*, § 4 TVG Rn. 407 ff.

1269 Thüsing/Braun/*Oberwinter*, 9. Kap. Rn. 15; Wiedemann/*Oetker*, § 2 TVG Rn. 185; *Melms*, NZA 2017, 365, 366.

2. Fehlende Voraussetzungen für den Tarifvertragsabschluss

Die Tariffähigkeit sowie -zuständigkeit der Tarifvertragsparteien sind die Grundvoraussetzungen für einen wirksamen Tarifvertrag.[1270] Für die effektive Tarifbindung ist ihr Gegebensein daher von wichtiger Bedeutung. Fluchtstrategien aus der Tarifbindung knüpfen daher auch an die Wirksamkeitsvoraussetzungen des Tarifvertrages an und bedienen sich der abnehmenden Tariffähigkeit sowie der fehlenden Tarifzuständigkeit.

a. Abnehmende Tariffähigkeit

Tariffähigkeit ist die rechtliche Fähigkeit, durch Vereinbarungen mit dem sozialen Gegenspieler ua. die Arbeitsbedingungen des Einzelarbeitsvertrags mit der Wirkung zu regeln, dass diese für die tarifgebundenen Personen unmittelbar und unabdingbar wie Rechtsnormen gelten.[1271] Knapp gefasst: Die Tariffähigkeit gibt den Tarifvertragsparteien die generelle Befugnis zum Abschluss von Tarifverträgen. Fehlt sie auch nur einer der Tarifvertragsparteien beim Abschluss des Tarifvertrags, ist der Tarifvertrag unwirksam.[1272] Eine nachträgliche Heilung des Fehlens der Tariffähigkeit ist nicht möglich.[1273] Entfällt die Tariffähigkeit einer Partei nach Abschluss des Tarifvertrages, so fehlt ab diesem Zeitpunkt ein Wirksamkeitserfordernis für den Tarifvertrag, wenn nicht eine andere Tarifvertragspartei an deren Stelle tritt. Ansonsten ist der Tarifvertrag ex-nunc unwirksam.[1274]

Die Tariffähigkeit ist an mehrere Voraussetzungen geknüpft. Gewerkschaften iSv. § 2 Abs. 1 TVG müssen tarifwillig sein, sie müssen das geltende Tarif-, Arbeitskampf- und Schlichtungsrecht als für sich verbindlich anerkennen und eine gewisse Durchsetzungsfähigkeit ggü. dem sozialen Gegenspieler verfügen,

1270 BAG 15.11.2006 – 10 AZR 665/05, NZA 2007, 448; 13.3.2013 – 5 AZR 954/11, NZA 2013, 680 Rn. 21; *Löwisch/Rieble*, § 2 TVG Rn. 231; ErfKomm/*Franzen*, § 2 TVG Rn. 4.

1271 BVerfG 19.10.1966 – 1 BvL 24/65, AP TVG § 2 Nr. 24; ErfKomm/*Franzen*, § 2 TVG Rn. 4; Däubler/*Peter*, § 2 TVG Rn. 2.

1272 BAG 15.11.2006 – 10 AZR 665/05, NZA 2007, 448; 13.3.2013 – 5 AZR 954/11, NZA 2013, 680 Rn. 21; *Löwisch/Rieble*, § 2 TVG Rn. 231; ErfKomm/*Franzen*, § 2 TVG Rn. 4.

1273 Schaub/*Treber*, § 197 Rn. 3; ErfKomm/*Franzen*, § 2 TVG Rn. 5a.

1274 BAG 28.5.1997 – 4 AZR 546/95, NZA 1998, 40, 41 f.; 15.10.1986 – 4 AZR 289/85, NZA 1987, 246, 247 f.; 11.11.1970 – 4 AZR 522/69, DB 1971, 483; *Löwisch/Rieble*, § 2 TVG Rn. 241; ErfKomm/*Franzen*, § 2 TVG Rn. 5; aA bei der Auflösung des Verbandes aber BAG 23.1.2008 – 4 AZR 312/01, NZA 2008, 771.

der sogenannten sozialen Mächtigkeit.[1275] Auf letzteres Erfordernis, das der Mächtigkeit, will das BAG bei Arbeitgeberverbänden aber verzichten.[1276] Dabei ist gerade für Arbeitgeberverbände das Mächtigkeitserforderns hinsichtlich der Parität und des Richtigkeitsvertrauens in die Flächentarifverträge von besonderer Relevanz.[1277] Auch besteht die Gefahr der Gefährdung der Durchführungsfähigkeit von Tarifverträgen mit kleinen ohnmächtigen Arbeitgeberverbänden. Denn diese können sich jederzeit auflösen.[1278]

Aufgrund der Zulässigkeit von OT-Mitgliedschaften nimmt zwar die Tariffähigkeit der Arbeitgeberverbände nicht ab, aber sie führt dazu, dass die Tarifbindung geschwächt wird.[1279] Die Tarifbindung bedarf dann der Legitimation des einzelnen Arbeitgebers, inwiefern dieser gewillt ist einen Firmentarifvertrag abzuschließen.[1280] Somit nimmt nicht die Tariffähigkeit der Arbeitgeber ab; dies ist vielmehr ein Problem auf gewerkschaftlicher Seite, insbesondere durch sinkende Mitgliederzahlen.[1281] Wenn sich eine Gewerkschaft nicht in einem Betrieb durchsetzen kann und es nicht zum Abschluss eines Firmentarifvertrages kommt, ist dies auch Ausdruck der Koalitionsfreiheit der Arbeitnehmer, sich nicht gegen die im Betrieb vorgefundenen Arbeitsbedingungen zu verbünden und zur Wehr zu setzen.

b. Fehlende Tarifzuständigkeit

Die Tarifzuständigkeit eines tariffähigen Verbands bestimmt den Geschäftsbereich, innerhalb dessen der Verband Tarifverträge abschließen kann.[1282] Sie richtet sich grundsätzlich nach der Satzung des jeweiligen Verbands.[1283] In dieser legen die Verbände im Rahmen ihrer Satzungsautonomie fest, für welchen räumlichen, fachlichen und persönlichen Organisationsbereich sie von ihrer

---

1275 ErfKomm/*Franzen*, § 2 TVG Rn. 7; Thüsing/Braun/*Oberwinter*, 9. Kap. Rn. 26.

1276 BAG 20.11.1990 – 1 ABR 62/89, NZA 1991, 428; zustimmend *Gamillscheg*, S. 438 f.; Kempen/Zachert/*Stein*, § 2 TVG Rn. 125.

1277 *Löwisch/Rieble*, § 2 TVG Rn. 202.

1278 *Löwisch/Rieble*, § 2 TVG Rn. 203.

1279 *Waltermann*, RdA 2014, 86, 87; *Fornasier*, SR 2017, 239; *Mergener/Décieux/Nachtwey*, WSI-Mitteilungen 2015, 86, 88.

1280 *Löwisch/Rieble*, § 3 TVG Rn 58.

1281 *Seitwerth*, RdA 2014, 358.

1282 ErfKomm/*Franzen*, § 2 TVG Rn. 36; *Löwisch/Rieble*, § 2 TVG Rn. 251 f.

1283 BAG 14.12.1999 – 1 ABR 74/98, AP TVG § 2 Tarifzuständigkeit Nr. 14; 12.11.1996 – 1 ABR 33/97, AP TVG § 2 Tarifzuständigkeit Nr. 11; 25.9.1996 – 1 ABR 4/96, AP TVG § 2 Tarifzuständigkeit Nr. 10.

Regelungsbefugnis Gebrauch machen wollen.[1284] Diese Organisations- und Satzungsautonomie schließt das Recht ein, den Zuständigkeitsbereich zu ändern, wenn dies dem Verband zweckmäßig erscheint.[1285]

aa. Herauswandern aus dem Geltungsbereich

Durch eine Veränderung der „Anknüpfungspunkte" des Tarifvertrages im Unternehmen können diese nicht nur aus dem Geltungsbereich von Tarifverträgen, sondern auch aus der Tarifzuständigkeit herauswandern.[1286] Eine Sitz- oder Betriebsverlegung kann aus der räumlichen, oder eine Produktumstellung aus der fachlichen Tarifzuständigkeit führen.[1287] Wandert ein Unternehmen aus der Tarifzuständigkeit entweder des Arbeitgeberverbands oder der Gewerkschaft heraus, dann ist jede Tarifmacht dieser Tarifparteien für das Unternehmen ausgeschlossen, bis die Satzung geändert ist.[1288] Die Rechtsfolgen fehlender Tarifzuständigkeit entsprechend jenen der fehlenden Tariffähigkeit – mit Besonderheiten. Es ist zwischen der anfänglich fehlenden und nachträglich entfallenden Tarifzuständigkeit zu unterscheiden. Tarifflucht fällt unter die nachträglich gewollt entfallende Tarifzuständigkeit. Dies kann zum einen durch das Herauswandern des Unternehmens aus dem Geltungsbereich des Tarifvertrages geschehen. Zum anderen ist dies durch Änderung der Verbandssatzung möglich, mit der Folge, dass Unternehmen somit aus der Zuständigkeit herausfallen. Die Folgen für die Tarifbindung wurden nicht höchstrichterlich entschieden. Vordergründig wird um die Aufrechterhaltung der Tarifgeltung gestritten. Eine analoge Anwendung des § 3 Abs. 3 TVG[1289] ist abzulehnen. Dieser soll in erster Linie die Tarifflucht durch Verbandsaustritt des Arbeitgebers verhindern.[1290] Eine Satzungsänderung nimmt jedoch der Verband selbst vor. Daher ist die Ansicht der analogen Anwendung des § 4 Abs. 5 TVG vorzugswürdiger, denn es stehen keine Tarifvertragsparteien mehr für eine Tarifanpassung zur Verfügung, sodass der

---

1284 BAG 11.6.1975 – 4 AZR 329/74, AP Nr. 29 zu § 2 TVG; 17.2.1970 – 1 ABR 14/69, AP Nr. 2 zu § 2 TVG Tarifzuständigkeit; ErfKomm/*Franzen*, § 2 TVG Rn. 33; Däubler/*Peter*, § 2 TVG Rn. 186.

1285 BAG 14.12.1999 – 1 ABR 74/98, AP Nr. 14 zu § 2 TVG Tarifzuständigkeit; 10.5.1989 – 4 AZR 80/89, AP Nr. 8 zu § 2 TVG Tarfzuständigkeit; Däubler/*Peter*, § 2 TVG Rn. 187.

1286 *Löwisch/Rieble*, § 2 TVG Rn. 381; Däubler/*Peter*, § 2 TVG Rn. 198.

1287 *Löwisch/Rieble*, § 2 TVG Rn. 381 ff.

1288 *Löwisch/Rieble*, § 2 TVG Rn. 382.

1289 Dies vertritt Däubler/*Peter*, § 2 TVG Rn. 176.

1290 Däubler/Peter, § 2 TVG Rn. 176.

Tarifvertrag nur durch eine andere Abmachung ersetzt werden kann.[1291] Demzufolge kann mit dem Herauswandern aus dem Geltungsbereich des Tarifvertrages oder der Änderung der Verbandssatzung das Entfallen der zwingenden Wirkung der Tarifnormen erreicht werden.

bb. Umstrukturierungen

Die Tarifzuständigkeit kann weiter entfallen, wenn ein Unternehmen umstrukturiert wird und in der Folge nicht mehr der Zuständigkeit des Arbeitgeberverbandes oder der Gewerkschaft unterliegt. Bloße Veränderungen des wirtschaftlichen Eigentums am Unternehmen, also zB die Anteilsübertragung, lassen die bestehenden kollektiven Vereinbarungen unberührt, im Gegensatz zur Ausgliederung von Betrieben oder Betriebsteilen sowie jede Form der übertragenden Umwandlung.[1292] Aus Arbeitgebersicht ist hier gestalterischer Spielraum gegeben, den geltenden Tarifvertrag durch eine ökonomischere Variante zu ersetzen.

Der Betriebsübergang lässt aber gem. § 613a BGB die Tarifbindung nicht sofort entfallen. § 613a Abs. 1 Satz 2 bis 4 BGB ordnet einen eigenen vertragsrechtlich konzipierten Bestandsschutz für die kollektivvertraglichen Arbeitsbedingungen vom Veräußerer auf den Erwerber an.[1293] § 613a Abs. 1 Satz 2 BGB gilt nur für die Rechtsnormen von Tarifverträgen, die Rechte und Pflichten aus den bestehenden Arbeitsverhältnissen betreffen; schuldrechtliche Verpflichtungen des Verbands- oder Firmentarifvertrages verpflichten nur die tarifschließenden Parteien.[1294] Der Tariferhalt gilt außerdem nur für Arbeitnehmer, die in der Sekunde des Betriebsübergangs schon vom Tarifvertrag erfasst worden sind und zudem ist gem. § 613a Abs. 1 Satz 2 BGB der Tarifvertrag in der quasi-zwingenden Wirkung auf maximal ein Jahr begrenzt.[1295] Nach Ablauf dieser Jahresfrist gewinnt der Erwerber seine Arbeitsvertragsfreiheit zurück und die einzelvertragliche Änderung zulasten der Arbeitnehmer ist möglich. Diese kann aber

---

1291 *Löwisch/Rieble*, § 2 TVG Rn. 386; Kempen/Zachert/*Wendeling-Schröder*, § 2 TVG Rn. 243 f.; ErfKomm/*Franzen*, § 2 TVG Rn. 38; Wiedemann/*Oetker*, § 2 TVG 96.

1292 *Willemsen*/Hohenstatt/Schweibert/Seibt, B. VI. Rn. 154.

1293 BAG 19.9.2007 – 4 AZR 711/06, NZA 2008, 241, 243; Thüsing/*Braun*, 6. Kap. Rn. 42; *Löwisch/Rieble*, § 3 TVG Rn. 397.

1294 *Löwisch/Rieble*, § 3 TVG Rn. 426; Willemsen/*Hohenstatt*/Schweibert/Seibt, E. II. Rn. 124; MünchKommBGB/*Müller-Glöge*, § 613a Rn. 135; aA bei Firmentarifverträgen ErfKomm/*Preis*, § 613a BGB Rn. 113b.

1295 *Löwisch/Rieble*, § 3 TVG Rn. 398; ErfKomm/*Preis*, § 613a BGB Rn. 119; Thüsing/*Braun*, 6. Kap. Rn. 42.

nur mit Zustimmung des Arbeitnehmers durch einen Änderungsvertrag oder gegen den Willen des Arbeitnehmers durch eine Änderungskündigung erfolgen.[1296] Die sogenannte „Überkreuzlösung“, also die Ablösung von Tarifnormen durch eine Betriebsvereinbarung ist nach gefestigter Rechtsprechung des BAG nicht möglich.[1297] Die Jahresfrist gilt gem. 613a Abs. 1 Satz 4 BGB nicht, wenn der Tarifvertrag selbst keine zwingende und unmittelbare Wirkung mehr hat. Dies ist der Fall, wenn die Tarifnormen nur gem. § 4 Abs. 5 TVG nachwirken, sodass diese dispositiv auf den Erwerber transformiert werden[1298]. So verhindert der blitzartige Betriebsübergang vor Tarifvertragsabschluss die Tarifgeltung und damit die Transformation auf den Erwerber.[1299]

Der tarifliche Geltungsbereich als zwingende Wirkung wird ebenfalls mittransformiert.[1300] Wandert das Arbeitsverhältnis beim Erwerber aus dem Geltungsbereich des Tarifvertrages heraus, verliert es den Schutz der Veränderungssperre; denn es tritt nur die Nachwirkung gem. § 4 Abs. 5 TVG ein.[1301]

Eine Änderung vor Ende der Jahresfrist ist ebenfalls gem. § 613a Abs. 1 Satz 4 BGB zulässig, wenn der neue Betriebsinhaber und die übernommenen Arbeitnehmer die Anwendung eines anderen Tarifvertrages, der für sie nicht schon aufgrund beiderseitiger Tarifgebundenheit gilt, individualvertraglich vereinbaren.[1302] Sollte beim Erwerber ein Tarifvertrag gelten, hat dieser gem. § 613a Abs. 1 Satz 3 BGB Vorrang vorm Veräußerertarifvertrag; dieses Ablösungsprinzip gilt auch, wenn der Erwerbertarifvertrag die Arbeitnehmer schlechter stellt.[1303] So kann beim Erwerber ein Firmentarifvertrag geschlossen werden, der ökonomischere, aber für den Arbeitnehmer schlechtere Regelungen enthält als der Veräußerertarifvertrag.[1304] Hierbei ist darauf zu achten, dass der ablösende

---

1296 ErfKomm/*Preis*, § 613a BGB Rn. 120; es müssen jedoch die allgemeinen Grundsätze des § 2 KSchG iRd Änderungskündigung beachtet werden.

1297 BAG 21.4.2010 – 4 AZR 768/08, BeckRS 2010, 72499; 13.11.2007 – 3 AZR 191/06, NZA 2008, 600; 6.11.2007 – 1 AZR 862/06, NZA 2008, 542.

1298 BAG 1.8.2001 – 4 AZR 82/00, NZA 2002, 41; *Löwisch/Rieble*, § 3 TVG Rn. 449; Wiedemann/Oetker, § 3 TVG Rn. 258.

1299 *Löwisch/Rieble*, § 3 TVG Rn. 422.

1300 *Löwisch/Rieble*, § 3 TVG Rn. 449, 451; Thüsing/Braun/*Heise*, 11. Kap. Rn. 166.

1301 *Löwisch/Rieble*, § 3 TVG Rn. 449, 451; Thüsing/Braun/*Heise*, 11. Kap. Rn. 166; siehe dazu auch § 3C.II.2.b, S. 222.

1302 ErfKomm/*Preis*, § 613a BGB Rn. 122.

1303 BAG 7.7.2010 – 4 AZR 1023/08, NZA 2011, 30; 11.5.2005 – 4 AZR 315/04, NZA 2005, 1362; *Löwisch/Rieble*, § 3 TVG Rn. 471; Thüsing/Braun/*Heise*, 11. Kap. Rn. 168; ErfKomm/*Franzen*, § 3 TVG Rn. 41.

1304 BAG 2.4.2009 – 4 AZR 100/08, NZA 2010, 41; 11.5.2005 – 315/04, NZA 2005, 1362.

Tarifvertrag alle Sachgegenstände regelt, die im abzulösenden Tarifvertrag enthalten sind.[1305] Voraussetzung ist weiter, dass der übernommene Arbeitnehmer bereits vor dem Betriebsübergang tarifgebunden war und dass beide Parteien, also sowohl die übernommenen Arbeitnehmer als auch der Betriebserwerber, kraft Mitgliedschaft in den tarifschließenden Parteien nach dem Betriebsübergang an den beim Erwerber geltenden Tarifvertrag gebunden sind.[1306] Dies wird wohl nur in Sonderkonstellationen der Fall sein bzw. bedarf es eines großräumigen Zuständigkeitsbereiches der Gewerkschaft. Denn der Erwerbertarifvertrag muss mit derselben Gewerkschaft des Veräußerertarifvertrages geschlossen sein.[1307] Zu einem Gewerkschaftswechsel können die Arbeitnehmer nicht gezwungen werden. Ebenso ist die Arbeitgeberverbandsmitgliedschaft grundsätzlich nicht sukzessionsfähig, denn diese ist gem. §§ 38, 40 BGB höchstpersönlich.[1308]

Bei einer Verschmelzung oder Abspaltung des Betriebs des Arbeitgebers kommt es wie beim Betriebsübergang zur Tariftransformation gem. § 324 UmwG i.V.m. § 613a Abs. 1 Satz 2 BGB.[1309] Dagegen kann die Stellung als Haustarifpartei bei einer Umwandlung übergehen; dann gilt der Tarifvertrag normativ weiter und der aufnehmende Rechtsträger ist fortan vollständig an den Haustarifvertrag gebunden.[1310] Wird ein Betrieb durch Spaltung des Unternehmens gem. § 123 Abs. 3 Nr. 1 UmwG ausgegliedert, ist aufgrund der damit verbundenen partiellen Gesamtrechtsnachfolge im Spaltungs- und Übernahmevertrag (§ 126 Abs. 1 Nr. 9 UmwG) festzulegen, welcher der beiden Rechtsträger in die

1305 BAG 2.4.2009 - 4 AZR 100/08, NZA 2010, 41; 11.5.2005 - 315/04, NZA 2005, 1362; Willemsen/*Hohenstatt*/Schweibert/Seibt, E. II. Rn. 145; *Lambrich/Trappehl*, S. 195; Thüsing/Braun/*Heise*, 11. Kap. Rn. 168.

1306 BAG 9.4.2008 - 4 AZR 164/07, EzA TVG § 4 Gaststättengewerbe Nr. 3; 30.8.2000 - 4 AZR 581/99, NZA 2001, 510; Willemsen/*Hohenstatt*/Schweibert/Seibt, E. II. Rn. 141; ErfKomm/*Preis*, § 613a BGB Rn. 123; BeckOKArbR/Rolfs/Giesen/Kreikebohm/Udsching/*Gussen*, § 613a BGB Rn. 221.

1307 Willemsen/*Hohenstatt*/Schweibert/Seibt, E. II. Rn. 141; ErfKomm/*Preis*, § 613a BGB Rn. 123.

1308 BAG 24.6.1998 - 4 AZR 208/97, NZA 1998, 1346; 13.7.1994 - 4 AZR 555/93, NZA 1995, 479. Eine Ausnahme von diesem Grundsatz besteht, wenn die Satzung gem. §§ 38, 40 BGB eine Übertragbarkeit der Mitgliedschaft vorsieht.

1309 Thüsing/Braun/*Heise*, 11. Kap. Rn. 199; Willemsen/*Hohenstatt*/Schweibert/Seibt, E. II. Rn. 120.

1310 BAG 15.6.2016 - 4 AZR 805/14, NZA 2017, 326; 24.6.1998 - 4 AZR 208/97, NZA 1998, 1346.

Rechtsstellung als Vertragspartei eines Haustarifvertrages eintritt.[1311] Beim normalen Betriebsübergang rückt der Betriebserwerber nicht in die Stellung als Partei des Haustarifvertrages ein; es gilt vielmehr § 613a Abs. 1 Satz 2 BGB.[1312] Somit kann die Umstrukturierung genutzt werden, um aus dem bestehenden Tarifvertrag herauszuwandern und somit die Zuständigkeit der Gewerkschaft oder des Arbeitgeberverbandes nicht mehr gegeben ist. Das Auslagern bestimmter branchenfremder Tätigkeiten aus dem Unternehmen auf eine Tochtergesellschaft führt dann oft zum günstigeren Dienstleistungstarif. Selbst wenn nicht, haben spätere Änderungen des Tarifvertrages keine Auswirkungen mehr auf das übergegangene Arbeitsverhältnis, denn die Fortgeltung der Tarifverträge ist nach dem Betriebsübergang gem. § 613a Abs. 1 Satz 1 BGB statisch.[1313] Vor allem ist die Dauer der Sperrfrist des § 613a Abs. 1 Satz 2 BGB unter Umständen kürzer als die Nachbindung gem. § 3 Abs. 3 TVG. Auch aus diesem Grund nutzen Arbeitgeber die Möglichkeit, Arbeitsplätze auf zumeist kleine Betriebe auszulagern, in denen zumeist auch kein Betriebsrat vorhanden ist.[1314] Auch kann die Tarifzuständigkeit entfallen, wenn das Unternehmen in eine Betriebsführungsgesellschaft, die die Managementleistungen erbringt sowie in eigenem Namen als Vertragsarbeitsgeber fungiert, und eine Eigentümergesellschaft umstrukturiert wird. Rechnet die Betriebsführungsgesellschaft als Geschäftsbesorger nur ihre Selbstkosten ab, so handelt sie ohne Gewinnerzielungsabsicht und unterfällt damit nicht dem Gewerbebegriff der Tarifverträge für Industrie oder Handwerk – die Tarifzuständigkeit entfällt.[1315]

3. *Verfall der Normierungskraft des Tarifvertrages*

Die wesentliche Funktion von Flächentarifverträgen ist es, einheitliche Arbeitsbedingungen in seinem Geltungsbereich zu normieren.[1316] Dieses, dem Tarifsystem zugrunde liegende System erodiert und Flächentarifverträge unterliegen einer abnehmenden Normierungskraft. Der Beleg dafür ist die Einführung des Mindestlohnes durch das Mindestlohngesetz. Die Tarifvertragsparteien selbst

---

1311 Bei fehlender Regelung verbleibt der übertragende Rechtsträger in der vorherigen Rechtsstellung, BAG 21.11.2012 – 4 AZR 85/11, NZA 2013, 512.

1312 BAG 20.6.2001 – 4 AZR 295/00, NZA 2002, 517; 29.8.2001 – 4 AZR 332/00, NZA 2002, 513.

1313 Willemsen/*Hohenstatt*/Schweibert/Seibt, E. II. Rn. 218.

1314 *Bosch*, Wirtschaftsdienst 2008, 16, 18.

1315 *Löwisch/Rieble*, § 2 TVG Rn. 384; *Rieble*, NZA 2010, 1145, 1149.

1316 MünchHdBArbR/*Fischinger*, § 5 Rn. 11.

waren nicht mehr in der Lage einen angemessenen Lohn sicherzustellen und der Staat sah sich gezwungen, regelnd zu intervenieren.

Die abnehmende Normierungskraft hat unterschiedliche Ursachen: Schwindender Normierungsdruck durch die Tarifvertragsparteien und die wachsende Verbetrieblichung des Tarifabschlusses begünstigen die Ausdifferenzierung von Firmen- und Branchentarifverträgen.[1317] Die Tarifabweichungen durch Firmentarifverträge und Öffnungsklauseln führen zu einem Verlust an Verbindlichkeit der Normsetzungskraft.[1318] Diese Flexibilisierung des tariflichen Regelungsbestandes hat zu einer weitreichenden Verlagerung der Gestaltungskompetenz auf die betriebliche Ebene geführt.[1319]

Gem. § 4 Abs. 3 TVG sind abweichende Abmachungen in Form von Öffnungsklauseln zulässig, sofern diese durch die Tarifvertragsparteien gestattet sind. Aufgrund der zwingenden Wirkung der Tarifnormen ermöglichen Öffnungsklauseln aus wirtschaftlicher Sicht flexiblere und differenzierte Arbeitsbedingungen und stabilisieren so den Flächentarif.[1320] Anreize zur Tarifflucht werden gemindert.[1321] Die Geschwindigkeit der Tarifflucht hat seit 2005 abgenommen, was vor allem auf die vermehrte Verwendung von Öffnungsklauseln zurückgeführt wird.[1322] Dem steht allerdings die Relativierung der Normierungskraft der Tarifverträge gegenüber.[1323]

Öffnungsklausen kommen in verschiedenen Gestaltungsvarianten vor. Möglich ist zum einen die Öffnung von Tarifverträgen zugunsten von Vereinbarungen auf betrieblicher Ebene gem. § 4 Abs. 3 TVG. Hier kommt den Tarifvertragsparteien ein erheblicher Gestaltungsspielraum zu, über die Wirkungen der ausdrücklich vereinbarten Regelungen zu entscheiden.[1324] Diese

---

1317 *Schmidt*, Wirtschaftsdienst 2008, 24, 26; *Kohaut/Schnabel*, Sozialer Fortschritt 2007, 33.

1318 *Mergener/Décieux/Nachtwey*, WSI-Mitteilungen 2015, 86; *Kohaut/Schnabel*, Sozialer Fortschritt 2007, 33.

1319 *Bispinck*, Wirtschaftsdienst 2008, 7, 8.

1320 *Löwisch/Rieble*, § 4 TVG Rn. 466; *Walser*, S. 78; *Dietrich/Hanau/Henssler/Oetker/Wank/Wiedemann*, RdA 2004, 65, 66.

1321 *Löwisch/Rieble*, § 4 TVG Rn. 466; *Walser*, S. 78; *Dietrich/Hanau/Henssler/Oetker/Wank/Wiedemann*, RdA 2004, 65, 66.

1322 Nicht eindeutig empirisch belegt *Ellguth/Kohaut*, Industrielle Beziehungen 2010, 345, 367.

1323 *Bispinck*, WSI-Mitteilungen 2003, 395, 396; *Völkl*, Industrielle Beziehungen 1998, 165, 185.

1324 BAG 20.4.1999 – 1 AZR 631/98, AP BetrVG 1972 § 77 Tarifvorbehalt Nr. 12; ErfKomm/*Franzen*, § 4 TVG Rn. 29.

Tariföffnungsklauseln für Betriebsvereinbarungen beseitigen die Regelungssperren von § 87 Abs. 1 Einleitungssatz bzw. § 77 Abs. 3 BetrVG.[1325] Die Schutzfunktion der Tarifautonomie gem. Art. 9 Abs. 3 GG könnte eine Gestaltungsgrenze für die Zulässigkeit einer Öffnungsklausel sein, sodass die Tarifparteien nicht unbegrenzt ihre Kompetenzen auf die betriebliche Ebene übertragen können und eine Art „Selbstentmündigung" stattfindet. Dies ist vor allem denkbar, wenn die Tarifvertragsparteien gänzlich auf die inhaltliche Gestaltung des Arbeitsverhältnisses verzichten.[1326]

Weiteres Gestaltungsmittel ist der unternehmensbezogene Verbandstarifvertrag.[1327] Hier besteht aber eine engere Kontrolldichte durch die Tarifvertragsparteien, denn der Abschluss des unternehmensbezogenen Verbandstarifvertrags ist dem Arbeitgeber nur im Zusammenwirken mit dem Arbeitgeberverband und der korrespondieren Bereitschaft der Gewerkschaft möglich.[1328] Auch beseitigt der unternehmensbezogene Verbandstarifvertrag den allgemeinen Flächentarifvertrag nicht insgesamt; wohl aber als Teilregelung für das betroffene Unternehmen, denn dieses ist aus dem Geltungsbereich des Flächentarifs ausgenommen.[1329]

4. Rückgängige Tarifbindung aufgrund bestimmter Arbeitsorganisationskonzepte

Die Ursachen für die rückgängige Tarifbindung sind vielfältig und nicht allein auf Austritte der Arbeitgeber aus den Arbeitgeberverbänden zurückzuführen. Die Tarifbindung sinkt auch durch Nichtbeitritte neugegründeter Unternehmen.[1330] Diese neu gegründeten Unternehmen sind aber nicht nur „reale" Neugründungen, sondern beruhen auch auf Unternehmensspaltungen und Ausgründungen.[1331] Diese Reorganisation von Unternehmen und der Arbeitsorganisation führt auch zur Reduzierung oder Vermeidung der Tarifbindung.

1325 BAG 29.10.2002 – 1 AZR 573/01, AP BetrVG 1972 § 77 Tarifvorbehalt Nr. 18; 20.2.2001 – 1 AZR 233/00, AP BetrVG 1972 § 77 Tarifvorbehalt Nr. 15; ErfKomm/*Franzen*, § 4 TVG Rn. 30; *Löwisch/Rieble*, § 4 TVG Rn. 456.

1326 BAG 18.8.1987 – 1 ABR 30/86, AP BetrVG 1972 § 77 Nr. 23; Thüsing/Braun/*Mengel/Burg*, 5. Kap. 360. Rn. 9; *Ulber*, NZA 2009, 232, 237.

1327 Siehe oben § 3C.III.1.c, S. 227.

1328 Thüsing/Braun/*Oberwinter*, 9. Kap. Rn. 15; Wiedemann/*Oetker*, § 2 TVG Rn. 184 ff.; Henssler/Moll/Bepler/*Seitz*, Teil 11 Rn. 10; *Löwisch/Rieble*, § 1 TVG Rn. 2362.

1329 *Löwisch/Rieble*, § 1 TVG Rn. 1573; Thüsing/Braun/*Oberwinter*, 9. Kap. Rn. 15; Henssler/Moll/Bepler/*Seitz*, Teil 11 Rn. 10.

1330 *Völkl*, Industrielle Beziehungen 1998, 165, 167; *Deinert/Walser*, S. 36.

1331 *Deinert/Walser*, S. 36; *Kohaut/Ellguth*, IAB-Kurzbericht 16/2008, S. 1, 5.

a. *Dezentralisierung in kleine Einheiten und flache Hierarchien*

Unternehmen werden reorganisiert, wobei neben der Auslagerung von Tätigkeiten auch die Umorganisation der Arbeitsorganisation im Vordergrund steht.[1332] Diese haben zur Folge, dass Unternehmensstrukturen dezentralisiert und immer kleinere Einheiten gebildet werden. Insbesondere werden diese kleiner werdenden Einheiten vom Hauptunternehmen auf Tochtergesellschaften transferiert, für welche dann der bestehende Tarifvertrag nicht gilt. Dies führt zwar nicht zur vollkommenen Tariflosigkeit der Arbeitgeber, diese geben aber ihre Tarifbindung für Teile der Belegschaft auf oder verändern sie.[1333] In modernen Dienstleistungsunternehmen mit oft dezentralen Strukturen, kleinen lokalen Einheiten und flachen Hierarchien wird aufgrund ihrer Struktur nicht die Solidarität der Arbeitnehmer untereinander gestärkt. Infolgedessen ist auf ein solidarisches Erkämpfen eines Tarifvertrags kaum zu hoffen.[1334] Vielmehr verlassen nachgefragte, oft besser ausgebildete Arbeitnehmer das Unternehmen bei ungünstigen Arbeitsbedingungen und die Arbeitnehmer, die es nicht können, müssen sich mit den Bedingungen, ggf. sozialstaatlich abgefedert, abfinden, ohne dass darauf mit gewerkschaftlicher Organisation reagiert würde.[1335]

Dezentrale Organisationsstrukturen finden sich auch in Konzernen, welche selbst nicht tariffähig sind[1336] und in denen unterschiedlichste Formen von Tarifbindung und Tariflosigkeit gegeben sind. Dies ist für Gewerkschaften besonders problematisch hinsichtlich ihrer Tarifzuständigkeit, sofern fachlich unterschiedliche einzuordnende Unternehmen und Betriebe einer konzernweiten einheitlichen Tarifregelung unterworfen werden sollen.[1337] Ein normativ wirkender Konzerntarifvertrag existiert nicht.[1338]

In der Praxis werden verschiedene Gestaltungsvarianten genutzt, die einem Tarifvertrag dennoch die Wirkung eines „konzerneinheitlichen Tarifvertrages" zukommen lassen. Möglich ist die Variante des Abschlusses eines Tarifvertrages mit der Konzernobergesellschaft und eine Ausdehnung auf alle anderen Konzernunternehmen, wenn die Konzernobergesellschaft sich schuldrechtlich

---

1332 Siehe dazu auch § 2B.I.1.a, S. 39.

1333 *Walser*, S. 85; *Schneider*, Wirtschaftsdienst 2008, 20, 23.

1334 *Seitwerth*, RdA 2014, 358, 361.

1335 *Seitwerth*, RdA 2014, 358, 361.

1336 BAG 17.10.2017 – 4 AZR 1005/06, NZA 2008, 713; ErfKomm/*Franzen*, § 2 TVG Rn. 24; Thüsing/Braun/*Emmert*, 2. Kap. Rn. 126; *Löwisch/Rieble*, § 1 TVG Rn. 452.

1337 *Löwisch/Rieble*, § 2 TVG Rn. 490; Däubler/*Peter*, § 2 TVG Rn. 112.

1338 *Löwisch/Rieble*, § 1 TVG Rn. 482; Kempen/Zachert/*Stein*, § 2 TVG Rn. 111; Wiedemann/*Oetker*, § 2 TVG Rn. 141.

verpflichtet, auf die konzernzugehörigen Unternehmen einzuwirken.[1339] Ein konzerneinheitlich geltender Tarifvertrag kann auch herbeigeführt werden, wenn alle Konzernunternehmen Mitglied im gleichen Arbeitgeberverband sind und so der Verbandstarif einheitlich gilt.[1340] Weiter denkbar ist die Gestaltungsvariante, dass das Konzernunternehmen bevollmächtigt wird, einen mehrgliedrigen Konzerntarifvertrag abzuschließen.[1341] Für den Abschluss eines solchen Tarifvertrages bedarf es aber der Bereitwilligkeit der Konzernleitung einen solchen Tarifvertrag für alle Konzernunternehmen abschließen zu wollen. Fehlt es der Gewerkschaft an Durchsetzungskraft in dem Unternehmen des Konzerns, wird ein freiwilliger Tarifvertragsabschluss kaum zu erwarten sein.

b. Fremdvergabe von Tätigkeiten

Die Fremdvergabe von zuvor unternehmenseignen Tätigkeiten, vor allem der Auslagerung von Dienstleistungen, unterminiert die branchenbezogene Tarifpolitik, denn diese Dienstleistungen werden so aus dem angestammten Tarifgefüge herausgenommen.[1342] Eine solche Fragmentierung vollzieht sich sogar dann, wenn das auslagernde Unternehmen im Grunde sozialpartnerschaftlich ausgerichtet ist.[1343] Die fremdvergebenen Tätigkeiten werden dann zumeist durch Leiharbeit, Werkverträge oder auch selbstständige Dienstverhältnisse erbracht.[1344] Es entwickeln sich „tarifpolitische Parallelwelten" sowohl in den Unternehmen selbst, wie auch in den einzelnen Betriebsstätten.[1345] Auf selbstständige Dienstleistungserbringer, va die Gruppe der Soloselbstständigen, sind die Tarifverträge des Einsatzunternehmens mangels Arbeitnehmereigenschaft nicht anzuwenden.[1346] Gerade innerhalb von Wertschöpfungsketten werden unterschiedliche Dienstleistungen und industrielle Tätigkeiten miteinander vermengt oder es bestehen nur zeitlich begrenzte Zusammenarbeiten. Dies ist alles von Einfluss auf die branchen- oder unternehmensbezogene Tarifpolitik. Häufig

---

1339 Wiedemann/*Oetker*, § 2 TVG Rn. 145; Däubler/*Peter*, § 2 TVG Rn. 113; *Löwisch/Rieble*, § 2 TVG Rn. 491 f.

1340 *Braun/Wisskirchen*, Teil I. 2. Rn. 429 ff.; *Löwisch/Rieble*, § 2 TVG Rn. 486; Thüsing/Braun/*Emmert*, 2. Kap. Rn. 127a.

1341 BAG 17.10.2017 – 4 AZR 1005/06, NZA 2008, 713; ErfKomm/*Franzen*, § 2 TVG Rn. 24; Löwisch/Rieble, § 2 TVG Rn. 488 f.; Thüsing/Braun/*Emmert*, 2. Kap. Rn. 127.

1342 *Helfen/Nicklich*, Industrielle Beziehungen 2013, 142, 144.

1343 *Helfen/Nicklich*, Industrielle Beziehungen 2013, 142, 144.

1344 Siehe ausführlich zur Fremdvergabe § 3A.II.1.c, S. 74.

1345 *Helfen*, Magazin Mitbestimmung 2011, 20; *Walser*, S. 81.

1346 BAG 31.1.2018 – 10 AZR 279/16, NZA 2018, 867.

fehlt es in der Folge für diese Dienstleistungsunternehmen an der Zuständigkeit der Verbände.[1347] Weiterer Faktor für eine abnehmende Tarifbindung ist die fehlende koalitions- und tarifpolitische Tradition in diesen Dienstleistungsunternehmen oder es besteht eine kleinteilige betriebliche Organisation, die nur schwer organisierbar ist.[1348] Auch kann mittels der Fremdvergabe der Tätigkeiten die Produktion teilweise oder ganz ins Ausland verlagert werden oder innerstaatlich in kostengünstigere Tarifgebiete umgesiedelt werden.[1349] Arbeitgeber mit fehlender Standortgebundenheit sind nicht der stärkeren Machtausübung der Gewerkschaft ausgesetzt und können deren Einfluss erheblich minimieren.[1350]

c. Verselbstständigung von Hilfs- und Nebenbetrieben

Weitere Methode zur Flucht aus der Tarifbindung ist die Ausgliederung von branchenfremden Hilfs- und Nebenbetrieben auf rechtlich verselbstständigte Gesellschaften. Diese können so aus den teureren oder inflexiblen Tarifverträgen für die Branche des Hauptbetriebes herausgeführt werden.[1351] Solche Tätigkeiten, wie zumeist Dienstleistungen wie Reinigungstätigkeiten oder die Beschäftigung in der Kantine, werden ohne eine rechtliche Verselbstständigung der Primärbranche zugeschlagen und damit häufig dem wesentlich teureren Branchentarifvertrag.[1352] Die Ausgliederung und rechtliche Verselbstständigung ist im Kern bei jeder Tätigkeit möglich.[1353] In der Folge kann so die Tarifzuständigkeit sowohl des Arbeitgeberverbandes wie der Gewerkschaft enden.[1354]

d. Reduzierung der Fertigungstiefe

Die Arbeitsorganisation durch Reduzierung der Fertigungstiefe wird insbesondere in der Kontraktlogistik durchgeführt.[1355] Dabei organisieren spezialisierte

---

1347 *Helfen*, Magazin Mitbestimmung 2013, 32, 33.

1348 *Walser*, S. 81 f.; 130; *Deinert*, RdA 2014, 65, 77.

1349 *Palley*, WSI-Mitteilungen 2006, 665.

1350 *Walser*, S. 84.

1351 *Rieble*, RdA 2017, 26, 27.

1352 BAG 31.3.1955 – 2 AZR 84/53, AP TVG § 4 Geltungsbereich Nr. 1; Löwisch/Rieble, § 2 TVG Rn. 357; *Buchner*, ZfA 1995, 105.

1353 *Rieble*, RdA 2017, 26, 27; *Greiner*, NZA 2013, 697.

1354 *Löwisch/Rieble*, § 2 TVG Rn. 357.

1355 Beispielhaft ist hier va die Automobilindustrie zu nennen, welche die wichtigste Industriebranche in Deutschland ist. Siehe hierzu *Blöcker*, WSI-Mitteilungen 2015, 534.

externe Unternehmer als Dienstleister zum einen den Materialfluss im Betrieb, sie übernehmen aber gerade auch Arbeitsvorgänge aus der Produktion, wie etwa eine Vormontage, das Biegen von Blechen oder andere Tätigkeiten, die zwar der Primärbranche zugeordnet sind – aber vom Umfang her dem Logistikbetrieb untergeordnet sind.[1356] Damit bleibt der Dienstleister nach dem Prinzip einheitlicher betrieblicher Zuordnung selbst im Organisationsbereich seiner Dienstleistungsgewerkschaft. Zudem sind diese sog. Industriedienstleister kaum in Arbeitgeberverbänden organisiert und ihr Angebotsspektrum verteilt sich auf alle Branchenzweige, sodass eine einheitliche Tarifbindung erschwert wird.[1357] Oft existiert in diesen Dienstleistungsunternehmen sogar kein Tarifvertrag, sodass die Endhersteller und großen Zulieferer das große Tarifgefälle aus Gründen der Kostenreduzierung bevorzugt nutzen, um zentrale Produktionstätigkeiten billig einzukaufen.[1358]

IV. Gemeinsamkeiten der Praktiken der Vermeidung von Tarifvertragsrecht

Arbeitgeber können sich dem für sie geltenden Tarifvertrag entziehen; auch in diesem Rechtsgebiet ist den Arbeitgebern ein großes Spektrum an Vermeidungsstrategien gegeben. Nicht immer wollen sich Arbeitgeber dabei vollständig der Tarifbindung entledigen. Den Vermeidungsstrategien liegen auch andere Motive zugrunde: Arbeitgeber wollen nur einen Wechsel in einen günstigeren Tarifvertrag oder die Sekundärtätigkeiten werden aus dem Unternehmen ausgelagert, damit diese einem günstigeren oder gar keinem Tarifvertrag unterfallen. Die im Tarifvertragsrecht angewandten Vermeidungsstrategien der Arbeitgeber weisen auch Gemeinsamkeiten auf. Sie können auf drei wesentliche Merkmale eingegrenzt werden. Die Anwendbarkeit teurer Branchentarifverträge für eigene Arbeitnehmer kann dadurch umgangen werden, dass der Arbeitgeber sein Personal reduziert und sich Leiharbeitnehmern bedient. Für diese ist meistens der günstigere Tarif der Zeitarbeitsbranche einschlägig. Gekennzeichnet ist diese Strategie durch das Merkmal der zeitlichen Begrenzung der Arbeitgeberstellung. Vorteil ist auch hier, dass dem Arbeitgeber weiterhin das Weisungsrecht verbleibt und er die Leiharbeitnehmer wie eigene Arbeitnehmer in seine Betriebsorganisation eingliedern kann, ohne dass diese in die Geltung seines Tarifvertrages fallen.

1356 *Rieble*, RdA 2017, 26, 27; *Blöcker*, WSI-Mitteilungen 2015, 534, 537.
1357 *Deinert/Walser*, S. 39; *Helfen*, Magazin Mitbestimmung10/2013, 32, 33.
1358 *Blöcker*, WSI-Mitteilungen 2015, 534, 537.

Zweites Merkmal ist die arbeitsteilige Zergliederung der Arbeitsorganisation. Vor allem Umstrukturierungen der Arbeitsorganisation, die durch Betriebsübergang, Betriebsumwandlung oder -spaltung realisiert werden, können im Ergebnis die zwingende Wirkung von Tarifnormen entfallen lassen. Dies eröffnet dem Arbeitgeber Gestaltungsspielräume, um für ihn ökonomischere Arbeitsbedingungen zu vereinbaren. Der Arbeitgeber kann in den günstigeren Dienstleistungstarifvertrag wechseln, wenn er branchenfremde Tätigkeiten aus dem eigenen Unternehmen auslagert. Ebenso durch das Merkmal der arbeitsteiligen Zergliederung der Arbeitsprozesse gekennzeichnet, ist die Umstrukturierung in kleine dezentrale Einheiten. Diese ermöglichen ein Herausfallen des Arbeitgebers aus der bestehenden Tarifzuständigkeit oder für die kleinen Einheiten ist die Gewerkschaft erst gar nicht zuständig, wenn diese einen geringen Organisationsgrad in dem kleineren Unternehmen hat. Besonders Konzernstrukturen eignen sich mit ihren fachlich unterschiedlich einzuordnenden Unternehmen, Arbeitnehmer in den Unternehmen zu platzieren, welches einem günstigeren Tarifvertrag unterfällt. Der Tarifbindung gänzlich entgehen lässt sich durch die Verlagerung der Betriebe ins Ausland. Aber auch die Fremdvergabe von Tätigkeiten auf Drittfirmen, Soloselbstständige und freie Mitarbeiter vermeidet die Anwendbarkeit des Tarifvertrages. Unternehmen reduzieren daher ihre eigene Fertigungstiefe und lassen sich die ausgelagerten Tätigkeiten durch günstigeres Drittpersonal erbringen.

Diese Strategie ist zugleich durch das Merkmal der Trennung der Arbeitgeber- von der Unternehmerfunktion gekennzeichnet. Denn für die ausgelagerten Tätigkeiten wird der Arbeitgeber zum Kunden, der sich Dienste von Dritten erbringen lässt. Ebenfalls durch dieses Merkmal charakterisiert ist der Einsatz des Betriebsführungsvertrages. So entfällt die Tarifzuständigkeit für die Betriebsführungsgesellschaft regelmäßig, wenn diese gegenüber der Eigentümergesellschaft ihre Kosten nur auf Selbstkostenbasis abrechnet. Dies lässt den Tatbestand des Gewerbes entfallen und infolgedessen die Zuständigkeit mehrerer Branchentarifverträge. Die Vermeidungsstrategien des Tarifvertragsrechts durch Arbeitgeber sind zusammenfassend durch eines oder mehrere der drei aufgeführten Merkmale gekennzeichnet oder diese bedingen sich gegenseitig.

§ 4 Begrenzung der Arbeitgeberfluktuation

A. Verantwortungsverweigerung durch den Arbeitgeber

Vermeidungsstrategien des geltenden Rechts sind so alt wie das Recht selbst.[1359] Eine lückenlose Erfassung jedes einzelnen Sachverhaltes durch ein Gesetz ist nicht möglich und was – hier im Bereich des Arbeitsrechts – Gestaltungsspielräume eröffnet, sich den gesetzlich grundsätzlich auferlegten Pflichten gewissermaßen zu entziehen. Der Arbeitgeber hat die zwingenden Normen des Arbeitsrechts zu achten, eine grundrechtliche Schutzpflicht gegenüber dem Arbeitnehmer obliegt ihm aber nicht.[1360] Solange er sich rechtlich zulässiger Mittel bedient, um arbeitsrechtliche Vorschriften zu vermeiden, so kann und darf er dies auch. Die zulässigen Vermeidungsstrategien basieren aber längst nicht mehr nur auf Flexibilisierungs- und Kostensenkungssenkungsmotiven. Die Qualität der Vermeidungsstrategien des geltenden Arbeitsrechts durch den Arbeitgeber weist vielmehr eine neue Entwicklung auf. Sie ist gekennzeichnet durch eine Verantwortungsverweigerung des Arbeitgebers. Arbeitgeber externalisieren ihre Arbeitgeberpflichten und -risiken. Verantwortung gegenüber dem Arbeitnehmer wird nicht mehr selbst wahrgenommen, sondern es wird versucht die Arbeitgeberverantwortung auf Dritte zu übertragen mit der Folge, dass die eigene Unternehmung von der Einhaltung von Pflichten gegenüber Arbeitnehmern entlastet wird.

Die zunehmende digitale Vernetzung der Arbeitsprozesse entlang der Wertschöpfungskette, neue dynamische und dezentrale, mitunter unternehmensübergreifende, netzwerkartige Organisationsstrukturen, neue Formen der Mensch-Maschine-Interaktion, neue Beschäftigungsformen infolge veränderter Organisations- und Produktionsstrukturen, aber auch die Zunahme projektbasierter Wissensarbeit durch Freelancer, ermöglichen dem Arbeitgeber ein breites Spektrum der Gestaltung seiner Arbeitsorganisation.[1361] Ein Arbeitgeber, der alle Arbeitsprozesse ohne Zuhilfenahme externer Dritter leistet, ist kaum noch gegeben und wird im Rahmen der neuen Entwicklungen am Arbeits- und Wirtschaftsmarkt zukünftig immer weniger existent sein. Wen nimmt man aber

---

1359 *Benecke*, S. 1.

1360 BVerfG 7.2.1990 – 1 BvR 26/84, NJW 1990, 1469; ErfKomm/*Schmidt*, Art. 12 GG Rn. 4.

1361 *Uffmann*, NZA 2016, 977, 978.

letztlich in die Verantwortung für die Arbeitgeberpflichten, wenn der Arbeitgeber innerhalb der Arbeitsorganisation nicht mehr ausfindig zu machen ist? Beispielhaft sei nur an die Konstellation zu denken, wenn der rechtliche Arbeitgeber nicht notwendig derjenige ist, der in einer Netzwerkeinheit die tatsächliche Leitungshoheit bzw. -macht innehat, die Arbeitsbedingungen in der Wertschöpfungskette festzulegen.[1362] Im Individualarbeitsrecht entziehen sich Arbeitgeber ihren arbeitsvertraglichen Verpflichtungen, wenn sie etwa auf Fremdpersonal anstatt eigener Arbeitnehmer zurückgreifen. Dies ermöglicht ihnen zum einen eine höhere Flexibilität, denn die Vorschriften des Kündigungsschutzes müssen nicht beachtet werden. Zum anderen sinken die Personalkosten. Alle arbeitgeberseitigen Verpflichtungen, wie Entgeltfortzahlung, die Abführung von Sozialversicherungsabgaben und die Einhaltung von arbeitsschutzrechtlichen Vorschriften sind vom Arbeitgeber nicht zu beachten und werden vielmehr auf Dritte externalisiert. Beim Einsatz von Soloselbstständigen und freien Mitarbeitern bleiben die arbeitgeberseitigen Pflichten an diesen Personen gewissermaßen selbst hängen.

Dieselbe Verantwortungsverweigerung zeigt der Arbeitgeber, wenn er sich den Mitbestimmungsregelungen entzieht. Eine Teilhabe bzw. Einflussnahme der Arbeitnehmer an betrieblichen und unternehmerischen Entscheidungen soll verhindert werden. Die Frage nach dem verantwortlichen Arbeitgeber, welchem gegenüber dann bspw. die Mitbestimmungsrechte ausgeübt werden können, ist besonders für das Betriebsverfassungsrecht von Bedeutung.[1363] So muss zuerst der richtige Ansprechpartner durch die Arbeitnehmervertreter ermittelt werden. Ist ein solcher gefunden, ist nicht sicher, ob dieser auch die Verantwortung für die Gewährleistung der Mitbestimmung trägt.

Der Arbeitgeber verweigert sich seiner Verantwortung auch im Tarifvertragsrecht. Er bleibt Arbeitgeberverbänden mit Tarifbindung fern und schwächt in der Folge den Flächentarifvertrag. Eine Kompensation dieses Entzuges der Tarifbindung nimmt der Arbeitgeber nicht dadurch vor, indem er freiwillig vermehrt Haustarifverträge abschließt. Im Gegenteil, er will vielmehr einer Tarifbindung fernbleiben. Zwar orientieren sich Arbeitgeber in ihren Einzelarbeitsverträgen oft an bestehenden Branchentarifverträgen; in der Gänze übernehmen sie diese aber nicht.[1364] Besonders deutlich zeigt sich die Verantwortungsverweigerung,

---

1362 *Uffmann*, NZA 2016, 977, 979; *Rieble* in: Industrie 4.0 als Herausforderung des Arbeitsrechts, S. 128; *Hanau*, NJW 2016, 2613, 2614 f.

1363 Siehe hierzu § 3B.III.3.b.bb, S. 177.

1364 *Ellguth/Kohaut*, WSI-Mitteilungen 2019, 290, 291.

wenn sich Arbeitgeber eines „teureren“ Tarifvertrages zum Teil oder ganz entledigen oder gleich auf Fremdpersonal zurückgreifen, für welches der Tariflohn nicht zu zahlen ist.

B. Bedürfnis der Neuregelung des Arbeitsrechts

Verantwortungsverweigerung durch den Arbeitgeber wirft die Frage auf, ob der vorhandene Rechtsrahmen des Arbeitsrechts diesem Verhalten hinreichend entgegenwirken kann oder ob ein Bedarf für Anpassungsmaßnahmen besteht. Hier ist zunächst festzustellen, dass es einer umfangreichen Neuregelung des Arbeitsrechts zur Unterbindung der Arbeitgeberfluktuation nicht bedarf. Veränderungen im Recht können faktische Verläufe beeinflussen oder Ausdruck bereits veränderter Realitäten sein.[1365] Letztlich steht die Entwicklung des Rechts aber in engem Zusammenhang mit den realen Ereignissen, wobei es sich nicht um eine monokausale Beziehung handelt, da das Recht nur ein Faktor unter anderen ist.[1366] So ist hinsichtlich aller Vermeidungsstrategien und eines gewünschten „Eindämmens“ dieser Strategien durch den Gesetzgeber zu bedenken, was Alfred Hueck schon vor 80 Jahren resümierte: „So wünschenswert vom sozialen Standpunkt aus ein möglichst intensiver Schutz der Arbeitnehmer, eine möglichst weitgehende Besserung ihrer Lage ist, die Bestrebungen in dieser Richtung finden ihre Grenze an der Belastungsfähigkeit der Wirtschaft. Das liegt letzten Endes auch im Interesse der Arbeitnehmer selbst; eine Wirtschaft, die unter sozialen Lasten zusammenbricht, vermag die Arbeitnehmer nicht mehr zu ernähren. Die höchsten Tariflöhne, die besten Arbeitsbedingungen werden nutzlos, ja, sie schädigen die Arbeitnehmer, wenn sie die Konkurrenzfähigkeit der deutschen Wirtschaft vernichten und damit zur Arbeitslosigkeit führen.“[1367] Aus diesem Grund müssen die oben aufgezeigten Vermeidungsstrategien von Arbeitgebern ins Verhältnis zum Arbeitsmarkt und der Entwicklung der Wirtschaft gesetzt werden. Der deutsche Arbeitsmarkt weist zurzeit keine Schwäche auf – im Gegenteil, er ist seit zehn Jahren von einem Aufwärtstrend geprägt.[1368] Außerdem ist zu bedenken, dass es sich Arbeitgeber nicht immer leisten können Vermeidungsstrategien zu Nutzen. Die öffentliche Reputation von Unternehmen ist in Zeiten der Digitalisierung, speziell der Nutzung von sozialen Netzwerken,

1365 *Weiss*, Industrielle Beziehungen 2013, 393, 394.

1366 *Weiss*, Industrielle Beziehungen 2013, 393, 394.

1367 *Hueck*/Nipperdey, Arbeitsrecht, Bd. I, 1928, S. 303.

1368 *Iwd*, Die Erfolgsgeschichte auf dem Arbeitsmarkt geht weiter, 31.8.2017; siehe auch ausführlicher dazu § 2B.I.1, S. 35 ff

und einem erhöhten Problembewusstsein in der Bevölkerung auch für den wirtschaftlichen Erfolg eines Unternehmens ausschlaggebend. Überdies herrscht auf dem deutschen Arbeitsmarkt ein Fachkräftemangel.[1369] Um auch weiterhin wettbewerbsfähig zu sein, müssen Arbeitgeber ihren gesteigerten Personalbedarf abdecken können. Dies wird ihnen nur möglich sein, wenn sie sich nicht dem Arbeitsrecht entziehen, sondern als Arbeitgeber Arbeitnehmern attraktive Arbeitsbedingungen anbieten.

Zudem ist schon die Frage, welche Art von gesetzlicher, tarifvertraglicher, betrieblicher bzw. vertraglicher Regelung notwendig ist, um mit disruptiven Geschäftsmodellen, hohen Innovationsgeschwindigkeiten sowie globalisierten Wertschöpfungsstrukturen in der digitalen Arbeitswelt umzugehen, nicht einfach zu beantworten.[1370] Denn auch in der Zukunft werden immer neue Entwicklungen das Arbeitsrecht herausfordern und bedürften einer Neuregelung bzw. Anpassung. Das Arbeitsrecht sollte dem Grundsatz nach, wo nötig und möglich, lernfähig und flexibel ausgestaltet werden, um so ein innovationsoffenes, rechtstatsächlich fundiertes und interdisziplinäre Erkenntnisse aufgreifendes Arbeitsrecht zu gewährleisten.[1371] Bei der zukünftigen Ausgestaltung und Anpassung des Arbeitsrechts können die den Vermeidungsstrategien von Arbeitsrecht zugrunde liegenden wesentlichen Merkmale herangezogen werden: die zeitliche Begrenzung der Arbeitgeberstellung, die arbeitsteilige Zergliederung der Arbeitsprozesse und die Trennung der Arbeitgeber- von der Unternehmerfunktion. Nur, wenn dem Gesetzgeber bekannt ist, auf welchen Grundlagen die Gesetzesvermeidung im Arbeitsrecht erfolgt, kann er solche Umgehungen durch gesetzliche Neuregelungen minimieren oder gar verhindern.

C. Gegensteuerungsmöglichkeiten im Rahmen des etablierten Arbeitsrechts

Fraglich ist, inwiefern das aktuelle Recht fähig ist, die Arbeitgeberfluktuation zu begrenzen. Hier ist zunächst festzustellen, dass der Gesetzgeber in der Gänze nicht in der Lage ist, Arbeitgeber, die sich ihrer Verantwortung entziehen und Arbeitsgesetze unterminieren, vollumfänglich und allumfassend dem Arbeitsrecht zu unterwerfen. Trotzdem bietet das Arbeitsrecht rechtliche Grundlagen, die Beschäftigung von Personal einem arbeitsrechtlichen Gesetzesrahmen zu

---

1369 DIHK-Arbeitsmarktreport 2018, S. 3; siehe dazu ausführlich § 2B.I.1.c, S. 41.
1370 *Uffmann*, NZA 2016, 977, 980; *Keller/Seifert*, WSI-Mitteilungen 2018, 279, 286.
1371 *Uffmann*, NZA 2016, 977, 980.

unterwerfen und so eine Verantwortungsverweigerung des Arbeitgebers zu erschweren und gewissermaßen abzufedern.

Das Arbeitsverhältnis ist nach wie vor die Vertragsformgestaltung der Wahl, wenn die Wahrung unternehmerischer Chancen arbeitsteiliges Handeln voraussetzt und die Interessen des Arbeitgebers es erfordern, über die Arbeitskraft von Mitarbeitern rechtlich abgesichert und möglichst umfassend verfügen zu können.[1372] Will der Arbeitgeber sich seiner Verantwortung entziehen und Arbeitgeberverpflichtungen gegenüber dem benötigen Personal nicht oder nur eingeschränkt erbringen, so ist ihm dies möglich; allerdings nur, wenn die Leistungserbringung nicht unter § 611a BGB zu subsumieren ist. Der Gesetzestext des § 611a BGB ist nicht trennscharf zu anderen Vertragsarten und eröffnet Arbeitgebern einen Gestaltungsspielraum, um sich die Arbeitsleistung durch selbstständige Dienste erbringen zu lassen. Will der Arbeitgeber sich das Weisungsrecht, trotz Leistungserbringung aufgrund eines anderen Vertragswerks, erhalten, ist ihm dies möglich. Er bewegt sich aber immer auf dem schmalen Grad der falschen Rechtsformwahl.[1373] Das Gesetz könnte natürlich nachgebessert werden und versuchen diesen Graubereich zu reduzieren. Aber in der Absolutheit wird dies keinem neuen Gesetz gelingen. Der Arbeitgeber, der sich seiner Verantwortung entziehen will, wird auch in Zukunft einen Weg finden dies jedenfalls in einem bestimmten Umfang zu ermöglichen. Arbeitgeber, die sich ihrer Verantwortung bewusst sind und gute Arbeitskräfte benötigen, werden diese auch weiterhin auf Grundlage eines Arbeitsvertrages gem. § 611a BGB beschäftigen.

Wichtiger ist die Frage, ob der Arbeitsvertrag als Vertragsart für zukünftige neue Arbeitsformen anwendbar ist. Denn nur dann ist auch gewährleistet, dass Arbeitgebern, die sich ihrer Verantwortung entziehen wollen, die Vermeidung des Arbeitsrechts erschwert wird. § 611a BGB kann dies trotz seiner Unschärfen leisten. Die Norm ermöglicht der Rechtsprechung einen Gestaltungsspielraum, auch neue Formen der Beschäftigung unter den Tatbestand des § 611a BGB zu subsumieren. Beispielsweise sieht § 611 a Abs. 1 Satz 4 BGB vor, dass der Grad der persönlichen Abhängigkeit auch von der Eigenart der Tätigkeit abhängig ist. Die Besonderheiten der modernen Berufswelt, insbesondere die Arbeitsverhältnisse in der digitalen Welt, können somit aufgegriffen werden.[1374] Gerade in der

---

1372 *Waltermann*, Abschied vom Normalarbeitsverhältnis?, Gutachten B zum 68. DJT, B 111; *Thüsing*, S. 47 f.; *Keller/Seifert*, WSI-Mitteilungen 2018, 279, 286.

1373 Siehe dazu § 3A.II.1.b, S. 68.

1374 *Benkert*, NJW-Spezial 2018, 434.

zunehmenden Verwissenschaftlichung der Tätigkeiten, einhergehend mit einem erhöhten Maß an Eigenverantwortung und Selbstständigkeit, besonders hinsichtlich Arbeitszeit und -ort, ist ein Subsumieren dieser „fast selbstständigen Tätigkeiten“ unter den Arbeitsvertrag gem. § 611a BGB weiterhin denkbar und möglich.

Die Sozialpartnerschaft, die Mitbestimmung und die demokratische Teilhabe bei der Gestaltung von Arbeitsbedingungen sind Kernelemente der deutschen Marktwirtschaft, welche sich in Krisenzeiten als Stabilitätsanker erwiesen haben und wichtige Elemente einer guten Unternehmens- und Führungskultur sind.[1375] Daher ist hinsichtlich der Mitbestimmung und des Tarifvertragsrechts zu konstatieren, dass diese auch in der heutigen Zeit in der Lage sind die Arbeitnehmerrechte und -beteiligung zu verwirklichen und durchzusetzen. So ist die von der Rechtsprechung entwickelte Betriebsdefinition auch auf neue Organisationsformen von Arbeit anwendbar und anpassbar.[1376] Denn die Definition ist nicht fest im Gesetz verankert, sondern wurde von der Rechtsprechung entwickelt, und ist daher offen für neue Organisationen von Arbeit. Eine Absolutheit zur Erfassung jeglicher Form der Arbeitsorganisation wird durch eine neue Definition des Betriebs nicht realisierbar sein, denn auf diese Definition wirken auch in Zukunft weitere neuere Arbeitsorganisationskonzepte ein. Hier ist die Rechtsprechung aufgefordert, die neuen Formen der Arbeitsorganisation unter den Betrieb iSd Betriebsverfassungsgesetzes zu subsumieren.

Ein Systemwechsel ist auch im Tarifvertragsrecht nicht angebracht.[1377] Den Rückgang der Mitgliederzahlen in den Gewerkschaften sowie den Arbeitgeberverbänden zu stoppen, ist Aufgabe der Koalitionen, indem diese die Mitgliederzahl durch Steigerung der eigenen Attraktivität erhöhen.[1378] Die Abnahme

---

1375 *BMAS*, Weissbuch, 165; *Bepler*, Stärkung der Tarifautonomie – Welche Änderungen des Tarifvertragsrechts empfehlen sich?, Gutachten B zum 70. DJT, B 42; *Weiss*, Industrielle Beziehungen 2013, 393, 409.

1376 *Krause*, NZA 2016, 1004, 1007; *BMAS*, Weissbuch, S. 163; *Krause*, Digitalisierung der Arbeitswelt – Herausforderungen und Regelungsbedarf, Gutachten B zum 71. DJT, B 91; *Thüsing*, SR 2016, 87, 102; *Böhm*, RdA 2013, 193, 197, 203 f.; *Fitting*, § 1 BetrVG Rn. 58.

1377 *Bepler*, Stärkung der Tarifautonomie – Welche Änderungen des Tarifvertragsrechts empfehlen sich?, Gutachten B zum 70. DJT, B 119; *Rieble* in: Neue Tarifpolitik?, S. 84 f.

1378 *Bepler*, Stärkung der Tarifautonomie – Welche Änderungen des Tarifvertragsrechts empfehlen sich?, Gutachten B zum 70. DJT, B 49; *Lesch/Schneider/Vogel*, Sozialer Fortschritt 2018, 867, 883.

des Flächentarifvertrages wird zwar nicht vollständig durch eine Zunahme der Abschlüsse von Haustarifverträgen kompensiert. Aber der Abschluss haustariflicher Regelwerke schließt nicht von vornhinein die vorrangig flächentariflich geprägten Regelungen der Arbeits- und Wirtschaftsbedingungen aus.[1379] Beispiele sind der Anerkennungstarifvertrag auf Unternehmensebene bei nicht tarifgebundenen Arbeitgebern, oder Haustarifverträge, die nur vorübergehend zu Sanierungszwecken vom Flächentarifvertrag abweichen sowie Ergänzungstarifverträge für Großunternehmen.[1380] Die Gestaltungsbreite ist im deutschen Arbeitsleben weitaus größer und geht über das hinaus, was §§ 3 und 4 TVG ermöglichen[1381], sodass bei einer Bereitschaft der Tarifvertragsparteien das Tarifvertragsrecht in der Lage ist die Arbeits- und Wirtschaftsbedingungen für Arbeitnehmer zu regeln. Eine Stärkung der Tarifautonomie wie sie durch den deutschen Gesetzgeber mittels dem Tarifautonomiestärkungsgesetz aus dem Jahr 2014 versucht wurde, zielte letztlich auf die Wirkungsintensität des Tarifvertrages, also dem Produkt der Tarifautonomie, ab.[1382] Ein solcher Ansatz ignoriert, dass eine wesentliche Funktionsbedingung der Tarifautonomie eine starke Mitgliederbasis auf Arbeitgeber- wie Arbeitnehmerseite ist.[1383] Sodass eine Stärkung der Tarifautonomie durch die deutsche Rechtsordnung vielmehr durch die Setzung von Anreizen zum Beitritt einer Arbeitnehmer- oder Arbeitgeberkoalitation erfolgen sollte als weiterhin arbeitsrechtliche Lösungen anzustreben.[1384]

1379 *Bepler*, Stärkung der Tarifautonomie – Welche Änderungen des Tarifvertragsrechts empfehlen sich?, Gutachten B zum 70. DJT, B 39; *Greiner*, NZA 2018, 563, 564.
1380 *Bepler*, Stärkung der Tarifautonomie – Welche Änderungen des Tarifvertragsrechts empfehlen sich?, Gutachten B zum 70. DJT, B 39.
1381 *Bepler*, Stärkung der Tarifautonomie – Welche Änderungen des Tarifvertragsrechts empfehlen sich?, Gutachten B zum 70. DJT, B 39.
1382 *Franzen*, HSI-Schriftenreihe Bd. 27, S. 12, 77.
1383 *Franzen*, HSI-Schriftenreihe Bd. 27, S. 77.
1384 *Franzen*, HSI-Schriftenreihe Bd. 27, S. 77 ff.

§ 5 Zusammenfassung und Ergebnisse

1. Die Vermeidungsstrategien des Arbeitgebers im Individualarbeitsrecht, der Mitbestimmung und dem Tarifvertragsrecht sind durch drei wesentliche Merkmale gekennzeichnet: die zeitliche Begrenzung der Arbeitgeberstellung, die arbeitsteilige Zergliederung der Arbeitsprozesse und die Trennung der Arbeitgeber- von der Unternehmerfunktion. Dabei treten diese Merkmale teilweise gemeinsam auf oder das eine Merkmal ist durch ein anderes bedingt.
2. Das Merkmal der zeitlichen Begrenzung der Arbeitgeberstellung ist dadurch gekennzeichnet, dass der Arbeitgeber mit allen seinen Pflichten und Risiken nur für einen begrenzten Zeitraum existiert. Dies ermöglicht dem Arbeitgeber das Weisungsrecht gegenüber dem Arbeitnehmer für einen bestimmten Zeitraum ausüben zu können. Nach Ablauf des vom Arbeitgeber vorgegebenen Zeitraums entfallen seine Arbeitgeberpflichten.
3. Das Merkmal der Zergliederung der Arbeitsprozesse bedeutet die Reorganisation der Arbeitsorganisation des Arbeitgebers durch Trennung der einzelnen Arbeitsprozesse in zumeist kleinere Einheiten. Die Zergliederung der Arbeitsprozesse kann mittels einer räumlichen, zeitlichen oder sozialen Trennung erfolgen. So werden bspw. Arbeitsprozesse, deren Durchführung mittels des Arbeitsvertrages dem Arbeitgeber zu kostenintensiv sind oder deren Zukauf eine Spezialisierung des Unternehmens ermöglicht, ausgegliedert. Ebenso ist unter dieses Merkmal die Zergliederung der Arbeitsprozesse auf rechtlich getrennte Gesellschaften zu fassen.
4. Das Merkmal der Trennung der Arbeitgeber- von der Unternehmerfunktion ist dadurch charakterisiert, dass der Unternehmer die Leistungserbringung durch Arbeitskräfte in Anspruch nimmt, selber aber nicht Arbeitgeber ist, sondern die Arbeitgeberpflichten und -risiken externalisiert. Die Arbeitgeberpflichten wirken sich dann nicht mehr auf die wirtschaftliche Unternehmerposition aus.
5. Vermeidungsstrategien des geltenden Arbeitsrechts bestehen seit der Existenz des Arbeitsrechts. Neu ist die Entwicklung, dass diese Vermeidungsstrategien durch eine Verantwortungsverweigerung des Arbeitgebers gekennzeichnet sind. Arbeitgeber externalisieren ihre Arbeitgeberpflichten und -risiken. Ein Verantwortungsbewusstsein gegenüber dem Arbeitnehmer soll nicht mehr selbst wahrgenommen werden, sondern auf Dritte übertragen und in der Folge ohne Einfluss auf die eigene Unternehmung sein.

6. Einer umfangreichen Neuregelung des Arbeitsrechts zur Unterbindung der Arbeitgeberfluktuation bedarf es nicht. Bei der zukünftigen Ausgestaltung und Anpassung des Arbeitsrechts sollten die den Vermeidungsstrategien von Arbeitsrecht zugrunde liegenden oben aufgeführten Merkmale herangezogen werden. Nur, wenn dem Gesetzgeber bekannt ist, auf welchen Grundlagen die Gesetzesvermeidung im Arbeitsrecht erfolgt, kann er solche Umgehungen durch gesetzliche Neuregelungen minimieren oder gar verhindern.

Literaturverzeichnis

Aalderks, Virtuelle Unternehmen im arbeitsrechtlichen Kontext, 2006

Absenger/Priebe, Das Betriebsverfassungsgesetz im Jahr 2016 – Mitbestimmungslücken und Reformbedarfe, WSI-Mitteilungen 2016, 192

Adzic, Matrixstrukturen in multinationalen Unternehmen, 2006

Annuß, Die rechtsmissbräuchliche Unternehmerentscheidung im Konzern, NZA 2003, 783

Annuß, Plädoyer für ein zukunftsfähiges Arbeitsrecht, NZA 2017, 345

Apt/Bovenschulte/Hartmann/Wischmann, Foresight-Studie „Digitale Arbeitswelt", Forschungsbericht 463, Februar 2016

Artus/Kraetsch/Röbenack, Betriebsratsgründungen, 1. Auflage 2015

Artus/Kraetsch/Röbenack, Betriebsratsgründungen. Typische Phasen, Varianten und Probleme, WSI-Mitteilungen 2016, 183

Ascheid/Preis/Schmidt, Kündigungsrecht, 5. Auflage 2017 (zitiert: APS/*Bearbeiter*)

Bachmann, Kein Konzernbetriebsrat bei ausländischer Konzernleitung – Besprechung des Beschlusses BAG v. 14. 2. 2007 – 7 ABR 26/06, RdA 2008, 107

Bachner/Köstler/Matthießen/Trittin, Arbeitsrecht bei Unternehmensumwandlung und Betriebsübergang, 4. Auflage 2012

BAMS, Bundesministerium für Arbeit und Soziales (Hrsg.), Grünbuch – Arbeiten 4.0, Berlin 2015

Bauer/Haußmann, Blitzaustritt und Blitzwechsel: Wirksam, aber ohne Wirkung? – Die kurzfristige Beendigung oder Änderung der Verbandsmitgliedschaft von Arbeitgebern und ihre Folgen für die Tarifbindung – Zugleich Besprechung der Urteile BAG v. 20. 2. 2008 – 4 AZR 64/07 und v. 4. 6. 2008 – 4 AZR 419/07, RdA 2009, 99

Bauer/Herzberg, Arbeitsrechtliche Probleme in Konzernen mit Matrixstrukturen, NZA 2011, 713

Bauer/Heimann, Leiharbeit und Werkvertrag – Achse des Bösen?, NJW 2013, 3287

Bauer, Unternehmensmitbestimmung 4.0, NZA-Beilage 2017, 85

Baumann/Brehmer, Die Zusammensetzung von Betriebsräten: Ergebnisse aus der WSI-Betriebsrätebefragung 2015, WSI-Mitteilungen 2016, 201

Baumbach/Hueck, Gesetz betreffend die Gesellschaften mit beschränkter Haftung, 22. Auflage 2019 (zitiert: Baumbach/Hueck/*Bearbeiter*)

Bayer, Die Erosion der deutschen Mitbestimmung, NJW 2016, 1930

Bayer, Der Anwendungsbereich des Mitbestimmungsgesetzes, ZGR 1977, 173

Bayer/Schmidt, Europäische Gesellschaft (SE) als Rechtsform für den Mittelstand?!, AnwBl 2008, 327

Bayer/Schmidt, Grenzüberschreitende Sitzverlegung und grenzüberschreitende Restrukturierungen nach MoMiG, Cartesio und Trabrennbahn, ZHR 2009, 735

Bayer/Hoffmann, Gesetzeswidrige Mitbestimmungslücken bei der GmbH, GmbHR 2015, 909

Bayreuther, Tarifautonomie als kollektiv ausgeübte Privatautonomie, 2005

Bayreuther, Der Leiharbeitnehmer im Kündigungsrecht, NZA 2016, 1304

Becker, Martin, Arbeitsvertrag und Arbeitsverhältnis, Frankfurt aM 2005

Behrens, Arbeitgeberverbände – auf dem Weg in den Dualismus?, WSI-Mitteilungen 2013, 473

Behrens/Helfen, Zerfällt die deutsche Arbeitgeberlandschaft?, WSI-Mitteilungen 2013, 472

Benecke, Gesetzesumgehung im Zivilrecht, 2004

Benkert, Der alte neue Arbeitnehmerbegriff – eine Bestandsaufnahme, NJW-Spezial 2018, 434

Bepler, Stärkung der Tarifautonomie – Welche Änderungen des Tarifvertragsrechts empfehlen sich?, Gutachten B zum 70. DJT, 2014

Berg, Rechtliche Auswirkungen einer OT-Mitgliedschaft in der Praxis, AuR 2001, 393

Berger, Organisation der Betriebsverfassung im matrixorganisierten Konzern, 1. Aufl. 2017

Beuthien, Mitbestimmung unternehmerischer Sachentscheidungen kraft Tarif- oder Betriebsautonomie, ZfA 1984, 1

Bispinck, Das deutsche Tarifsystem in Zeiten der Krise – Streit um Flächentarif, Differenzierung und Mindeststandards, WSI-Mitteilungen 2003, 395

Bispinck, Das deutsche Tarifmodell im Umbruch, Wirtschaftsdienst 2008, 7

Bispinck/Schulten, Zukunft der Tarifautonomie, 2010

Bissels, Die Offenlegungs- und Konkretisierungspflicht nach der AÜG-Reform 2017 in der Praxis, DB 2017, 246

BITCOM, Bundesverband Informationswirtschaft, Telekommunikation und neue Medien e.V. (Hrsg.), Crowdsourcing für Unternehmen – Leitfaden, Berlin 2014

Blöcker, Industrielle Wertschöpfungsketten: Herausforderungen für das deutsche Industriemodell am Beispiel der Automobilindustrie, WSI-Mitteilungen 2015, 534

Böckler, Impuls, 6/2016, Beschäftige wollen mehr Einfluss

Bodenstedt/Schnabel, Betriebsbedingte Kündigungen in der Matrixstruktur – insbesondere grenzüberschreitend tätigen Unternehmensverbund, BB 2014, 1525

Boecken/Düwell/Diller/Hanau, Nomos Kommentar Gesamtes Arbeitsrecht, 2016 (zitiert: NK-GA/*Bearbeiter*)

Boemke, Privatautonomie im Arbeitsvertragsrecht, NZA 1993, 532.

Boemke/Jager, Die Entstehung des Lohnanspruchs des Arbeitnehmers (§ 611 Abs. 1 BGB), RdA 2016, 141

Boemke/Lembke, Arbeitnehmerüberlassungsgesetz, 3. Auflage 2018

Böhm, 60 Jahre Betriebsverfassungsgesetz – Rückblick und Ausblick anhand der Zentralbegriffe Betrieb und Arbeitnehmer, RdA 2013, 193

Böhm/Hennig/Popp, Zeitarbeit und Arbeiten 4.0, 4. Auflage 2017

Bonet/Cappelli/Hamori, Labor market intermediaries and the new paradigm for human resources, Academy of Management 2013, 341

Bosch, Auflösung des deutschen Tarifsystems, Wirtschaftsdienst 2008, 16

Braun/Wisskirchen, Konzernarbeitsrecht, 2015 (zitiert: Braun/Wisskirchen/*Bearbeiter*)

Brauneisen/Ibes, Der Tatbestand der Arbeitnehmerüberlassung – Zur Abgrenzung verschiedener Formen des Fremdpersonaleinsatzes in Unternehmen, RdA 2014, 213

Brors/Schüren, Neue gesetzliche Rahmenbedingungen für den Fremdpersonaleinsatz, NZA 2014, 569

Bücker, Arbeitsrecht in der vernetzten Arbeitswelt, Industrielle Beziehungen 2016, 187

Budd, Neue Organisations- und Beschäftigungskonzepte – Arbeitsbeziehungen im Fokus, WSI-Mitteilungen 2013, 444

Bühner, Management-Holding, 2. Auflage 1992

Buschbaum/Klösel, Interim Management aus Sicht der arbeitsrechtlichen Vertragspraxis, NJW 2012, 1482

Buschmann, Vorwärts Kameraden, es geht zurück!, AuR 2004, 1

Casper/Schäfer, Die Vorrats-SE – Zulässigkeit und wirtschaftliche Neugründung, ZIP 2007, 653

Däubler, in: Management von Netzwerkorganisationen, Sydow (Hrsg.), 1993

Däubler, Tarifausstieg – Erscheinungsformen und Rechtsfolgen, NZA 1996, 225

Däubler, Crowdworker-Schutz auch außerhalb des Arbeitsrechts? in Benner: Crowdwork – zurück in die Zukunft?, 1. Aufl. 2014

Däubler, Tarifverträge zur Unternehmenspolitik? – Rechtliche Zulässigkeit und faktische Bedeutung, HSI-Schriftenreihe, Band 16, 2015

Däubler/Klebe, Crowdwork: Die neue Form der Arbeit – Arbeitgeber auf der Flucht?, NZA 2015, 1032

Däubler, Tarifvertragsgesetz, 4. Auflage 2016

Däubler, Steigende Schutzdefizite im Arbeitsrecht?, Industrielle Beziehungen 2016, 236

Däubler/Hjort/Schubert/Wolmerath, Handkommentar Arbeitsrecht, 4. Auflage 2017 (zitiert: HK-ArbR/*Bearbeiter*)

Däubler/Kittner/Klebe/Wedde, Betriebsverfassungsgesetz, 16. Auflage 2018 (zitiert: DKKW/*Bearbeiter*)

Deinert, Zur Zulässigkeit von OT-Mitgliedschaften in Arbeitgeberverbänden, AuR 2006, 217

Deinert, Kernbelegschaften – Randbelegschaften – Fremdbelegschaften – Herausforderungen für das Arbeitsrecht durch Reduzierung von Stammbelegschaften, RdA 2014, 65

Deinert, Soloselbstständige zwischen Arbeitsrecht und Wirtschaftsrecht, 1. Aufl. 2015

Deinert, Neuregelung des Fremdpersonaleinsatzes im Betrieb, RdA 2017, 65

Deinert, Die heutige Bedeutung des Heimarbeitsgesetzes, RdA 2018, 359

Deinert/Helfen, Entgrenzung von Organisation und Arbeit? Interorganisationale Fragmentierung als Herausforderung für Arbeitsrecht, Management und Mitbestimmung, Industrielle Beziehungen 2016, 85

Deinert/Walser, Tarifvertragliche Bindung der Arbeitgeber, 1. Auflage 2015

Dietrich/Hanau/Henssler/Oetker/Wank/Wiedemann, Empfehlungen zur Entwicklung des Tarifvertragsrechts, RdA 2004, 65

DIHK-Arbeitsmarktreport 2018, Fachkräfte gesucht wie nie!, 2018

Dörfler/Heidemann, Direktionsrecht und Organisation in Matrixstrukturen, AiB 2012, 196

Drinhausen/Keinath, Verwendung der SE zur Vermeidung von Arbeitnehmermitbestimmung – Abgrenzung zulässiger Gestaltungen vom Missbrauch gemäß § 43 SEBG, BB 2011, 2699

Düwell, Betriebsverfassungsgesetz, 5. Auflage 2018 (zitiert: HaKoBetrVG/*Bearbeiter*)

Dzida, Die Mitbestimmung des Konzernbetriebsrats bei Ethik-Richtlinien, NZA 2008, 1265

Ege/Grzimek/Schwarzfischer, Der Zementierungseffekt bei der Mitbestimmung bei Gründung eines SE und grenzüberschreitender Verschmelzung, DB 2011, 1205

Ehrenstein, Unterm Strich stabil, Mitbestimmung 2/2016, 54

Eickelpasch, Industrienahe Dienstleistungen, (Hrsg.: Friedrich-Ebert-Stiftung), 2012

Eidenmüller/Engert/Hornuf, Die Societas Europaea – Empirische Bestandsaufnahme und Entwicklungslinien einer neuen Rechtsform, AG 2008, 721

Ellguth, Betriebe ohne Betriebsrat – Verbreitung, Entwicklung und Charakteristika – unter Berücksichtigung betriebsspezifischer Formen der Mitarbeitervertretung, in: Betriebe ohne Betriebsrat (Hrsg.: Artus), 2006

Ellguth/Kohaut, Auf der Flucht? Tarifaustritte und die Rolle von Öffnungsklauseln, Industrielle Beziehungen 2010, 345

Ellguth/Kohaut, Tarifbindung und betriebliche Interessenvertretung: Ergebnisse aus dem IAB-Betriebspanel 2011, WSI-Mitteilungen 2012, 297

Ellguth/Kohaut, Tarifbindung und betriebliche Interessenvertretung: Ergebnisse aus dem IAB-Betriebspanel 2013, WSI-Mitteilungen 2014, 286

Ellguth/Trinczek, Erosion der betrieblichen Mitbestimmung – Welche Rolle spielt der Strukturwandel?, WSI-Mitteilungen 2016, 172

Ellguth/Kohaut, Tarifbindung und betriebliche Interessenvertretung: Ergebnisse aus dem IAB-Betriebspanel 2016, WSI-Mitteilungen 2017, 278

Ellguth/Kohaut, Tarifbindung und betriebliche Interessenvertretung: Ergebnisse aus dem IAB-Betriebspanel 2017, WSI-Mitteilungen 2018, 299

Ellguth/Kohaut, Tarifbindung und betriebliche Interessenvertretung: Ergebnisse aus dem IAB-Betriebspanel 2018, WSI-Mitteilungen 2019, 290

Elstner/Feld/Schmidt, Bedingt abwehrbereit: Deutschland im digitalen Wandel, Arbeitspapier, Sachverständigenrat zur Begutachtung der Gesamtwirtschaftlichen Entwicklung, No. 03/2016

Emmerich/Habersack, Aktien- und GmbH-Konzernrecht, 9. Auflage 2019

Engesser, Matrixstrukturen – das Ende des Grauens?, AuR 2015, 79

Epping/Hillgruber, Beck-OK Grundgesetz, 41. Edition, 15.5.2019 (zitiert: BeckOK-GG/Epping/Hillgruber/*Bearbeiter*)

Erfurter Kommentar zum Arbeitsrecht, 20. Auflage 2020 (zitiert: ErfKomm/*Bearbeiter*)

Eylert/Gotthardt, Liberalisierung des Welthandels und Arbeitsrecht, RdA 2007, 91

Feldhaus/Vanscheidt, „Strukturelle Änderungen" der Europäischen Aktiengesellschaft im Lichte von Unternehmenstransaktionen, BB 2008, 2246

Fitting, Betriebsverfassungsgesetz, 29. Auflage 2018

Fornasier, Wege zur Stärkung der Tarifbindung – ein rechtsvergleichender Streifzug zur Untersuchung funktionaler Äquivalente der Allgemeinverbindlicherklärung von Tarifverträgen, SR 2017, 239

Forst, Beteiligung der Arbeitnehmer in der Vorrats-SE – Zugleich Besprechung des Beschlusses des OLG Düsseldorf v. 30. 3. 2009 – I-3 Wx 248/08, RdA 2010, 55

Forst, Die Allgemeinverbindlicherklärung von Tarifverträgen nach dem sogenannten Tarifautonomiestärkungsgesetz, RdA 2015, 25

Forst, Die Beteiligung der Arbeitnehmer in der Vorrats-SE, NZG 2009, 687

Franzen, Folgen von Industrie 4.0 für die Betriebsverfassung – Betriebsbegriff und Vereinbarungen nach § 3 BetrVG in: Industrie 4.0 als Herausforderung des Arbeitsrechts, ZAAR-Schriftenreihe, Band 39, 2016, S. 107

Franzen, Stärkung der Tarifautonomie durch Anreize zum Verbandsbeitritt, HSI-Schriftenreihe Band 27, 2018

Fuhlrott, Leiharbeitnehmer sind im Rahmen des MitbestG zu berücksichtigen, wenn der Einsatz auf mehr als sechs Monate bestehenden Arbeitsplätzen erfolgt, GWR 2018, 392

Fuhlrott/Ritz, Gemeinschaftsbetriebe, AuA 2012, 402

Fürstenberg, Entwicklungen in den industriellen Beziehungen: Ein Überblick, Industrielle Beziehungen 2013, 304

Gabel/Steinhauer, Neue aufsichtsrechtliche Anforderungen für das Outsourcing durch Versicherungsunternehmen, VersR 2010, 177

Gallner/Mestwerdt/Nägele, Kündigungsschutzrecht, 6. Auflage 2018 (zitiert: HaKo/*Bearbeiter*)

Gamillscheg, Kollektives Arbeitsrecht Band II: Betriebsverfassung, 2008

Gaul, Das Arbeitsrecht der Betriebs- und Unternehmensspaltung, 2002

Gaul, Aktuelles Arbeitsrecht 2016

Gerlmaier, Projektarbeit – terra incognita für den Arbeits- und Gesundheitsschutz?, WSI-Mitteilungen 2005, 498

Gimmy/Hügel, Kündigungsschutz für „entgrenzte" Arbeitnehmer?, NZA 2013, 764

Ginal/Raif, Der Betriebsführungsvertrag – Ein arbeitsrechtlicher Fallstrick?, GWR 2017, 131

Gistel, Gewillkürte Betriebsverfassungsstruktur und Umstrukturierung, 2006

Götz, Strategische Allianzen, Baden-Baden 1996

Götz/Winzer/Arnold, Unternehmerische Mitbestimmung – Gestaltungsoptionen und Vermeidungsstrategien, ZIP 2009, 245

Gralla, Vermeidung der Unternehmensmitbestimmung, 2016

Greiner, Grenzfragen des Erfolgsbezugs im Werkvertragsrecht, AcP 211 (2011), 221

Greiner, Werkvertrag und Arbeitnehmerüberlassung – Abgrenzungsfragen und aktuelle Rechtspolitik, NZA 2013, 697

Günther/Böglmüller, Arbeitsrecht 4.0 – Arbeitsrechtliche Herausforderungen in der vierten industriellen Revolution, NZA 2015, 1025

Günther/Böglmüller, Einführung agiler Arbeitsmethoden – was ist arbeitsrechtlich zu beachten? (Teil 1), NZA 2019, 273

Habersack, Grundsatzfragen der Mitbestimmung in SE und SCE sowie bei grenzüberschreitender Verschmelzung, ZHR 171 (2007), 613

Habersack, Das Mitbestimmungsstatut der SE: „Ist" oder „Soll"?, AG 2018, 823

Habersack/Drinhausen, SE-Recht, 2. Auflage 2016 (zitiert: Habersack/Drinhausen/*Bearbeiter*)

Habersack/Henssler, Mitbestimmungsrecht, 4. Auflage 2018

Häckel/Übelhör, Digitale Geschäftsmodelle in der Industrie: Eine Analyse der Auswirkungen und Herausforderungen, in: Digitale Geschäftsmodelle Band 2 (Hrsg.: Meinhardt/Pflaum), 2019

Haipeter/Schilling, Von der Einfluss- zur Mitgliedschaftslogik. Die Arbeitgeberverbände und das System der industriellen Beziehungen in der Metallindustrie, Industrielle Beziehungen 2006, 21

Hamann, Privatisierung der Arbeitsvermittlung und Arbeitnehmerüberlassung, NZS 1995, 493

Hamann, Leiharbeitnehmer statt eigene Arbeitnehmer – Zulässigkeit und Grenzen einer Personalaustauschstrategie, NZA 2010, 1211

Hamann, Fremdpersonal im Unternehmen – Industriedienstleistung statt Leiharbeit?, NZA-Beilage 2014, 3

Hamann, "Entwurf eines Gesetzes zur Änderung des AÜG und anderer Gesetze" vom 17.02.2016, AuR 2016, 136

Hamann, Fremdpersonal im Unternehmen, 5. Aufl. 2017

Hamann/Rudnik, Mitbestimmung nach § 87 BetrVG bei Onsite-Werkverträgen, NZA 2016, 1368

Hanau, Schöne digitale Arbeitswelt?, NJW 2016, 2613

Hanau/Thüsing, Tarifverträge zur Beschäftigungssicherung (Teil I und Teil II) – Grenzen und Perspektiven, ZTR 2001, 1

Hartmann, Grenzen der Tarifautonomie über Unternehmerverhalten in: Ausweitung der Tarifmacht – Zugriff auf Unternehmensautonomie und Marktverhalten, ZAAR Schriftenreihe, Band 27, 2012, S. 46

Hartz-Kommission, Moderne Dienstleistungen am Arbeitsmarkt, https://www.bmas.de/SharedDocs/Downloads/DE/PDF-Publikationen/moderne-dienstleistungen-am-arbeitsmarkt.pdf;jsessionid=E9F5FCA855B2162EC7466EB2FE174D30?__blob=publicationFile&v=2 I 13.11.2018

Hasselbach/Nawroth/Rödding, Beck'sches Holding Handbuch, 2. Auflage 2016 (zitiert: Hasselbach/Nawroth/Rödding/*Bearbeiter*)

Heise, Agile Arbeit, Scrum und Crowdworking – New Work außerhalb des Arbeitsrechts?, NZA-Beilage 2019, 100

Heise/Friedl, Flexible („agile") Zusammenarbeit zwischen Unternehmen versus illegale Arbeitnehmerüberlassung – das Ende von Scrum?, NZA 2015, 129

Helfen, Tarifpolitische Parallelwelten, Magazin Mitbestimmung 2011, 20

Helfen/Nicklich, Dienstleistungsorientierte Projektifizierung und tarifpolitische Fragmentierung: Zwei Fallstudien aus dem Maschinen- und Anlagenbau, Industrielle Beziehungen 2013, S. 142

Helfen, Netzwerkförmige Tertialisierung und triangularisierte Beschäftigung: Braucht es eine interorganisationale Personalpolitik?, in: Sydow, J./Sadowski, D./Conrad, P. (Hrsg.): Arbeit – Eine Neubestimmung, 2014

Hensel/Koch/Kocher/Schwarz, Crowdworking als Phänomen der Koordination digitaler Erwerbsarbeit – Eine interdisziplinäre Perspektive, Industrielle Beziehungen 2016, 162

Henssler, Umstrukturierung von mitbestimmten Unternehmen, ZfA 2000, 241

Henssler, Konzernrechtliche Abhängigkeit im Mitbestimmungsrecht der Europäischen Aktiengesellschaft – Der Abhängigkeitsbegriff im Europäischen Mitbestimmungsrecht, EBRG, SEBG und nationalem AktG, FS Schmidt 2009, 601

Henssler, 1. Deutscher Arbeitsrechtstag – Generalbericht, NZA-Beilage 2014, 95

Henssler, Mindestlohn und Tarifrecht, RdA 2015, 43

Henssler, Fremdpersonaleinsatz durch On-Site-Werkverträge und Arbeitnehmerüberlassung – offene Fragen und Anwendungsprobleme des neuen Rechts, RdA 2017, 83

Henssler, Die Zukunft der deutschen Unternehmensmitbestimmung im europäischen Rechtsrahmen, ZfA 2018, 174

Henssler/Moll/Bepler, Der Tarifvertrag, 2. Auflage 2016 (zitiert: Henssler/Moll/Bepler/*Bearbeiter*)

Henssler/Strohn, Gesellschaftsrecht, 4. Auflage 2019 (zitiert: Henssler/Strohn/*Bearbeiter*)

Hergenröder, Dezentralisierung der Produktion und Arbeitsrecht, RdA 2007, 218

Hering, Der Flächentarifvertrag aus Sicht der Bauwirtschaft, NZA-Beilage 2011, 61

Hertwig/Kirsch/Wirth, Onsite-Werkverträge: Verbreitung und Praktiken im Verarbeitenden Gewerbe, WSI-Mitteilungen 2015, 457

Hertwig/Kirsch/Wirth, Onsite-Werkverträge: Mitbestimmung im Leerlauf oder Handlungsfeld für Betriebsräte?, AuR 2016, 141

Hoffmann, 40 Jahre Mitbestimmungsgesetz 1976: Schleichende Mitbestimmungserosion in Deutschland, AG 2016, R 167

Hofmann, Arbeit 4.0 – Digitalisierung, IT und Arbeit, 2018

Höpfner, Blitzaustritt und Blitzwechsel in die OT-Mitgliedschaft, ZfA 2009, 541

Höpfner, Die unbegrenzte Nachbindung an Tarifverträge, NJW 2010, 2173

Horn/Henssler, Der Vertriebsfranchisenehmer als selbständiger Unternehmer, ZIP 1998, 598

Hötte, Crowdsourcing – Rechtliche Risiken eines neuen Phänomens, MMR 2014, 795

Hueck/Nipperdey, Arbeitsrecht, Band. I, 1928

Hüffer/Koch, Aktiengesetz, 13. Auflage 2018

Hummel/Zander, Neuere personalpolitische Handlungsschwerpunkte, München 2015

Hund/Weiss, Umgang mit der Überlassungshöchstdauer nach der AÜG-Reform-Möglichkeit einer Entleiherkette im gemeinsamen Betrieb?, DB 2016, 2903

Immenga/Mestmäcker, Wettbewerbsrecht, Band 2/Teil 1 GWB: §§ 1–96, 130, 131, 6. Auflage 2020 (zitiert: Immenga/Mestmäcker/*Bearbeiter*)

Iwd, Geschätztes Gremium, 27.3.2014

Iwd, Ein Erfolgsmodell, 5.11.2015

Iwd, Neue Regeln braucht das Land – nicht, 2.6.2016

Iwd, Die Erfolgsgeschichte auf dem Arbeitsmarkt geht weiter, 31.8.2017

Iwd, MINT-Arbeitskräfte: Die Lücke weitet sich, 6.12.2017

Iwd, Fachkräftemangel: Wo es brennt und was hilft, 17.1.2018

Iwd, Befristungen: Das eingebildete Problem, 7.2.2018

Iwd, Wandel der Arbeitswelt: Routine bleibt, 25.6.2018

Iwd, Fluktuation: Starke Wirtschaft führt zu mehr Jobwechseln, 30.8.2018

Jacobi, Grundlehren des Arbeitsrechts, Leipzig 1927

Jähnke, Rechtsformzwang und Rechtsformverfehlung bei der Gestaltung privater Rechtsverhältnisse, ZHR 1982, 595

Joost, Betrieb und Unternehmen als Grundbegriffe im Arbeitsrecht, 1988

Junker, Zukunft der Tarifautonomie: Rechtliche und rechtspolitische Herausforderungen, ZfA 2016, 81

Junker, Grundkurs Arbeitsrecht, 18. Auflage 2019

Jürgens/Hoffmann/Schildmann, Arbeit transformieren!, 2017

Kainer/Schweipert, Werkverträge und verdeckte Leiharbeit nach dem neuen AÜG, NZA 2017, 13

Kaiser, Die Unternehmerentscheidung bei betriebsbedingten Kündigungen, NZA-Beilage 2005, 31

Kania, Überlassung von Maschinen mit Bedienungspersonal, NZA 1994, 871

Karthaus/Klebe, Betriebsratsrechte bei Werkverträgen, NZA 2012, 417

Keller, Unternehmensführung mit Holdingkonzepten, 2. Auflage 1993

Keller/Seifert, Atypische Beschäftigungsverhältnisse in der digitalisierten Arbeitswelt, WSI-Mitteilungen 2018, 279

Kempen/Zachert, Tarifvertragsgesetz, 5. Auflage 2014

Kiel, Die unzulässige Austauschkündigung als Umgehungstatbestand, FS Reuter 2010, 589

Klebe, Betriebsrat 4.0 – Digital und global?, NZA-Beilage 2017, 77

Klebe/Neugebauer, Crowdsourcing: Für eine handvoll Dollar oder Workers of the crowd unite?, AuR 2014, 5

Kluge, Mehr Mitbestimmung in Europa – Mitbestimmung in Deutschland sichern, WSI-Mitteilungen 2015, 473

Knickrehm/Kreikebohm/Waltermann, Kommentar zum Sozialversicherungsrecht, 6. Auflage 2019 (zitiert: Knickrehm/Kreikebohm/Waltermann/*Bearbeiter*)

Kohaut/Schnabel, Tarifliche Öffnungsklauseln – Verbreitung, Inanspruchnahme und Bedeutung, Sozialer Fortschritt 2007, 33

Kohaut/Ellguth, Neu gegründete Betriebe sind seltener tarifgebunden, IAB-Kurzbericht 16/2008, 1

Kölner Kommentar zum Aktienrecht, Band 6, 3. Auflage 2004 (zitiert: KölnerKommAktG/*Bearbeiter*)

Konzen, Arbeitsrechtliche Drittbeziehungen, ZfA 1982, 259

Konzen, Unternehmensaufspaltungen und Organisationsänderungen im Betriebsverfassungsrecht, 1986

Kort, Betriebsverfassungsrecht als Unternehmensrecht? – Das Verhältnis von § 3 BetrVG nF zum Gesellschaftsrecht, AG 2003, 13

Kort, Bildung und Stellung des Konzernbetriebsrats bei nationalen und internationalen Unternehmensverbindungen, NZA 2009, 464

Kort, Matrixstruktur und Betriebsverfassungsrecht, NZA 2013, 1318

Kraft, "Grenzüberschreitende Vorhaben" nach Annahme der Mobilitätsrichtlinie durch das Europäische Parlament, BB 2019, 1864

Krause, Digitalisierung der Arbeitswelt – Herausforderungen und Regelungsbedarf, Gutachten B zum 71. DJT, 2016

Krause, Digitalisierung der Arbeitswelt – Herausforderungen und Regelungsbedarf, NZA 2016, 1004

Krause, Herausforderung Digitalisierung der Arbeitswelt und Arbeiten 4.0, NZA-Beilage 2017, 53

Krause/Janko, Grenzüberschreitende Verschmelzungen und Arbeitnehmermitbestimmung, BB 2007, 2194

Krebber, Unternehmensübergreifende Arbeitsabläufe, 2005.

Kulms, Schuldrechtlich Organisationsverträge in Unternehmenskooperationen, 2000

Kunze, Der Geltungsbereich des § 4 Abs. 1 S. 1 MitbestG, ZGR 1978, 321

Küttner, Personalbuch, 26. Auflage 2019

Lambrich/Trappehl, Tarifflucht, 2001

Lambrich/Schwab, Betriebsverfassungsrechtliche Fragen beim konzernweiten Personaleinsatz, NZA-RR 2013, 169

Lange, Das Recht der Netzwerke, Moderne Formen der Zusammenarbeit in Produktion und Betrieb, 1998

Lange, Die virtuelle Fabrik, BB 1998, 1165

Lanzinner/Nath, Beitragsrechtliche Folgen der verdeckten Überlassung von Scheinselbständigen – Teil I, NZS 2015, 210

Leimeister/Zogaj/Blohm, Crowd – digitale Wertschöpfung in der Wolke in Benner: Crowdwork – zurück in die Zukunft?, 1. Aufl. 2014

Lembke, Arbeitnehmerüberlassung im Konzern, BB 2012, 2497

Lembke, Zeitarbeit – Königsweg aus arbeitsrechtlicher Rigidität? in: Rigidität und Flexibilität im Arbeitsrecht, Maschmann (Hrsg.), 1. Aufl. 2012

Lembke, Der Einsatz von Fremdpersonal im Rahmen von freier Mitarbeit, Werkverträgen und Leiharbeit, NZA 2013, 1312

Lembke, AÜG-Reform 2017 – Eine Reformatio in Peius, NZA 2017, 1

Linnenkohl, Die Virtualisierung der Arbeitsbeziehungen, BB 1998, 45

Litschen/Yacoubi, Arbeitnehmerüberlassung und agile Prozess- und Organisationsmethoden, NZA 2017, 484

Löwisch, Zur Verfassungsmäßigkeit der erweiterten Zulassung befristeter Arbeitsverhältnisse durch das Beschäftigungsförderungsgesetz, NZA 1985, 478

Löwisch/Rieble, Tarifvertragsgesetz, 4. Auflage 2017

Löwisch/Wegmann, Zahlenmäßige Berücksichtigung von Leiharbeitnehmern in Betriebsverfassungs- und Mitbestimmungsrecht, BB 2017, 373

Lutter/Bayer, Holding-Handbuch, 5. Auflage 2015 (zitiert: Holding-HdB/*Bearbeiter*)

Lutter/Hommelhoff/Teichmann, SE-Kommentar, 2. Auflage 2015 (zitiert: Lutter/Hommelhoff/Teichmann/*Bearbeiter*)

Malone/Laubacher/Johns, The age of hyper-specialization, Havard Business Review 2011, 56

Marchington/Grimshaw/Rubery/Willmott, Fragmenting work. Blurring organizational boundaries and disodering hierachies, Oxford University Press 2005

Marsden, The future of the German industrial relations model, Journal for Labour Market Research 2015, 169

Martinek/Semler/Flohr, Handbuch des Vertriebsrechts, 4. Auflage 2016

Maschmann, Fremdpersonaleinsatz im Unternehmen und die Flucht in den Werkvertrag, NZA 2013, 1305

Maschmann, Mitbestimmung 4.0, NZA-Beilage 2017, 73

Maywald, Der Einsatz von Arbeitnehmern in Matrixstrukturen multinationaler Konzerne, 1. Aufl. 2010

Mehrhoff, Die Veränderung des Arbeitgeberbegriffs, Berlin 1984

Meine/Ohl/Rohnert, Handbuch Arbeit, Entgelt, Leistung, 6. Auflage 2014

Meinel/Heyn/Herms, Teilzeit- und Befristungsgesetz, 5. Auflage 2015

Melms, Der unternehmensbezogene Verbandstarifvertrag – nichts als Risiken?, NZA 2017, 365

Mergener/Décieux/Nachtwey, Informelle Tarifabweichungen und die innere Erosion des deutschen Tarifsystems, WSI-Mitteilungen 2015, 86

Meyer, Von Mehrfachbeschäftigungsverhältnissen bis hin zu Matrixstruktur im Konzern – Herausforderungen auch für den Arbeitsrechtler, NZA 2013, 1326

Moll, Münchener Anwaltshandbuch Arbeitsrecht, 4. Auflage 2017 (zitiert: Moll/*Bearbeiter*)

Mörsdorf, Der Entwurf einer Richtlinie für grenzüberschreitende Umwandlungen – Meilenstein oder Scheinriese?, EuZW 2019, 141

Mückel, Mitbestimmung bei der Gründung einer Societas Europaea (SE) – „Sein" oder Sollen?, BB 2018, 2868

Mückel/Götte, Aktuelle Entwicklungen im Recht der Unternehmensmitbestimmung, DB 2018, 1649

Müller/Brugger, Werkverträge als Alternative zur Leiharbeit?, ArbRAktuell 2013, 538

Müller-Bonanni/Melot de Beauregard, Mitbestimmung in der Societas Europaea, GmbHR 2005, 195

Müller-Bonanni/Müntefering, Arbeitnehmerbeteiligung bei SE-Gründung und grenzüberschreitender Verschmelzung im Vergleich, BB 2009, 1699

Müller-Jentsch, Der Wandel der Unternehmens- und Arbeitsorganisation und seine Auswirkungen auf die Interessenbeziehungen zwischen Arbeitgebern und Arbeitnehmern, MittAB 1998, 575

Müller-Jentsch, Strukturwandel der industriellen Beziehungen, 2. Auflage 2007

Müller-Jentsch, Arbeit und Bürgerstatus, 1. Auflage 2008

Müller-Jentsch, Zwanzig Jahre "Industrielle Beziehungen" — Rückblick und Bilanz, Industrielle Beziehungen 2013, 258

Münchener Handbuch zum Arbeitsrecht, 4. Auflage (zitiert: MünchHdBArbR/*Bearbeiter*)

Münchener Kommentar zum Bürgerlichen Gesetzbuch, 8. Auflage (zitiert: MünchKomm/*Bearbeiter*)

Neufeld, Einsatz in Matrixstrukturen – Arbeitsrechtliche Fragen bei Mehrliniensystemen, AuA 2012, 219

Neufeld/Michels, Arbeitsrechtliche Fragen des Einsatzes von Arbeitnehmern in Matrixstrukturen, KSzW 2012, 49

Oberthür, Industriedienstleistung und Zeitarbeit – Abgrenzung und Umstellung, ZAAR Schriftenreihe, Band 26, 2012, S. 43

Oetker, Arbeitnehmerüberlassung und Unternehmensmitbestimmung im entleihenden Unternehmen nach § 14 II 5 und 6 AÜG, NZA 2017, 29

Olbertz/Sturm, Unternehmerische Mitbestimmung – Vermeidungsstrategien für die GmbH bzw. GmbH & Co. KG, GmbHR 2014, 1255

Palley, Die wirtschaftliche Logik des Outsourcings und die Handlungsoptionen der Politik, WSI-Mitteilungen 2006, 665

Panzer-Heemeier/Schwipper, Gewillkürter Gemeinschaftsbetrieb unter Verwendung einer Personalführungsgesellschaft, DB 2017, 1584

Panzer-Heemeier/Schwipper, Der gewillkürte Gemeinschaftsbetrieb unter Beteiligung einer Personalführungsgesellschaft im Praxistest, DB 2018, 2931

Papier, Arbeitsmarkt und Verfassung, RdA 2000, 1

Pletke/Schrader/Siebert/Thoms/Klagges, Rechtshandbuch Flexible Arbeit, 1. Auflage 2017

Preis, Aktuelle Tendenzen im Kündigungsschutzrecht, NZA 1997, 1073

Preis, Individualarbeitsrecht, 5. Auflage 2017

Preis/Ulber, Funktion und Funktionsfähigkeit der Tarifautonomie, FS Kempen 2013, 15

Rahmati, Strategische Allianzen in der Automobilindustrie: Steigerung der Wettbewerbsfähigkeit durch Unternehmenskooperationen, 2010

Raiser/Veil/Jacobs, Mitbestimmungsgesetz und Drittelbeteiligungsgesetz, 6. Auflage 2015

REFA-Institut, Arbeitsorganisation erfolgreicher Unternehmen, Band I, 1. Auflage 2016

Reiserer, „Lohndumping durch Werkverträge" – Missbrauch von Werkverträgen und Leiharbeit, DB 2013, 2026

Renaud, Die deutsche Mitbestimmung in Europa. Perspektiven von Beteiligung und Einfluss für Beschäftigte Jahrestagung der deutschen Sektion der Industrial Relations Association (GIRA) am 12. und 13. Oktober 2006 in Düsseldorf, Industrielle Beziehungen 2006, 384

Reufels, Personaldienstleistungen, 2. Auflage 2018 (zitiert: Reufels/*Bearbeiter*)

Reuter, Die Mitgliedschaft ohne Tarifbindung (OT-Mitgliedschaft) im Arbeitgeberverband, RdA 1996, 201

Reuter, Unternehmerische Freiheit und betriebsbedingte Kündigung, RdA 2004, 161

Richardi, Arbeitsrecht als Teil freiheitlicher Ordnung, 1. Auflage 2002

Richardi, Betriebsverfassungsgesetz: BetrVG, 16. Auflage 2018 (zitiert: Richardi/*Bearbeiter*)

Ricken, Matrixstrukturen und Fremdpersonal als Herausforderungen der Mitbestimmung bei personellen Einzelmaßnahmen, ZfA 2016, 535

Rieble, Schutz vor paritätischer Unternehmensmitbestimmung, BB 2006, 2018

Rieble, „Blitzaustritt" und tarifliche Vorbindung, RdA 2009, 280

Rieble, Betriebsführungsvertrag als Gestaltungsinstrument, NZA 2010, 1145

Rieble, Mindestlohnflucht durch Zeitarbeit, DB 2011, 356

Rieble, Industrienahe Dienstleistungen zwischen freiem Werkvertrag und regulierter Arbeitnehmerüberlassung, ZfA 2013, 137

Rieble, Stärkung der Tarifbindung durch erleichterte Allgemeinverbindlicherklärung, in: Neue Tarifrechtspolitik?, ZAAR-Schriftenreihe, Band 36, 2014, S. 67

Rieble, Mitbestimmung in komplexen Betriebs- und Unternehmensstrukturen, NZA-Beilage 2014, 28

Rieble in: Industrie 4.0 als Herausforderung des Arbeitsrechts, ZAAR-Schriftenreihe, Band 37, 2016, S. 128

Rieble, IG Metall als Universalgewerkschaft, RdA 2017, 26

Rieble, Bewegliche vertikale Betriebsratszuständigkeit – Rechtsfolgen in: Bewegliche Mitbestimmung, ZAAR Schriftenreihe, Band 44, S. 97

Rieble, Betriebsführungsvertrag und Betriebsübergang, NZA 2018, 1302

Rolfs/Giesen/Kreikebohm/Udsching, Beck'scher Online Kommentar Arbeitsrecht, 53. Edition, Stand 1.9.2019 (zitiert: BeckOKArbR/Rolfs/Giesen/Kreikebohm/Udsching/*Bearbeiter*)

Rudolph/Wassermann, Übergänge zwischen Betriebsratslosigkeit und Betriebsratsgründung: Neue Betriebsratsgründungen im Bereich kleiner Betriebe und Reform der Betriebsverfassung 2001, in: Betriebe ohne Betriebsrat (Hrsg.: Artus), 2006

Säcker, Der Ablauf des Wahlverfahrens nach der Dritten Wahlordnung (Konzern-Wahlordnung) zum Mitbestimmungsgesetz und die Anfechtung fehlerhafter Wahlen – aktuelle Rechtsfragen, ZfA 2008, 51

Salamon, Die Anbindung des Gesamtbetriebsrats an das Unternehmen – Insbesondere: Mitbestimmung im gemeinsamen Betrieb mehrerer Unternehmen, RdA 2008, 24

Salamon, Strategien im Zusammenhang mit der Zuständigkeitsverteilung zwischen Betriebs-, Gesamtbetriebs- sowie Konzernbetriebsrat, NZA 2013, 708

Schaub, Tarifrecht 2000, NZA 2000, 15

Schaub, Arbeitsrechts-Handbuch, 18. Auflage 2019 (zitiert: Schaub/*Bearbeiter*)

Schaub/Koch, Arbeitsrecht von A–Z, 23. Auflage 2019

Schindele, Aktuelle Fragestellungen zum Drittpersonaleinsatz (Scheinselbstständigkeit – Werkvertrag – Dienstleister), ArbRAktuell 2015, 363

Schipper, Betriebliche Mitbestimmung im Industriepark, 2009

Schlüchtern/Kaufmann, Projektarbeit als Lückenbüßer?, AuA 2002, 491

Schmidl, Arbeitnehmerdatenschutz vor der Reform – Fehlanzeige?, ZJS 2009, 453

Schmidt, Die Tariferosion und die Folgen, Wirtschaftsdienst 2008, 24

Schnabel, Flächentarifverträge: Eine ökonomische und arbeitsmarktpolitische Betrachtung, NZA-Beilage 2011, 56

Schneider, Kapitulation vor dem strukturellen und organisatorischen Wandel, Wirtschaftsdienst 2008, 20

Scholz, Vitols, Verankerung der Mitbestimmung im letzten Jahrzehnt. Reihe: Mitbestimmungsreport, Mitbestimmungsreport Nr. 43, 1

Schönhöft/Lermen, Der Gemeinschaftsbetrieb im Vergleich zur Arbeitnehmerüberlassung – eine Alternative zur Personalkostensenkung?, BB 2008, 2515

Schönhöft/Schönleber, Zur Frage der Reduzierung von Mitbestimmungsgremien durch einen Gemeinschaftsbetrieb, BB 2013, 2485

Schönhöft/Oelze, Der gewillkürte Gemeinschaftsbetrieb – Möglichkeiten des drittbezogenen Personaleinsatzes unter Einsatz einer Personalführungsgesellschaft, BB 2016, 565

Schreiber, Implementierung von Compliance-Richtlinien, NZA-RR 2010, 617

Schreiner, Zulässigkeit und wirtschaftliche Neugründung einer Vorrats-SE, 2009

Schroeder/Ruppert, Austritte aus Arbeitgeberverbänden. Motive – Ursachen – Ausmaß, WSI-Mitteilungen 1996, 316

Schroeder, Handbuch Gewerkschaften in Deutschland, 2014

Schubert, Ist der Außenseiter vor der Normsetzung durch die Tarifvertragsparteien geschützt? – Ein Beitrag zum sachlichen Schutzbereich der negativen Koalitionsfreiheit, RdA 2001, 199

Schubert, Die Arbeitnehmerbeteiligung bei der Europäischen Gesellschaft ohne Arbeitnehmer, ZESAR 2006, 340

Schubert, Netzwerkmanagement, 1. Aufl. 2008

Schubert, Das Normalarbeitsverhältnis in der arbeits- und sozialrechtlichen Wirklichkeit, NJW 2010, 2613

Schubert, Betriebliche Mitbestimmung in Unternehmen und Konzernen mit Matrixorganisationen, 2017

Schubert/Liese, Berücksichtigung von Leiharbeitnehmern bei den Schwellenwerten der Unternehmensmitbestimmung, NZA 2016, 1297

Schul, Verlagerung der Betriebsratszuständigkeit, 2009

Schüren, Die Verfassungsmäßigkeit der Reform des Arbeitnehmerüberlassungsgesetzes – ein Rückblick mit Ausblicken, RdA 2006, 303

Schüren, Scheinwerk- und Scheindienstverträge mit Arbeitnehmerüberlassungserlaubnis, NZA 2013, 176

Schüren/Hamann, Arbeitnehmerüberlassungsgesetz, 5. Auflage 2018

Schwab, Der Gesamtbetriebsrat – Rechtsstatus und Kompetenz, NZA-RR 2007, 505

Schwaber/Sutherland, The Scrum Guide, 2013

Seibt, Unternehmensmitbestimmung in Teilkonzernspitzen- und Zwischenholding- Gesellschaften (§ 5 MitbestG), ZIP 2008, 1301

Seibt/B. Wollenschläger, Trennungs-Matrixstrukturen im Konzern, AG 2013, 229

Seiwerth, Schwäche und Stärkung der Tarifautonomie aus rechtsökonomischem Blickwinkel: vitale Mitgliedschaft und Anreize oder Perspektive Staat vor Privat?, RdA 2014, 358

Selzner, Betriebsverfassungsrechtliche Mitbestimmung in Franchise-Systemen, 1994

Senghaas-Knobloch, Wohin triftet die Arbeitswelt?, 1. Auflage 2008

Sick/Pütz, Der deutschen Unternehmensmitbestimmung entzogen: Die Zahl der Unternehmen mit ausländischer Rechtsform wächst, WSI-Mitteilungen 2011, 34

Sigle, Zur Mitbestimmung bei der Kapitalgesellschaft & Co. KG – Altes und Neues, FS Peltzer 2001, 539

Sigle, Zur Mitbestimmung bei der SE & Co. KG, FS Hommelhoff 2012, 1123

Staudinger, Kommentar zum Bürgerlichen Gesetzbuch, Buch 2: Recht der Schuldverhältnisse Vorbem. zu § 611 ff; §§ 611–613 (Dienstvertragsrecht 1), Neubearbeitung 2015 (zitiert: Staudinger/*Bearbeiter*)

Staudinger, Kommentar zum Bürgerlichen Gesetzbuch, Buch 2: Recht der Schuldverhältnisse §§ 613a-619a (Dienstvertragsrecht 2), Neubearbeitung 2016 (zitiert: Staudinger/*Bearbeiter*)

Sydow, Unternehmensnetzwerke und Industrielle Beziehungen, Industrielle Beziehungen 1999, 5

Sydow, Management von Netzwerkorganisationen, 5. Auflage 2010

Sydow/Möllering, Produktion in Netzwerken: Make, buy and cooperate, 2009

Sydow/Wirth, Organisation und Strukturation, 2013

Sydow/Braun, Von Projekten zu temporären Organisationen – Der Kontext rückt in den Fokus, zfo 2015, 232

Teichmann, Cartesio: Die Freiheit zum formwechselnden Wegzug, ZIP 2009, 393

Thüsing, Die Mitgliedschaft ohne Tarifbindung in Arbeitgeberverbänden, ZTR 1996, 481

Thüsing, Mit Arbeit spielt man nicht!, 2015

Thüsing, SR 2016, Digitalisierung der Arbeitswelt – Impulse zur rechtlichen Bewältigung der Herausforderung gewandelter Arbeitsformen, SR 2016, 87

Thüsing, Arbeitnehmerüberlassungsgesetz, 4. Auflage 2018 (zitiert: Thüsing/*Bearbeiter*)

Thüsing/Braun, Tarifrecht, 2. Auflage 2016 (zitiert: Thüsing/Braun/*Bearbeiter*)

Timmermann, Die Beweisnot des Arbeitnehmers bei illegaler Arbeitnehmerüberlassung, BB 2012, 1729

Uffmann, Digitalisierung der Arbeitswelt, NZA 2016, 977

Ulber, Wirksamkeit tariflicher Regelungen zur Ungleichbehandlung von Leiharbeitnehmern, NZA 2009, 232

Ulber, Arbeitnehmerüberlassungsgesetz – Kommentar für die Praxis, 5. Auflage 2017

Ulrich, Zulässigkeit der Bildung eines Konzernbetriebsrats bei im Ausland gelegener Konzernobergesellschaft?, DB 2007, 2710

Ulrici, Arbeitnehmerüberlassungsgesetz Handkommentar, 2017

van Venrooy, Missbrauch des Dienstverschaffungsvertrags, NZA 2011, 670

Vogt/Deepen, Interimsmanagement im Spannungsfeld zwischen selbständiger und abhängiger Beschäftigung, ArbRAktuell 2012, 573

Vogt/Geulen, Interimsmanagement – ein Update zur aktuellen sozialversicherungs- und arbeitsrechtlichen Rechtslage, ArbRAktuell 2019, 319

Völkl, Krise des Flächentarifvertrages und Integrationsfähigkeit von Arbeitgeberverbänden. Empirische Untersuchungen am Beispiel zweier mittelständischer baden-württembergischer Branchen, Industrielle Beziehungen 1998, 165

von Stebut, Leistungsstörungen im Arbeitsverhältnis, RdA 1985, 69

von Stebut, Anmerkung zum Urteil des BAG vom 15.10.1986, 4 AZR 289/85, SAE 1987, 203

Walker, Die freie Unternehmerentscheidung im Arbeitsrecht, ZfA 2004, 501

Walser, Einfluss der Rechtsordnung auf die Tarifbindung der Arbeitgeberseite, 2014 Hamburg

Waltermann, Wesentliche Aussagen des Gutachtens zur Abteilung Arbeits- und Sozialrecht des 68. Deutschen Juristentages Berlin 2010, NZA 2010, 860

Waltermann, Abschied vom Normalarbeitsverhältnis?, Gutachten B zum 68. DJT, 2010

Waltermann, Entwicklungslinien der Tarifautonomie, RdA 2014, 86

Wank, Abschied vom Normalarbeitsverhältnis? – Welche arbeits- und sozialrechtlichen Regelungen empfehlen sich im Hinblick auf die Zunahme neuer Beschäftigungsformen und die wachsende Diskontinuität von Erwerbsbiographien?, RdA 2010, 193

Weiss, Die Entwicklung der Arbeitsbeziehungen aus arbeitsrechtlicher Sicht, Industrielle Beziehungen 2013, 393

Wellenhofer-Klein, Zuliefererverträge im Privat- und Wirtschaftsrecht, 1999

Werding, Gab es eine neoliberale Wende?, VfZ 2008, 303

Weyand/Düwell, Das neue Arbeitsrecht, Hartz-Gesetze und Agenda 2010 in der arbeits- und sozialrechtlichen Praxis, 2005

Wiebauer, Zeitarbeit und Arbeitszeit, NZA 2012, 68

Wiedemann, Das Arbeitsverhältnis als Austausch- und Gemeinschaftsverhältnis, 1966

Wiedemann, Das Mitbestimmungsgesetz zwischen Gesellschafts-, Arbeits- und Unternehmensrecht, ZGR 1977,160

Wiedemann, Unternehmensautonomie und Tarifvertrag, RdA 1986, 231

Wiedemann, Die Gestaltungsaufgabe der Tarifvertragsparteien, RdA 1997, 297

Wiedemann, Blitzaustritt und Tarifflucht, FS Reuter 2010, 889

Wiese, Beteiligungsrechte des Betriebsrats bei Drittbeziehungen des Arbeitgebers, NZA 2003,1113

Wiese/Kreutz/Oetker/Raab/Weber/Franzen/Gutzeit/Jacobs, Gemeinschaftskommentar zum Betriebsverfassungsgesetz, 11. Auflage 2018 (zitiert: GK-BetrVG/*Bearbeiter*)

Wildemann, Das Just-in-Time-Konzept, 5. Auflage 2001

Willemsen, Kündigungsschutz – vom Ritual zur Rationalität – Gedanken zu einer grundlegenden Reform, NJW 2000, 2779

Willemsen/Hohenstatt/Schweibert/Seibt, Umstrukturierung und Übertragung von Unternehmen, 5. Auflage 2016.

Windbichler, Arbeitsrecht im Konzern, 1989

Windeler/Wirth, Arbeitsregulation in Projektnetzwerken. Eine strukturationstheoretische Analyse, Industrielle Beziehungen 2004, 295

Winter/Marx/De Decker, Mitbestimmungsrechtliche Aspekte der SE & Co. KG, NZA 2016, 334

Wirth, Reflexive Arbeitskräftewirtschaft. Strukturation, Projektnetzwerke und TV-Content-Produktion, 2010

Wisskirchen/Block, Auf der Suche nach dem Arbeitgeber: Mitbestimmung in komplexen Organisationsformen: oder et hät noch immer joot jejange!, NZA-Beilage 2017, 90

Wißmann, Die Suche nach dem Arbeitgeber in der Betriebsverfassung, NZA 2001,409

Wißmann/Kleinsorge/Schubert, Mitbestimmungsrecht, 5. Auflage 2017

Witschen, Matrixorganisationen und Betriebsverfassung, RdA 2016, 38

Wlotzke/Wißmann/Koberski/Kleinsorge, Mitbestimmungsrecht, 4. Auflage 2011 (zitiert: WWKK/*Bearbeiter*)

Wollburg/Banerjea, Die Reichweite der Mitbestimmung in der Europäischen Gesellschaft, ZIP 2005,277

WSI-Tarifarchiv, Statistisches Taschenbuch Tarifpolitik, 2018 (zitiert: WSI-Tarifarchiv/*Bearbeiter*)

Wüstner, Arbeitswelt und Organisation, 1. Aufl. 2006, Augsburg

Ziegelmeier, Die sozialversicherungsrechtliche Statusbeurteilung – ein unterschätztes Compliancerisiko, NJW 2015,1914

Zimmermann, Der Referentenentwurf zur AÜG-Reform 2017, BB 2016, 53

www.ingramcontent.com/pod-product-compliance
Ingram Content Group UK Ltd.
Pitfield, Milton Keynes, MK11 3LW, UK
UKHW021843290926
8980IPUK00005B/615

9 783631 812808